探寻学校自主变革之路

（高中卷）

北京师范大学出版集团
BEIJING NORMAL UNIVERSITY PUBLISHING GROUP
北京师范大学出版社

图书在版编目(CIP)数据

探寻学校自主变革之路. 高中卷／李红婷编著. —北京：北京师范大学出版社，2016.5
ISBN 978-7-303-19776-7

Ⅰ. ①探… Ⅱ. ①李… Ⅲ. ①高中一教学研究 Ⅳ. ①G632.0

中国版本图书馆 CIP 数据核字(2015)第 280600 号

营销中心电话 010-58802181 58805532
北师大出版社高等教育分社网 http://gaojiao.bnup.com
电子信箱 gaojiao@bnupg.com

出版发行：北京师范大学出版社 www.bnup.com
北京市海淀区新街口外大街 19 号
邮政编码：100875
印　刷：保定市中画美凯印刷有限公司
经　销：全国新华书店
开　本：787 mm×1092 mm 1/16
印　张：30.25
字　数：422 千字
版　次：2016 年 5 月第 1 版
印　次：2016 年 5 月第 1 次印刷
定　价：58.00 元

策划编辑：刘松弢　　责任编辑：赵雯婧
美术编辑：焦　丽　　装帧设计：焦　丽
责任校对：陈　民　　责任印制：陈　涛

编委会

序 一

PREFACE

走学校自主变革之路，为学生健康成长打好基础

山东省在推进素质教育方面始终保持持续的探索热情，提出了一系列的举措，取得了良好效果。2008年提出了规范学校办学行为，大力推进素质教育，强调全面建设合格学校，全面贯彻国家课程方案，全面培育合格学生，先后研究出台了规范办学行为的相关政策，同时加大了行政管理的力度，对加班加点、变相补课等违规办学行为给予严肃处理，要求全面落实课程标准，不随意增减课程和课时，建立学生自主选课制度，为学生自主学习提供科学指导，要求学校和教师把时间还给学生，把健康还给学生，把能力还给学生。这些做法使全省基础教育生态环境取得较大改善，赢得了省内外的关注和赞誉。

在当前持续推进素质教育的过程中，各地都面临着发展的困难。十分可喜的是，山东省以工程形式，推进学校改革创新、自主发展，取得了突破性进展，并探索出了一条可资借鉴的路径。

山东省普通中小学"1751"改革创新工程是在山东省持续推进素质教育的这个大背景下提出的，该项工程提出了"规范办学、尊重规律、依靠科学、改革创新、自主发展"原则，以项目学校为基地，通过专家团队协助学校开展诊断与规划、持续跟进指导和建立学校间的联盟发展机制等，创建了一条"专业引领、联盟互促、典型带动、区域联动"改革推

进机制，在三年多的时间里，促进了17个市51所项目学校和51所指导学校的共同发展，引领带动了县域教育的整体发展。这是一项新时期教育转型变革的新路径探索，也标志着山东省在深入实施素质教育过程中取得的新进展和新突破。

素质教育是面向全体学生的教育，使每个学生都能健康成长的教育。以专项工程的形式推进学校自主发展，“1751”工程是一种创新，是新时期推进素质教育的一项路径。为山东省全面推进素质教育做出了积极贡献，为学生的健康成长打好了基础。我认为它有三个方面的作用：

第一，“1751”工程帮助学生打好身心健康成长的基础。义务教育阶段的少年儿童是处于脑力和体力发展最旺盛的时期，教育要为他们的脑力和体力的发展创造有利的条件，任何压抑或有害于儿童少年体脑成长的制度都应该反对。以应试为目的，强迫学生做大量的习题，死记一些不必要的知识，给学生造成无形的心理压力，都有害于儿童少年健康成长的。“1751”工程坚持从素质教育要求入手，促进学校开发出了丰富多彩的课程，课堂教学中提倡学生的自主学习，改变了过去以应试为目的的教育观念，提倡“轻负高效”，走科学发展道路，顺应了学生成长需求。

第二，“1751”工程帮助学生打好终身学习的基础。学生义务教育期满以后有的要升入普通高中学习，有的要升入职业中学学习，有的可能直接进入社会就业。不论是什么出路都需要进一步学习。当今的社会已经进入信息社会，科学文化知识日新月异，学校教育的短短几年内不可能让学生学习到，也没有必要学习到人类所创造的全部知识。学校教育的任务是教会学生学习，使他们进入社会以后能够不断地自己去获取知识。“1751”工程引领学校办学具有文化追求，重视文化引领发展，帮助学校创办了个性化的学校文化，开展了丰富的活动，努力帮助教师做到“授之以渔’，而不是“授之以鱼”。不是追求一种即时的效果，而是激发学生的内在学习热情，为学生的终身发展打下了良好基础。

第三，“1751”工程帮助学生将来走向社会打好基础。学生不仅仅要进行某种职业训练，能够在社会上找到某种职业，更重要的是培养学生从小就要有一种社会责任感，使他们了解社会，了解他人，了解自己在社会中的地位和责任。学习期间认真学习，不仅是为了个人成长，也是一种社会责任；走入社会从事某种职业，不仅是为了个人的谋生，也是一种社会责任。这是一种心理的基础，思想意识的基础，至于学好知识、掌握技能，更是走向社会必要的基础因此。“1751”工程着眼于学生终身发展的需求，注重学生德智体美劳全面发展。学校有高远的育人追求，制定现代化学校制度，实施民主办学。科技创新，打通课内课外，校内校外的联系。体现学校、学生的主体意识，培养了学生的社会责任感。

我国教育进入综合改革阶段，各地都需要积极行动起来，探索新的变革方式，将素质教育引向深入。山东省“1751”工程取得的成果，其积极作用不仅在于有效地推动了各个参与学校的健康发展，而且正在越来越广的区域和领域产生辐射效应和示范作用，带动山东更多的中小学行动起来，走上科学发展的健康道路。这项工程会产生深远的影响，为全国推进素质教育提供了较为成熟的经验。

2015年9月28日

序　二
PREFACE

做探索新型教育变革方式的开路先锋

自20世纪90年代中期以来，我国教育改革以规模扩大、数量增长为显著特征，在让每个孩子都能得到平等的受教育机会方面取得了长足的发展，但地区之间、学校之间的教育差距依然较大。在经济社会发展的“新常态”下，教育改革进入全面深化改革的新阶段，急需要确立新方向、新定位、新内容、新手段的前瞻性探索。

山东省通过设置“山东省普通中小学‘1751’改革创新工程”(以下称“1751”工程)，着眼于县域教育内涵发展发展，以学校为基本推进“单位”，委托专业机构持续跟进指导，通过多种方式促进学校走改革创新、自主发展之路，从而培植典型并引领带动县域教育整体发展，为下一步全面推进基础教育综合改革提供了可借鉴的经验。

第一，做新时期教育变革开拓者。教育事业发展到新阶段，从重视数量规模走向重视质量内涵发展，教育改革面临新变化、新挑战、新机遇，教育改革需要切实增强责任感、使命感和紧迫感。山东省通过“1751”工程，发掘和整合学校自组织变革力量，辐射带动区域教育内涵发展，是新时期教育变革方式的大胆探索，也是一种自觉担当。这种锐意改革、开拓创新精神，值得我们学习和借鉴，我国基础教育改革呼唤更多的改革者当好开路先锋。

第二，促进学校自主发展。我国基础教育领域，尽管在增加学校办学自主权等方面倡导了很多年，但实效性始终不够突出，学校习惯性地依赖自上而下的指令性政策，“被发展”现象仍很普遍。“1751”工程通过开展学校诊断、规划，以此来细化学校自主发展的每一个环节，旨在推进学校走“规范办学，尊重规律，依靠科学，改革创新，自主发展”之路。这种基于问题、规划导向，科学推进学校自主发展的方式，是这项工程的最大亮点和特色。

第三，重视价值引领发展。面对学校课程改革领域的诸多问题，“1751”工程重视通过专业引领，让学校在终极价值追求的宏观视野下、在学校自组织变革场域内，寻找科学的发展路径和方法。通过建立学校发展性要素指标体系，按“要素”实施专题推进工作，专家团队始终跟进学校、校长、教师的实践改进行为，激活学校发展愿望，发掘学校内在潜力，使学校能够获得持续的高位引领指导。

第四，创新联盟发展方式。山东省在全省遴选了51所率先发展起来的优质学校，与51所工程项目学校进行“一对一”结对子，并形成了五大片区联盟，搭建起了跨区域联盟发展交流平台，有力地促进区域教育均衡发展，是基础教育改革推进机制的一个重大创新。联盟共建、互助共进、区域联动的发展机制，让工程项目学校和指导两类学校都得到了发展，并相继扩大到县市区和更大领域。这种定向指导、对口支援、资源共享、共同成长的改革推进机制，为全国提供了经验。

第五，构建“三方协作”机制。工程实施建立起了“行政主导、专业跟进、第三方支持”有效组织机制。在教育行政的选择与主导作用方面，体现了行政职能由“指令型”向“服务型”的转型；在委托专业机构跟进方面，不仅通过诊断、规划和持续跟进指导，唤醒学校内在的强大改革动力，而且通过建立跨区域学校发展联盟，使学校找到了借鉴学习的榜样并产生协同发展效益，专家团队的持续跟进也让学校在改进过程中始终获得智慧支持和坚定发展信念；第三方北京师范大学的支持，为聘请高水平专家跟进指导提供了有力保障。这种“三方协作”机制，为基础教育综合改革创造了经验。

田慧生

2015 年 9 月 28 日

目 录

CONTENTS

中　篇　区域教育发展报告

下　篇　学校发展典型经验

卷首语　内生革命：学校教育的自组织变革

国家督学、山东省教育厅副厅长　张志勇

托尔斯泰说过：大多数人都想改变这个世界，却罕有人想改变自己。但是，这个世界的任何一点变化都离不开自己的主动变化。这句话告诉我们：尽管教育行政管理者都想改变校长，校长都想改变老师，老师都想改变学生，但改革者们没有想到的是，改变别人首先应从改变自己开始，继而从改变被改变者的内心开始。一句话，没有其自身的自组织变革，就不会有真正的学校教育变革。由是，我将学校教育变革称为“内生革命”。

学校是一个生命系统，无论是校长、教师、学生，还是利益相关者——家长，都是一个个复杂的自组织生命系统。我们想打开这个复杂的自组织生命系统，实现我们主张的教育价值的认同和转移，就必须研究由这一系列的教育相关者——校长、教师、学生、家长等组成的巨大而复杂的自组织生命系统。

美国著名心理学家、经济学家、诺贝尔经济学奖获得者赫伯特·西蒙(Herbert Alexander Simon，1916—2001，又译作司马贺)曾经说过：“复杂性是我们生活的世界，以及与其共栖的系统的关键特征。”

复杂性是一个关键的无处不在的特征。随着信息技术的飞速发展，我们面对的是一个不断发展变化的复杂世界，世界的复杂性与科学理论的简单化正在困扰着人们。世界是日益复杂的，而呈现在我们面前的理论却总是简单的，用简单的理论来应对这个复杂的世界，这是一对矛盾。今天，我们推动的教育改革，在教育管理者、校长头脑里面，理论主张看似简单，但它指向、应对的却是一个个复杂的生命系统。如何才能推动这个复杂的生命系统发生改革者所期望的变革？唯一的办法就是撬动教育者内在变革的积极性。

从本质上说，自组织理论是关于复杂性的科学理论。“复杂性科学是一种关于过程的科学而不是状态的科学，是一种关于演化的科学，而不是关于存在的科学。”我们研究教育评价和教育管理，其重点不是描述其做法和结果，而是要记录、揭示变革发生的过程。没有对教育评价和教育管理变革过程的解释，就无法把握教育评价和教育管理变革的科学规律；我们研究的重点不是描述关于教育评价和教育管理存在的现象，而是要着力揭示这些现象是如何具体演化的。如果不研究教育评价和教育管理变革演化过程的节点和演化过程的各种细节背后蕴含的规律，或者说一个个具有“拐点”意义的教育现象背后的本质特征，我们想把握教育现象变化的本质规律将是极其困难的。

那么，什么叫“自组织”？所谓“自组织”是指无须外界特定指令而能自行组织、自行创生、自行演化，能够自主从无序走向有序的组织。

自组织理论应用于社会科学的研究，使我们对于复杂事物的认识从宏观转向微观层面。我认为，当下我国社会科学研究的最大问题，与西方最大的不同，就是大而化之。我们善于经验判断，对整体框架可以谈得头头是道，但是一旦深化具体到微观系统，却时时抓不到根本。

自组织理论告诉我们：系统外部的力量往往不能直接对系统的行为产生作用。系统外部的力量，如校长头脑中的东西，如果想直接干预教师的行为，有时候可以通过威权来实现，但教师内部的变化过程和内部的对抗却是看不到的。因此，校长往往并不能直接对教师的系统行为产生作用，而只能作为一种诱因，通过外部环境与系统内部进行物质能量信息的交流，从而引发教师这个复杂生命系统内部的一系列变革。换言之，校长的管理（包括指导思想、变革要求、行动干预等）只是作为一种诱因，但是能不能引诱教师发生变革，必须与教师这个外部的复杂的生命系统进行物质能量信息的交流，才能通过教师内部的认同产生一系列变革。在这里，组织的有效性取决于个人可接受命令的程度。被称作“现代管理理论之父”的美国著名管理学家、组织管理流派奠基人切斯特·巴纳德(Chester Irving Barnard，1886—1961)认为，个人承认指令的权威性有4个条件：第一，他能够并真正理解指令；第二，他相信指令与组织的宗旨是一致的；第三，他认为指令与他的个人利益是不矛盾的；第四，执行指令时他在体力和精神上是能够胜任的。

从学校组织管理的角度来说，巴纳德的上述观点告诉我们：首先，作为校长传达给教师的信息，应使教师能够真正理解它的真意是什么；其次，校长的指令和组织的宗旨、价值理念应当是一致的；再次，校长的指令应充分考虑到教师的个人利益，并且是在教师的精力、体力等方面力所能及的，等等。

教育变革，说到底是教育价值理念的认同与转移。要实现这种认同和转移，必须遵循学校自组织变革规律。任何真正的变革都源于内心的革命。推进教育变革最难的是什么？是促进教育者自身的变革，是让教育者认同教育的本质功能。

说到底，教育改革就是期望教育者内心实现对改革者教育价值的选择和认同。真正的教育价值认同是一种教育信仰，是对教育理想、教育良知的坚守！没有教育信仰，就没有真正的教育价值认同；反过来说，没有对教育理想的坚守，就没有真正的教育信仰。坚守才是真正的认同。

促进学校自组织变革的关键词是什么？学校自组织变革，说到底是置身于教育中的一切人的变革，最终必然体现为“教育人”的新教育文化价值理念的生成。因此，在中小学学校自组织变革实践中，我们特别关注以下几个问题。

第一，价值：内在认同。学校教育自组织变革的起点是寻求对教育价值的内在认同。学校教育任何一个方面的变革，都要从寻求教育价值的内在认同做起，没有对教育价值的内在认同，任何教育变革都不会发生。这是推动教育改革最难的事。

第二，实践：自主变革。有了对教育改革价值的内在认同，教育改革实践才能自主进行。在这里，教育管理者、广大中小学校长要做的就是创建、提供教育变革的条件和舞台，让认同教育改革价值的老师们主动寻找到教育变革的科学路径和具体方法。

第三，起点：细节变化。有了对教育改革的价值认同，有了实施教育改革的科学路径和具体方法之后，教育变革从哪里做起？从具体的教育现象、教育行为、教育问题改造做起。作为创新教育组织者、研究者，我们要密切关注的就是使教育现象、学生发展发生质变的关键事件。

第四，过程：细节串联。作为每所投身自组织变革探索的学校，要关注的变革探索过程是什么？是由一个个"关键事件"组成的教育探索"细节"的串联。在这里，所有"关键事件"的一个又一个的内在联结，就构成了学校自组织变革的内在过程，就形成了我们研究促进学校教育如何实现自组织变革的内在线索。

第五，升华：抓住一个个质变点。所谓升华，就是借鉴先进教育理念，研究学校教育自组织变革的内在规律。要研究学校教育自组织变革的规律，作为学校的管理者、研究者就必须要抓住引发学校教育变革的一个个质变的关键点，即教育现象发生质变的"拐点"。我们应对这些发生质变的教育现象，围绕其前因后果、各种过程、各种事实，运用各种工具做完整的客观真实的记录，以便通过现象揭示本质、发现规律。

2011 年 3 月，为了促进常态学校的自主变革，依据学校自组织变革理论，实施山东省普通中小学改革创新工程，从全省 17 个市中选择经济社会发展水平居于一般水平的 17 个县(市区)，再从每个县(市区)中选择 1 所县中、1 所农村初中、1 所农村小学共 51 所学校，通过引入专业力量，按照"规范办学、尊重规律、依靠科学、改革创新、自主发展"的指导思想，促进项目学校尽快走上健康科学可持续发展之路(简称"1751"工程)。

1. 变革的起点是摸清学校的真实状况。调研、诊断，就是要千方百计地收集各种有用的最原始、最真实的资料，就是要通过这些资料揭示出丰富的信息来帮助每所学校寻找改革的起点。

2. 变革的关键是唤醒校长和教师的人文情怀，就是要改变校长和教师的教育心态、工作状态。

3. 变革就是要改变学校教育的无效或低效的教育行为。

4. 变革就是要寻找学校自身的优势、传统。任何学校都有自己的长处。

5. 变革的过程就是不断放大学校自身的优势与传统，就是不断扩大改革的范围不断放大和扩散改革的效益，从而不断地优化学校教育生态，改善学校教育品质，促进学校、教师、学生、家长共同进步、共同发展的过程。这一过程，必然是良性的教育行为逐渐增多、不良的教育行为逐渐消失、不断退出的过程，即违规办学行为逐步消亡的过程。

6. 变革始于学校发展规划。规划方案要经过各方面充分的酝酿和讨论，要获得校长、中层干部、广大教师、学生和学生家长的广泛认同，要经过教职工代表大会表决通过。其中，要经过家长委员会的讨论和认同。广泛讨论、征求意见的过程，就是最广泛地形成共识的过程。

7. 变革要从学校、老师和学生尽快受益的地方开始。一个学期之后就应该见到应有的效果。学校规划是全面的、整体的、具有一定周期的，但必须以学期为单位来组织实施，并且要从小的、具体的、可操作的教育教学行为开始启动。这有助于减少改革的难度，尽快取得改革的初步成效，这对于改革平稳起步至关重要。

8. 变革要从"一校一方案""一校一特色"做起。我相信，每所学校改革起点都是不同的。每所学校都是独一无二的，学校的地域、文化、校长、教师、学生、家长、发展历史不同，每所学校改革创新面临的问题不同，每所学校改革创新的路径就不同——或者从改变政校关系入手，或者从改变学校办学理念与制度入手，或者从改变课程与教学的关系入手，或者从改变校长、教师的成长方式入手，或者从改变家校关系入手，或者从教育与生活的关系入手，等等。

学校是一个生命系统，无论是校长、教师、学生，还是利益相关者——家长，都是一个个复杂的自组织生命系统。我们要打开这个复杂的自组织生命系统，实现教育价值的认同和转移，就必须研究由这一系统的教育相关者——校长、教师、学生、家长等组成的巨大而复杂的自组织生命系统。促进学校自主发展，任何时候都离不开自己的主动变化。如何才能推动这个复杂的生命系统发生改革者所期望的变革？唯一的办法就是撬动教育者内在变革的积极性。必须让想改变的人来改变，从想改变的地方做起，从能改变的地方做起，从改变低效或无效的教育行为做起，从学习借鉴别人成功的经验做起。

实际上，释放学校自主发展的内在活力，源于学校内在变革需求，这种需求建立在对“生命”的敬畏与尊重的基础上，离不开以学校为单位的“组织”发育，离不开学校发展要素的“结构”改变，离不开学习“时空”的改变，离不开“制度”的保障，离不开关键“人物”的引领，说到底是置身于教育其中的一切人的变革，最终必然有赖于“育人”的新教育文化价值理念的生成。

山东省“1751”工程在释放学校自主发展的内在活力方面，已经取得了实实在在看得见的成效，项目学校在专业引领和伙伴学校的改革创新示范下，唤醒了沉睡已久的改革创新激情，主动去寻找学校创新发展的科学路径和方法。项目学校和伙伴学校在合作互动中相互激励，取长补短，实现了双赢。项目学校的改革创新效应在大多数项目县已经产生了“蝴蝶效应”，不仅是几所项目学校在创新发展，更推动了县域内更多的学校主动求发展，对县域基础教育的整体改革发挥了重要的推动作用。

引言　山东省普通中小学“1751”改革创新工程在探索中前行

进入 21 世纪，我国经济社会处于快速发展转型时期，从追逐经济增长指标转到重视科学发展、和谐发展，越来越关注社会发展和人的发展的质量。在此背景下，我国基础教育必然面临探索教育发展方式转型问题。2008 年以来，山东省全面推进素质教育，在落实国家课程方案、规范学校办学行为等方面，出台了一系列政策及文件，提出了“三个还给”“三个全面”的基本目标，即“把时间还给学生，把健康还给学生，把能力还给学生；全面建设合格学校，全面贯彻国家课程方案，全面培育合格学生”。山东省教育生态逐渐发生了变化，学校教育逐步从“升学为本”回归到“育人为本”的轨道上来。2010 年在全省教育大会上，省政府颁布了《山东省中长期教育改革和发展规划纲要(2011—2020)》，教育工作正式踏上了实现现代化的新征程。

然而，从全省教育情况来看，发展还很不平衡，区域与区域之间、学校与学校之间差距较大。许多学校依赖于行政推进的惯性思维，自主发展愿望缺失，“被发展现象”较为普遍。事实上，30 多年来，我国教育改革与发展取得了巨大成就，但在培养什么人和如何培养人的重大问题上，仍没有实现教育价值转型意义上的整体性突破。有些学校仍然像抓 GDP 一样抓升学率，严重扼杀了中小学生的学习兴趣，学生自主发展的时间和空间被剥夺，责任感生成环境缺失。从山东省基础教育课程改革的实践看，校长和教师对素质教育的认同感和责任感不断增强，内涵发展愿望强烈，但苦于缺乏专业引领指导，存在发展动力不足、能力不强等问题，素质教育仍停留在空喊理念或形式化模仿阶段。以科学发展观为指导，解放思想，与时俱进，实现教育价值观的全面回归和教育实践行为的根本性转变，探索和创建新型学校教育发展方式，成为深化山东省基础教育改革的必然选择。

转型期，山东省需要进一步规范办学行为，深化课程改革，加快现代学校制度建设，不断提升学校管理水平和办学水平，全面实施素质教育，促进全省中小学走内涵发展、科学发展之路。从哪里出发探索教育改革与发展的动力之源？山东省教育厅决定，从 2011 年起在全省普通中小学实施“1751”改革创新工程，通过专业引领，激活学校发展愿望和内生的改革力量，推进普通中小学走改革创新、自主发展之路。

一、工程实施目标与实施原则

2011 年 3 月 27 日，在济南市山东教育大厦召开了山东省普通中小学“1751”改革创新工程(以下简称“1751”工程)启动会议，拉开了改革创新的序幕。会上，宣布成立“山东省基础教育课程研究中心”，为开展基层学校服务提供组织和人力资源保障。

(一)工程实施目标

“1751 工程”，是从全省 17 市遴选出的 17 个项目县的 51 所学校(每个项目县选取高中、初中、小学各 1 所)作为建设基地，是一项基于专业支持、促进学校自主发展的专项工程。

“1751”工程的指导思想是，以科学发展观为统领，以国家和山东省中长期发展教育规划纲要为指导，以规范学校办学行为、落实国家和省课程管理的有关规定和要求为前提，切实解决项目学校在实施素质教育中面临的困难和问题，推动学校走内涵发展、科学发展之路。

“1751”工程的基本目标是以项目学校为基地，坚持“规范办学、尊重规律、依靠科学、改革创新、自主发展”的办学原则，力争通过三至五年的努力，培育一批教育思想先进、办学行为规范、学校管理科学、课程方案落实、课堂教学高效、师资队伍优良、育人环境优化、教育特色鲜明、学生综合素质较高的普通中小学改革创新示范学校；培养出一批认真贯彻党的教育方针、落实国家教育政策、积极推进课程改革、深入实施素质教育的创新型校长和教师，带动全省基础教育学校的发展。

“1751”工程的长远目标是，培育一批体制机制新、创新意识强、改革动力足、发展可持续的改革创新型学校，为全省中小学全面深化基础教育课程改革、真正实现学校内涵发展、科学发展树立榜样，充分发挥项目学校在全省的带动、引领和辐射作用，全面提高基础教育发展水平。

（二）工程实施原则

“1751”工程是一项规模较大的系统工程，涉及省内各级教育行政部门和省内外众多专家，需要充分调动教育行政部门、专家团队、项目学校、指导学校多方力量，统筹协调，相互配合，共同推进项目实施工作。工程遵循以下基本原则。

一是规范办学与管理创新相结合。项目学校遵守教育法律法规，严格规范办学行为和落实课程方案。针对学校发展中基本的、重大的、亟待解决的问题，有效整合行政、研究与实践等各方力量，通过制度改良、制度创新等方式，全面激发学校活力。

二是专业引领与自主发展相结合。本工程以专业引领和学校自主发展为主要特征。专家团队全程跟进诊断、制定学校发展规划、组织实施、总结推广等各个阶段，从开发项目学校内部潜能抓起，整合和盘活学校现有资源，激活学校内部发展动力，促进学校主动发展。专家团队持之以恒地跟进、研究和引领，为项目学校可持续发展提供支持和保障。

三是全面提升与创建特色相结合。每所项目学校通过三至五年的努力，全面提升办学水平，突出自己的办学特点和资源优势，创新学校发展思路，有效达成学校群体的理念认同和共同愿景，在文化、管理、科研、课程、人才培养等领域，培育自己鲜明的办学特色，创建特色化育人基地。

四是整体推进与分类指导相结合。项目学校按照方案总体规划要求，整体推进工程实施，加强横向交流，资源共享，确保工程实施效果。根据项目学校所处学段不同，发展基础和发展需求存有一定差异的实际，在实施策略上坚持分层推进、分类指导。

五是培植典型与引领带动区域发展相结合。注重培植典型的同时，注意发挥典型的示范作用，让“1751”工程搭建起来的教育资源平台惠及更多地区和学校，充分发挥指导学校、项目学校在项目县中的典型引领和辐射带动作用。

二、工程实施的策略与方法

(一)工程实施的主要策略

1. 遴选项目县及项目学校

根据山东省教育厅文件精神，“1751”工程项目县与项目学校由各市推荐，省里遴选确定。在遴选的基本条件中，重视项目县和项目学校具有的发展积极性和改革创新意识，义务教育学校多选自经济发展基础中等或偏下的乡镇，具有较强的代表性和可推广价值。

2. 专业引领

一是制定工程实施方案。根据省教育厅对“1751”工程推进的要求，结合当前山东省推进素质教育的实际需要，在反复研讨各级有关教育政策的基础上，省基础教育课程研究中心对各级行政、专家、校长、教师、学生、家长等不同主体进行了访谈和问卷调查，对各种信息和数据进行认真研讨，制定并出台了《山东省普通中小学“1751”改革创新工程实施方案》，确保了工程推进工作始终具有明确的方向，推进和保障措施具体而有可操作性，确保了工程推进工作的顺利展开。

二是开展诊断与规划。促进学校走自主变革之路，首先需要明确学校发展的起点，因此把对学校当前发展状态的诊断作为推进工程的第一步，其次是协助学校制定学校发展规划。省课程研究中心研制下发了《山东省普通中小学“1751”改革创新工程学校〈诊断与规划实施手册〉》，为学校诊断和制订学校发展规划提出了基本框架和操作流程。2011 年年初，省基础教育课程研究中心面向省内外遴选了由部分高校、教科研人员、齐鲁名校长等组成的近50人的专家团队，分赴17个项目县的51所学校进行了为期一个多月的专业诊断，实地深度考察，与学校管理干部、教师、学生、家长等分别进行访谈、问卷、听课、观察、查阅等方式，共访谈6800人次，收回问卷18000余份，在学校自我诊断和专家组专业诊断的基础上，开展多方对话交流，明确学校发展状态，理清学校发展优劣势，提出有针对性的学校发展建议，形成了学校发展诊断报告。

在学校发展诊断基础上，深入开展学校发展大讨论，进一步明确学校发展优势和存在的主要问题，探寻学校发展空间和主要生长点，确立学校发展定位与目标，明确需要优先解决和重点解决的问题，制订学校年度行动计划，并进行可行性论证，突出学校发展的个性和特色，制订学校发展规划和三年行动计划。

在工程推进过程中，省基础教育课程研究中心结合学校发展实际需要，陆续研制下发了《关于推进山东省普通中小学“1751”改革创新工程项目学校文化建设的指导意见》《关于推进山东省普通中小学“1751”改革创新工程项目学校课程建设工作的指导意见》《关于推进山东省普通中小学“1751”改革创新工程项目学校教师专业发展工作的指导意见》，以及《关于加强山东省普通中小学“1751”改革创新工程普通高中项目学校综合实践活动课程开设的指导意见》《“1751”工程项目学校自主发展评价方案》等，为项目学校自主发展提供了行动指导。

3. 跟进指导

省基础教育课程研究中心对各项目县、项目学校进行了持续跟进式的调研和指导。结合各项目学校发展规划和三年重点推进工作计划，开展针对性指导。面对面地与干部、教师切磋研讨，帮助学校提炼学校核心理念，进行学校课程规划建设，指导学校进行课堂教学改革，为学校管理创新出谋划策等，充分发挥实实在在的专业引领作用。根据学校发展需要，采用报告、专项研究、现场点评等不同方式，深入学校，走进课堂，与校长、教师、学生座谈、交流、研讨。对项目学校改革创新的典型经验，在县域内、片区内，甚至在省域内搭建专题交流平台，予以推介，打造学校发展特色。

（二）联盟发展

1.“一对一”联盟方式

2011年3月，为了充分发挥优质学校的引领带动作用，省基础教育课程研究中心出台了《关于建立“1751”工程学校互助合作机制促进项目学校改革发展的意见》，即在全省选择了51所率先发展起来的学校加盟，作为项目学校的合作伙伴(亦称“指导学校”)，帮助、指导项目学校的发展，51所伙伴学校多为齐鲁名校长所在学校，分别与51所项目学校结成51对“一对一”联盟发展学校。

在“一对一”学校联盟发展活动中，涌现出一些具有高度责任感、无私奉献的优秀学校。很多指导学校不仅定期举行专题性的交流活动，而且多次接受项目学校邀请，进校考察学习活动，并针对需求进行引领和实践指导。一个学校的参与者少则十几人，多则上百人。参与者积极主动，热情洋溢，围绕一两个教育专题展开广泛、深入讨论或同课异构活动，取得了显著成效。

2. 片区内学段联盟

整个工程学校分成五大片区(每个片区3～4个县，18～24所学校)，以分学段开展联盟交流活动为主(6～8所学校)，开展片区内同学段间的“同课异构”，开展学校特色与文化、管理与制度建设、课程建设、课堂教学教师专业成长、班主任工作、社团活动、主题班会等专题论坛；指导学校将所有资源向项目学校开放，并开展管理干部、年级组长、骨干教师之间的主题交流活动和多学科“送课活动”，整合和调动了校内外丰富的可利用资源，有力地促进了项目学校走改革创新、自主发展之路。从实施反馈情况来看，这项工程不仅令项目学校得到了快速发展，而且指导学校也获得了强有力的反助推作用，使得学校发展思路更清晰，工作重点更明确，学校发展特色更加彰显，充分体现了“资源共享、优势互补、相互促进、共同发展”的联盟发展原则。

3. 17市学段联盟及县域联动

组织小学、初中、高中三个学段召开17市学段联盟和县域联动活动，先后在日照市五莲县、滨州市博兴县、德州市齐河县、莱芜市莱城区、潍坊市临朐县、山东省垦利第一中学、威海莱州金城小学、德州乐陵市实验小学等召开了全省 17 市学段联盟以及县域教育现场会议。山东省教育厅张志勇副厅长出席了每一次较大规模的学段联盟或县域教育现场会议，对“1751”工程推进过程中的“专业引领”“联盟共赢”，以及通过培植典型来辐射带动区域教育整体发展所产生的“蝴蝶效应”等给予了充分肯定。

（三）县域辐射带动

为了发挥工程辐射作用，推动区域教育均衡发展，各地市、项目县教育局借助“1751”工程的推进及其工作运行机制，开展了所在县（市）的项目推进工程，他们不仅充分利用“1751”工程搭建的多样化资源交流平台，让辖域内校长、教师及时跟进参与交流活动，而且还借鉴“1751”工程的运作模式，分别提出了自己的专项工程。莱芜市莱城区提出了“4212”工程。即构建学校、课题、名师、网络等“4 大联盟”，组建 20 个学校发展共同体，以 100 项课题驱动行为改进，以 20 位名师为首建立专业发展共同体。齐河县提出了“3420”工程，即以 3 所“1751”工程项目学校为龙头，分三年依次跟进 4 所、10 所、10 所中小学，形成“县域纵横联合，镇域整体推进”示范学校培育基地，充分发挥优质学校“蝴蝶效应”，推进全县基础教育均衡发展。其他项目县（市）如曲阜市、宁阳县、单县等也在不同程度上纷纷借力“1751”工程，通过上下联动，联盟发展，形成了一批稳定的跟进学校，有效推进了区域教育的均衡发展，为整体推进县域教育均衡发展提供了可借鉴的经验。

三、“1751”工程取得的主要成效

“1751”工程历经三年多时间，达到了预期目标，在全省范围内培育了一批体制机制新、改革动力足、创新意识强、发展可持续的改革创新型学校，并在当地乃至全省发挥了积极的辐射带动作用，为促进全省基

础教育改革与均衡发展做出了积极的贡献。一批学校在短短几年时间里迅速脱颖而出，获得全国教育系统先进集体、全国首批传统文化优秀传承学校、全国海洋意识宣传教育基地、山东省规范化学校、山东省教科研先进集体等荣誉称号。一批校长和骨干教师快速成长起来，获得国务院政府津贴、山东省有突出贡献的中青年专家、高级教师等荣誉称号。

山东省教育厅张志勇副厅长和山东省基础教育处的领导，从工程设计到工程实施，都给予了高度重视和悉心指导。张厅长多次出席工程现场会，并对工程推进工作给予方向性指导。2013 年 4 月，张厅长在齐河县举行的“1751”工程现场会上说：“事实证明，我省‘1751’工程的全面推进，已经取得了实实在在看得见的成效，在推动我省基础教育课程改革方面正发挥着越来越大的专业引领作用。”张厅长将工程取得的成效概括为：一、项目学校在专业引领的基础上，都开启了自己的改革创新历程；二、项目学校在伙伴学校的改革创新示范下，都唤醒了沉睡已久的改革创新激情，自己开始主动去寻找学校创新发展的科学路径和方法；三、项目学校和伙伴学校在合作互动中相互激励，取长补短，实现了双赢；四、项目学校的改革创新效应在大多数项目县已经产生了“蝴蝶效应”，即不仅是几所项目学校在创新发展，而且拉动了一个县域内更多的学校在主动求发展，对县域基础教育的整体改革发挥了重要的推动作用。

教育部基础教育课程教材发展中心田慧生主任出席了 2014 年 10 月在泰安市举行的“1751”工程专题研讨会，对工程取得的成效和经验给予了充分肯定。他说，现在教育进入综合改革阶段，如何促进学校内涵发展需要认真探索。山东省“1751”工程采用专业引领和联盟发展等方式，促进了学校自主发展，搭建起了区域教育共同发展的平台，有利于促进区域教育均衡发展，是基础教育改革推进机制的一个重大创新。联盟共建、互助共进的发展机制，让两类学校都得到了发展，并相继扩大到县市区和更大领域。他说，工程最大的贡献在于探索了一条促进学校自主发展的新路子，包括定向指导、对口支援、资源共享、共同成长等，为全国提供了成熟的经验。他建议要在推进机制、打造公共交流平台、实现共同项目开发等方面认真总结，使之在省内、省外更大范围内得到推广。

(一)构建学校核心理念体系，以文化引领学校自主发展

学校办学的核心理念是学校办学的理想、信念和价值观，是学校精神类文化要素的概括和提升。先进的办学理念是学校文化的灵魂，是学校核心竞争力和办学特色的本质体现。核心理念不同，会催生不同的学校文化形态，产生不同的学校管理制度和实践行为。

“1751”工程推进初期的调研结果显示，有的学校90%以上的师生对学校的办学思想、校风、校训等不了解；有的学校尽管各种先进的文化标识应有尽有，但却停留于外显的文本或文化墙层面，与学校的实践行为脱节，实际上还是“唯智”主义的应试文化；有些学校多数教师认为学校教代会不能正常召开，对学校民主管理的认可度较低。

“1751”在推进过程中，特别重视通过开展多种形式的研讨活动，引导学校系统地总结、研究学校的历史与独特文化，全面客观地分析学校发展现状和发展愿景，精心提炼和构建学校核心理念体系，将“以学生发展为本”“关注学生的生命质量”等作为基本的教育价值取向，大力倡导民主、平等、合作、创新、自主等核心教育价值观，各项目学校结合从实际出发，分别以“阳光教育”“和美教育”“宽基教育”“责任教育”“仁和教育”“体验教育”“育心教育”，以及“和容文化”“容雅文化”“凤凰文化”“创新文化”“诚毅文化”“爱和文化”等，作为上位理念构建学校核心理念体系，来统领学校的实践行为，不断增强学校教育的价值认同，完善管理制度，创新行为方式，优化文化环境，促进学校改革创新、自主发展，引领了学校自主发展的方向，激发了学校的内生活力，成为推动学校持续变革的不竭动力。

(二)以课程建设为载体，加速推进城乡教育一体化进程

张志勇厅长认为：“课程创新是学校教育永恒的主题。”在深化基础教育课程改革阶段，如何贯彻新的课程理念，构建适合各自学校学生的课程体系和实施系统，无疑是各学校共同面临的问题。但在“1751”工程推进初期的调研结果显示，项目学校，尤其是高中学段，所开设的课程依然集中在语数外等“考试性科目”，而音、体、美，尤其是综合实践等课程开出率不高，开设水平较低。问卷调查结果显示，有超过1/3以上的中学生选择了学校从来没有开设过综合实践活动课程。在工程推进过程中，每一所项目学校，都先后以课程建设作为工程推进重点，通过开展多种形式的城乡联盟发展活动，强化城乡学校课程对接，在课程理解和课程文化建设等方面达成共识，有力地促进了以课程为载体的城乡教育一体化进程。首先是通过课程专家报告和跟进学校指导，增进学校课程理解，提升学校整体推进学校课程建设的领导与课程建设意识；其次是通过“一对一”联盟和参与片区内及跨片区联盟交流活动，相互交流感受课程建设带来的学校价值追求和精神状态的变化，激发课程变革的愿望和激情；再次是调整课程结构，增加以学校为主体开发的课程，增强课程整合，减少课程叠加，打通学科育人壁垒，增进融合；最后是引导学校充分利用地域文化、乡土器材、民间体育等进行特色课程开发和系列活动课程。学校课程改革，促进了教师的跟进性变化，改善了学生生命状态，学校活力日益增强，呈现出“课程—教师—学生—学校”联动现象。工程开展了三年时间，项目学校落实山东省义务教育和普通高中课程方案的自觉性增强，有些农村学校开出了几十门甚至一百多门可供学生选择的课程，三级课程建设水平及整合程度不断增强，选课走班正逐步走向常态。多样化、可选择的课程，真正让农村孩子在学校生活中有了丰富的学习情感体验，满足了学生个性化发展需求，享受到了与城里孩子同样有质量的教育。那些曾经是老师和家长眼中“学困生”，脸上也写满了尊严、自主和快乐。

(三)教学实践行为的改进，让课堂充满生命的活力

“1751”工程前期调研结果显示，在多数农村学校，教师仍固守传统，单向传授知识点、考点，学生被动学习，课程实施效率和效益低下的现象普遍存在。在“教师们日常谈论的教学话题”中，教师们选择的话题围绕“知识传授和技能训练”的有79.41％，围绕“教学过程与方法”的有52.17％，对情感态度、个性发展和创造性思维活动的关注仅有26.1％；在“您布置的作业类型”的选择上，“书面习题”有93.6％，“社会实践活动类”只有6.3%。76.5%的教师认为学生的学习方式以接受性学习和记忆为主，“教师讲、学生听”的现象较为普遍，学生独立思考、合作学习和开展创造性思维活动的时空很小，学生学业负担重，学习责任感和自信心缺失，厌学现象较为严重。

教学质量是教育质量最直接的决定因素。为此，工程在推进过程中，重视跟进学校深入了解教学改革实际，通过组织不同主题的专家报告会、校级联盟研讨会，强化县域内、省域内的教学研究及课堂交流等。通过几年的持续改进，教师的思维方式和行为方式发生了巨大的变化：一是教与学的关系得到了根本性转变，“以学生发展为本”的理念得到了根本性落实；二是教师重视探寻符合儿童身心健康与成长规律、有利于发展多元智慧的学习方式，促进学生自主交流、合作探究，关注每个学生参与表达交流的机会，把学生学习的主动权真正还给学生；三是重视教学设计中课程内容的生本化整合，使其有利于促进学生对学科原理和学科本质的理解和把握，切实提升学习效率和学习效益；四是重视基于学生生活经验和学习经验的问题情境设置和递进性过程支架的设计，使其有利于启动学生主动思考和开展深层次的创造性思维活动；五是重视建立有效的小组合作学习机制和个性化课堂文化，培育教师独特的教学风格和特色；六是大力推进现代信息技术与课堂教学的深度融合，弘扬教育教学的科学精神和技术智慧支持；七是鼓励教师从课程建设的视角理解教学过程与个体专业成长，改进或重构有教育思想和研究支持的课堂教学原则、流程或模式，如“问题导学式”“自主建构式”“五步探究式”“自主合作式”“个性优质课堂”“思维碰撞课堂”“质疑课堂”“幸福课堂”等，呈现出各具特色的个性化课堂文化，课程开设质量和水平不断提升，成为当地乃至全省教学改革的示范学校。几乎所有项目学校都承办过片区联盟交流活动，部分学校主办或承办了县域、学段或省域层次的教学改革研讨现场会，部分学校还获得了国家级、省级、市级教学成果和教科研成果奖等。一批优秀教师快速成长起来，新理念、新思维已逐渐转化为课堂教学的新常态。

(四)立足校本研究，促进校长与教师专业成长

学校发展水平的高低，在很大程度上取决于教师队伍建设水平的高低。校长作为学校领导者、组织者和实施者，对学校发展起着至关重要的作用。对于发展相对落后的项目学校而言，校长领导力决定着学校办学效能和自主发展能力。前期调研结果显示：约占80％的项目学校校长，没有形成自己的办学思想，办学定位不清，甚至不清楚究竟要改什么，向哪个方向努力，更没有发展学校办学特色的意识。近90％的教师缺乏基本的课程理解，以及课程开发、实施与评价意识，甚至存在认识上的误区，认为学校课程建设就是开几门校本课程，教师的任务就是上好课，让学生考出好成绩。关于“教师的专业发展方面，您认为最需要提高的是什么?”问题回答“教学技能与策略”的有89.25％，只有10.75％的教师选择“教学观念”。

针对上述现象，“1751”工程在推进过程中，主要采取了如下措施。一是重视激发动机和达成共同愿景。通过组织校长、管理队伍和教师，开展不同主体的学校发展大讨论，明确学校发展优势和存在的主要问题，确立学校发展定位与目标，达成学校上下共同的价值追求和发展远景，制订学校发展规划。二是强化价值引领。通过专题研讨和开展校际联盟研讨等活动，组织学校研讨和提炼学校核心理念体系、开展学校特色发展大讨论等，拓展校长和教师的教育视野，提升教育价值追求。三是组织开展课程建设研讨活动。通过专题报告和深入不同学校开展现场研讨活动等，提升校长和教师的课程理念，增强教师三级课程整合和生本化研究意识，提升教师的课程设计与实施能力。四是强化教师学科课程的主题性模块开发与实施能力，增强课程资源开发和校本课程建设研究。五是转变课程实施手段与方法、强化课堂教学设计与实施能力，以观看评课、同课异构等形式，开展跨区域教师交流活动。六是积极倡导“草根化”科研，突出“问题即课题”“教学即研究”，基于实践中的“真问题”开展研究，基于问题解决进行教学设计与实施的改进，通过“小课题”驱动教学实践行为改进，提升行动研究能力和水平。从“研讨课”没人上、对外交流总是挑他人“毛病”和强调客观条件不足，到今天人人争着上、主动认识到自己的不足、自觉发现和学习他人优点，校长和教师自主发展的意识和能力大大增强。在“1751”工程搭建交流平台上，仅以片区为单位开展学段联盟活动中，通过“同课异构”展示的“研讨课”，五大片区合计就超过了2000节。这种来自不同地域文化背景、不同的研究范式和经验背景的课，超出了预期的效果，加之片区活动中同时发起的分学科主题性教研活动、优秀教师报告会等，有力地促进了校级间教师们的深度交流，对教师的专业成长发挥了巨大的推动作用，一批优秀校长和教师脱颖而出。

(五)依靠科学，让学校教育回归育人本位

“1751”工程始终把“规范办学、尊重规律、依靠科学、改革创新、自主发展”作为工程推进的指导思想，把促进学校教育回归育人本位作为出发点和根本目标，力促学校教育真正回归到教育的基本规律上来，回归到落实国家课程方案和办学要求上来。

各项目学校通过营造学校良好的育人文化环境、创新学校管理运行机制、推进课程育人、改善课堂生态、促进师生道德修养、提升教师专业发展水平等措施，使教育真正回归对人的尊重和关爱，回归提供适合于学生的教育，回归启迪心灵智慧、塑造健全人格。参与“1751”工程的指导学校、项目学校的校长和老师们，在不同场合都表达了实施工程以来学校的巨大变化。这些变化反映在学生身上，体现为学生学习的主动性和积极性明显增强；有更多学生有了自己喜欢的、可选择的课程，其兴趣、爱好、好奇心和创造力得到了保护和发展；校园里多彩的社团活动、丰富的实践活动，激发了学生的生命激情和活力，甚至使学生产生了更高远的人生追求，学习的责任感和合作能力明显增强；自主、合作、探究等学习方式，发展了学生自主反思、质疑和创造性思维能力；欠发达农村学校的辍学、生源流失现象大幅度下降，甚至周围流向城市的生源也纷纷倒流，学校办学声誉大幅提升；平等参与、动手实践、师生互动、合作探究的学校生态已逐渐形成。“1751”工程在促进学校走改革创新、自主发展之路上，显示出了强大的促进变革的力量。

四、“1751”工程取得的基本经验

“1751”工程历经三年时间，达到了预期目标，在全省范围内培育了一批体制机制新、改革动力足、创新意识强、发展可持续的改革创新型学校，成为当地乃至全省率先走向内涵发展、科学发展的示范学校，并在当地乃至全省发挥了积极的辐射带动作用，为促进全省基础教育改革与均衡发展做出了积极的贡献。取得的基本经验可以概括为如下几个方面。

(一)学校发展方式的转型变革

《教育规划纲要》明确提出：“把提高质量作为教育改革发展的核心任务。树立科学的质量观，把促进人的全面发展、适应社会需要作为衡量教育质量的根本标准。”然而，教育发展的理想目标与实践结果之间存在较大反差。“1751”工程的实施，借助教育行政与专家团队“两只手”的力量，使学校基于实际发展需要，借助专业引领和联盟发展的智慧及资源，多措并举促进学校改革创新、自主发展，并显示出巨大的发展活力。这种新型学校发展方式，一是解决了传统上仅仅依赖行政推进、学校只能被动发展的现象；二是解决在深化课程改革阶段，一些学校有自主发展、特色发展愿望，但因缺乏专业引领而不知道怎样发展的问题。

(二)学校自组织发展方式的探索

“1751”工程改变了学校长期靠外部指令的科层制组织方式。通过学校诊断、规划和专业跟进指导，让学校明确了学校发展的优势和存在的主要问题，对学校个性化发展目标定位与发展方向有了清晰的认识，看到了学校发展的空间和主要生长点，激活了学校自身发展愿望，达成了学校上下共同的发展愿景。通过自主选择优先发展性要素，使各要素相互关联，形成了学校内部有序发展结构和各要素协同发展的机制，是一种通过激活自组织内生力量，促进学校改革创新走内涵发展之路的有益探索。

(三)为促进学校自主发展提供了可借鉴路径

随着我国基础教育课程改革的不断深入，学校发展的个性化需求已成为必然趋势。“1751”工程在促进学校自主发展方面进行了有益探索：一是通过专业引领，协助学校开展诊断与规划，帮助学校寻找改革的逻辑起点，明确学校发展定位与发展目标，确定发展战略，确保了学校持续发展策略的一致性、创新性和实效性，并通过专家持续跟进来进行监控和调控；二是通过“联盟发展”“典型带动”等方式，使得学校能够将更多外来智慧与自己的实践经验对接，更充分地发掘和整合学校内在潜能，凝聚学校内生力量，促进学校改革创新，自主发展。

(四)为普通中小学自主发展提供了最真实可行的典型案例

工程项目学校历经三年多的发展，取得了突出成效，对普通中小学转变教育观念，明确学校发展理念与发展方式，改善学校发展的思维方式和行为方式，促进学校改革创新和自主发展提供了可借鉴的成功范例。“1751”工程每一所项目学校的发展都极具个性化，但在发展理念确定、发展规划制订、发展路径选择与优化，以及具体的发展措施等方面，在同类学校中具有较强的可借鉴价值。

(五)为进一步推进县域教育均衡发展提供了可借鉴的经验

从工程推进情况来看，不少项目县(区)借力“1751”工程的专家资源和推进方式，同步跟进了多个批次的跟进培育学校，有的县模仿工程推进方式，成立了项目县“专家团队”，也通过遴选项目学校，开展学校诊断、制订学校发展规划、建立结对联盟发展学校等形式，培植典型，辐射带动了区域教育的整体推进，为下一步我省推进县域教育均衡发展提供了可借鉴的经验。

(六)为促进教育行政职能的转型进行了有益探索

多年来，学校发展习惯于“行政控制模式”，过分依赖教育行政推进。“1751”工程把学校办学权真正还给了学校，学校发展由“要我改”到“我要改”，由“指令性”到“服务性”和“专业引领”，使学校成为真正意义上的法人实体。这种在较短时期内，让学校教育“提质”，让区域教育“提速”的新型教育发展方式，具有宽广的作用空间。

总之，自“1751”工程实施以来，在山东省教育厅直接领导下，经过山东省基础教育课程研究中心和所有项目县、指导学校、项目学校的共同努力，“1751”工程取得了突出成就，在实施专业引领和促进学校发展方式转型变革等方面，走在了全国前列，不仅赢得了工程项目学校和指导学校的高度评价，也赢得了来自省内外专家、工程所在市县领导及社会各界的一致好评，为我省乃至全国推进普通中小学自主发展和区域教育整体推进积累了经验。

上 篇

学校自主发展报告

“1751”工程在适应我国经济社会发展新常态，深入实施山东省素质教育的大背景下启动，通过基于专业支持的学校诊断和制定学校发展规划，引导学校全体员工思考自身发展优势和面临的“真问题”，理性思考学校发展空间，明确学校发展定位与目标、发展策略与方法。通过专家团队持续跟进指导，为学校提供专业引领、协同发展、典型带动等增值服务，搭建起了一个多维对话、“孵化”创新思维的资源交流平台，逐步培育起了创新文化，为不同学校“草根”创新提供了不竭动力，使学校由“封闭”走向“开放”，由“个体发展”走向“协同共进”，由“政府主导”走向“自主发力”，涌现一批具有新理念，新模式，新机制，新文化特质的特色高中，其学校发展经验得到快速流动和传播，辐射带动了区域教育的发展。

“1751”工程历经三年多的时间，培育了一批改革创新、自主发展的示范学校，作为新时期山东全面实施素质教育的新引擎。我们在本部分呈现了莱芜市莱城区凤城高中、山东省齐河县第一中学两所工程项目学校的诊断报告、发展规划和近年来学校发展报告，旨在让读者系统了解项目学校在短短三年多时间里的思考、实践和所发生的巨大变化，展现项目学校所释放的无穷创意、智慧和力量。与此同时，还呈现了山东省青岛第二中学、山东省潍坊第一中学两所指导学校(又称伙伴学校)的典型经验，展示了“资源共享、优势互补、相互促进、共同发展”的联盟发展机制下的互利共赢成果。

第一章　莱芜市莱城区凤城高中育人体系的建构与实践探索

【导读】山东省教育厅张志勇副厅长在2013年山东省中小学德育暨心理健康教育工作凤城高中现场会上指出，差异就是资源，就是特色，就是发展，有利于解决办学同质化的问题。他充分肯定了莱芜凤城高中近年来不断转变观念，关注特色发展，关注课程建设，关注学校的办学风格，关注教师的职业幸福感，变化很大，取得了可喜的成绩，向前迈出了一大步。

“以规范为前提，开全课程、开足课时”是贯彻《普通高中课程方案》的要求，是改变长期以来片面追求高考升学率的良方；“以课程作载体，促进学生全面、个性发展”是课程实施的目的。凤城高中在创新课程实施策略上采用了两大举措：一是“规范”，二是“促进”。“规范”是学校改进的前提，不仅局限于开全课程、开足课时，学校还为保证高中课程“后四领域”的实施所专门成立的隶属于教导处的“综合教学部”，强化“后四领域”的实施，“扁平化”管理，让国家课程“全”起来。“促进”在于激活课程实施创新的理想，在于课程实施促进学生全面、个性发展。为达到促进的目的，学校组织了各种类型的活动，丰富了“社团活动”内容，让学生个性“长”起来，强化了“心理健康”教育，让师生心灵“宽”起来。

一、莱芜市莱城区凤城高中诊断报告

（2011 年 9 月）

（一）学校发展基本情况

凤城高中始建于 1995 年，位于莱芜市钢城区城乡结合部，是全区集资兴建的一所全日制寄宿制学校。学校现有 76 个教学班，在校学生 4459 名，教职工 353 名，其中专任教师 316 名。学校占地面积为 164389.4 平方米，校园绿化面积为 22155 平方米，各种教学设施、学科专用教室、教学辅助用房、办公用房及生活用房等，均达到《山东省省级规范化学校评估标准》要求。学校建有高规格的面积为 8060 平方米的综合教学楼，内有可容纳 800 人的综合报告厅；图书馆藏书 11 万册，可同时供 1000 人阅读。德育展览室、电子阅览室、心理咨询室，网络和多媒体教学系统、教学评估系统等配套设施一应俱全，还建有高标准塑胶田径场、篮球场、排球场，以及教工专用的乒乓球、羽毛球、台球、象棋等健身设施。

校长卢法斌 46 岁，曲阜师范大学外语系毕业，教育硕士，从教 20 余年，曾先后担任过教师、教研员，历任教研室主任、副校长、校长等职务，2008 年任凤城高中校长。学校副校长 4 名，工会主席 1 名，均具有本科学历；年龄在 35～45 岁的 3 人，45～55 岁的 2 人。其中，山东省特级教师 1 人，高级职称 4 人、中级职称 1 人。

全校在岗教师 353 名。其中，30 岁以下青年教师 42 人，占 11.9％，30～40 岁教师 163 人，占 46.2％，40～50 岁教师 97 人，占 27.5％。硕士及以上学历 6 人，占 1.7％，本科学历 316 人，占 89.5％，专科学历 31 人，占 8.8％，其中专任教师均为本科以上学历。高级职称 99 人，占 28％，中级职称 114 人，占 32.3％，其他 103 人，占 29.2％。

(二)办学优势

1. 队伍建设梯队合理，民主管理氛围好，干事创业能力强

学校班子老中青结合，互补性强，精通业务，作风优良，思想解放，勤奋务实，善于自我反思，民主管理氛围深厚，有较强的凝聚力、领导力和执行力，发展愿望强烈，发展潜力较大。教师队伍整体素质高，人际关系和谐，具有良好的教师职业素养，敬业爱岗，责任心强，工作积极主动。教师队伍年轻化，易于接受新观念，为学校发展提供后劲和活力。79.41%的教师以在本校工作为荣，自身发展愿望强，对学校发展充满信心。

学校通过“师德建设月”、成立青年教师联合会和开展“读书与成长”活动，鼓励教师参加各级各类教学技能竞赛等，提升教师的理论水平和业务研究能力。语言教研组被评为“山东省青年文明号”，英语教研组被评为莱芜市“巾帼文明示范岗”，物理教研组被评为莱芜市“工人先锋号”，生物教研组被评为莱芜市“五一文明岗”等。学校现有省级特级教师 2 人，省级优秀教育工作者、优秀教师 4 人，省级教学能手、优质课一等奖获得者 6 人，市级优秀教师、优秀班主任、学科带头人等 26 人。

2. 重视规范办学，常规制度健全，办学水平逐年提升

学校拥有一系列规章制度，包括党政工作和活动制度、理论中心组学习制度、例会制度、校园管理制度、校务公开制度、对外宣传制度、职能部门工作制度、工会职责等，常规运行秩序井然。学校重视贯彻落实山东省教育厅有关规范办学行为的要求，尤其在 2008 年因违规办学接受处罚以来，学校十分重视办学规范的严格落实，运行状态平稳，发展势头好，可持续发展能力强，发展潜力巨大。

3. 学生活动较为丰富，特长生培养初见成效

学校重视落实国家课程方案，按要求开设模块课程，开出率在55%左右，音、体、美、信息技术等课程开设较好；学校以学生的兴趣为依据，开展了学生社团活动，其中的合唱、刀术、舞蹈、健美操、模特表演等社团活动，得到师生交口称赞。学生参与中央电视台模特电视大赛、乡村大世界栏目文艺演出、国际时尚超模大赛并获奖的消息，让学校师生备受鼓舞。学校重视学科特长生培养，学生自主报名，开设了数学、物理、化学生物等兴趣小组，近两年来，进入重点高校人数实现历史性突破，2011年成为中学校长实名推荐制(全省10所学校)，让全校师生感到自豪，提升了学校的社会美誉度。

4. 办学条件好，社会声誉高，取得了较为突出的办学成绩

学校办学设施齐全、办学条件良好，办学环境幽雅。自建校以来，生源不断增加，社会声誉不断提升，在当地具有较高的知名度。“把学校建成师生满意的学校”的办学理想，得到较好的落实，79.41%的教师以在本校工作为荣，82.26%的学生表示，在可以自由选择的情况下，不会选择离开现在的学校。学校先后获得山东省规范化学校、山东省文明单位、山东省师德建设先进集体、山东省校务公开民主管理工作先进单位、山东省语言文字规范化示范学校、山东省电化教育示范学校、山东省卫生先进单位、山东省体育传统项目学校、山东省心理健康教育会员单位、全国中学生数学联赛先进单位、全国中学生奥林匹克竞赛“金牌学校”等殊荣。

5. 丰富的社会资源，良好的政策环境，迎来学校历史性发展机遇

学校地处城乡交界处，社会经济发展活跃，城镇化速度加快，教育需求不断增长。区域开发、吸引外来人口不断融入，生源充足，人们的教育思想观念不断提升。

学校与周边社区、企业、事业单位建立了友好、密切的关系，得到了上级主管部门的大力支持，莱芜冶炼文化遗址、华山林场、房干生态旅游区及雪野航空运动城等旅游资源的开发，为学校开设样本课程、综合实践活动等提供有力的支持，并蕴藏着许多有待开发和利用的教育资源。

随着学校办学水平的不断提升，生源数量增加，对城市学生的吸引力不断增强，学源结构日益改善，家长对学生教育也越来越重视，学校生源优势日益凸显。

良好政策环境。学校被纳入山东省“1751”工程项目学校，为学校迎来了历史性发展机遇；莱芜市举办“走近最理想的教育”思想大讨论活动、莱城区教育局大力推进电子白板、莱城区“书香校园”工程建设、学校承担教育部门“十二五”课题等，都将为推进学校发展助力。

(三)主要问题

1. 引领学校发展的办学理念体系缺乏整体性、系统性建构

对体现学校文化核心价值理念的学校精神凝练不足，对校训、“三风”(校风、教风、学风)建设、办学宗旨等，缺乏系统思考，学校原有的校训、校风、学风体现了一定时期内的学校精神和发展期望，随着时代的变迁，学校发展目标和社会期待已有不同程度的变化，学校尚未建构起系统的具有时代感、个性化的理念体系，师生生命状态和精神品质得不到更好的关怀，学校发展的育人理想尚未得到有效落实。

2. 学校课程领导能力有待提升，课程综合性和选择性有待加强

学校缺乏对课程的系统研究，课程整合意识仍需要进一步加强，重视落实国家课程方案，音、体、美和信息技术等课程开较好，但从总体上来看，对开设三级课程缺乏整体规划和系统建构，重视高考考试课程，忽视校本课程、通用技术、综合实践活动课程等。调查显示，学校对此类课程的开设重视程度不够，开设少，课程开发能力薄弱，没有深入挖掘和利用家庭、社区等课程资源，课程开设水平不高。由学科教师兼任的校本课程，课时没有保证，开出效果不理想。尽管学校组织了部分社团活动，但群体参与度仍有待加强，多数学生课外生活还相对单调。

3. 教师课堂教学效益偏低，教学水平有待提升

有些教师观念陈旧，课堂教学改革推进效果仍不够理想。在规范办学行为，大力推进素质教育背景下，学校因不再加班加点，相对课时锐减，但教学内容并未减少，有些教师仍坚持固有的传授式教学方式，学生缺乏参与意识和活力，依然存在拼时间和技术性演练现象，课堂教学与新课程改革前区别不大。导学案发挥了一定的作用，但其研究水平仍有待于提高。在以级部考核为主的教育教学管理模式下，学科组之间沟通联系较少，以教研组为单位的业务培训和常规教研活动尚未进入高水平运行状态。

4. 教师科研意识淡薄，专业发展能力薄弱，存在学科性缺编现象

教师科研意识淡薄，科研能力相对薄弱，当前承担的十余项省、市、区三级课题，研究水平不高，尚没有对推进学校改革有较大影响的研究成果。常规教研活动多采用集体备课、听评课、赛课等形式，存在教师专业发展认识窄化、活动单一现象。年轻教师缺乏有影响力的学科带头人引领和必要的培养措施，专业成长速度缓慢。有44.12%老师认为课堂教学的着力点应该是教学方式与方法的创新。学校缺乏必要的激励机制和奖惩制度，教师对学校表彰奖励制度的落实认可度仅有8.82%，制约了教师主动发展的积极性。

教师数量不足，师生比低于全省高中平均水平。学校近四年未进新教师，目前学校外聘了13位教师，以缓解地理、生物、技术、艺术等学科缺编问题，学科性缺编现象较严重。

(四)发展建议

1. 完善学校办学理念体系，高位引领学校全面发展

组织开展学校办学思想、办学理念大讨论活动，以统一认识，明确学校办学优势、办学特色、发展定位和发展思路，达成全校师生共同的发展远景，推进教师发展学校进程，修改和完善统领学校发展的办学理念体系，高位引领和指导学校的全面发展。

2. 着力打造优质课堂，提升课堂教学效益

增强课程内容的融合和教学设计研究，增强教学问题的综合性和开放性，落实“先学后教”“以学定教”原则，力促“教”与“学”关系的根本性转变，着力培养学生自主学习、合作探究和创造性思维的习惯和能力，研究小组合作学习及其有效运行机制；精心制定和修订导学案，突出思想方法和问题解决能力的培养；加强作业设计及其批改方式研究，贯穿“省规”的作业要求，强化创新性、实践性作业；鼓励教师研究和创建自己的教学模式，形成自己的教学风格或教学流派。

3. 科研引领，建设高水平教师队伍

一是提升以备课组为团队的教研活动水平，帮助教师养成教学反思的习惯和同伴交流的习惯，组织主题备课、同课异构等开放性研讨活动；二是重视加强省内外校际间的多种形式的合作交流，发挥同伴互助作用；三是增强研究活动的开放性，通过“走出去、请进来”的做法，将改进自己的教育教学过程中的问题作为研究对象，通过参与专家或研究机构等组织的研究活动，在专家引领指导下开展研究，切实提高教师行动研究水平，增强解决实际问题的能力，搭建学校教师成长高平台。

4. 树立大课程观，增强课程的综合性和选择性

一是落实课程方案，重视课内与课外、校内与校外多种资源的整合，系统构建学校课程体系；二是强化校本课程建设水平，确保校本课程的时间和空间，突出已有特长生培养、艺术、体育相关校本课程开设；三是充分利用寄宿学校的优势，将课程延伸到学生的课外生活，通过组织丰富多彩的社团活动，拓展课程视野，提升课程的选择性；四是充分利用专家、地方能工巧匠、民间艺人等家庭和社会人力资源，开设地方课程、民间工艺课程等。

5. 建设促进学校主动发展的制度体系和运行机制

整体建构学校制度化体系和运行机制，强化学校核心工作课程与教学改革、教师专业成长和发挥科研引领带动等领域的激励机制建设，切实提升教师的教育教学水平，提升学校育人效果。建立鼓励教师从事科研活动的有效机制，通过科研引领、骨干带动、任务驱动等措施，营造科研引领学校发展的良好氛围，鼓励教师积极参与教育教学研究活动。学校要在体现人本性、民主性、开放性、科学性等现代学校制度特点的制度化建设上强化研究，使学校制度体系及其运行机制更加系统和科学有效。

二、莱芜市莱城区凤城高中发展规划

（2011—2014 年）

莱芜市凤城高中始建于 1995 年，1996 年开始招生，是当时莱城区 90 万人民群众集资兴建的一所寄宿制高中学校。现在占地 300 亩，建筑面积10万平方米，绿化面积2万多平方米，拥有353名教职工、4459余名学生，是山东省文明单位、山东省规范化学校、山东省教育系统先进集体、山东省教学示范学校、山东省师德建设先进集体、山东省校务公开民主管理工作先进单位、山东省语言文字规范化示范学校、山东省心理健康教育示范学校、山东省首届普通高中教科研十大示范校、山东省校本研究先进单位，是全国中学生数学联赛先进单位、全国中学生物理竞赛“金牌学校”、全国中学生生物竞赛“金牌学校”。建校以来，各级政府和教育主管部门给予了大力支持，社会各界人士对凤城高中厚爱有加，全校师生将这些支持和关注转化为办学动力，以优质的教育满足广大人民群众的需要。为此学校制定2011—2014年发展规划。

(一)学校发展的现状与分析

多年来，学校坚持“为成功人生奠基”的办学理念，树立“办规范特色学校、育合格特长人才”的办学目标，坚持“依法治校、质量立校、科研兴校、特色强校”的办学思路，秉承“特别能吃苦、特别能战斗、特别能奉献、特别能创新”的凤城精神，大力推进素质教育，深化课堂教学改革，着力培养学生的创新精神和实践能力，学校教育教学质量快速提升，赢得了社会各界的广泛赞誉，学校步入了一个新的发展阶段。

1. 学校办学优势

凤城高中是市、区政府重点支持的学校，在政策上、财力上得到有效保障。社会各界人士鼎力支持，以极大的热情为学校献计献策，支持学校的发展。以人为本，人文关怀，广大教职工在工作中自身的价值和尊严得到充分保证和体现，人心凝聚，风清气正。“教学第一、质量第一”的思想深入人心，全校上下聚精会神抓教学，千方百计提质量，真正把教育教学质量视作学校生存和发展的生命线。重视师资队伍建设，为教师量身制定培养目标，推动其个性化发展，建成了一支比较优秀的师资队伍。重视德育的实效性探索，为学生创造了个性化发展的良好机会，初步形成了具有本校特色的德育模式。重视课程改革，开足课时、开齐课程，课程资源丰富。重视课堂教学改革，注重因材施教，教学质量稳步提高。学校坚持实施素质教育，搭建广阔舞台，成立学生社团和学习兴趣小组，加大特长生培养力度，加快了学生健康、全面发展步伐。学校办学设施齐全、办学条件良好，办学环境幽雅，社会声誉高。

2. 学校存在的主要不足与困难

引领学校发展的办学理念体系缺乏整体性、系统性建构，办学品位有待于进一步提升。教育教学制度建设不够完善，现有制度执行力度不够。教师科研意识不强，专业发展能力不足，存在结构性缺编现象。课程领导能力有待提升，课程综合性和选择性有待加强。教师课堂教学效益偏低，教学水平有待进一步提升。办学特色尚不明确，社会影响力还不够。

3. 学校面临的机遇与挑战

学校上下一心，教职员工具有极大的干劲和热情。硬件设施的不断完善为学校内涵发展奠定了良好基础。但学校发展也面临巨大挑战，学校发展出现“高原效应”，核心竞争力有待持续提高，需要进一步明确办学目标，凸显特色。受招生范围的影响，优秀生源的竞争将更趋激烈。

(二)学校发展的指导思想和目标

1. 学校办学指导思想

凤城高中办学的指导思想是“坚持以人为本，注重改革创新，建设生态学校，为成功人生奠基，创建特色鲜明的优质高中”。

2. 学校发展的总体定位与目标

学校发展目标：以科学发展观统领学校工作全局，以国务院颁布的《关于深化考试招生制度改革的实施意见》为指引，以制度建设为切入点，以教师专业发展为着力点，以课程建设为新亮点，以和谐促发展，以质量铸品牌，进一步确立本校的教育质量优势，全面提升学校的育人水平和办学层次，力争通过三年的时间，把凤城高中建设成为学校文化鲜明、制度健全、师资优良、课程多元、特色明显的现代化优质特色高中，打造区域示范性品牌学校。

教师发展目标：以校本培训为依托，构建高效学习型组织，创新教师培养方式，不断提升教师培训层次，打造一支师德高尚、业务精湛、富有创新精神的名师队伍。

学生发展目标：以学生自主成才为切入点，以多元化的课程为增长点，引导学生学会学习健康发展，促进个性生长，培养综合素质，勇于创新，追求卓越。

3. 学校发展的阶段性目标

第一阶段(2011—2012 学年)以制度完善和落实为重点，加强学校的精细化管理，积极构建科学高效的管理体系。在抓好常规管理制度的同时，以课程建设为突破口，强化体制机制创新：一是加强"后四领域"中的音乐、美术、通用技术、信息技术和研究性学习等课程开设过程中的选课指导和选层指导；二是发挥全体教师的作用，实施全员育人导师制；三是解决学校课程开设较少、校本课程开发动力不足的问题，建立学校课程推进工作室制度；四是规范和引导学生社团活动，建立课外社团活动制度；五是完善新课程实施过程中的检测和评价制度。

第二阶段(2012—2013 学年)以深化课程改革和管理为重点，通过整合教师资源、学生资源、学校资源和社会资源，构建开放的具有个性的大课程体系，实现学校有特色、教师有个性、学生有特长。一是落实课程方案，重视课内与课外、校内与校外多种资源的整合，系统构建学校课程体系；二是强化校本课程建设水平，确保校本课程的时间和空间，突出已有特长生培养、艺术、体育等相关校本课程的开设；三是加大"思维课堂"教学的改造力度，丰富课程资源，全面提升集体教研水平，切实提高课堂教学效益；四是充分利用寄宿学校的优势，将课程延伸到学生的课外生活，通过组织丰富多彩的社团活动，拓展课程视野，提升课程的选择性；四是充分利用专家、地方能工巧匠、民间艺人等家庭和社会人力资源，开设地方课程、民间工艺课程等。

第三阶段(2013—2014 学年)以总结提升为重点，在往年的实践与总结基础上，对学校发展进行全面梳理，概括办学经验，形成完善的独具特色的教育教学工作模式，汇编本校教育教学经验论文和教学质量成果册，使学校的整体办学水平迈上新的台阶。积极推动学校省内外交流，不断加强与著名高中学校的联系，使学校的影响力在全省乃至全国不断扩大，争创市内领先、省内一流、国内知名的高中学校。

(三)学校发展的重点领域及创新措施

1. 以文化建设为载体，推动学校特色发展

(1)丰富学校文化内涵。以优秀的齐鲁文化和嬴牟文化为核心，秉承“不辱使命、不负众望”的校训，营造浓厚的“凤文化”氛围，积极打造以“凤文化”为特色的校本课程体系，以丰富多彩、积极向上的校园文化活动为载体，努力营造学生勤奋攻读、教师爱生敬业，师生立志高远、共同成长的和谐氛围。

(2)营造良好的育人环境。从实际出发，盘活教育资源，创建环境优美、品位高雅的绿色校园、生态校园，创建教室、墙廊、网络、生活等环境文化，适当增加部分人文景观，建好生物园、地理园，让校园处处有景点、处处有经典、处处有内涵、处处有哲思，使师生员工浸润于这样的文化氛围中，身心受到感染和熏陶。

(3)提升教职工精神追求。坚持以人为本的思想，关注教职工身心健康与专业发展，把关心人与关心工作相结合，努力为教职工提供积极发挥作用的舞台和施展才华的机会，挖掘培植教师优点，努力做到人尽其才，各得其所，克服职业倦怠，增强职业幸福感。

2. 以制度建设为抓手，全面促进管理创新

(1)建立现代学校管理制度，全面推进民主管理，依法治校。凡涉及学校重大的改革措施和教职工切身利益的事项，必须召开教代会进行充分的讨论，集中正确的意见和建议。每周召开的教学工作会议，除部署下周重点工作外，还要听取教师代表对学校各项工作的意见。建立校长与教职工对话制度，强化干群之间的联系。成立学校、年级、班级三级“家长学校”，完善家委会职能，定期召开各层面会议，建立家校沟通制度，促进学校的民主化管理。

(2)形成科学高效管理机制。充分发挥教代会、校长办公会、学代会职能，完善责权利统一、政令畅通、便捷高效、创新实干的学校管理网络。提高管理队伍素质，完善中层干部选拔机制和竞争上岗机制，建立民主考评、干部轮换机制。充分利用计算机系统，建立现代信息管理系统，实现学校管理、办公电子化。

(3)推进校本教研制度。建立学习型组织，开展自主学习，提升以备课组为团队的教研活动水平，规范教研流程，高效开展校本集体教研和学段检测现场教研，开设学科专题大讲堂。组织“同课异构”“群组磨课”“联片教研”“微课题研究”等开放性研讨活动。借助“1751”改革平台，加强省内外校际间的多种形式的合作交流，发挥同伴互助作用。举办凤城周末讲坛，邀请校外教育专家、学者、名师来校开设讲座，在专家引领指导下开展研究，切实提高教师行动研究水平，增强解决实际问题的能力。

(4)实施全员育人导师制度。以“思想引导、心理疏导、生活指导、学习辅导”为原则，采用“班主任＋班级辅导员＋导师”的管理模式进行全员育人，使教师和学生之间建立起明确的相对固定的新型师生关系，促进学生全面、健康成长。

3. 以校本德育为基础，构建全面育人网络

(1)抓好三支队伍建设。一是年级主任、团总支书记、班主任组成的教师德育核心队伍；二是学生会干部、学生班干部、学生社团形成的学生德育标兵队伍；三是家长学校形成的社会德育骨干队伍。

(2)强化学生行为习惯养成教育，继续完善文明习惯养成教育机制。以“三支队伍”为主体，实行全员教育、全程管理，发扬学生自主管理、自我教育的传统，让凤城学子形成终身受益的良好行为习惯。

(3)充分发挥学生社团活动、学校文化活动、社会实践活动、知名专家讲座、学科渗透等有效形式，践行社会主义核心价值观，使价值观教育更具操作性和时效性。

(4)大力推进综合实践活动课教育，加大社会实践基地的开发和建设，以学生社团为主，整合教育资源，把多样化的活动纳入校本课程体系，培育学生的现代意识，增强学生适应社会发展的能力。

(5)继续深化心理健康教育工作。在学校心理健康教育优良教育资源基础上，与主题班会、体育教学相结合，采用个体心理辅导、团体活动、专题讲座等形式，帮助学生矫正心理问题，提高学生心理健康教育水准，争创全国心理健康教育特色学校。

4. 以内外兼修为原则，提升教师综合素质

(1)提高修养，做学习型教师。进一步完善师德评价制度，提高教师师德水平。继续强化教师“敬业、爱心、责任、奉献”意识，开展“专业知识、专业能力、专业精神”多维度培训活动，不断拓宽其知识面，重新构建知识结构，引导教师做学习型教师，为课程开发提供知识和智力支持。

(2)鼓励教师进行教改实验，与课改共成长。实施教师专业发展计划，不断提高教师的专业素养和教育教学能力，促使教师积极参与校本课程开发、研究性学习、指导学生社团活动等工作。定期向教师发放教科研学习资料，多渠道全方位提供教科研信息，扩大教师视野。每个课题组以科研骨干为主，以落实微课题为抓手，聘请专家进行课题指导，每年举办教科研论文及微课题评选交流活动，全面提升学校课题研究的水平和质量。

(3)推进“名师工程”建设。抓好名师的个性化培养，加强与高校、名校的联系，组织骨干教师到高校培训，到名校考察研修，提升骨干教师数量和质量，力争三年内有60%的教师达到市级教育教学骨干水平，使一部分教师成为省内外有知名度和影响力的教育教学型专家。

(4)深入实行“青蓝工程”。不断加大优秀人才的引进力度，努力提高教师学历层次，为学校可持续发展提供人力资源保障。关心青年教师的成长，给青年教师压担子、引路子、树梯子，表彰奖励在青年教师培养中有突出贡献的教师。

(5)继续强化高端培训。在前期一轮全体教师高端培训基础上，拓宽教师培训渠道，采取教师外出培训、校本培训、专家培训、课题培训等形式，提高教师的专业化水平。

5. 以课堂教学为中心，提升课堂教学质量

(1)建立“思维课堂”教学研究机制。重点对思维课堂教学的目标定位、组织形式、过程设计、教学策略、教学效能、教学资源的开发利用、学生参与和有效学习等方面进行系统的总结、研究和评价。

(2)探索实施选层次走班教学。按照“全局动员，逐项落实，稳步推进，不断优化”的原则，逐步开展学科选层次走班教学，按照学生的实际情况，提供最适合的课程，为实施高效课堂教学提供科学平台。

(3)以学科组为单位，定期举行不同类型、专题的观摩课和研讨课。在人人参与课改的氛围中，不断总结课堂改革的经验，推出校本优质课范例和教学改革的经验、模式。举办促进教师专业发展的课堂研究论坛，组织教师就思维课堂和翻转课堂教学的策略和教学案例进行研讨。

(4)以学科组为单位，有效整合教学内容，广泛开发、改进教学资源，建设凤城高中校本专业知识库，提高课堂教学的效能。

(5)加强作业教学及其批改方式的研究，按照省厅规范办学中的作业要求，强化创新性、实践性作业。在学生双休日、节假日作业中，推行分类分层布置，并进行定期检查。

(6)发挥现有资源优势，全天候开放学校阅览室、实验室等功能用室，给师生提供优质服务，为课堂教学提供优质资源库。

6. 以课程建设为生长点，搭建优质资源平台

(1)做好宣传，加强课程“四级管理”。加强课程专家对学校校本课程开发的指导；加强学校校本课程开发领导小组的研究和管理；加强教研组的教学研究，每月至少开展一次校本课程教研活动；加强教师之间的教学观摩、研讨交流，定期举行校本课程研讨会。

(2)做好课前审议，课中调查，课后研修，实施课程评价。在校本课程实施过程中，从课程内容、教学过程、学习效果、学情调查四个方面进行跟踪评价，并及时反馈。根据反馈情况，对开设课程进行必要的修改、补充和调整，使教学活动更具开放性、实践性，考核方法更合理。

(3)挖掘和利用独一无二的莱芜文化资源，以嬴秦文化发源地、长勺之战、莱芜梆子、莱芜战役、莱芜矿冶等历史故事和风土人情为依托，构建“传承嬴牟文化，热爱八宝凤城”的主导性校本课程体系，搭建促进学生发展的课程资源平台。与职业院校合作，校内渗透职业教育，拓宽教育渠道和平台。

(4)强化新课程中“后四领域”课程管理和教学水平，采用高一、高二两个年级集中同时开设、教师跨年级上课、每班级隔周两节连排授课方式进行授课。学校对此领域教师的课程实施和教学效果进行单独考核。

(5)重视“自招”渠道，培养优秀人才。在抓好物理、数学竞赛特长教学的基础上，向其他学科和领域如化学、生物渗透，在艺体、艺文、艺理等方面争取有更大的突破。深入开展体育与健康领域教学研究，总结过去丰富教学经验，扩大成果。广泛开展艺术教育活动，在加强音乐、美术课堂教学的同时，充分开展第二课堂活动，开设音乐、美术等兴趣学习小组和学生社团。

(6)确保心理健康教育工作规范有序开展。将心理健康教育纳入学校整体发展规划和年度工作计划，完善心理健康教育工作组织实施、检查督导、评估评价等方面的规章制度，完善心理辅导伦理规范、档案管理、值班值勤、学生转介、危机干预等方面的工作制度。

学校从四个方面建立发展保障体系。一是宣传发展规划，凝聚发展共识；二是形成发展氛围，培育发展环境；三是发挥规划功能，完善实施机制；四是加强后勤支撑，保障规划落实。

在学校迈向新的征程的重要时期，全体教职工一定会志存高远，同心同德，求真务实，勤奋工作，为实现这一宏伟目标做出努力和贡献。

三、莱芜市莱城区凤城高中发展报告：让高中生活别样精彩

——凤城高中育人体系的建构与实践探索

(2011—2014 年)

2008 年 4 月，在莱芜以高升学率著称的凤城高中因违反《山东省普通中小学管理基本规范》的有关规定而受到省教育厅的严厉处分。一时之间，来自社会、家长、老师和学生的各种声音汇集成一股股洪流向凤城高中扑面打来，让人几乎招架不住。瞬间从高考升学的“峰顶”跌入舆论“谷底”的凤城高中感到了前所未有的压力、困惑和无助。每一位关心

凤城高中发展的人都在叩问：怎么解决当前大家心头的困惑？前面的路应该怎么走？

(一)重构办学愿景，直抵生命成长

(1)直面痛苦现实，明确发展路径。面对全省素质教育新形势和凤城高中“无可奈何”的发展困境，学校新班子感到压力极大。学校该何去何从？如何使学生从“时间＋汗水＋题海”中摆脱出来？如何让备受“上课＋考试＋讲评”重复煎熬的教师感受到职业的幸福？

上线人数和上线率充斥于我们的评价。学校中不缺纪律管理但缺少思想教育，不缺简单训斥但缺少理解尊重，不缺学习方法的指导但缺少全面素质的培养，不缺包办和压制但缺少自主发展的时空和舞台。

老师很累，夜以继日地工作；学生很苦，在题海中挣扎；学校压力很大，因为上级领导给出的刚性指标任务逐年增加。

为什么我们的主题班会被上课、自习、考试挤占！为什么我们的艺体课仅仅成为课程表上的点缀！为什么我们的活动课形同虚设！为什么我们的课堂只是老师表演的舞台！为什么老是用管理高考复习班的模式来教育我们高中的学生！

……

“分分分学生的命根，考考考老师的法宝”，这样三年如一日的反复煎熬，师生过的是不是一种正常的教育生活？高中三年里他们的生命意义和作为“人”的价值何在？从老师和学生们的叹息和呼声中我们看到：在片面追求升学率的“应试教育”模式下，老师和学生们身心俱疲，代价沉重！破解“片面追求升学率”的难题，推进素质教育，成为学校发展中无可回避的深刻命题。是为了满足社会惯性和家长心愿，继续用“地道战”抓应试教育？还是穿新鞋走新路，趟出素质教育的阳光大道？

正当凤城高中的领导和老师们在孜孜不倦摸索前行的过程，一道亮光出现在眼前——“山东省‘1751’改革创新工程项目”应时而生！这让凤城高中的领导老师看到了希望。

2011年，经过层层审核审批，学校成为山东省“1751”改革创新工程项目学校。这项工程给学校带来新的发展契机。校长卢法斌说：“面对机遇，我们不能等待，不能观望，应该昂扬斗志，主动出击，实现逆势飞扬。”在山东省基础教育课程研究中心专家的跟进指导下，在客观分析、诊断与评价学校发展状况的基础上，形成了《凤城高中学校发展诊断报告》，对学校未来三年发展路径进行了科学规划，确定把“精神提升年”“课程推进年”“特色成效年”作为2011年至2014年三个学年度的发展主线和阶段目标，以深化课程改革和管理作为重点，努力实现学校有特色、教师有个性、学生有特长。我们坚信：一所高中学校，没有升学率是万万不行的，但只有升学率，学生生命不可能是丰富健全的，学校也成不了一流学校。我们认为，普通高中教育必须朝着两个方向去4努力实践，一是“仰望星空”——坚持高远的教育理想，为学生终身发展负责；二是“脚踏实地”——为学生人生规划未雨绸缪，在升学上有“量”的突破更要有“质”的飞跃。

(2)凝练学校文化，提振凤城精神。通过不断的学习——反思——讨论——再反思——再讨论，我们似乎触摸到了教育的真谛。尤其是伴随着我们的办学条件逐步完善的时候，学校已经在深深地思考：学校不能是文化的“沙漠”，如何在“软实力”上做文章，而突破口又在哪里？于是，我们又重新梳理和分析了凤城高中的发展历史和现状。在素有“八宝凤凰城”之美誉的莱芜，建于1995年的凤城高中是为普及高中教育由全区广大干部群众集资兴办的一所学校。它承载着社会各界的重托和希望，故而校训定为“不辱使命、不负众望”。校长卢法斌在激励全体教职工时深情地说：“发展到今天，凤城高中不仅需要‘不辱使命、不负众望’的强烈责任感，更需要‘不待扬鞭自奋蹄’的自我发展、主动发展的时代精神。以‘凤’命名的凤城高中在历史发展的拐点需要‘凤凰涅槃’精神来支撑，满足师生发展需求，实现师生生命价值，由此实现‘在困境中求生存，在生存中求发展，在发展中求辉煌，在辉煌中求腾飞’的美好愿景。”

为此，学校明确提出，依托“凤凰”这一独特的精神符号和文化图腾，通过校本课程开发、演讲比赛、论文征集、故事整理、书画比赛、诗歌诵读等形式，深入发掘传统文化中“凤凰”的内涵特质，在传承中进取，从“凤凰精神”中提炼出“和谐包容、合作共赢、立身立德、求知践行”等内涵作为办学核心理念。一是积极打造“和”文化；二是逐步开发形成“洁身自好”德育系列文化；三是以“凤凰涅槃”精神指导“反思性主题班会”；四是以“百鸟之王”特质，培养学生的领袖气质。如今，“凤凰文化”已如春风化雨般渗入每个人的心中，成为推动凤城高中创造性发展的巨大精神能源。全体师生精神面貌焕然一新。

(二)完善课程体系，丰富营养套餐

伤痛在哪里，起点就在哪里。《山东省普通高中课程设置及教学指导意见》指出：“实行国家、地方和学校三级课程管理，赋予学校合理的课程自主权，鼓励学校在遵循课程基本设计思想的前提下，结合实际，设计有特色的学校课程计划。”随着对课改理念的逐步深入理解，学校越来越意识到，国家课程作为课程体系的核心、根基、主干和“主食”，事关国家未来也关乎学生的未来，必须不断加强、夯实，校本课程是对国家课程的细化、深化，是“套餐”里面的特色副食。国家课程和地方课程谁也离不开谁，在学校的课程体系建构中，我们也经过了国家课程的整合再造的过程——国家课程校本化。校本课程的开发构建改变了单一的国家课程开发模式，有利于教师个人才智的充分发挥，有利于形成和体现一所学校鲜明的办学特色。于是，学校以规范为前提，从开齐开全课程、开足课时入手，本着“先易后难、重点攻坚、成熟一个、推出一个”的原则，逐步完善校本课程体系，为每一个学生加强营养，实现集体“补钙”。

(1)做强“后四领域”，补齐成长短板。实际教学中，“后四领域”(体育与健康、技术、艺术、综合实践活动)课程往往被边缘化，成为学校落实国家课程方案和推进素质教育的短板。为了确保“后四领域”课程的有效实施，经广泛调研、严格论证，学校将新课程中“后四领域”的教师从级部管理框架下抽出，组建综合教学部，由教导处直管。每个学科均采用工作室制度，采取“五统一”管理办法：统一办公、统一教研、统一管理、统一考核，统一安排课程表。每位老师负责一个主题或模块，其他教师共同参与设计和指导。

学校新建成的综合教学楼根据原先规划设计是行政办公楼，为了给教育教学提供更多的便利条件，大部分教室被改造成了音乐、美术功能用室，并且每个功能用室都配备了液晶电视、笔记本电脑以及相关教学设施。专用工作室的开辟，突破了以往音乐、美术上课受到的地点、设施等因素的限制，创设了良好的教育教学环境，艺术教学实现“华丽转身”。学校改变传统体育课的单调模式，大力开展“优秀体育课创新活动”，实行“选项教学”，在原有的篮球、排球、足球等学习内容基础上，新增了健美操等现代时尚运动和刀术、太极剑等中华传统武术，开莱芜体育选项教学之先河。学科教师可以打破年级界限，采用必修课合堂教学、选修课连排等教学方式进行授课。学校的图书阅览室、学术报告厅、教师会议室等场所有了新的“用武之地”，为合堂、连排教学提供了场地保障。学校连续多年承办省市区各类艺体教学评选活动，优质的教学环境和学生的优良素质得到参赛教师的一致好评。

学校还加大了综合实践活动课程的实施力度。在研究性学习课程的实施过程中，注重了学生自主课题的三级开题答辩(班级、年级、学校)和研究成果的展示；充分利用莱芜本地资源，组织学生到莱芜钢铁集团、莱芜发电厂、莱芜农博园、莱芜植物园、莱芜战役纪念馆等地进行社会实践活动；到周边社区开展各种公益活动，如敬老院献爱心、社区卫生保洁、废品分类回收、青年志愿者服务等。

令人欣喜的是，新课程“后四领域”的改革取得了明显成效：一是促进了教师对学科教材的重构能力，提高了教师的教学水平，同时有效减轻了教师的工作压力；二是集中办公和教研，实现了资源的整合和共享，使各种教学资源得到了有效利用；三是给学生提供了更多的特色主题或模块，扩大了学生的选择空间，加强了学生动口、动手、动脑能力的训练，提高了教学效率，培养了学生的综合素质，极大地改善了学生的精神状态，学生变得更加阳光。

(2)开设校本课程，自主选择“菜单”。在充分整合国家课程和地方课程的基础上，学校确定了校本课程多元化发展的基本体系，整个课程体系由八大门类组成，涉及五十余种校本课程，基本满足了学生整体发展和个性发展的需求。目前学校开发的校本课程有：一是学科拓展类，如《数学与科学决策》《初级英语语法与修辞》《政治科学素养概论》等；二是特长生培养类，如《生活中的物理》《高中物理教学中创新思维的培养与训练》《高中数学特长生的思维能力及其培养》等；三是身心健康类，如《民间游戏进校园》《校园三门球》《常见体育运动损伤的预防和处理》和心理健康主题班会等；四是地方校本类，如《莱芜常见野生植物识别》《莱芜史略》《乡调情韵——莱芜梆子》等；五是社团活动类，如“凤鸣”文学社、模拟联合国、“一抹绿”植保协会等；六是人文素养类，如《凤凰文化读本》《古典诗词写作入门》《高中英语戏剧与表演》等；七是科学素养类，如《走近中国航天》《科学人生》等；八是实践创新类，如《学习吹奏布鲁斯口琴》《陶艺——泥土的涅槃》和各学科创新大赛等。

这些校本课程面向高一、高二同学列出“课程菜单”，由学生自主选择，全面开课。开课过程中，我们还与社会各界学有专长的人士进行广泛的合作，得到了他们的热心支持。比如学校音乐教师在讲授《乡调情韵——莱芜梆子》理论知识的同时，还邀请莱芜梆子艺术家们到校现场讲解和表演，与学生面对面交流，受到了学生的热烈欢迎。

(3)丰富社团文化，展现个性色彩。学生社团活动是校园文化建设的主要载体，是实施素质教育的有效途径，是学校第二课堂的引领者。前几年，学校学生社团数量少，管理松散，活动随意，没有发挥出应有的育人功能。如今，学校成立了专门的“学生社团活动中心”，给学生提供了16个社团活动专用教室。学生热情高涨，自发组织成立了“凤鸣文学社”“凤鸣合唱团”“长勺战鼓社”“‘一抹绿’植保协会”“泰语社”等32个学生社团，百花齐放，生机勃勃。作为第一课堂的重要补充，社团活动不仅为学生提供了一个展现自我、发掘自我潜能、促进交流的平台，还为他们的学习和生活注入了新鲜的活力。

学校举办“1751”改革创新工程第一片区高中段学校学生自主管理交流会

为促进学校社团活动课程的有效开展，充分发挥教师在学生学习、生活各方面的指导作用，我们实行了全员育人导师制。每班级建立“班主任＋班级辅导员＋导师”的导师组制育人模式，其中班主任和班级辅导员既负责班级管理，又是导师组成员。导师分为学科类导师和活动类导师，学科类导师又分为学科兴趣小组类和学科竞赛类：学科兴趣小组导师负责学科素养类和学科拓展类校本课程的研发和开设，学科竞赛导师由学校指派专人负责，包括数学、物理、化学、生物、英语、语文和信息技术几个学科；活动类导师主要结合学生社团开展教育教学活动。这种育人模式，极大地提高了管理效率，也极大地锻炼了老师们的教育管理能力。

目前，在凤城高中，艺术节、体育节、读书节、科技节均已纳入学校常规工作计划，并由专门机构负责组织实施。校园“四节”既可以促进社团活动课程的开展，同时为各种学生社团搭建了展示舞台，激发了学生的创作热情和精神风采，全面展示了师生健康活泼青春向上的精神风貌，以素质教育为核心的特色校园文化大放异彩。2014 年举办校园文化艺术节汇演时，场地由室内转向室外，全校师生 8000 余人观看，气氛空前热烈，并且把录像视频链接到优酷网、土豆网，得到一片盛赞。

社团活动和校园“四节”给各具天赋的学生提供了张扬个性、展现特长的空间和舞台，让每个学生切身体验和领会了“三百六十行，行行出状元”的要义。每个学生在这里找到了自己的闪光点，发现了自己的独特价值，对自己的未来充满了自信。这些活动产生的“自我体认”价值远远超过了知识、技能本身的价值。

(4)关注心理健康，点亮心中明灯。社会发展带来的种种变化，使学校教育受到了巨大冲击，也给中学生心灵成长带来诸多不良影响。这些不良影响给我们正常的教育教学工作带来了巨大的困扰。面对这一系列困扰，我们一直在寻找开启学生心灵之窗的“金钥匙”。

学校以打造优良师资为先决条件，努力将塑造积极健康的人生态度内化为教师的一种生命自觉。学校先后组织心理咨询教师参加山东省心理健康教育研讨会、山东省中小学生心理健康观摩课及送课助教活动、山东省中小学心理健康教育实施途径专题研讨会、箱庭疗法理论与实务培训、全国高级经络催眠师及师资认证培训等一系列研讨活动。这些培训交流促进了心理咨询教师的专业提升和自我发展，并充分发挥了心理咨询教师在心理健康教育方面的核心引领作用。目前学校有30位教师获得国家二级心理咨询师证书。学校将心理健康教育课纳入了三个年级的总课程中，每5个平行班配备一名心理教师，远远超过了每十个平行班配备一名心理健康教育教师的国家标准。

学校不断加大资金投入，配置专业阵地，开辟新址建设了300余平方米的心理健康教育指导中心，投资近二十万元购置了心理测评软件、音乐放松椅、宣泄人等先进的设备。在开展好个别心理疏导工作基础上，重点加强了心理健康教育与体育教学的结合，以班级为单位，师生共同参与，广泛开展团体心理辅导、户外拓展训练等专项活动。还设立“家长开放周”，积极引入家长资源开展工作，以家庭教育指导为链接，架起了家校沟通桥梁。该中心自投入使用以来，受到学生的热烈欢迎，被师生亲切地称为“心灵氧吧”。

为了使心理健康教育工作向纵深发展，学校将心理健康教育纳入教科研工作，靠课程管理，以课题带动，尊重和满足学生的心理需求，开发了《高中心理健康教育主题班会》《高中团体心理游戏》《高中心理剧集锦》《高中心理健康知识读本》等校本课程，由专、兼职心理健康教师任教，以课堂教学的形式向学生传授心理健康知识，开展学生喜欢的心理活动，为学生提供全面的心理辅导。2013 年 4 月，全省中小学心理健康教育工作暨德育工作经验交流会在莱芜市召开，学校为本次会议提供了心理健康教育的唯一现场。山东省教育厅副厅长张志勇在现场查看了学校心理健康教育工作情况后，说："学校应该关注每个孩子的心理状态，让其健康成长。凤城高中的这种心理健康教育非常好，希望能推广到所有学校，让每位教师都能走进孩子心里，成为孩子的导师。"

省教育厅张志勇副厅长到学校视察心理健康教育工作

(三)打造"思维课堂"，实现快乐学习

随着教育改革的深入发展，学校老师们逐渐认识到自己不仅是教育者，也是受教育者，更应当成为研究者。也就是说，我们不能仅仅满足于成为一个"教书匠"，而应当争做一个研究型的学者。在这一理念的影响下，学校的教科研工作、课堂教学研究也呈现了一个新的局面，大家不仅仅满足于听一节课，评一次课，而是要挖掘更深层次、意义更为深远的研究课题。

(1)构建思维课堂，激活能量释放。在学校特色教育理念指引下，老师们深刻感受到了以往课堂教学模式的局限性。为教育注入新的活力，打造高效课堂成为老师们迫切的愿望和共识。近年来，学校突破重重压力，紧紧围绕构建“思维课堂”、培养阳光健康学生这一主题，在抓好抓实分层教学基础上，通过“同课异构”“联片教研”“群组磨课”“名师论坛”等形式，加强对课堂教学的系统化研究，逐渐形成了以“先学后导、分组探讨、自主构建、内化提高”为核心理念的“思维课堂”教学模式。

“思维课堂”让每个学生找到了自我展示的平台，给了学生一个充分思考、思想碰撞、尽情展现的空间，每个人都觉得自己是课堂的主人、是知识海洋的弄潮儿，有了“我的地盘我做主”的豪迈情怀和乐观精神。学习不再是被逼无奈的“苦行”，而是生日派对一样的“乐事”。

每学期都举办高质量的全校范围的各学科“思维课堂”展示课观摩活动，由点到面，不断深化提升，课堂理念发生巨大变化，课堂教学效益明显提升。今年，我们紧跟国际教育发展潮流，在“思维课堂”的基础上，又开始了在“翻转课堂”和“微课程开发”方面的探索，部分参与实验的老师锐意进取、潜心钻研，精益求精做好每一个课件，取得了初步成效。

(2)完善教研制度，巩固课堂阵地。围绕课堂教学，建立了多种授课、听课、评课制度。一是坚持示范课评课制度。每学期初，学校组织教学名师、教学能手、学科带头人出示范课，并进行听课、评课，发挥教学名师的榜样引领作用。二是坚持优质课评比制度。要求每位教师精选课题，充分准备，积极参与，每人出一节精品课。三是坚持外出学习汇报听课评课制度。教师凡外出考察学习，回来后必须汇报，写一份精品教案。四是坚持跨学科的全员参与的推门课制度。要求每一位教师时刻研究反思自己的课堂教学，随时接纳领导和教师深入自己的课堂。

(3)建立科研网络，连线课堂内外。学校建立了“教科室——级部——备课组——任课教师”的“四级”科研网络，制定了学科科研制度，以教育科研带动教育管理改革，以教育科研促进教师成长，以教育科研推动教育质量的提高。本着“问题即课题”的原则，力求做到人人有课题、科科有课题、围绕教学搞科研。目前全校共有国家级、省级、市区级以上研究课题82项。我们还编印了《凤城高中优秀教师教育科研论文集》，组织开展了“微课题”研究行动，一大批倾心教科研的优秀教师群体正在迅速形成。

（四）打造优良师资，做学生的良师益友

教师队伍作为学校最重要的教育资源，应努力去“开发潜能，发展个性”，使教师的活力“竞相迸发”，使教师的才智“充分涌现”。学校在教师专业化发展的道路上，充分利用学校自身资源和优势，不断完善“引进、培养、调整、优化”队伍建设指导方针，完善管理和激励机制，以“教研训一体化”校本教师自培模式为载体，以促进教师专业化发展为核心，努力打造了一支结构合理、师德高尚、特长鲜明、敬业爱生、勇于探索的可持续发展的师资队伍。

（1）自主研修经典，导航精彩人生。学校开展了“学习型校园”创建工程，通过多种途径促进教师开阔眼界、丰富自我，提升教师的教育境界。为了营造良好的文化氛围，学校大力强化“书香校园”建设，让老师读书带动学生读书。学校多年来坚持给老师购买和发放教育经典书籍，先后下发了《爱的教育》《走近最理想的教育》《高效课堂22条》《第56号教室的奇迹》《如何创建高质量课堂》等50余本学习用书。通过“学习心得评比”“教师读书汇报会”“演讲比赛”等活动，进行激励和督促，让老师徜徉书海，沐浴书本带来的智慧之光。从2009年暑假开始连续六年给全体老师编制内容丰富、富含最新教育教学信息的《凤城高中教师暑期研修》和《凤城高中教师寒假研修》，同时推荐100种选读书目供教师们在假期中作为学习使用，以此督促和保障老师不断“充电”。开学后进行“假期研修”检查和评选，对优秀学员给予表彰奖励。

（2）深化校本培训，引领专业成长。学校每月都会安排学科培训活动，分集中培训和分散培训两种形式。集中培训是针对当今教育形势、学校现状等开展的理论性学习，是全校统一行动，重在思想理念的宏观引领和教育通识的强化学习；分散培训则是以教研组、级部、学科团队等为单位开展的小型专题研讨活动，主要解决工作中遇到的具体问题。

为了开发学校名优教师优质资源，发挥名师示范引领、辐射带动作用，学校定期举办教师沙龙——“杏坛论道”，以此促进了学校教师理论提升、思想提炼和专业成长。

(3)融入联盟团队，共享优质资源。近年来，学校主动为骨干教师、年轻教师的发展搭建各种学习和展示的平台。尤其是从 2011 年开始，学校依托山东省“1751”改革创新工程，与省内名校深层次、多侧面的交流全面提速，先后承办参与“思维课堂”教学观摩与同课异构、班主任论坛暨学生自主管理工作交流研讨会、“翻转课堂”教学观摩会等 10 余次大型研讨活动，学校有 10 位老师在“1751”工程第一片区内及片区外高中学校授课，深受好评。学校卢法斌校长多次受邀到垦利一中、莱州一中等学校做典型发言，提升了学校知名度。“1751”改革创新工程让我们走出莱芜小圈子，融入全省大圈子，扩大了与青岛二中、淄博实验中学、莱阳九中、蒙阴一中、五莲中学、昌乐二中、青岛 39 中、牟平一中等省内名优高中的交流，形成了相互借鉴、携手共进的局面。学校老师们学习归来，在反思材料中表达了同样的心声：当我们的学习冲动与激情逐步沉淀后，就变成了沉甸甸的责任与担当。

第一片区高中学段联盟发展会议

(4)强化高端引领，成就教育梦想。随着校本培训的不断深入，我们的眼界也不断扩大，我们学习的渴望也越来越强烈，为了获得更多的学习机会，我们“请进来”和“走出去”双管齐下，加强学习。

“请进来”。我们先后邀请高金英、卢志文、崔刚、张怀春、韩军等省内外高校教育专家到校做专题报告。同时，努力借助山东省“1751”改革创新工程的牵线搭桥，多次邀请山东省基础教育课程研究中心专家到校做学术报告，进行专业指导和培训，取得了良好的效果。

“走出去”。近年来，我们先后组织教师300余人次到省实验中学、青岛二中、淄博实验中学、昌乐二中以及清华大学附中、中国人民大学附中、江苏启东中学等省内外60余所学校参观学习。同时，为了让老师们能与高校、与教育专家、与行业精英进行“零距离接触”，在浓郁真切的氛围中接受熏陶，从2012年学校启动了为期三年的骨干教师暑期高端研训，三年中到北京师范大学研训3次，到华东师范大学研训2次，每次都封闭研训一周时间，倾听了张华、梁捷、丁榕、鲍传友、韩玲、赵谦翔、陈纪英等30余位专家学者的报告。一线教师累计400人次参加了上述五次高端研训。学习期间，老师们专心听讲，认真反思，与专家广泛互动、深入交流和探讨，让“头脑风暴”激发教育灵感、升华教育思想。正如华东师范大学教授张华所说：“假期中学校组织教师外出学习，并不少见；但我们凤城高中的领导、老师们真学实干的精神，让我着实感动!”每次研训归来，学校都委托莱城区教研室对教师的学习笔记和反思进行认真考核，评选出优秀学员，在教学工作会上予以表彰。其中，教师群体所写的《碰撞——从教育原点出发找寻教育的本质》和《感受青岛二中精彩，瞭望素质教育未来》，都被山东省基础教育课程研究中心收录到《学校变革：行动与感悟》《学校变革智慧：管理创新与学生发展》等学习材料中，引起较大反响。

教师成长的动因和归宿还是学生的发展，是为丰富学生生命内涵，提升学生生命质量，实现学生人生价值服务的。几年来，学校的教师专业化发展产生了巨大的引领作用：一是引领了教育教学的革新，对学生产生了润物细无声的影响；二是引领了莱芜地区的教师专业化发展，产生了巨大的示范效应，莱芜二中、莱钢高中等学校主动联系，共同参与每年的暑期高端研修。

连续多年的教师高端培训以及由此产生的明显变化，为学校发展提供了强有力的支撑，学校的发展也得到广泛认可。学校又先后获得山东省教育系统先进集体、山东省首届普通高中教科研十大示范校、山东省校本研究先进单位、莱芜市首届群众满意学校等荣誉称号，被确定为山东“齐鲁名校教科研协作体”成员学校、山东省翻转课堂及微课程开发实验基地。学校卢法斌校长先后应邀在全省高中校长素质教育培训班、全省高中校长任职资格培训班、全省高中教学管理团队培训班上做报告，介绍学校发展经验。今年 3 月份，卢法斌校长作为莱芜市唯一人选，受省教育厅邀请参加了“山东省普通高中骨干校长海外培训班”，赴美国考察学习。卢校长考察归来，对普通高中的发展有了更深刻的认识和更高的追求——普通高中作为人生道路的三岔口，它有自己的独特价值追求，应该让每一个学生在高中阶段找到自己的生命价值，让他们的生命更加丰满，更应该开出绚烂多彩的花，结出丰硕美味的果！

通过这一系列的改革工作尤其是借力省“1751”改革创新工程实施三年以来，学校各个层面在发生着积极的变化。一是学校管理者在变化。校长、主任的领导不再是简单的行政领导，更多的是对课程的领导，是对课程的执行。学习、调查、研究、讨论，管理者的思想、行为在悄悄地发生着变化，不再是紧紧盯着升学率、卷面成绩，关注的是学生作为未来“人”的发展潜能和变化。二是教师在变化。规范办学行为，休息日、节假日得到了保障，有了更多的自主时间，职业幸福感增强了。课程结构的变化，选修模块的增多，也给教师提出了新的挑战，教师的备课不再是一本教材、一本教参、几套习题能解决的，主动读书，主动研究的多了起来。改革激发了教师的发展意识、研究意识和创新意识，教师的视野由狭窄的课堂转向了丰富的生活，教育教学工作日益体现出了它的艺术和创新特质，教师在发展学生的同时，也在发展着自己。万千水流归大海，前两者的变化最终促成了第三个变化——学生在变化。校本课程既是新时期课程改革的需要，也是推行素质教育的有力保障，有利于学生全面而有个性的发展，有利于教师专业水平的提高，有利于学校特色的形成，同时还起到推动地方经济文化建设和精神文明建设前进的作用。丰富的课程，自由的选择，多样的实践活动，走出校门，走向社会，动手实践，深入生活，学生释放了很大的参与热情，本身所具有的强烈求知欲、好奇心被激发出来，各种各样的爱好、才能有了表现的空间，在全面发展的同时，学生的个性渐渐有了明显的体现，多元化、个性化、平等化、民主化的发展逐渐有了新的体现。

“不要因为走得太远，而忘记为什么出发”，这句让人警醒的话，促使我们不断“看见”。师生生命的精彩就是学校教育的出发点和归宿，在“1751”工程的引领和推动下，我们做到了，但这不是句号，而是逗号，我们不断前行，路在脚下继续延伸……

第二章　青岛二中在追求卓越中创新

【导读】学校由行政化管理走向人文化管理，由层级制管理走向民主化管理，从而使学校由传统走向现代，由封闭走向开放，由相对独立走向社会，以文化的力量驱动学校发展。青岛二中“尊重人的权利，满足人的需要，促进人的发展”，将教育思想回归到以学生发展为本位的价值轨道上来，实施创新人才培养，推动了学校多样化发展，成为山东省基础教育改革与发展的领军者之一。创建新型“孵化组织”学校提出了三个阶段的发展战略：第一阶段，全面深化素质教育；第二阶段，实施创新人才培养；第三阶段，推进教育国际化。学校按照“高层次、可持续、求突破”的方针，努力促进学校治理主体多元化、治理方式民主化、管理自主化、权力扁平化，大大提升了学校治理能力和教育品质。

青岛二中是山东省基础教育改革发展的领军者。学校在高位发展的同时寻求新突破，不断创新人才培养体系，推进教育的现代化和国际化，创生出一系列可供借鉴和复制的普通高中特色发展的宝贵经验，并十分积极地借助“1751”工程平台，移植和辐射自己的教育思想、教学方法和教研成果，带动周边和全省工程学校共同发展，特别给予革命老区沂蒙教育以诚挚的关心和无私的帮扶，体现了崇高的专业精神和博大的教育情怀。

作为一所强校名校，自然培养和集结了一大批名师，拥有者得天独厚的教育资源，即使是按部就班，从容不迫，单凭教师的专业功底和教学个性，加上学校办学的赫赫名声，足以领跑全省，让人望其项背。但是，真正的教育人、专业者一定是适时自我否定，以时俱进，持续创新的。民主治校早已硕果累累，课程学院制又是亮丽于前，现在，青岛二中在创新思维课堂的基础上率先建构翻转课堂，从根本上调整教学关系，又一次冲在了素质教育行军的最前头。这的确难能可贵，令人敬佩。翻转课堂，形式上是教学时空的翻转，实际上是师生角色的翻转，教学关系的翻转。它需要教师，无论是否名师，都要调整转换地位和角色，否定自己先前的得意经验，克服固有的教学惯性，让位于学生，放权于学生，服务于学生，让学生借助于网络等课程资源和与学习伙伴的合作，自主地获取知识，建构意义，让学生个性起来，特色起来，精彩起来，教师甘心地、默默地、智慧地做一个本真专业意义上的新课堂的新教师。这种翻转和变革对于名校名师来讲，难度更大，意义更大，需要理想、胸怀和专业精神作为支撑。

为全面贯彻省教育厅制定的“1751”改革创新工程方案，按照“优势互补、资源共享、重点促进、共同发展”的原则，为实现“搭建学校发展平台，推进学校制度创新，强化学校课程建设，狠抓课堂教学改革，促进教师专业发展，提高学校教育教学质量，形成区域教育合作发展优势”的发展目标，作为莱芜凤城高中的伙伴学校(又称指导学校)、第一片区高中学段牵头学校，青岛二中面临着机遇与挑战，在诊断、指导、带动区域学校的改革行动中，我们逐步意识到：学校特色发展、课堂教学改革、教师专业化提升是激活一所学校持久变革的根本要素，为此，学校积极行动，率先垂范，在上述三个方面做了诸多有益的探索。

一、建构创新人才培养体系，推动学校特色发展

多年来，青岛二中一直在素质教育的探索和实践中前行，逐步形成了“自主·开放”的办学特色，确立了“造就终身发展之生命主体”的育人目标，学校的办学水平和质量也不断提高。按照基础教育的定位、人的成长和发展规律及学校学生的特点，学校提出了三个阶段的发展战略。第一阶段，全面深化素质教育；第二阶段，实施创新人才培养；第三阶段，推进教育国际化。当前，学校按照“高层次、可持续、求突破”的方

针，已经进入基于素质教育的创新人才培养发展阶段，这是基于学生素质发展基础上的更高追求，体现的是对于学生创新素质和能力的科学认知和提升，“1751”工程的实施更是助推了学校的特色发展。

(一)体制机制创新，为创新人才培养提供组织和制度保障

一是成立了学生创新发展指导办公室。负责系统规划学校创新人才培养方案，实施学生创新素质培养的具体管理和指导工作。制定出台了《青岛二中创新人才培养实施办法》《青岛二中创新人才培养课程实施办法》《青岛二中学生创新活动管理办法》等13项相关文件和制度。二是成立了教师发展处，负责系统开展教师的发展规划、管理与服务。制定出台了《青岛二中教师发展实施办法》等规章制度，自主设计研发了教师发展电子档案管理系统。三是整合教务处、学生处和团委，共同负责学生综合发展的规划、管理和服务职能；同时提出混合型组织结构管理模式，深化年级管理的扁平化程度，实施了条块交叉、管理扁平、一岗双责。

(二)课堂教学重建，全面推动创新思维课堂

一是确立了以知识为载体，以思维能力培养为核心的课堂教学目标；提出了低起点、高观点、高目标的教学方针；明确了从演绎教学走向以归纳教学为主导、演绎教学为补充的教学方法；凝练了“还知识以情感、还课堂以灵性”的课堂价值观。二是改进常规教学评价。改进作业布置，增设研究型作业，结合课堂教学内容进行必要的引申，指导学生学以致用。开展学生创新能力测评，通过面试、开放性试题等考查学生的创新素质。

(三)学校课程重构，为学生创新素质培养搭建平台

围绕青岛二中学生十项素质的培养目标，结合创新人才培养要求，在学校六个大类近100门校本课程的基础上，进一步挖掘与优化现有课程资源，形成了以人文素养类课程、科学研究类课程、工程类课程、技术类课程四大类课程为基础的创新人才培养校本课程体系。

以“模拟文化”课程为代表的人文类课程，通过开展模拟联合国协会、模拟经济协会、模拟法庭、模拟人代会、模拟新闻大赛等形式，极大地丰富了学生的知识面，开阔了学生的视野，逐渐形成一种独特的校园文化。以研究性学习为代表的科学类课程，通过和创意思维课的结合，学生每年的创意设计多达 800 余项，每年都有 100 多项成果申请成功国家实用新型专利，其中部分成果还可进一步提升，参加科技创新大赛、环保科技大赛、水科技大赛等，成绩一直在全国名列前茅。

(四)创新实验室建设，为学生创新力提升构筑孵化场

率先在全市建设创新实验室，实验室的建设遵循国内一流、对接高校的模式，经过前期大量的论证和考察，第一期建设的四个实验室：机械工程、机器人、工程坊和人体健康实验室已经完成。其中机器人实验室与哈尔滨工业大学对接，工程坊实验室和西安交通大学联合共建，不仅由对接大学指导建设，而且和对接大学在师资培养、课程实施和活动比赛等方面进行全面的合作共建。第二期建设的四个实验室已在 2013 年完成，分别是：新能源汽车、现代生物分析、智能学习、建筑模型以及远程学习实验室，其中新能源汽车实验室和清华大学联合共建，智能学习实验室和北京师范大学联合共建，建筑模型实验室和天津大学联合共建。创新实验室的建设，满足了学生探索更深知识的需要，同时，提升了学生的动手实践能力。

机器人研制

(五)创新团队建设，实现教师更高远的价值追求

学校建立了创新活动指导团队，立足校内选拔有创新潜力的教师，目前已经建设了科学创新、机器人及模型、工程技术创新、环保及新能源、发明创意和人文创新六大类教师指导团队。在师资建设上，我们主要从四个方面加大对老师的培养：一是建立了“教师发展专项基金”，用于教师外出参加有关创新力方面的学习培训；二是引进科学教师，陆续引进了青岛科大、山大等工程和技术专业的非师范教师，加强学生的科技创新实验研究；三是提升教师指导学生课题研究的水平，将教师指导学生研究性学习纳入教师考核，作为教师必须具备的能力之一；四是引导学科组加强对创新的认识和追求，自然科学学科加强了学生开放性实验探究的力度，不断增强学科创新素质培养的能力。

在培养校内指导教师的同时，我们还聘用校外专家，采取校内外结合的创新人才培养工作研究团队，重点在研究性学习、课题研究等方面给予学生更高层次的指导。同时在创新团队教师的指导下，定期组织校内创意大赛、研学成果展示大赛、科技节等活动和比赛，拓展校外参加比赛和活动的范围，目前梳理了4大类20种创新类国内国际比赛，其中2012年新拓展参加了5个国内有影响力的比赛。比如全球节能车挑战赛、全国水科技大赛、DI创意思维大赛、结构设计挑战赛、慧鱼工程创新大赛等活动，2013年首次参加的ROBOCUP机器人世界杯中，学校更是包揽了所有单项冠军，也获得了团体冠军。

(六)挖掘社会资源，为学生拓展广阔的实践平台

创新实践基地以项目孵化的形式建立，目前已经与海尔集团、海军401医院、高校软控等企业建立合作培养机制，与中国海洋大学、青岛科技大学、海洋研究所等高校和科研院所建立合作培养机制，利用企业和高校的独特视角和资源对学生在创新实践活动、研究性学习、社团活动等方面进行指导，提升学生的科技与人文素养，培养学生的创新精神与实践能力。

(七)设立“卓越”实验班，开创全新的育人途径与模式

2012年暑期，学校在新入校的高一学生当中，招收大约100多名具有强烈的创新潜质和动手实践能力的学生组成实验班，实验班在国家课程上与普通班一致，但在校本课程、研究性学习开设、活动比赛平台等方面进行了大胆的尝试，目前实验学生人人有课题，人人有项目，人人参与创新实验设计，经过一年多的学习，学生的创新素质和实践能力得到了极大的提高，获得的市级及以上科技人文类活动比赛奖励达 50 人次。

创新人才的培养是一项系统工程，需要学校在培养机制、体制改革、教师素质、实践教育、教育国际化等方面进行创新与研究，目前，学校遵循教育规律和人才成长规律，不断深化教育教学改革，创新教育教学方法，在创新人才培养方面已初显成效，学校有信心、有能力探索出一条适合青岛二中特色发展的创新人才培养的途径和模式。

二、推进教学方式的转型，探索基于教育云的翻转课堂

近年来，翻转课堂作为一种全新的教学模式正在得到大力推广，之所以“新”，是因为翻转课堂颠覆了传统的教学过程，它将“知识传递”的过程放在课堂外，学生通过观看教师制作的教学视频，并借助网络上丰富的教育资源自主完成新知识的构建，而回到课堂上，教师则根据学生的课前学习结果为他们提供个性化的指导，并设计一些探究型活动，引导学生完成“知识的内化”，这一模式完全突破了传统课堂的边界，对于课堂教学的诸多概念和关系进行了重新定义。随着互联网技术的飞速发展，翻转课堂与互联网技术进一步整合，教育云应运而生，教育云使得构建完全个性化的教学与学习环境成为了现实，信息技术从幕后走上前台，对教育的发展产生了革命性影响。

作为“1751”工程片区龙头学校，青岛二中在课堂教学改革方面率先垂范，提出了：重视学生主体作用的发挥，建立民主平等的师生关系；

让学生在课堂教学中充分发挥主体作用；加强学生预习性学习，培养学生预习习惯；重视学生思维能力培养，激活课堂的活力等教学观点。这些课堂教学理念的提出和实践，为翻转课堂的顺利实施打下了坚实的基础。2013年，学校开始系统研究翻转课堂，并在“1751”共同体学校间开展教学研讨与同课异构活动。2014年暑期，在经过一年充分论证的基础上，青岛二中与北京师范大学联合研发教育云平台，通过互联网技术，以及智能终端设备的辅助，探索更加便利高效的翻转课堂模式，目前正在高一年级部分班级试点。基于教育云的翻转课堂教学模式的基本理念正在逐步清晰，并不断地运用于实践当中。

（一）顶层设计基于教育云的翻转课堂架构

基于教育云的翻转课堂教学模式的实现，是一项系统工程，不仅要有理念的指导和引领，还需要与之配套的学习环境、教学制度与机制等，这些配套措施直接关系到翻转课堂实施的成功与否。因此，学校在实施前进行了充分的调研论证，成立了由校长总牵头的工作领导小组，成员包括分管校长、部门主任以及全体教研组长，制定了翻转课堂工作推进时间表，出台了《青岛二中翻转课堂操作程序》《关于翻转课堂中微视频的设计和制作》以及校园信息化推进工作等制度与方案，从理念到实践逐步展开。

1. 教学理念的颠覆

翻转课堂的核心思想是为每一个学生的发展创造机会，强调通过自主学习、合作学习，使得学生真正成为学习的主体，教学过程不仅没有弱化，反而要求更高了，而教育云的加入，更是拓展了教学的空间和时间，这就要求教师要调整自身的教学观念，要重新看待课堂和教学行为。学校从一开始就系统设计教育理念的培训工作，相继邀请了国内知名的专家学者到校开展报告讲座，同时陆续安排教师走进华师大等高校接受高端培训，开阔眼界，更新教育观念，从而为翻转课堂的实施提供观念和舆论的支持。

2. 学习环境的搭建

基于教育云的翻转课堂学习环境不仅包括便利的互联网环境、丰富的多媒体资源库，还包括能整合教学资源的教育云平台建设，后者对翻转课堂的推进显得更为重要。如果说微视频、电子书包等教学资源都是一粒粒散落的珍珠的话，那么，教育云平台就是串起这些珍珠的线，只有串起来，才能变成耀眼的项链。因此，学校从一开始就高度重视教育云平台的建设，目前，与北京师范大学合作研发的教育云平台已经运用于翻转课堂教学当中，并在教学实践中不断地完善。

3. 制度与机制的完善

在新的教学环境下，教师如何更有效地指导学生的学习，在这种模糊课内课外边界的环境下，如何评价老师工作的质量与效益，如何指导学生学会学习，学会使用新的学习工具持续获取新信息、增强创造力等，都需要站在全新的角度进行科学的规划和设计，同时要建立激励机制，系统规划教师培训，鼓励老师们大胆实践，不断超越与发展自己，实现更高目标的追求。

(二)教研先行营造浓厚的研究氛围

作为一种新的教学模式，教师需要学习新的技术、适应新的教学云平台，需要精心的教学设计、需要大量的课前准备、需要不定时的学生答疑，因此，云环境下翻转课堂的落地实施不可能短期内完成，更不可能一蹴而就，需要精心的设计与实施，以期让教师在做中学，在学中悟，在悟中不断创新，进而形成常态，达到目的。

1. 立足高端，参与全国、区域性教研活动

作为全国 C20 慕课联盟校之一，学校充分利用这一高端资源，同时邀请“1751”片区共同体学校积极参与教学研究活动。仅 2013 年，学校参与全国性翻转课堂教研活动达 7 次，2013 年 12 月和 2014 年 5 月，C20 联盟两次在学校举行全国性教学观摩研讨活动，无论是专家报告、教师示范课以及同行的评价，都让全校教师开阔了视野，在交流与碰撞中达成了共识，明确了方向，教研效果显著。

第一片区特色高中建设研讨会现场

2. 立足实际，加强校内教研实效

我们确定了“分级试点、项目认领、典型带动、全员参与”的策略，在基础年级每个学科组中确定 1～2 位教师作为项目负责人，建立教研合作体，通过学校、教研组全力配合支持、集备组全员参与的方式，开展先行先试，发挥团队的智慧，在不断的研究——实践——完善、再研究——实践——完善的过程中提升。在老师们的共同努力下，教与学已经展现出显著的变化，语文、生物、地理、历史等学科都在不断地加入云平台开展常态教学。

(三)翻转课堂聚焦教学改进的难点与对策

1. 教师个人教学需求与海量资源筛选的困难

教师不仅要进行系统的教学设计，同时要借助于信息技术手段的支持，从海量的资源中筛选自己所需的资源(如视频、图片、文字等)用来制作教学视频、拓展阅读、在线评测等环节，这极大地增加了教师的工作量。如何将老师们从大量的资源整理中解脱出来，将主要精力用于教学设计和学生学习指导上，我们从三个方面逐步解决：一是引入基础性教学资源库。资源丰富，但需教师自行查找并进行后期处理后使用。二是遴选有针对性的资源。C20 资源、慧学云资源、创新联盟资源等，此类资源贴合学校教学实际，教师可直接用于教学。三是建设符合学校特色的资源库。鼓励教师在已有资源的基础上，进行二次开发，形成个性化资源。通过这三个方面的建设，逐步形成完备的资源体系。

2. 教育云的标准化与个性化支持还没有完全统一

教育云平台其实就是提供一种学习环境，利用翻转课堂的教学理念，使得课堂教学实时交互，使得课堂学习延伸到课外、校外，将学习的控制权放在学生自己手中，使得无论是课外、周末、假期等都可以随时随地开展个性化学习，实现了学习的自主化、个性化和合作化。另外，教师也可以通过教育云实时掌握学生学习动向，了解学生学习需求。目前，受到各种环境因素的影响，使得教育云在支持学生个性化学习方面还不够充分，我们的对策就是充分调研学生需求，不断完善教育云的功能，满足学生的个性化学习需求。

3. 教师的教育信息化理念和信息技术水平亟待提升

新的教学模式需要教师不仅要系统设计课堂教学，还有利用信息技术手段对教学资源进行加工编辑，不仅要制作微视频、整合多媒体资源，还要利用教育云平台进行教学活动，这都对教师的教育信息化理念和信息技术水平提出了更高的要求。为了更好地解决这个问题，我们加

信息班学生的课堂

大教师信息技术培训的力度，在培训过程中注重信息技术与学科的融合，变“任务驱动”为“技术驱动”，让教师主动去了解、适应新的技术，进而接纳、使用好信息技术。

（四）智慧化校园实现从“数字化”到“智慧化”的突破

智慧校园是校园信息化发展的更高层次，是一种服务于校园学习、工作、生活的智慧化、一体化的环境，通过将教学、学习、科研、管理和校园生活等方面进行充分融合，从而实现这样一幅蓝图：无处不在的网络学习、融合创新的网络教学、丰富多彩的校园文化、方便周到的校园生活、透明高效的校务管理。下一步，学校将在完成校园网基础设施改造的基础上，依托教育云平台，系统研究规划智慧校园蓝图，实现学校发展更大的突破。

纵观历史，信息技术从来没有像现在这样深刻地影响着教育的变革，挑战与风险相伴也是必然的。基于教育云的翻转课堂在挑战着传统课堂教学的同时，也在创造着机遇，改变着每个教育者的思维和对于教育的认识。

三、完善教师专业化发展工程，催生教师教育发展力

教师专业发展建设，不仅因为教师是学校教育思想理念的传导者和实施者，而且这也关系到教师工作的幸福度和价值实现度。青岛二中抓住“1751”工程实施的契机，不断探索教师专业化发展的模式，在教育教学实践中，努力创造良好环境和条件引导教师专业提升的同时，不断深化人事制度改革，构建由制度、机制、实践等所形成的教师发展平台，让每一个老师找到自己的发展方向。

（一）制订方案，确立五级培训制度

为促进不同发展阶段的教师全面发展、特色发展、自主发展、终身

发展，坚持系统教育观，针对不同的发展目标，从教师专业价值和生命价值两个维度，制定教师发展五级培训体系，为不同层次教师提供个性化的发展支持。

1. 一级培训

主要培养对象为三年教龄以内的青年教师，发展方式以“沃土工程”和基础培训为主要途径，促进青年教师全员发展，为青年教师搭建课堂研究平台和素质拓展平台，提供各类学习资源，保障青年教师自主发展。

建立一级培训系列制度。以“沃土工程”和见习班主任制度为载体，以课堂教学为主阵地，以教育教学实践指导为主线，实施“师徒带教”；校本培训课程以新教师基本技能和基本素养为重点，全方位强化新教师基本功；以青年教师一年教龄汇报课和三年教龄教师比武课为抓手推动青年教师进行课堂研究。搭建平台提供资源，以赛带学、以赛带研保障教师自主发展。

完善一级培训评价制度。以“沃土工程”和见习班主任管理制度对教师教育教学实践进行达标评价和评优激励，校本培训课程进行学分达标管理，课堂研究以汇报课和比武课形式分别评价。

2. 二级培训

培养对象为三到十年教龄的青年教师，发展方式以校内课程培训为主要途径促进全员发展，通过攀登工程对优秀青年教师进行重点培养。

建立二级培训系列制度。着眼于青年教师最近发展区，建立同伴互助的攀登工程；以校本选修课程为依托，为青年教师的特色发展固本筑基；支持教师进行多层次的同课异构，积极促进课堂研究；搭建平台提供资源，保障和促进教师自主发展。

健全二级培训评价制度。青年教师同伴互助以过程性评价为主；教育实践考察针对学习总结进行等级评定；校本培训课程进行学分达标管理；以自我评价为主引导教师自主发展。

3. 三级培训

培养对象为具有一级职称的中青年骨干教师和部分优秀青年教师，

以双优工程和高端培训为主实现重点培养，通过基础培训、自主发展实现本层培养对象的全员发展。

建立和健全三级培训系列制度。建立双优工程，以优促优，构建协同共进的双优互动机制；加强高端培训，带动行动研究；以校本培训为主要途径，突出个性化选择，促进全员发展；以星光课堂等平台促进课堂文化研究。

完善三级培训评价制度。以双优工程实施方案对培养对象实施达标评价和评优激励；高端培训实施围绕主题进行案例分析并实施等级评定；校本培训课程进行学分达标管理；以自我评价为主引导教师自主发展。

4. 四级培训

培养对象为高级教师和部分具有一级职称的优秀青年骨干教师，发展方式以高端培训为主要载体加强重点培养，通过基础培训、任务驱动和自主发展实现本类别培养对象的全员提升。

建立和健全四级培训制度。以多元教育智慧反哺教育行动，引领凤凰工程，实现重点骨干教师的培养；以教学反思为原动力，以课题研究为内核，进行高端教育考察；以担任青年教师导师等任务带动教师发展，通过任务驱动，激发骨干教师创新发展内驱力；以智慧课堂研究课为平台，助力创新人才培养。

完善四级培训评价制度。凤凰工程实施自我评价和过程性评价；高端教育考察实施课题申报和等级评定；对于担任青年教师导师等任务驱动实施达标评价；校本培训课程进行学分达标管理；以自我评价为主引导教师自主发展。

5. 五级培训

培养对象为具有特级教师称号的专家型教师或优秀高级教师，发展方式是通过高端培训、科研任务、自我建构，激发专家型教师的“专业自觉”“专业自主”“专业自为”，促进专家型教师的发展。

建立和健全五级培训系列制度。以拓展视野和提升教育思想为培训重点，利用高端培训引领专家型教师发展；通过开发校本培训课程，以教育教学反思为科研切入点，激励专家型教师的行动研究；以“思想者论坛”和“教学思想研讨会”为平台自我升华，建构个体教育哲学。

完善五级培训评价制度。进行多元化评价，引导教师自主发展；对自我发展的优秀成果学校予以认定并进行适当奖励；对校本培训课程开发进行学分管理。

(二)发展性评价，点燃教师的教育激情

1. 制定教师发展档案填报和审核制度

学校根据青岛二中发展实际，自主开发完成“青岛二中教师发展档案系统”，集合了教师发展的管理、评价、培训选课、学分管理等功能。教师随时提报基础工作、校内分工、社会影响、教师荣誉、课堂研究、班级管理、课程开发、指导学生、教科研、高端培训、校本研修、自主发展等方面取得的标志性成果，教师发展处、教务处、学生处、创新办、团委各部门每半学期进行一次审核。

2. 制定教师发展综合评价制度

依托教师发展档案系统，确立青岛二中教师综合评价方案。全面衡量教师、全面肯定教师贡献，通过基础工作、校内分工、社会影响、教师荣誉、课堂研究、班级管理、课程开发、指导学生、教科研、高端培训、校本研修、自主发展等指标综合评价教师贡献。同时突出学校的特色工作、重大工作、创新工作等方面的评价，为引导教师关注学生的全面发展、优势智能、个性色发展，将“指导学生”纳入教师评价体系；为引导教师关注课堂教学改革，将“课堂研究”纳入教师评价体系；为引导教师全面发展，将教师高端培训、校本研修纳入教师评价体系。

3. 建立教师发展荣誉制度

学校建立了系统的教师荣誉体系，其中学校综合荣誉体系包括青岛二中精彩人物荣誉系列、成功园丁、校先进工作者、校优秀青年教师等；学校专项荣誉体系包括校优秀班主任、德育专家、教学专家、创新专家、竞赛专家、科研专家等。同时根据荣誉体系，学校制定了《青岛二中教师奖励条例》，从机制上为优秀教师创造良好成长环境。

4. 建立教师奖励制度

学校设立奖励基金，并成立奖励基金评定委员会，奖励委员会成员通过教职工代表大会选举产生，由教代会负责监督学校奖励委员会负责管理各类奖励基金，激励广大教师在各自的岗位上勤奋努力、争优创先，推动学校教育教学工作向更高的目标发展。

5. 建设教师发展模式，培育教师发展文化

系统衔接教师发展环节，创新教师常规培训模式，形成“导师示范——自主研学——实践内化——展示突破”的系统化培养模式，坚持理论学习和实践操作相结合，在各个环节上创新参与方式，通过任务驱动、成果展示、互动研讨等方式激活教师的专业自觉和实践智慧。

改革传统培训侧重于听讲座的培训方式，围绕同一培训主题，通过四个环节共同促进教师对该专题学习内容的学习和运用。在培训不同环节上创新培训形式，“导师示范”环节提供可自主选择的多样化资源，“自主研学”环节和“实践内化”环节在内容和时间上尊重教师的自主性，“展示突破”环节优化展示方式，通过汇报课、说课、评课、研讨等多种形式组织青年教师加强青年教师的反思性教学，在反思中提升，以展示的方式促进青年教师以主体地位参与学习过程、实践过程和展示过程。

(三)课程制度，确保学校师资建设的质量与水平

根据教师发展内涵，规划教师发展体系的外在形式，统筹校外力量、学校力量、主体力量三个要素，坚持校内和校外相结合、个人自主发展和学校推动相结合的原则促进教师系统发展，建设基础课程、高端课程、特色课程一体化培训课程体系。校本培训构建理论课程和实践课程相结合、必修课程和选修课程相结合、专业课程和发展力课程相结合的教师发展课程体系促进全体教师分层发展。

1. 制定教师发展课程提案与开发制度

(1)教师培训课程提案制度。教师发展处专门负责每个学年度教师培训课程的制定；同时，各部门及教研组对教师培训课程具有提议权，每学期末向教师发展处提交学校基础培训课题和各部门专门课题。

(2)教师培训课程审核制度。校本课程提议阶段结束后，有学校教师发展委员会对培训课程进行综合审核，符合要求的课程由教师发展处负责具体实施管理。

(3)校本培训课程开发制度。

校内教师培训专家队伍建设制度。由学校特级教师、各类专家、教学能手均有担任青年教师导师或开发教师培训课程义务。

校本必修课程建设制度。必修课程重点服务于教师发展的通识教育，促进教师全面发展。以师德论坛、教育故事为载体建设职业道德类必修课，以思想者论坛、教育工作会议为载体建设教育理念类必修课，以每月一讲为载体建设教育技能类必修课、以科研论坛为载体的建设课题研究类必修课。

校本培训选修开发制度。选修课重点服务于不同学科不同发展方向的教师实现特色发展。结合学校发展的基础工作、重大工作、创新工作、特色工作，既为教师的个性化发展提供选择，又为学校发展提供人才支撑，逐步建立《课堂教学专题》《校本课程建设专题》《心理健康专题》《学生指导专题》《智育导师专题》《教科研专题》《研究性学习专题》《创新人才培养专题》等系列专题。

(4)校外高端资源共享和二次开发制度。

通过教师发展档案系统，将培训学习资料、总结报告等阶段性成果资料上传共享，促进教师的自主学习和主动发展。

校外高端资源二次开发制度。参加国培、省培教师或学校组织的高端培训，需要自觉承担培训课题和任务，结合学校教育教学实践对课程进行再次创新，形成培训课程，传播培训的成果，辐射其带动作用。

2. 制定教师发展学分管理制度

充分利用电子档案系统的选课功能，对高端培训、校本培训实施学分化管理，为每位教师建立学分银行。通过网络选课，为校本必修课程、校本选修课程、高校进修课程、海外进修课程根据学时和课程内容，对不同课程分门别类赋予学分。

同时对不同层次教师提出差异化的学分要求，结合五级培训体系，对五级培训对象进行学年度学分达标考核，不达标学员在下一步年度进行选修补学。

教育的根本诉求在于实现学生真正的发展。一所好的学校不应当规定人的发展道路，而应该是一个能够让学生实现梦想的地方。“1751”工程促使我们站在国家、民族、世界的角度重新审视学校教育，拓宽了学校发展的视界。我们将一如既往，坚持深化素质教育不动摇，坚持提高教学效益不动摇，坚持发展办学特色不动摇，坚持打造教育国际品牌不动摇，为国家和社会培养更多有创新精神和实践能力的人才。

第三章　德州市齐河一中“爱·和”文化引领学校发展

【导读】齐河一中秉承“以爱为本，以和为美”的办学理念，积极倡导“因材施教，多元共生”唤醒了校长、教师强烈的教育发展意识，激发了师生的创造热情与教育激情，发挥了“文化磁场”思想共鸣、思维共振、行为互动的整体效应。正如山东省教育厅副厅长张志勇在“1751”工程齐河县现场会上所说：作为一所普通高中学校，其独特之处不应是物化的，而应该是其独特的文化引领下的每一个学生得到独特的关注，实现独特的发展。

齐河一中创建的“扁平化”管理机制，革除了管理的痼弊，改变了学校的生态环境，激发了办学活力，焕发了师生精神，让学校走出了困境，迈向了一个又一个的成功，赢得了社会和家长赞誉，成为齐河县教育发展的一张名片。

一、德州市齐河第一中学诊断报告

（2011 年 9 月）

（一）学校发展概况

齐河一中现有教学班 96 个，教职工 481 人，在校学生 5738 人。学校 1954 年始建于晏城，称山东省齐河中学，为初级中学。1956 年改称山东省齐河第一中学，1960 年发展为完全中学，1968 年改为高级中学。“文化大革命”期间曾一度改称齐河县东方红战校革命委员会。1972 年改称晏城中学，1976 年晏城中学改办齐河师范，城内建新城中学。

1978年新城中学改称齐河一中，教育教学质量有了较大提高，被定为德州地区重点中学，1984年被定为县级教育事业单位。齐河一中历经半个多世纪的风雨考验，几经迁校，数易其名，凝聚了建校来所有教职工的心血，为祖国输送了大批德才兼备的人才，成为齐河教育的骄傲。

进入21世纪以来，齐河一中以新校迁建为契机，进一步解放思想，深化改革，走上了快速发展的轨道。2001年，一中新校开始筹建，到2002年8月，新校一期工程竣工并投入使用；其后至2008年逐步完成了学生公寓建设、体育场配套设施建设、地理生物园的兴建工程，一所崭新的省级规范化高中呈现在世人面前。学校占地近600亩，总建筑面积16万平方米，校园硬化绿化覆盖率占90%，总投资达1.6亿元，成为齐河教育亮丽的窗口。

2003年，齐河一中学校领导班子面临招生规模急剧扩大、师资队伍青黄不接、优质生源外流、办学成绩迅速下滑的重重压力，认真总结经验教训，理顺办学思路，转变工作作风，集中精力抓管理，聚精会神抓教学，勤学善思抓教研，千方百计抓服务，学校逐步转入正轨，教师队伍素质明显提高，优秀生培养实现突破，办学成绩一年一个台阶，学校面貌焕然一新。截至2010年，学校先后荣获“国家教育质量管理示范基地”“山东省素质教育工作先进单位”“山东省奥林匹克竞赛金牌学校”“山东省优秀体育传统项目学校”“省级花园式单位”等荣誉称号。学校以优美的学校环境，有效的学校管理，良好的办学业绩，赢得了较高的社会声誉。

(二)主要办学成就

1. 注重学校发展价值取向研究，各项管理制度不断健全

建校56年来，齐河一中历届领导班子不断开拓创新，对学校的发展目标、价值取向进行了认真的思考和探索；特别是随着课程改革方案的全面实施，学校办学的价值取向有了新的变化和提升，办学理念体系不断完善。

学校确立了“以人为本、依法治校、科研兴校、科学发展”的办学原则和“但愿人人升学、力求人人成才，让学生学会认知、学会做人、学会合作、学会创造”的办学宗旨；制定了“让学生成才、让家长放心、让社会满意”的办学目标；提出了“民主决策、民主管理、民主理财，管理要管人，管人要管心，管心要关心，关心要知心，知心才顺心，顺心才齐心”的管理理念；对学校精神、工作思路、校训、创新观念、工作机制等也都做了明确要求。

学校注意发挥教职工大会和教代会作用，逐步修订完善了一系列教育教学管理制度。如首席教师培养、听评课、教学质量综合考核等200余项规章制度。制定了《齐河一中课程实施方案》《齐河一中新课程学分认定方案》等10余个方案。充分发挥校报、校园电视广播和校园网等校园媒体作用，向全体师生和家长宣传新课程理念。

坚持以人为本，不断改善教职工的工作生活条件。积极实施心系师生的阳光工程，有条不紊地做好为教职工做实事、送温暖工作，全面实行后勤服务24小时承诺制，毫不松懈地做好安全保卫工作。高度重视老校区的教师生活问题，不断加大艺体设施投入，定期开展篮球、乒乓球、越野、拔河、书画展、艺术节等文体活动。

总的来看，这种对学校价值取向不断追求的精神和做法是可贵的，大方向是对头的，工作思路是清晰的。尽管随着时代的发展，还需要做进一步的探讨和提升，但这些理念在一定时期内，都曾不同程度的引领了学校的发展，激发了师生教与学的积极性，成为学校为之奋斗的目标和师生追求的精神支柱。

2. 落实课程改革方案，探讨新的人才培养模式

(1)重视校本课程构建。学校通过对任课教师业务专长的调查，以及对学生、家长校本课程学习需求的问卷分析，基本摸清了学科专长教师状况，以及学生对体育活动、微机操作、音美特长、奥赛兴趣、历史人文等科目的需求，达成了校本课程开发方向的共识。成立了校本课程审议委员会，组织编写了大语文学习、数学研究性学习、英语新视角、历史的天空等十几种教材。开设声乐、舞蹈、戏剧表演、键盘、器乐、绘画、书法、工艺、设计九个艺术工作室，体育开设篮球、足球、排球、武术、健美操、集体舞、乒乓球等课程，成立艺体专业团体、武术队、文学社、英语角、科技创新小组、中文阅读、英文阅读等社团，新的校本课程体系初步建立。

(2)打造高效课堂教学。在课堂教学上，坚持因材施教，分层教学，全面推行“2025”工程，落实“精心指导，师生互动，当堂达标”的要求，提倡多媒体教学，每学期举行说课大赛、讲课比赛，初步实现了教学方式的转变，营造了“主动、探究、合作”的学习氛围，提高了课堂教学效率，“2025”工程被评为山东省教学成果三等奖。问卷显示，有71.43%的教师在课堂教学中最看重是否促进了学生学习方法策略和良好学习习惯的形成。

(3)实行学生综合素质评价多元化。建立学生成长综合评价报告，对学生作业完成、纪律遵守、课堂表现、综合实践、社团参与、特长发展等情况如实记入综合评价报告。综合素质评价的实施，促进了学生良好行为习惯的培养，通过学生自评、互评发挥了主体评价的作用，加强了同学之间的交流，学生自主学习能力、团结合作意识有明显提升。

(4)创新教育初显特色。设立创新办公室，建起了创新实习室，建立了发明创造教育的课程体系和评价标准，学校荣获山东省“科技点燃梦想，创新成就未来”科普素质大赛优秀组织奖，共获得了120多项专利，为培养创新型人才、形成办学特色迈出了可喜的一步。

3. 注重教师专业发展，一批科研型教师正在成长

近几年．学校提出了“聚焦课堂，提升学生生命质量；校本研修，提高教师专业水平”的教学研究主题，提出“重建教研文化，构建学习共同体”的校本研修工作总目标和总要求，积极建立“对话型”新型教研活动方式。以课堂教学研究为载体，重视建立于良好人文素养基础上的教育信念、责任感的形成和实践能力的提高，提升教育科研水平。

学校鼓励教师通过各种途径加强业务学习，认真抓好新课程培训，全面实施名师工程、教坛新秀工程和青蓝工程。组织教师外出参加各类研讨会，并邀请教育专家来校辅导。开设网上“教师专业化自主发展测评系统”，建立教师专业化成长档案，让每位教师明确自己的发展目标和主攻方向，增强自我发展的针对性和时效性。

4. 强化德育管理，德育工作机制初步建立

抓好以行为习惯为主的养成教育，积极开展心理健康教育。学校制定了《齐河一中学生素质发展方案》和《齐河一中德育系列化方案》，以案例研究和实践研究为基本方式，定期组织全体班主任开展班级管理艺术研究，同时各级部开展了“做文明礼貌中学生”的签字仪式，在全校形成“坚决抵制不文明行为，自觉做文明中学生”的良好氛围；采取心理专题讲座、心理活动课、心理社团、校园电台心理专栏、心理信箱、建立学生心理档案和开办家长学校相结合的方式，构建全方位、多渠道、多层次的心理健康教育模式，加大对学生的心理疏导，心理咨询室全天候开放，对违纪学生和后进生，实行一对一帮扶教育。

加强校风建设。全面启动了以“转作风，抓教风，促学风”为工作重点的校风建设，深入开展了“向身边的榜样学习，让师爱生辉”的师德教育活动。利用电子眼等先进设施加强对校园主要学习活动场所的监控，切实排除安全隐患，加强对学生违纪行为的教育管理，督促学生养成文明守纪的好习惯。利用班会、校会、国旗下讲话和专家报告等活动引导学生树立远大理想。开展“五爱”“五心”和“学好本领，感恩父母，报效祖国”等教育活动。全面实施自主发展模式，通过社团、创新辩论赛、学生论坛、班干部轮换制等载体，培养学生的兴趣特长和综合实践能力。

5. 完善的办学条件，奠定了学校发展的坚实基础

校园按照国家示范性高中建设标准进行设计，生活、教学、运动三区分明，是师生学习生活的理想场所。学校高度重视校园环境建设，做到了绿化、美化、亮化，达到四季常绿、三季有花。校舍建筑设计美观大方，自成一格。报告厅、阶梯教室、美术室、舞蹈室、通用技术实验室、法制展室等功能用房齐全，设施齐备，配置先进，有400米标准运动场和多功能体育看台。开通了校园网，实现了网络化办公管理。所有教室和功能室全部配备了多媒体教学设备、智能广播系统和数字监控系统，构建了先进的数字化校网。学校加强膳食管理，有四家食堂竞争经营，做到花样多、价格低、饭菜可口，为学生健康成长提供了保障。截至目前，学校配套设施投入和增改建工程累计投资达8000万元，为实施素质教育、促进学生全面发展提供了物质保障。

(三)存在问题及分析

1. 核心办学理念不够明确，办学定位尚待提升

学校尚未确立核心的办学理念，办学定位不高；办学的原则、目标、宗旨、管理理念等概念相近、内容交叉、表述重复。如办学原则和目标都涉及学生成才，办学原则中的以人为本、依法治教与管理理念中的民主管理等内容同属管理范畴。

学校还没有摆脱以升学为主的思维模式。对于“但愿与力求”的愿望，在具体操作上往往重视了前者，忽视了后者，表现在“培养什么样的人”的问题上，尚未明确学校要担负起的责任。

学生还没有把办学目标放在着眼于为学生终身发展奠基上。近几年，学校尽管出了极少数尖子生，办学质量有了提升，但总体看，办学效益还不高，还没有很好地解决多数毕业生毕业时仍然茫然不知所措的窘况，与社会期望、家长特别是学生的需求还有一定差距，尤其是教育学生在增强进取之心、树立远大理想等方面做得不够。

学校的民主管理理念形同虚设，教职工每天疲于应付学校管理层的各项检查、评比，没时间也没心情静下心来考虑教学和学生；在“管人”的问题上还没有理顺人的心气，教代会的职能作用也没有得到充分发挥，大大影响了教职工工作的积极性。

2. 课程方案落实不够得力，办学行为需进一步规范

课程设置有围绕高考开设的倾向，高考必修课开设足，选修课、学校课程开设相对较差，有的只选不开、有的空列课表；声乐、舞蹈、戏剧表演、键盘、器乐、绘画、书法、工艺、设计、武术等只针对专业学生开设，艺体团体也仅限于专业学生参加，文学社、英语角、科技创新小组、中文阅读等社团形同虚设；综合实践课程开设不规范，研究性学习上成了学科拓展课；学科课时安排有明显违规现象，凡高考重点学科均有随意增加周课时现象，挤占了其他应开课程和学生自学的时间。高达93.33%的学生没有感觉在学校比较快乐，这尤其需要学校认真反思。为什么绝大多数学生在校缺乏幸福感？这显然说明学校在办学理念与办学行为方面出现了“两张皮”现象。

3. 管理方式传统，奖惩激励制度亟需完善

管理模式还属经验型、行政推动型，民主管理、依法治校的办学原则落实不够。学校虽然制定了完备的规章制度，但执行力度严重不足，还没有建立起制度执行、检查、评估的运行机制。个别制度条款仅停留在纸面上，也有不按制度办事、随意性较强的现象。由于一线、二线考核与福利没有多少差别，不少教师、甚至骨干教师要求从一线转岗，致使职员数量大幅膨胀，仅图书室就有 26 人，阅览室还不开放；教研室达 7 人之多，只有一人兼课；全校 481 名教职工，只有 357 名专职教师，教师与职工比例失调，严重影响了任课教师的积极性。有 64.29％的教师认为管理制度是制约个人潜能发挥的最主要因素，有 46.43％的教师认为制约学校快速发展的最大障碍是内部管理。

学校还未建立起科学合理的教职工奖惩激励机制，考核奖惩、福利制度不尽合理。考核奖励主要看高考，容易忽视过程；奖励过分向考上名牌倾斜，挫伤了大多数教师的积极性；学校奖金与福利比例失调，用于突出一线、奖励绩效的支出较少。学校高额的福利支出，未真正起到调动教职工积极性的作用，甚至造成教师凝聚力缺失、进取精神损伤。班主任每月有 400 元的补助，但由于未建立有效的班级评价机制，未发挥应有的激励作用。

4. 课程开发力度不够，教师专业引领欠缺

学校课程开发没有突出地域和学校自身教育的特点，没有体现出学校课程的独特价值和在学校教育中的特殊作用，学生选择的空间狭窄，开出率低，三门理科校本教材实际是系统辅导资料，成了国家课程的补充延伸。每一个学生基础不同，兴趣不同，潜质不同，理想目标不同，学校却只提供单一的、同质化的教育，这显然是没有尊重学生的差异，没有满足学生的个性需求，也不是真教育，不是面向人人的教育。一枝独秀不是春，万紫千红春满园。高考只能是通向罗马的条条大道之一。教师开发校本课程的动力不足，研究氛围不浓，缺乏制度保障和相适应的激励政策。教师专业发展规划落实不够，有60.71%的教师认为教学任务比较繁重、精力有限是阻碍个人专业发展的主要因素；46.43%的教师认为制约校本教研活动成效的最因素是缺少专业引领。

5. 教学改革亟待深化，课堂教学效率偏低

部分教师教学方法陈旧，学为主体的作用发挥不够。学生自主、合作与探究精神体现较少，课堂上还没有真正实现学生为主，教学没有充分发挥学生的主体作用，教学方式单一，很多教师还局限于“满堂灌”“一言堂”，知识不是学生自己思考所得，而是教师硬塞进学生脑子，造成学生思维的维度较窄，发现和创新意识高度欠缺，这必然造成教与学的效率低下，而新的高效教学模式还没有形成。尤其是部分学困生，在课堂上几乎成为了“看客”，造成了这些学生自信心不足，学习看不到希望，无形中为学校的管理增加了额外的压力。近几年，我们到外地兄弟学校学习交流的不少，学洋思、学茌平、学“2025”，以至于课堂教学研究还较为肤浅，还没有一种适合学校自己的教与学的高效课堂模式。

另外，学校在鼓励教师探索各具特色的教学方式上做得也不够，多年来一直提“小课题研究”，要鼓励教师根据学科特点和自身优势，加强有针对性的教学研究，把教研的目光下移，盯着自己的学生，盯着课程标准，瞄准课堂教学中的问题，多搞草根课题研究，但一直缺乏纲领性文件和组织协调，小课题的研究一直处于未启动状态，造成教师们有劲无处使，有了新的研究课题却无外力支持。

6. 学校债务沉重，办学压力巨大

截至目前，学校还有1.7亿元的高额债务负担，如何加大投入、解除债务、缓解校长压力已成为影响学校办好的重要因素。

（四）学校发展优势

1. 地理环境优越

学校地处晏婴古城，背依国际太阳城德州，面对滔滔黄河，近邻省会济南，具有独特的历史文化和天然的地理优势，便于与省市高校、科研院所联系。学校课程开发的文化资源丰厚，社会资源丰富，可借用条件充足。

2. 队伍素质精良

新一届学校领导班子整体素质高，有志向高远、科学发展的境界，有干事创业、开拓进取精神，有宽人严己、坦荡无私的胸怀，能够抓住创建省级改革创新示范校的机遇，用科学的办学理念，引领广大教职工走改革创新、内涵发展之路。现有教师平均年龄32.6岁，市以上优秀教师37人；中学高级教师136人，占38.1%，一级教师181人，占50.7%：市级以上教学能手40多人，80多名教师执教市级以上优质课。教师队伍年轻化，整体素质较高，已经涌现出了一批在市内外颇具影响、科研意识较强的学科带头人和教学把关教师。

3. 课改前景可观

学校在建立新的课程改革制度方面进行了大胆探索，学校课程开发取得了新的进展，课堂教学改革积累了一定经验，为建立适应学生发展的新的教学模式，打造高效课堂奠定了基础。

4. 办学基础稳固

学校具备省级规范化学校的办学优势，总体规划科学，布局合理，设区分明，设备先进，管理规范，环境优美，办学条件相对优越。齐河各级党委政府素有尊师重教的优良传统，当地人民群众对学校给予很高的期望，有良好的社会办学氛围。

(五)学校发展建议

1. 强化文化引领，建设精神家园

结合学校历史传统，坚持从下到上、从上到下的方法，凝聚大家共识，形成具有学校鲜明特色、精练明确的核心办学理念。创办适合每一个学生发展的优质教育，为学生的终身发展奠基。增强领导班子、教师团队的学习能力和发展能力，提升学校的核心竞争力，锻造学校个性文化，凝练一中精神。

充分发挥教职工智慧，实施学校改革创新系统提升工程。制订学校发展的规划和行动计划，确定理想，经营理想，实现个人愿景与学校愿景的最佳结合，激发并满足师生的成就感和心理需求。

继续开展"对话型"学校文化建设，实现制度管理向文化管理转变。

强化思想引领，构建师生积极进取、勇于向上的精神家园；以校本培训制度为载体，形成具有本校特点的教学反思文化、教师合作文化、阅读与研究文化等学习型学校文化，全面提升教师的专业发展水平和综合素质。

优化校园文化环境，搞好校园文化的总体设计。美化个性化园区建设，设立文化走廊、班级壁报栏，丰富校园文化内容，加强教室文化、宿舍文化创建和评比，扩大文化社团，打造书香校园、儒雅校园、幸福校园，提高师生文化品位，形成独特的环境育人、文化育人特色。

2. 加强课程领导，深化课程改革

严格按照省定课程计划组织教育教学，开全课程，开足课时，彻底纠正随意增减课程和课时的现象，自觉规范办学行为。切实开好通用技术、综合实践活动课程、学校课程等，认真落实“选课制”“走班制”。

加大学校课程建设力度，努力开发以本土资源为主的校本课程，积极探索国家课程校本化。调动教师参与学校课程建设的积极性，充分发挥校外各类人才资源的优势，探讨建立与高校联合育人机制，积极推进学校课程研发，凝练学校课程特色。

3. 深化“生本教育”，向课堂教学要质量

继续实验“生本教育”，有效落实“聚焦课堂，关注学生生命状态；校本研修，提升教师专业水平”的教学策略，建立“生本课堂”。

正确处理课堂学习与课下学习、校内学习与校外学习、书本学习与社会实践学习、教师主导与学生主体、常规课堂与家校网络课堂学习的关系，引导学生科学规划好节假日、双休日的学习与生活，建立学科学习与实践学习相结合的人才培养模式，破解课堂教学效率低的难题，尽快探索出一条在规范办学行为前提下，遵循教育科学规律和学生认知规律，全面提升教育教学质量的办学之路。

树立大课堂教学观，对教学模式进行整体设计，沟通课前、课堂、课后整个学习过程，将自学、导学、复习巩固各个环节有机结合起来。深入开展同课异构、示范课、典型案例、导学案、教学反思、基本功考核等教学研究活动，充分发挥多媒体教学的作用，向教育研究要质量，向课堂教学要质量。

4. 完善规章制度，健全评价机制

机制决定执行力，仅有制度，没有科学有效运行机制保障的管理等同虚设。要有针对性地修改现有规章制度，完善管理运行机制，落实以法治校的原则，真正实现管理的科学化、民主化、制度化。

建立科学的教师评价机制，坚持内容全面、主体多元、方法科学原则，结合实施绩效工资制度，努力形成促进教师职业道德建设和专业发展的评价激励机制，调整福利与奖金权重，发挥考核与奖惩的激励和导向功能，理顺教职工情绪，充分调动教职工积极性；建立和完善班主任评价奖惩机制，切实抓好优秀班集体创建；认真实行全员导师制，“让每一位学生都有倾诉的教师，让每一位教师都有牵挂的学生”，充实配齐心理辅导教师，切实抓好学生的心理疏导及思想教育工作。

5. 实施名师工程，优化人力资源

继续实行三项教师培养工程，探讨实行首席教师把关制，建立“专家引领、教师互助、个人反思”的培训体系，积极为教师专业发展创造条件，搭建平台，全力打造一支高素质的教师队伍。

6. 树立品牌意识，创办学校特色

树立精品化意识，实行精致化管理，追求卓越，提升品质，精益求精，为创办山东省改革创新示范学校的目标而共同努力。彰显办学特质，创建办学特色。学校根据目前优势，计划从以下几方面继续努力以形成特色：一是以“生本教育”为内容的课堂教学模式特色；二是以晏城文化、黄河文化为主要内容的学校课程特色；三是以养成教育为主要内容的校园文化特色；四是以创新教育为主要内容的学生创新能力培养特色。

二、德州市齐河县第一中学学校发展规划

（2011—2014 年）

（一）学校发展现状

齐河一中 1954 年建于晏城，初建时为初中，1960 年发展为完全中学，1968 年取消了初中教育。1972 年，迁往齐河师范校址，改称晏城

中学。1976 年，晏城中学改办齐河师范，城内建新城中学。1978 年新城中学改称齐河一中，被定为德州地区重点中学，1984 年被定为县级教育事业单位。2001 年，一中新校开始筹建；2002 年 8 月，新校一期工程竣工并投入使用。齐河一中以新校迁建为契机，以全面推行素质教育为使命，进一步解放思想，深化改革，走上了快速发展的快车道。至 2008 年逐步完成学生公寓建设、体育场看台、地理生物园兴建等工程。学校占地 600 亩、总建筑面积 16 万平方米、校园硬化绿化覆盖率达 90%、总投资 1.6 亿元，成为齐河教育亮丽的窗口。

2003 年开始，学校与时俱进，开拓创新，聚精会神抓教学，集中精力抓管理，千方百计抓服务，勤学善思抓教研，办学成绩一年一台阶，特别是在优秀尖子生培养上探索出一套独具特色的模式和方法，连续多年为清华、北大等名牌高校输送了优秀人才。在奥林匹克竞赛中，近年有 8 人荣获全国数学物理化学奥林匹克竞赛一等奖，有 60 余人荣获全国数学、化学、生物、物理竞赛二等奖。在学生科技发明创新方面成绩显著，有 144 项发明创新获得国家专利，先后荣获“山东省普通高中课程改革定点联系校”“山东省 1751 工程项目学校”“山东省素质教育工作先进单位”“山东省奥林匹克竞赛金牌学校”“山东省优秀体育传统项目学校”“省级花园式单位”等荣誉称号。学校以优美的学校环境，科学的学校管理，良好的办学业绩，赢得了良好的社会声誉。

(二)学校办学理念

在素质教育新形势下，学校在认真总结、反思的基础上，经过全校师生集思广益和梳理提炼，在省课程研究中心专家指导下，确立了“以爱为本，以和为美”的核心办学理念、“明德、开智、弘毅、致远”的校训和“以德为先，全面发展；因材施教，共同进步”的育人思路，以及“民主、和谐、向善、尽美”的校风，“欣赏、引领、专注、创新”的教风，“自信、友爱、乐学、善思”的学风和“名师荟萃，英才辈出”的办学目标。

1. 以爱为本，以和为美

教育要唤醒孩子内心自我成长的需要，这个唤醒是靠爱来实现的。

教育的出发点、教育的全过程、教育的落脚点都是爱。所以教育是爱的事业，是爱的艺术，没有爱就没有教育。师生只有心中有爱，才会爱生活，爱他人，爱社会，爱自然，才会有担当，才有可能努力奋斗，成为社会的有益之材。

“和”是万物自由生长、相辅相成、共荣共生、互助共赢的状态，从学校来说，“以和为美”就是以尊重差异、尊重个性为美，就是以因材施教、多样化发展为美，就是以促进自主发展、共同发展为美。“以和为美”就是要让师生明白，自由平等、多元共生、多样发展才是人类追求的美好目标。

2. 明德、开智、弘毅、致远

明德，就是要求师生做一个有道德的人，做一个“真、善、美”的人，做一个爱人、爱生活、爱社会的人。齐河是全国劳动模范时传祥和全国道德模范孟祥斌的家乡。“宁愿一人脏，换得万家净”的朴实话语，诠释了时传祥高尚的道德情操。在婺江通济桥上纵身一跳，孟祥斌为救轻生女子献出了自己年轻的生命。孟祥斌被评为 2010 感动中国十大新闻人物、全国道德模范、舍己救人模范军官，续写了新时代青年道德品质的光辉篇章。明德就是要求师生做一个像时传祥、孟祥斌那样的人。

开智，就是要求师生做一个有智慧的人，做一个努力学习和传播科学文化知识的人，做一个富有创新意识的人。齐河是春秋战国时期齐国宰相晏婴的采邑。晏婴被后人誉为智慧的化身。培养智慧型、创新型人才既是时代要求，也是教育的使命。“以爱为本，以和为美”既是大道德，也是大智慧。

弘毅，毅即毅力，恒心。朱熹曰：“毅，强忍也……非毅无以致其远。”很多人一事无成，不是缺少道德和智慧，往往是缺少毅力。齐河沿黄河北岸立县，齐河人骨子里透着黄河的坚毅和顽强。“君不见黄河之水天上来，奔流到海不复回。”这种黄河精神和黄河文化无疑是我们宝贵的精神财富。弘毅，就是告诫我们的师生，要想成就宏功伟业，成为名师，成为英才，就必须向黄河学习，将母亲河的恒毅精神发扬光大。

致远，远即远方、前方，意为大目标。俗话说：“思想有多远，就能走多远。心有多大，舞台就有多大。”这就是要求我们的师生要有远大的理想，崇高的目标，更高的追求。办学校，就要争先创优，做名校；做老师，就要做名师，做专家；当学生，就要努力学习，增强自身的综合素质，勇于向科学的高峰攀登，向未知的世界前进。

3. 以德为先、全面育人，因材施教、共同进步

要真正落实“以爱为本，以和为美”的理念，就必须有一个明晰具体可行的思路。教师的职责是教书育人，我们培养的人，首先是一个“明德”之人，是一个心中有爱、有责任的人。当然，还要注重学生的全面发展。只有全面发展的人，才是身心健康的人，才是对社会有用的人。“明德”是起点，全面发展才是终极目标。因材施教是对学生个性、兴趣、潜质和知识能力差异的尊重，同时也是对教育规律的遵循，更是对教育良知的彰显。共同进步，就是关注每一个学生，不让一个学生掉队，这是教育的职责，只有这样才能实现多样化发展的要求。

4. 民主、和谐、向善、尽美

民主。无论是学校、年级，还是班级、教研组，无论是教师，还是学生，决策不独断，学校大家办，善于听取大家的意见，善于调动大家的积极性，这是“以爱为本，以和为美”办学理念的实践，是教育之大爱的体现。

和谐。学校与个人，集体与个体的发展成长，互为环境，互为条件，既有竞争，又有合作，讲公德，讲秩序，不损人利己，通过利他实现利己，大家都在平等、平和的环境下茁壮成长。只有营造出“人心齐”的局面，才能实现“泰山移”的目标。

向善。不断追求，不断进取，不断加强道德和人文修养，追求人格、学识、行为的和谐统一，这是全体一中人继承和发扬中华民族优良传统的体现。

尽美。美是自然之美和人文之美，尽美既是做事的一种目标，也是为人的一种态度。要不断地发现美，欣赏美，追求美，创造美。

我们的教育目的和奋斗目标，我们的心灵和归宿，都应该是真善美。让每个一中人的心中都荡漾着民主、和谐、向善、尽美的春风。

5. 欣赏、引领、专注、创新

欣赏。没有爱就没有教育，爱的智慧是欣赏。作为教师，要宽容地对待学生的差异，要用欣赏的眼光看待学生，要善于发现学生的长处，做一名善于相马的伯乐。

引领。教师和学生是双主体，教师要做一名循循善诱的引领者、合作者，而不要越俎代庖，成为讲台上的孤家寡人。

专注。集中精力，持之以恒，只有如此，才不会怨天尤人，才不会急功近利；只有如此，才能超越自我，与时俱进，成为一名新时代的专家型教师。

创新。教育是一门艺术，艺术的生命在于创新，创新是教育的灵魂。素质教育形势下，教育创新是时代要求，是学校发展的动力。我们实施的小课题研究的目的就是鼓励大家创新，与时俱进。

6. 自信、友爱、乐学、善思

自信，是成功的基石。只有自信，才能自强；有了自信，才有前进的方向和动力。我们希望一中每一个学子的脸上时时刻刻都洋溢着自信的微笑。

友爱，是思想的火花。在工作上、学习上注重合作，在师生之间和学生之间建立平等、友好、合作的关系。

乐学，是勤学的基础。“知之者不如好之者，好之者不如乐之者”，只有让学生真正从学习中找到乐趣，才能真正实现由“要我学”到“我要学”的转变。

善思，是智慧的风帆。“学而不思则罔，思而不学则殆”，学生要善于思考，学会探究，联系实际，敢于创新。

7. 名师荟萃、英才辈出

这既是名校的基础，也是“和”的美好景象。学校不仅是学生成长成才的摇篮，也是教师实现自身价值，完成专业成长，最终成为名师的舞台。我们学校启动了名师工程，就是要用 10 年时间，培养 100 位名师。通过因材施教，让更多的学生成为千里马。育英才，是教育发展纲要提出的要求；作为一所重点中学，应该明确自身使命，有育英才的雄心壮志。

理念更新的过程，也是形成共识，实现学校文化引领的过程。在“爱·和”文化的引领下，全校师生拨开迷雾，看清了前进的方向和道路，学校的校风、教风和学风大为改善，出现了教师热情高涨，学生积极进取，学校风清气正的和谐局面。

（三）学校发展目标

面对新的机遇和挑战，学校坚决贯彻党和国家的教育方针，以实施素质教育为中心，更新教育观念，树立科学的教育观、人才观和质量观；以培养学生自主精神和实践能力为目标，扎实推进全员育人导师制；以内涵发展为主线，实施名师战略，着力打造和拓展办学特色，巩固办学成果；以追求高效益为目标，全面提升管理水平和课堂教学效率；以提高教育质量为核心，进一步促进学校内涵发展与可持续发展的和谐统一，力争三年内把学校打造成区域改革创新示范学校，最终把学校办成环境优、师资强、质量高、有特色的在省内外有一定影响力的名校。

（四）学校发展主要任务

1. 逐步完善校园硬件建设和文化建设

在学校当前规模基础上，逐步完善校园硬件设施，加强校园文化建设，突出人文素质，体现时代特色和地方特色，营造健康向上的育人氛围。

2. 开发实施校本课程，完善学校课程体系

校本课程是对国家课程和地方课程的补充，是根据本地社会、经济发展的具体情况，结合本校的传统优势、学生的兴趣和需要，开发或选用适合本校的课程，体现一所学校的办学理念和办学特色。

3. 强化教学教研，积极探索高效的课堂教学新模式

学校要进一步完善教研考核办法，引导广大教师把教研的目光下移，盯着自己的学生，盯着课程标准，多搞草根课题，提高教研的实效性；教学要尊重学生个体差异，因材施教，加强教学的针对性，促进不同层次学生的个性发展。在此基础上，以新课程理念为指导，进一步深化课堂教学改革，积极探索切实提高课堂教学效率的新模式。

4. 优化师资队伍，促进教师专业发展

学校发展离不开教师的专业发展。目前学校教师队伍结构基本固定，但师资水平严重参差不齐。如何进一步优化师资队伍，促进教师专业发展将是学校近几年的一个工作重点。

5. 坚持以德为先，树立全面育人、因材施教的教育管理新思路

教育管理要坚持以德为先，全面推行全员育人导师制，从强化学生言行管理转变为加强学生思想教育，尽快实现从治标到治本的转变；在全面育人的同时，也要注重学生的个性差异，加强学生管理的针对性，实现教育管理的因材施教。

6. 形成竞争合作、充满活力的年级管理体制

深化管理体制改革，逐步建立起一级三部的管理模式，通过层层选聘、自由组阁的形式调动全体教师的工作积极性。

(五)学校发展实施方案

1. 以构建和谐校园文化为目标，加强校园规划建设和文化建设

(1)以新的办学理念为核心，通过环境建设和各种活动，使全体师生对学校文化产生认同感，形成共识，凝聚力量。

(2)以主题文化园建设为载体，提升文化底蕴。

①倪伦园。倪伦河从学校穿流而过，倪伦河产生的传说中正是透着倪伦感恩家乡、勇于担当的优秀品质。学校研究决定以感恩为主题，建设倪伦园。

②智慧园。齐河是名人晏子采邑，晏子使楚的故事众人皆知，其表现出的机智至今令人称道。晏子可谓智慧的象征。作为学校，师生的学习生活与智慧息息相关。学校拟以晏子为背景，建设智慧园。

③“和”园。和谐是学校发展前进的润滑油，是建设幸福校园的关键。人心齐，泰山移，学校把和谐作为校风建设的重要内容，让全体干部和师生达成共识，形成合力。

④风华林。学校发展的底蕴在于一代代一中人的传承，特别是众多优秀教师、优秀学子和与学校发展紧密联系的社会名人，他们为学校发展和文化积淀做出了重大贡献。学校准备建设“风华林”文化园，让名

师、名生以及与一中相关的名人在一中栽下希望之树，实现文化与精神的传承。

⑤伯乐园。古人说，千里马常有，而伯乐不常有。作为教育工作者，必须要有善于用发现美的眼睛，发现学生的优点和长处，因材施教，成就学生。建设伯乐园的目的就在于时刻启发广大教师要善于做伯乐。

(3)加强面向学生的大型活动场所、常规教育教学设施、学校的景观及道路等区域的文化建设，力争使校园处处体现文化，使学生时时感受文化。

(4)开展好学校的科技文体艺术节活动，其中包括体育节、艺术节、科技节和读书节等，通过开展运动会、书画展、个人才艺展示大赛、文艺汇演、科技创新比赛、读名著心得征文活动、演讲及诗歌朗诵比赛等富有教育意义的活动，充分调动广大师生的积极性和创造性，使学校文化建设成为师生自主发展、共同进步重要途径。

(5)持续深入地开展“转作风，抓教风，促学风”活动，努力形成风清气正的校园环境。

2. 以建设地方特色的校本课程为契机，积极推进课程改革

在“造就终身发展之生命主体”“开放的大课程观”的课程理念指导下，构建体现基础性、整体性、选择性的课程结构，开发更多的课程资源以实施教育影响并充分发展学生的多元智能。

严格按照省教育厅要求，开全课程，开足课时，切实开好通用技术、综合实践活动课程，认真落实选课制和走班制。

成立校本课程开发与实施中心，进一步整合资源，完善体系，建立具有特色的，适应学生个性特长发展的校本课程。

一方面，加强对学生养成教育、学生社团、心理咨询、奥赛、科技创新校本课程等活动类及竞赛类校本课程的规范管理，确保活动课程和竞赛课程的质量和效果。另一方面，争取将在二到三年内，分批次在人文与社会、德育与心理、科学与技能、语言与文学、体育与艺术、职业教育等几个领域完善校本课程的开发与实施。同时，通过整合高等院校、科研院所、学生家长等有利资源，积极开展“专家进校园”活动，不断丰富课程资源，加强对学生人文素养、领袖素质、国际视野等的培养。

建立有效的考核机制。学校将制定和完善课程研究与开发的制度、课程质量的评估制度，以进一步规范校本课程开发。建立奖励机制，对于参与校本课程开发的教师在考核、评优、进修等方面给予优先，引导广大教师积极参与校本课程开发。

3. 以小课题研究为导向，加强教科研工作，提高教研的实效性

(1)开展小课题研究活动。制定《小课题研究实施方案》，引导教师增强在教育实践中研究问题的自觉性，善于将教育教学实践中的问题转化为自主研究的课题，加强行动研究、关注细节，提高观察问题和解决问题的能力。申报小课题经学校批准立项后，学校给课题研究者提供启动科研经费，取得成果给予奖励。

(2)成立教学工作委员会。引导教师树立终身反思研究意识，不断把学习的压力转化为自我发展的内在动力，不断提升自主研究问题的积极性，积极参与学校的教科研工作，形成主动研究的意识和素养。

(3)加强教研组建设，提高教研活动的实效性。完善《教研组教研与集体备课制度》，将教研活动变成教师提高业务、提升自身素质的平台。

(4)成立教学研究中心，加强对高考的研究。中心由业务校长挂帅，组织学校精干力量，加强对高考的潜心研究。

4. 实施分层教学，因材施教，促进学生个性发展

针对学生数量大、基础和能力差距大的现实，要从低年级开始，针对学生的个性差异，尊重学生的自主选择，在教学难度较大的学科实施分层教学，促进学生的共同成长；结合学生能力特点和个性特长实施因材施教，为学生探索不同的发展方向。

学校成立科技创新教育中心和文专办，加强对优秀生、文科学生和特长生的培养。尖端人才的培养将是我国教育的长期目标与方向。学校近几年尽管在培养优秀生方面做了一些工作，但要进一步把这项工作做大做强，还需探索新的工作思路，付出更大的努力。

5. 以建设高效课堂为重点，全面推进课堂教学改革

(1)坚持落实学生主体地位，建设高效课堂

教学质量是学校发展的生命线，课堂是提高教学质量的主阵地。学校根据素质教育和课程规范的实际需要，以新课程理念为指导，继续深化课堂教学改革，进一步引导广大教师更新教学理念，确立减负增效的课改方向，打造高效课堂。

学校成立课改领导小组，制定了《关于推进课堂改革，打造高效课堂的实施方案》，建立以问题为核心的学生质疑、探究、自主、合作的课堂文化，用问题激发学生探究的欲望，培养学生的主体意识和提出问题、分析问题、解决问题的能力；建立了高效课堂的基本流程操作规则，以导学案为引领，重点解决学生自主学习、小组展示和生生互评、师生互动几个关键问题，引导学生自主学习、合作学习，把问题解决在课堂上。

(2)全面实行推门听课制度，加强对教学细节的研究

邀请“1751”工程专家组和继续聘请校内外专家深入课堂听课、评课，不断深化课堂教学改革，提高课堂效益。加强对课堂教学细节的研究，尤其是关注学生的学习过程，如学生的学习方式的研究，引导学生自主学习，合作学习，探究学习，使有限的课堂得到无限的延伸，培养学生养成良好的学习习惯。

(3)持续举行以教学改革为核心的教学比武活动

按不同的学科，分别开展汇报课、达标课、示范课，为每位教师打造自己的教学风格搭建平台。要突出对课堂教学设计的研究，建立以问题为核心的学生质疑、探究、自主、合作的课堂文化，用问题激发学生探究的欲望，培养学生提出问题、分析问题和解决问题的能力。最终让老师们经过形似到神似的过程，形成自己的独具一格的教学风格。

6. 以名师工程为统领，构建一支师德高尚、素质全面、专注专业的师资队伍

(1)加强校本培训，推进教师专业化发展

内部挖潜将是我们促进教师专业发展的首要工作。我们将通过开设

专题讲座、教师论坛、研修观摩、外出进修等方式，以及开展教育叙事、教学案例和教学反思等活动，引导教师专业化自主发展、主动发展、持续发展，提高教师整体水平。创造条件使在岗教师每年都要接受不同层次和不同内容的培训。

(2)激活内部潜力，优化教师队伍结构

在加强文化引领和校本培训，促进教师自主发展的同时，学校将在全国重点师范院校引进部分优秀师范毕业生，通过竞争淘汰、以老带新、以新促老等方式，切实激活教师内部潜力，力争在三到五年内，使各学科教师中，教育教学和科研能力强的教师占到本学科教师的 50% 以上。

(3)实施名师工程，提高教师专业境界

制定《齐河一中名师培养方案》，开展校内教育专家培养和评选活动。通过 10 年时间，培养 100 位名师，每两年评选一次，对于在某一方面专长突出、成绩卓著的教师或职工给予充分肯定，给予名师一定的精神鼓励与经济待遇，通过骨干教师选拔和培养，以此克服教师成长过程中的职业倦怠，提高教师队伍的专业水平和职业境界，造就一定数量的不同层次的优秀教育人才。

7. 以全员育人导师制为抓手，创新德育工作思路，构建和完善德育体制

(1)以三大步育人模式为基础，完善德育工作体系，建设德育工作的长效运行机制

学生励志教育每日三大步，即是每天集体朗读励志信、填写成长记录以及反省和自我评价，让学生更加明确自己的发展目标，在基本素质形成的基础上，着力培养学生的特色素质。分年级、分阶段有重点地推进基本素质和特色素质的发展，逐步建立并完善《学生素质评价方案》，真正实现让学生用自己的力量成长。

(2)以星级班主任工程为载体，加强德育工作队伍建设

与学校名师工程同步，在全校实施星级班主任建设工程，通过校园电视台宣传学校的德育工作先进典型，总结班级管理和学生管理的经

验，发挥好榜样带头作用，实现经验辐射和推广，用三到五年的时间逐步建立一支德育专家引领、德育骨干为主要成员的年龄、性别结构合理的班主任队伍和德育专家队伍。组织德育专家或聘请校外专家加强对教师的培养，提高全员育人的意识和水平。以案例研究和实践研究为基本方式，通过简报等形式，宣传全员导师制中的好做法。针对学生管理中的重点、难点和疑点，定期组织全体班主任开展班级管理艺术研究，开展一年读一本班级管理的好书活动，提升班级管理的理论水平。完善评价办法，建立班主任工作档案，引导班主任主动变革、积极创新。

(3)以社团建设和自主管理为载体，进一步提升学生自主发展能力

新的时期，学校要在尊重学生个性特长和自主选择的基础上，因材施教，积极研究和探索学生特长社团的自主发展模式，培养学生自主创新能力；充分发挥学生会和团委会的功能，提高学生的自主管理能力。

(4)通过开放日等一系列活动，加强学校、家庭、社会等教育资源的整合，提升德育合力

定期组织活动，让家长走进学校，走进课堂，了解学校管理，参与学校管理，同时开发家长学校必修课程，逐步形成家长学校的校本课程，提升家庭教育的水平。完善家长委员会，引导家长参与学校的管理，定期召开家长委员会会议，充分发挥家长委员会的作用，引导家长把思想统一到促进学校的发展上来，统一到促进学生的发展上来，形成“学校—家庭—社会”的三位一体教育合力，共同做好学生的培养教育工作。

8. 以建立竞争合作的管理机制为保障，深化管理体制改革

按照化整为零，重心下移的原则，在每个年级实行一级三部的管理办法，平行分班，合作竞争，深入挖潜，提高效率。深化用人机制改革，实行中层干部竞聘制度，让威信高、想干事、能干事的人勇挑重担。通过干部竞聘上岗和教学组自由选聘，激发干部和教师的工作主动性和凝聚力，提高工作执行力。

学校组织保障、人员保障、后勤服务保障等方面建立全方位学校发展保障体系。

三、齐河一中学校发展报告：爱育桃李　和生万象

有一种态度叫作创新！有一种变化叫作震撼！

在黄河岸边，晏子采邑，齐河县第一中学用三年时光书写了在低谷中崛起，在徘徊后奋进的光辉篇章。

山东省教学示范校、山东省课程改革定点联系学校、山东省奥林匹克竞赛金牌学校、全国创新作文大赛一等奖、山东省科技创新大赛一等奖、德州市综合考核一等奖第一名……学校先后在教育部调研工作会议、全省中学校长培训会议、山东省骨干校长培训班和山东省"1751"工程现场会上做了典型报告。

……

这一张张耀眼的名片里，有一张在学校师生心目中分量最重。它，为学校破茧重生提供了契机；它，为学校改革创新注入了动力；它，见证了学校走过的三年改革创新路。它就是"山东省'1751'工程项目学校"。

那是2011年3月，齐河一中被确定为"山东省'1751'工程项目学校"，山东省基础教育课程研究中心的专家走进了学校，走进了课堂，走进了师生中间，对学校进行全方位的望、闻、问、切式的诊断，帮助学校制定了三年发展规划和目标：即以更新办学理念为切入点，以创新管理和课程建设作为工作重点，通过激发全体师生发展的主动性和积极性，促进学校内涵发展和多样化发展，把学校办成环境优、师资强、质量高、有特色的区域性名校。其中第一年以创设多样化发展的环境为重点，在理念、方向、思路上形成共识；第二年要在多样化发展的几个重点问题上实现突破；第三年基本实现多样化发展特色的奋斗目标。

抚今追昔，筚路蓝缕。在省课程研究中心专家的指导下，在联盟学校的共同努力下，学校从诊断出的问题出发，进行彻底反思，形成共识，通过脚踏实地的实际行动，拉开了变革发展的大幕。

(一)更新办学理念，创设多样化发展的环境

1. 问题

学校尚未确立核心的办学理念，办学定位不高；办学的原则、目标、宗旨等概念相近、内容交叉、表述重复。学校还没有摆脱以升学率为主的思维模式，还没有把办学目标放在着眼于面向全体学生和为学生终身发展奠基上。

2. 反思

“在培养什么样的人”的问题上，高中学校要担负起什么样的责任?我们的教育是否满足了社会、家长，特别是学生的要求？有多少高中毕业生，毕业时仍然茫然不知所措？为什么学校的毕业生缺乏进取之心、没有远大的理想？美国作家特伦斯·E. 迪尔说过：“每一所学校都有其不可言传的独特之处，这种独特之处就叫作‘文化’。”优秀的创新的学校文化是一所学校赖以生存、实现可持续发展的支柱。实际上，学校文化建设的核心就是在学校中重塑一种新的教育理念和价值追求。那么，齐河一中又该确立什么样的核心办学理念呢?

3. 行动

风乍起，吹皱一池春水。2011 年 10 月 8 日，学校向全体教师下发了征集办学理念的通知。“办学理念不就是一个口号吗?”面对大家的不解，学校组织召开了校级、级部、学科等各个层面的动员会。大家渐渐明白了办学理念等学校文化的重要意义，开始进行反思讨论，最终征集到近 200 份稿件。经过评委会的遴选、讨论，最终形成了办学理念。而这次自下而上的办学理念形成过程，也是教师自身教育理念的一次梳理过程，又是学校文化从束之高阁的墙壁文化变成心理认知的内化过程。这一份草根式的“办学理念”能不能经得起时间考验，是不是复合教育本质……带着这些疑问，学校领导来到课程研究中心，与专家展开了反复的讨论，最终诞生了清晰明确科学的办学理念。

办学理念是学校的灵魂，有什么样的理念就会有什么样的行动。一个班级乃至一所学校，学生的学习基础、潜质、个性、兴趣、理想、目标存在较大差异。教育要想满足全体学生的发展和学生终身的发展需

要，就必须因材施教，提供多样化的课程。《国家中长期教育改革发展规划纲要(2010—2020年)》中指出：“把育人为本作为教育工作的根本要求……推进培养模式多样化，满足不同潜质学生的发展需求。”我们在省课程研究中心专家指导下，通过认真学习领会《国家中长期教育改革发展规划纲要(2010—2020年)》，并通过全体师生的广泛讨论，在集思广益和梳理提炼的基础上，确定了“以爱为本，以和为美”的办学理念和“明德、开智、弘毅、致远”的校训等学校文化。

从“爱·和”核心理念出发，学校确立了“以德为先，全面发展，因材施教，共同进步”的办学思路和“名师荟萃，英才辈出”的办学目标。这种理念更新的过程，也是实现学校文化引领的过程。以“爱·和”文化为引领，所有的创新、探索和争论，以及来自社会各界的支持、怀疑甚至是意见所有的一切都成了差异化的教育资源。在这一理念的指导下，学校围绕着管理、课程、培养方式等多样化发展的几个重点问题开始了毅然决然的探索。大家欣喜地看到：在“爱·和”的滋润下，万物以其独特的节奏认真地生长着，学校出现了多元发展、百花竞艳的喜人局面。在这些面前，还有什么比发自内心的努力更重要呢?

(二)创新管理机制和体制，激活多样化发展的内部动力

1. 问题

学校管理模式还属经验型、粗放型和管控型。管理制度、奖惩制度、育人制度不科学，不完善，不系统，比如一线、二线教师福利待遇没有多少差别，不少教师、甚至骨干教师要求从一线转岗，致使二线人员大幅膨胀，仅图书室就有26人，阅览室还不开放；教研室主任副主任达7人之多，只有一人兼课；全校497名教职工，只有363名任课教师，教师与职工比例失调，严重影响了任课教师的积极性。再比如，对学生的管理，教师只重教学，不重育人。班主任对学生的教育管理多为一日常规的外在行为管理，缺乏思想文化引领和心理疏导。

2. 反思

为什么学校的老师不是“我爱干，我要干”，学生不是“我爱学，我要学”，而是不得不干，不得不学，出工不出力，敷衍塞责，感受不到工作和学习的快乐与幸福？就是因为用人制度、评价制度、管理制度、奖惩制度不科学、不合理、不符合规律。每一年暑假开学前，校领导的办公室里都有一些老师在向领导递交转岗申请，以各理由申请由一线转到行政后勤辅助科室做职员。甚至有的教师通过领导打招呼、递条子，也要离开一线。“为什么光荣的人民教师岗位反而不如职员有魅力呢?”有些一线老师也在岗位上满腹牢骚，对教学和学生缺乏热情。有一次学校请省课程研究中心教授为师生做报告时，学生把自己的心里话写成纸条交给教授，很多学生就说到，现在的老师除了教我们如何对付高考外，其他什么都不关心，很苦恼。这显然是教育过程中忽视了一个生动的人的情绪和感受，忽视了人的主观能动性。

3. 行动

(1)深化用人机制改革

首先是实行中层干部竞聘制度，让威信高、想干事、能干事的人勇挑重担。级部主任是经过全年级公开演讲竞聘产生候选人，再由校委会和包级校长研究最终确定的人选，在教师队伍中有较强的代表性和较高的威信。级部副主任由包级校长和级部主任聘任。级部主任和副主任聘班主任，班主任聘任课老师。“士为知己者死”，干部竞聘上岗和教学组自由选聘激发了干部和教师的工作主动性和凝聚力，有利于提高工作执行力。由于学校女教师占教师队伍 1/2，前几年从外地招聘了大批青年老师，非齐河籍教师占 1/3，女干部和非齐河籍干部在中层以上干部中的比例却几乎是零，学校在新的干部选聘原则中要求，每个年级的六名级部主任、副主任中必须有一名女性和一名非齐河籍教师。这也是实现教职工“八仙过海、各显其能”的机制保证。不管是文化课教师、艺体教师，还是社团指导教师都有了工作活力和激情，也就为多样化发展提供了智力支持。

(2)完善考核评价机制

“1751”中心专家面对学校困境，指出：“必须改变考评机制，改变这种“干的不如看的”不正常现象，要以成绩论英雄，以贡献定成败。”

在调研中，有这样一件事，让我们记忆犹新。有一位前几年从东北招聘来的年轻教师，责任心较强，利用寒暑假期对学科教学进行了认真研究，真正按照“做十套题编一套题”的要求整理了大量的学科教学资料，然后在教学中拿出来与大家分享，供大家使用，然而却没有任何体现，津贴还是由学科组长拿，优秀也没评上，所以心里觉得不平衡，影响了工作积极性。

在专家的帮助指导下，学校召开了校委会、教代会，在充分调研的基础上，完善教师考核办法，解决“干与不干一个样、干好与干坏一个样”的问题，在职称评审、福利待遇、评优选模、工作条件上向一线教师倾斜，向骨干教师倾斜，向名师倾斜，向优秀班主任倾斜，营造出“在一线工作光荣，在一线工作得实惠”的良好氛围，促使全体教师不断向优秀教师、名师和星级班主任靠拢，激发全体老师追求卓越的动力，感受实现人生价值的幸福，在不断学习发展中超越自我，最终实现“名师荟萃”的目标。学校图书室由原来的 26 人减少为 4 人，并且安排了图书借阅的任务。教研室的 7 位同志已经有 6 人兼课，实现了“人人想上课，能上课的全上课”的目标。

(3)建立目标引领机制

实施名师工程和星级班主任创建工程，激发教师专业成长热情。齐河一中在教师队伍建设上首先是把目光对准班主任队伍建设和高级教师

欢送燕磊去英国学习

不愿上课的问题，通过名师工程促使高级教师实现从教书匠到教育家的质变，更主要的还是发挥好他们的正面引领带动作用，最终实现整个师资队伍素质的提升。学校在全校实施名师工程，计划通过10年时间，培养100位校内名师。2012年上半年评出20位名师，成立了名师工作室，通过建立名师成长档案，以教师"教育案例"分析和"教育随笔"撰写为切入口，鼓励教师开展教育叙事研究和读书学习活动。指导教师制定个人研修计划，学校按照"走出去、请进来"的原则，广借外力实现教师队伍水平提升。三年来，学校仅向章丘四中安排教师听课和开展同课异构活动就近200人次，与阳信一中开展同课异构50余人次，与东平明湖中学开展同课异构30余人次。2012年暑假期间，学校名师燕磊赴英国学习一个月。还有10余人出国学习，每年暑假有50余人到国内名牌学校学习培训。2014年9月又评出22位名师，名师工程使高级教师有了新目标、新追求、新责任、新动力，有效地带动了教师队伍的健康发展。通过星级班主任创建工程促使班主任队伍专业化建设，充分发挥好班主任在班级教育教学中的核心作用。一个好的班主任既是设计师，又是工程师，还是导师。一个好的班主任，就会带出一个好的班风、好的学风，还能把任课组教师的心和气凝聚在一起，形成一个攻无不克的战斗集体。目前，学校评选出三星级以上班主任50余人。

(4)深化管理体制改革

学校一个年级有教师约120人，学生约2000人，行政班30多个。在以往的管理机制中，一个年级主要有一个包级校长协管，一个级部主任和三个副主任主管，这样就形成了一个级部主任管理30多个教学班的状况。由于教师编制所限，级部主任还担负着教学甚至是班主任工作。就如一匹马拉着一节火车厢。车身上还驮着一袋子面。在这种年级规模较大的背景下，要提高管理的针对性和实效性，实现多样化发展，我们必须缩小管理单元和模块，重心下移，权力下放，实现扁平式管理。经过研究，我们决定实行一级三部制，把全年级的师生平均分为三部分，建立平等的三个级部。包级校长起统一领导和组织协调作用，三个级部主任(各设一个副主任)负责大约10个班的教育教学管理。三个部都制定了明确的目标，通过教代会制定出简明清晰的激励政策。原来级部主任很难经常与本部教师交流，对本级部内的学生也认识不了几个；现在走在校园的路上，级部主任经常对本部内的学生直呼其名，边走边聊，与教师交流工作更是天天进行。这样大大增强了管理力度和强度，也大大提高了管理的主动性、针对性和实效性。三部之间自然形成竞争态势，一部十几个班也自然形成了竞争格局，出现了级部与级部、班与班之间各具特色的局面。这种竞争格局的形成，激发出“我要干”“我不能落后”的激情。

(5)落实全员育人导师制

全员育人导师制就是要做到全员参与，全程管理。全员参与就是回归教师的育人职责，让每个教师都关心学生的思想、心理、人生规划和发展目标。通过教师的思想指导，让学生在积极的心理暗示下，主动、自发地学习和发展。在这个育人制度中，爱每个学生是所有要求中的最基本要求。班主任是一个班集体的主任导师，主任导师根据学生情况合理搭配，分成若干小组，形成课内外捆绑式管理评价单位。该班全体任课教师都担任导师，每个导师负责一个或几个小组。全程管理就是抓住每一个时间引导教育学生。学生每天朗读励志信，产生积极的心理暗示；每天填写成长记录，与导师进行书面沟通。每两周学生将成长册带回家一次，让家长翻阅，实现导师与家长的沟通交流。每月进行一次小组实践活动，在实践活动中，师生拉近了距离，形成亲密无间的朋友关系。每月导师还进行三个典型学生的交流工作，通过谈心、家访、师生同寝、一起用餐等多种方式对学生给予重点关注。

学校已把实施全员育人导师制作为一项基本制度，通过“督”和“导”两个方面把这个制度落实到位，“督”就是通过《齐河一中全员育人导师制管理办法》和《齐河一中星级班主任考核评选办法》进行考核，县政府拿出专项资金给予支持；“导”就是学校专门成立了导师制工作研究室和班主任工作室，并定期编写《杏坛采风》和《花开有声》两本杂志进行指导。以全员育人导师制为主抓手的德育工作取得了显著成效，师生精神风貌焕然一新，师生关系和谐融洽，教师职业幸福感大增，同学之间比学赶帮、团结互助蔚然成风。

(三)加强课程校本化建设，为学生多样化发展提供保障

1. 问题

课程设置简单单一，有围绕高考开设的倾向，选修课、校本课程开设相对较差。课堂沉闷，部分教师教学方法陈旧，学生主体的作用发挥不够，学生自主、合作与探究精神体现较少。

2. 反思

每一个学生基础不同，兴趣不同，潜质不同，理想目标不同，学校却只提供单一的、同质化的教育，这显然是没有尊重学生的差异，没有满足学生的个性需求，也不是真教育，不是面向人人的教育。

3. 行动

为了实现学生全面而有个性的发展，学校一方面严格开全国家课程和地方课程，开足课时，由教务处统一制定各年级的课程计划和安排，积极做好国家课程和地方课程校本化。另一方面强化校本课程的开发与实施，由学校课程研究中心专门负责校本课程开发实施工作的统筹安排，确定了现阶段校本课程开发和实施的“健全学生人格，张扬个性特长，突出地方特色，形成创新风尚”的总体目标，探索出了“发挥教师专长，培养学生特长”的校本课程开发模式和以社团、课外兴趣小组为主要形式的校本课程实施模式。

(1)基于学生需要、教师专长及地方资源确定校本课程

校本课程的开发最终要依赖学校师资和地方资源，通过校本课程开发一方面让学生学得更精彩；另一方面让教师在这个平台上实现自我专业发展与专业特长的展示。根据老师 1+1 校本课程开发计划，并充分发掘地方资源开发计划，学校对所有任课教师的业务专长和地方资源展开调查分析，确定校本课程编写队伍和方向。学校以问卷的形式对全体学生进行了校本课程学习需求的调查，在调查基础上，开设了七类校本课程。

门类	课程			
德育与学校文化	“爱·和”文化	全员育人导师制	励志大讲堂	
学科基础与兴趣	大语文学习	数学研究性学习	物理探究	历史的天空
奥赛课程	数学	物理	化学	生物
艺体素养	陶艺	音乐	体育	美术
外语课程	英语	韩语	日语	
创新发明课程	科技创新	机器人	航空模型	
职业教育课程	学前教育	会计	工程	机械化

学校师生参加全省青少年科技创新大赛

(2)校本课程实施过程

学校组织有关教师和专家进行校本课程知识培训，提高全体教师对校本课程的认识以及掌握文本编写的方法，明确分工，组织有关人员编写校本课程文本和课程纲要，形成校本课程操作文本；学校课程研究中心制定校本课程的课程目标和评价方案，对课程实施进行引领；学校课程研究中心安排专门教师进行授课，并制定出校本课程表，包括授课时间和地点，多则 18 节，少则 1 节，纳入常规课程表。校本课程主要依据社团和兴趣小组形式来实施，各个社团的学生都按照课程表的安排走进相应的教室和活动室，学习校本课程。

学校除依托图书室、探究实验室、通用技术实验室、多媒体教室、音乐室、美术室等专用教室以及篮球训练场地外，学校还联系山东省科普教育基地德州工商中专、中国黑陶研究所做为学生校本课程实践基地。学校与齐河县职专形成了合作办学关系。职业教育课程设计和师资配备由学校和职业中专共同承担。人数少的专业，学生主要学习任务在职专完成。人数多的专业，学生主要学习任务在学校完成。近几年，学校通过校本课程的形式，以兴趣小组的方式，在高一、高二进行了职业教育渗透尝试，到高三部分学生正式接受职业教育，并组建了职业教育班。对于这些学生，除帮助他们考取相应的职业资格证书，参加春季高考外，对不愿和不能继续升学的学生还推荐就业。

(3)深化课堂教学改革，实现教学模式多样化

自 2011 年开始，省课程研究中心的专家多次走进课堂，为学校课堂教学把脉。

教师一言堂，教得累；学生被动听，学得苦。合作探究几乎没有空间，课堂效率极端低下。“必须变，等我们下次来时，一定要让我们看到变化……”省课堂中心专家下了军令状。

怎么变？学校领导首先在办公会上一改以前就事议事的开会方式。而开起了建构主义理论学习专题会。方向有了，马上行动……

学校立即制定了《关于推进课堂改革，打造高效课堂的实施方案》，建立了以问题为核心的学生质疑、探究、自主合作的课堂模式。在课堂上建立合作学习小组，根据学生学习成绩按照 ABC 三层合理搭配，形成捆绑式评价单元。在课堂教学中，学生自主学习、协作学习、成果展示、探究辩难，再加上教师点拨精讲等环节有机结合，充分调动学生的学习积极性，引导学生乐学、善学。学生的学习状态有一个质的飞跃，课堂上一改过去一问三不答的沉闷气氛，每个小组都不甘落后，每个学生都寻找机会为本组争光，ABC 三层学生都得到了不同程度的表现机会。特别是学困生，在小组同学的帮助与鼓励下，他们也增强了表现的信心。在统一的课堂模式基础上，学校鼓励教师探索各具特色的教学方

式，制定了《小课题研究实施方案》，鼓励教师根据学科特点和自身优势，加强有针对性的教学研究，把教研的目光下移，盯着自己的学生，盯着课程标准，瞄准课堂教学中的问题，多搞草根课题研究。同时组织骨干教师成立了教学领航研究中心，定期编写《教学导航》。在课堂教学中探索多样化的教学模式，形成独具个性的教学风格。如语文学科正在探索实践的“五重发现”教学模式，着重培养学生的问题意识，符合“自主合作探究”的学习规律，能更大限度、更深层次地挖掘学生的语文潜能，提高学生的语文素养。数学学科形成了目标导学模式，物理学科形成了合作探究模式，各个学科从学科特点出发，出现了百花齐放的课堂教学局面。

“我们在课堂上感受最深的就是紧张和投入，合作与自由。”学生对新课堂如此评价。学校全体干部教师深深地体会到，校本课程已不仅仅是新课标、新理念，它已经与“协作”“创新”“探究”“激情”“希望”“多样化”这些滚烫的字眼紧紧联系在一起。在这里，教育是学生的教育，课程是学生的课程，学生在校本课程的学习中真正实现了自主化选择、多样化发展。

(四)弘扬“爱·和”文化，学生多样化发展成效显著

“问题更是使命，挑战更是机遇，关键在态度和智慧。”面对“1751”工程这个平台，齐河一中没有观望和等待，而是积极参与、开拓探索，学校在自主发展中，把“爱·和”理念作为育人的主旋律，始终以“让每一个学生都能拥有成长的自觉性”为教育夙愿。给予教育中的每一个人爱和自由的空间，让每一个生命更好地绽放自我。

1. 多元化成才成功起步

《国家中长期教育改革和发展规划纲要(2010—2020年)》中指出：“鼓励普通高中办出特色。鼓励有条件的普通高中根据需要适当增加职业教育的教学内容。探索综合高中发展模式。采取多种方式，为在校生和未升学毕业生提供职业教育。”这些年来，学校通过与职专的联合办学，已有近300名学生考入职业高校，接受高等教育，很多学生在社会各行各业成为业务骨干。还有很多同学学得一技之长后，被推荐到省内外大企业工作。目前，高三职业教育班的学生正全力以赴为春季高考准备着。

2. 创新教育硕果累累

为加强对科技创新类课程的实施，学校成立了科技创新办公室，对相关课程指导教师进行了选聘，为他们提供外出学习机会，促进他们尽快提高。同时，在学校师资非常紧张的情况下，学校毅然把他们从烦琐的常规教学中解脱出来，保证他们能够精力集中地投入培训中去。近三年，学生科技创新共获得国家专利 220 余项，国家级创新大赛获奖 21 项，省级创新大赛获奖 30 多项。在 2012 年，刘开颜、孟峰、费明超同学共同设计的伞式折叠多旋翼飞行器及监控航拍系统荣获山东省第 27 届青少年科技创新大赛一等奖，指导教师张庆伟也荣获山东省科技创新优秀辅导员等多种荣誉称号。王垒同学发明的《多功能手扶电动农用机》荣获第 26 届山东省青少年科技创新大赛一等奖、首届全国青少年环保发明大赛一等奖，指导教师张健荣获山东省十大杰出科技教师、全国优秀科技教师、全国创新名师等多项荣誉。2012 年齐河一中获得了全国青少年创新教育优秀实验学校，全国创新教育百强名校的荣誉称号。2013 年、2014 年连续获得山东省青少年科技创新大赛一等奖。

3. 特长生培养做出大文章

学校成立了特长生教学管理办公室，加强对特长生的管理和引导。建立奥林匹克竞赛导师团队，通过自主培训与高位嫁接，取得优异成绩，近三年，学校共有马庆华、宋正阳、于齐等 14 人荣获全国数学、物理、化学奥林匹克竞赛一等奖，有百余人荣获全国数学、物理、化学、生物竞赛二等奖，多次被评为山东省奥林匹克竞赛金牌学校。2014 年 10 月，喜讯传来，学校又有 5 人获得全国数学、物理、化学奥利匹克竞赛(省赛区)一等奖。成立文史哲兴趣小组，选拔了一批对写作、哲学、考古学等专业有兴趣的学生，进行重点培训，并把这项工作与高校自主招生工作对接，2011 级的张大伟、王长鑫、张孟三名同学入选北大哲学夏令营，2011 级絮美娜、2012 级郝梦雪荣获全国创新作文大赛一等奖，获得北大等多所高校自主招生资格。成立艺术特长小组，并请中国音乐学院专家进行精心指导，2014 届甄贞慧、张灿获得北大等名校特长生招生 50 分加分资格。2014 年在全省举办的器乐舞蹈大赛中，学校获得德州赛区第一名，齐河一中的民乐团已经在全市乃至全省成了一个响亮的名片。在每年一届的齐河一中校园艺术节上，运动会、书画展、文艺汇演、素质教育成果展、创新成果展、校园十佳歌手大赛、主持人大赛等活动成为了校本课程实施的总展示。

以学校 2012 年高三(5)班为例，多样化发展成就学生精彩人生。共有学生 56 人，其中有 4 人参加了数学兴趣小组，1 人获得数学奥林匹克竞赛一等奖；有 5 人参加了物理兴趣小组，其中 1 人获得奥赛一等奖，2 人获得二等奖；有 10 人参加了体育社团，通过高水平、单招和普体考试升入大学；有 6 人参加了外语社团，2 人于暑假后去韩国、加拿大留学；有 8 人参加了创新社团，其中 3 人合作发明的“伞式折叠多旋翼飞行器及监控航拍系统”荣获山东省青少年科技创新大赛一等奖；有 10 人参加了音乐和美术社团，并取得了相应的证书，有 10 人参加了文学社，其中 1 人获得全国中学生创新作文大赛一等奖，有 3 人参加了职业教育课程学习，其中 2 人参加春季高考，另 1 人取得了钳工技能中级证，被学校推荐到齐河县开发区某企业工作。

“始知锁向金笼听，不及林间自在啼。”以“1751”工程实施为契机，齐河一中为师生成长搭建起平台，提供了空间。在多样化发展的探索中，教师体会到前所未有的成就感和幸福感；学生有了更多的发展选择和更浓厚的学习兴趣，脸上洋溢起自信的笑容；整个学校呈现出充满活力、令人鼓舞的新局面。实施充满生机、富有活力、多样化的教育是我们的追求和理想。我们坚信：只要学校谨记“爱·和”理念，鼓起追寻教育理想的勇气，激发出全体师生争创一流的内动力，不断探索，不断完善，就一定能够办出理想的学校，做出理想的教育。

第四章　潍坊一中：建设幸福学校　培育多元人才

【导读】潍坊一中始建于1913年，称“潍县县立中学”，其前身是创办于1759年的“潍阳书院”，1952年更为现名，同年被省政府确立为省重点中学，1979年再次列入山东省首批办好的十九所重点中学之一，1995年被评为山东省规范化学校、山东省首批艺术教育示范校，2000年成为全省唯一一所通过省级验收的国家级示范性中学，2007年、2009年、2011年连续三届被评为全国百强中学。2009年10月29日，时任中国教育学会会长顾明远先生莅临学校调研，在参观完选课走班模块教室后，欣然题词：“学校建设在细微处，学生成长在活动中”。2011年4月15日，国家教育咨询委员会“推进素质教育”调研组在时任中国教育学会会长顾明远的率领下来到潍坊一中调研素质教育工作，调研过程中，各位专家对潍坊一中学生的自主、自信、阳光的表现非常满意，高兴之余，顾先生欣然题词：“自主管理，主动发展；自主选择，个性发展——潍坊一中新理念”。

多年来，潍坊一中全面贯彻党的教育方针，坚持以人为本，落实科学发展观，全面落实课程方案，全面推进素质教育，全面规范办学行为，以精细化管理为主线，以办好人民满意的学校为宗旨，牢固树立大安全观、大质量观和大体育观，以培养具有“容·雅”气质的中学生为目标，大力推进“导引式自主生态课堂”建设，形成了“自主管理、主动发展；自主选择，个性发展”的育人特色，致力建设“全国一流、世界知名”并且充满生命活力的绿色和谐学校。潍坊一中作为“1751”工程指导学校，在工程实施过程中发挥了积极的引领指导作用。

2011年，省教育厅实施了“1751”改革创新工程，揭开了山东省基础教育改革的新篇章，为全省各学校站在新起点、开创新局面、实现新跨越提供了难得的机遇，也让潍坊一中有幸与第二片区的各兄弟学校结成了友好合作伙伴学校。几年来，学校认真贯彻落实省教育厅的这一重大战略部署，按照“规范办学、尊重规律、依靠科学、改革创新、自主发展”的要求，围绕学校“文化建设、管理创新、课程建设、教学改革、教师发展、学生发展”六个方面内容，本着“有效对接、优势互补，定期交流，相互促进，共同提高”的宗旨，不断与兄弟学校加强交流与合作，增进友谊，共同发展，不断深化学校的内涵发展、自主发展和创新发展。

第二片区高中段交流研讨

一、以文化立校为引领，倡树“容·雅”文化特质

始建于1913年的潍坊一中历经百年风雨和上下求索，学校文化从建校时的校训“容·忍”：宽容、忍耐，追求的是含蓄、忍让；到新中国成立后的校训：为中华之崛起而读书；再到20世纪90年代的核心价值

"成功"："要成功，上一中"。既有传统继承，又显时代特色，因时而变，历久弥新，逐渐形成了独特的深厚历史文化积淀。

要使学校始终站在发展制高点，让学生始终立于不败之地，就必须把学校发展放在教育全球化的大背景下来思考，把学校建设放在推进学校国际化进程中来把握，把学生成长放在适应未来社会发展的新要求中来谋划，积极为学生提供合适的教育，才能为最终成就学生幸福人生打下坚实基础。因此，需要对学校的培养目标进行深入分析、准确把握和清晰定位。

综合考虑到学校的文化传统、办学条件、社会影响力，以及未来发展前景等，学校经过长期思考和深入研究，深度挖掘凝练成"容·雅"文化："容"和"雅"是学校百年文化的积淀，是学校的核心价值取向：包容大度、志趣高雅。"容"意味着容纳万物，包容个性，容许特长，其核心是开放，是民主；"雅"意味着兴趣广泛，志向高雅，崇尚一流，其核心是品位，是创新。"容"和"雅"是潍坊一中人在新时代对人才培养的更高的价值追求。"容"和"雅"构成了学校创造适合学生发展的教育的思想源泉和内在动力，营造了宽松和谐、开拓进取的良好育人环境。

在潍坊一中，学校确定的目标就是培养具有"容·雅"气质的中学生，就是要培养富有理想、基础扎实、特长明显、个性丰富、善于创造，心理阳光、具有国际视野和世界胸怀的高中生。

学校期望从潍坊一中走出的学生是胸怀宽广、淡定从容的人，是道德高尚、行为纯正的人，是视野开放、学识渊博的人，是举止文雅、涵养深厚的人。期望通过持久推行"容·雅"文化教育，让潍坊一中学生形成一种与众不同的文化特质。

二、"容·雅"文化引领下的学校课程建设

只有尊重并适应不同基础上的发展要求，坚持以人为本、尊重差异、多元构建、自主选择的理念，为学生们创造适合的教育，促进学生

全面而有个性的发展，才能帮助学生成为他想成为的人。为此，学校把课程建设作为实施“容·雅”教育理念的主阵地和主载体，精心组织、巧心设计，努力把“容·雅”教育渗透在课程设置、课堂教学、社会实践等各个环节之中。

在省专家的得力指导下，在与各兄弟学校相互学习交流借鉴的基础上，在开齐开全国家课程的前提下，学校强化了对学校课程的顶层设计，经过深入挖掘和提炼，目前已形成“行为正雅”“志趣高雅”和“学养儒雅”三个领域、十五个模块，涵盖近百门课程的课程体系。

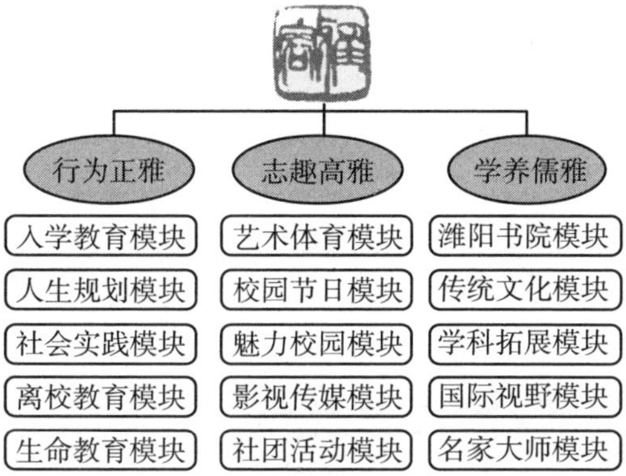

课程结构体系图

在课程建设的推进过程中，学校重点突出了以下八个方面的构建。

第一，文理融通。通过学校的课程培养一中的学生具有扎实的学科基础知识、较高的科学素养和深厚的人文修养，并使得学生通过课程的学习得以全面的发展，尤其是重视通过课程学习实现学生文理的融通以及知识与生活的贯通。如开全开齐国家课程、国家课程的二度开发与整合，校本课程的开设等。

第二，特长彰显。高雅之士必是个性鲜明之人，有自己独立的思考和独特的生命体验，因此学校课程应该帮助学生建构起适合其个性成长的学习经历，使其成为一个学有特长的人。如根据学生特长及需求，开设了《演讲与口才》《播音与主持》《摄影艺术》等课程。

第三，国际视野。具有国际视野和世界胸怀，是潍坊一中人的追求，应该通过学校课程开展对学生的国际理解教育，拓展学生的国际视野，提高学生跨文化沟通的技术、能力和水平，提升学生多元文化背景中的竞争力。在全校开设《第二外语》《AP 课程》等国际特色课程，受到了学生喜爱，报名学习者越来越多。

第四，民族情怀。通过课程培养学生的文化认同感，加深对中华文明、齐鲁文化的理解，使其能成为“容・雅”文化的最好解读者。由中国传统文化(国学)、潍坊文化、学校文化等课程构成，开设《学校历史》《容雅文化》《传统节日》等。

第五，书生气度。培养学生“铁肩担道义”的志向，也要培养学生“家事、国事、天下事，事事关心”的责任。培育学生学会关心、学会共处的品性，尤其是对他人、社会、自然生态的关心。如《百家讲坛》《天下大事 15 分》等。

学生阅读成为常态

第六，高雅志趣。培养学生成为一个会生活的人，能够通过健康的生活方式和高雅的人文艺术修养丰富自己的精神世界。如开设了《国画》《书法》《版画》《舞蹈》《风筝扎制》《陶艺》《戏剧表演》等模块选修课程。

第七，知行合宜。使学生成为一个会学习的人，能够将学科的知识运用到解决生活实际问题的实践中，成为一个主动探究的人，成为一个有创新精神和实践能力的人。如开展走进社区、走进高校、走进农村、走进军营、走进自然、走进企业等社会实践活动，实现知行合一、自主体验。

第八，健康体魄。让学生不仅拥有高尚的道德，还要拥有健全的人格、健康的心理和身体素质。如《网球》《乒乓球》《中华武术》《游泳》及心理课程等的开设。

旨在通过以上八个维度课程的构建，持久推行"容·雅"文化教育。新的课程体系是基于我们的文化理念和课程目标而形成的动态课程系统，呈现了丰富多元的"课程超市"，高效满足了学生全面发展、个性发展的需求。

在学校课程建设的实践与探索中，主要做法和经验有以下四点。

第一，建设多元课程的前提是紧密结合学校实际。我们的课程建设，深深植根于学校的传统文化、区域背景和办学思想。"面向全体学生，创造适合学生个性发展的教育，为学生的终身发展奠基，使全体教职员工都获得幸福和成功"是建设多元课程的思想认识基础。

第二，建设多元课程的基础是全面落实国家课程方案。全面落实课程方案，保证学生全面完成国家规定的必修和选修等各门课程的学习，既是《纲要》的明确要求，也是学校建设多元课程的基础。在实践探索中，学校不断加大对国家课程的有效开发，如高一语文组编写的《快乐读写》、语文"交互式"阅读和英语话题拓展精品阅读等就是以教材为依据进行的，受到了学生的喜爱。高二语文组编写的《现当代散文小说赏读导学》等六本辅助教材，提高了授课效率，也兼顾了高三二轮复习内容，减轻了高三复习的压力。高二英语组积极打造阅读课堂，扎实推进阅读课题研究，编写了模块 7 和模块 8 大阅读分册教材。高二政治组以激发学生兴趣为出发点，编辑了《小故事，大哲理》拓展阅读校本教材，供学生课后阅读，加深教材理解，激发了学习活力。高三语文的快乐教学、数学的分层教学、英语的整体阅读、物理的创新实验教学、生物的学科趣味教学、政史的学科自主预习周计划等也都取得了明显成效。

第三，建设多元课程要体现系列化、特色化。我们认为，开发设置某一门具体的学校课程固然重要，但更重要的是，作为学校层面，一定要追问开发这门课程的深层原因，给老师和学生一个开设和学习的理由，而不是兴之所至、率意而为，要体现课程开发设置的严肃性、科学性、可行性。艺体部组织开发的《潍坊第一中学校园拓展活动课程》《校本课程〈音乐与舞蹈〉》都获山东省第二届普通中小学、特殊教育学校、幼儿园优秀课程资源一等奖。

第四，建设多元课程要有必要的保障机制。包括组织领导保障中的专家顾问团、家长委员会、班主任队伍建设和双向选择导师制；设备资源保障中的十几个模块教室以及篮球馆、游泳馆、探究实验室、通用实验室、学生电视台、素质拓展园、社团活动室、潍阳书院、心灵家园、揽月湖影像坊建设；课程推进的选课走班教学系列；有效评价体系的《综合素质评价方案》等。

三、“容・雅”文化引领下的差异教育

——分层分类选课走班教学的实践与探索

《国家中长期教育改革和发展规划纲要》中指出：“关注学生不同特点和个性差异，发展每一个学生的优势潜能。推进分层教学、走班制、学分制、导师制等教学管理制度改革。建立学习困难学生的帮助机制。改进优异学生培养方式，在跳级、转学、转换专业以及选修更高学段课程等方面给予支持和指导。健全公开、平等、竞争、择优的选拔方式，改进中学生升学推荐办法，创新研究生培养方法。探索高中阶段、高等学校拔尖学生培养模式。”理论支撑和政策支持为我们实施差异教育提供了可能。

近年来，潍坊一中在省“1751”专家的引领下，在学习借鉴兄弟学校经验做法的基础上，以“容・雅”文化为引领，全面推行差异教育，师生幸福指数不断提高，办学质量不断提升，在省内外的影响不断扩大。

(一)创设包容个性、尊重差异的学校文化，营造良好氛围

“包容大度、志趣高雅”的核心价值观成为潍坊一中广大师生的自觉

追求者和实际践行者。在潍坊市五星级学校创建过程中，学校对“规范办学、课程设置、课程实施、办学特色、办学质量”五个方面进行认真梳理，提出了立足学校文化，开展差异教育，强化办学特色的工作策略。

(二)构建尊重差异的课堂文化，搭建多元发展的成长平台

分层分类选课走班制教学提供了多元的教学课堂模式，能够满足不同学生的需求，让学生根据自身条件选择不同的班级和课程，让学习优异者更优、让学习基础薄弱者变强。因此，学生欢迎、家长满意、社会赞同，成为先进的课堂文化。“容·雅”文化引领下的课堂是开放民主的课堂，也是学生自主合作的课堂。

学生社团是体现学生差异与个性，自主管理与发展的重要渠道。体现在学校文化上就是张扬个性与创新。近年来，学校坚持“一化三联两自主”的思路，强化社团建设。“一化”即社团活动课程化。“三联”即做到家庭、社会和学校联合，班级、学部和学校联动。目前学校已经建立了300多个班级社团，200多个年级社团，120多个校级社团，像“模联社”等十多个社团属于全国中学生优秀社团，学校艺术社团曾多次到台湾演出，受到好评。“两自主”即自主管理，主动发展；自主选择，个性发展。做到把学生学习的主动权还给学生、把学习的过程还给学生，把时间还给学生，把学校资源还给学生，把评价权利还给学生，把选择导师权利还给学生，把选择课程权利还给学生，把选择自我发展权利还给学生，把选择健康生活的权利还给学生。

在学生个性发展和社团建设中，主要依托构建和实施“六六四自主德育体系”。“第一个六”是指“六走进”，即让学生走进社区、走进企业、走进农村、走进高校、走进军营、走进自然；“第二个六”是指学校每年举办“六大节日”，即艺术节、文化节、体育节、英语节、读书节和科技节；“四”指“四种体验”，即学会乐群、学会自律的校园体验；学会做人、学会思考的社会体验；学会生活、学会劳动的家庭体验；学会反思、学会感恩的心灵体验。“六走进”“六大节日”和“四种体验”互为依托，从学校、教学部、班级三个层面对学生的综合素质进行培养，让学生在这些自主活动中感悟，在体验中升华，在自律中成长。文学社的孙静同学说："文学社让我过得既充实又快乐，我们这些热爱文字的朋友们因它相识，我们一起努力，让思维碰撞出灵感的火花，于是，那一篇篇精美的文章，汇成了最终《盛夏》的圆满。"2014 年秋季运动会，全部由学生自主筹划、自主实施、自主完成，社会各界给予高度评价，博客点击量达 15786 次。

从 2014 年新学年开始，学校按照"特生特培、优生优培"的"书院制"培养原则积极探索"书院制"的教育模式，首批招生 50 名，培养目标定位于"优质＋特长"，主要招收了两类特殊才能学生，即自然科学研究类(数学、物理、化学、生物)和信息技术类，通过重新配置课程体系和积极探索优秀的课堂教学方式，力争实现"两个最大化"：学生在校发展能力最大化和终身发展潜力最大化，为未来成为创新型人才奠定基础。

在实施文化立校的战略中，学校积极探索各类特长生的培养机制。对特长生采取自修、免修和跨单元跨年级的选修制度；成立各类特长生活动社团，为特长生成长提供发展平台；建立学生成长导师制，为学生个性发展提供个别指导；与高校及各类社会专业团体(如引进作协、美协、书协等)联合，在学校设立工作室，定期给学生提供专业指导等。2012 年被哈佛大学录取的曾小雨同学从高二开始就免修英语，进行自主选择，就是这个"放任"的政策，让她得到了真正的发展。

随着差异教育的深入推进，学校也建立了相应的多元化评价体系，作为机制保障和前行坐标。

(三)构建尊重差异的心理教育网络，助力学生健康成长

在实施差展教育的过程中，学校越来越认识到心理教育的重要性和紧迫性。针对学生的心理差异，深入开展了《高中生积极心理品质研究》课题的实践与探索。主要做法是：围绕一个中心(学生)，搭建四个平台(学校大课堂、心理辅导室、心理健康团队、课题引领)，强化四支队伍(教师心理健康教育团队、学生心理健康委员会团队、专家指导团队、家长心理健康团队)，采取十条措施(心理活动室、专家讲座、心理健康报、心语热线、心理社团、心理健康月、教师心理反馈与渗透体系、家长心理健康监测与反馈、心理健康课堂、学生心理档案)，实现三个目标(学生心理健康——防胜于治；心理健康由他助——自助——自救——自我管理，主动发展；心理健康，家校联合)，引导学生养成健康阳光的积极心理品质。随着心理差异教育的深入实施，学生们越来越阳光，彰显了包容大度、志趣高雅的文化特质。

(四)推行教师发展上的差异性引领，为差异教育实施提供智力支撑

第一，实施教师分层发展策略。学校公布标准，教师自我定位，实现分层次要求、分层次培养、分层次管理。根据教师的基本素质与已有成就、关注点、工作性质的变化划分教师专业发展阶段，采取不同的引领措施，鼓励教师形成自己的教学风格和发展路径(如技术型、艺术型、实践反思型、思想家型等)。鼓励教师著书立说、外出考察、在职研修，建立各类教师社团、教师沙龙，让教师在各自的领域获得满足和肯定。学校鼓励一位历史教师经过三年努力，撰写了近十万字的校本课程《图书章话春秋——潍坊一中历史沿革纪略》，成为学生选课的热门科目。“哈佛女孩”曾小雨的班主任沈玉强老师结合曾小雨的成长过程，出版了个人专著《读着英语上哈佛》，成为畅销书。

第二，改革人事制度，激励人才成长。按照教育局要求，实行职称评聘合一制度和岗位分级制度试点，实行师德前置制度，让优秀教师脱颖而出。出台《潍坊一中高层次人才教育奖励办法》，对取得硕士及以上学历或学位毕业证书的在职在编教职工进行奖励。

第三，推进学校管理的民主化，坚持做好“六大论坛”。近年来，学校先后搭建了中层干部论坛、项目管理论坛、校务公开网上论坛、“三言两语话管理”班主任论坛、百师讲坛、备课组长论坛等，充分调动了教职工民主参政议政的积极性。

容，让学生特长发展，彰显个性；雅，让学生兴趣广泛，志向高远。差异教育的实施，让更多的学生找到了自我，找回了自信。学校的教育教学质量连年稳步提高，得到了各级领导和社会各界的好评。涌现出潍坊市由高中直接考入哈佛大学第一人曾小雨同学，受到刘延东等党和国家领导人亲切接见的张家华同学等。2014 年，有 2 名优秀毕业生受到党和国家领导人的接见，一位是高 58 级校友韩磊同学，作为大学生自主创业代表参加了李克强总理主持召开的座谈会；一位是学校第一个校长实名推荐上北大的郑方圆同学，在习近平总书记视察北大时，作为在五四青年节北大诗会的组织者受到了习近平总书记的接见。

一批批特才生脱颖而出。姜俊羽同学获得“中马文化交流使者”称号；孙冠男同学被红苹果国际艺术盛典系列选拔活动评为全国形象大使；秦政同学摘取国际信息学奥林匹克竞赛中国队选拔赛、第五届亚洲和太平洋地区信息学奥赛两枚铜牌；李蔚语同学获第十一届 CCTV 模特大赛全国总决赛冠军，丁俊方同学获中华茶博城茶文化推广大使，丁思文同学的古体长诗《秋月吟》在潍坊“非常作文“网络挑战赛首期评选中成绩高居首位……另外，一批又一批的体育、音乐、美术生被全国各大学录取。

四、“容·雅”文化引领下的教育国际化建设

2009 年，经山东省教育厅批准，学校和加拿大不列颠哥伦比亚省(BC 省)高贵林教育局合作成立潍坊一中中加高中课程项目班，目前，达到每年招生 120 人的规模，成为全省高中学校举办中外合作办学实施较早和规模较大的学校之一，中加高中课程班学制三年，学生同时在山东省教育厅和加拿大 BC 省教育部注册学籍，课程执行山东教学大纲兼容加拿大学分课程。中加课程班实行全程优质到位的管理和服务，实施小班制的教学模式，在国内享受到以人为本的国外优质教育。

学校主要在以下四个方面进行了有益探索。

一是在交流中借鉴融合。在中外合作办学的交流与碰撞中，学校积极借鉴国内外的先进经验，不断发展和融合，真正形成了一整套科学合理的国际化办学方案，不断扩大交往、借鉴融合、改革开发，合力打造学校国际化，形成学校办学特色，树立国际化学校品牌。学校每年接待全国各地慕名参观考察达 600 人次。

二是在合作中优化管理。中加合作办学项目突出了与国际接轨、双语教学的特色，在课程设置、教材选择方面，以山东省课程体系为载体，结合国外高中教学长处，引进了国际先进课程体系、教学方法和教学管理模式，双方共同负责，共同参与制定课程和管理。中方负责中国高中课程的教育教学和日常管理工作，加方负责加拿大高中课程的设置、教学和管理。双方相互学习，优势互补，教学和管理不断得到优化。

三是在教学中发展完善。学校配备了经验丰富的优秀教师，加方选派了教育部门编制内的优秀教师上课。学校外教并没有完全照搬国外的教学模式，而是结合学生个性的差异和中国孩子的特点，因课型以及授课的形式而变。以中方授课方式为基础，融入加方小组合作的学习方式，让学生参与到学习当中，学生通过小组合作学习学到的知识要明显多于通过其他方式学到的知识，并且记忆的时间更长，达到了学习最佳效果。每个在国际部成长的孩子中外兼蓄，快乐生活、健康成长，完善了自我，也成就了自我。

四是在发展中继往开来。先后与高新国际幼儿园、高新区实验学校建立校际联盟，按照“有机对接，资源共享，深度合作，互动共赢”的思路，大力实施“强强联合，优势倍增”战略，打造从幼儿园到高中完整的高端教育链条，实现学校有效向前延伸，努力做好课程、教科研等方面的衔接与合作，探索一条特色鲜明、优势明显、充满生机与活力的教育发展之路。

目前，中加课程班学生已连续毕业了三届。首届 24 名毕业生，全部被国外大学录取，被誉为“最牛高三毕业班”；第二届、第三届毕业生 50％以上的毕业生被世界排名前 100 的大学录取，每年有 10 名左右的学生被加拿大多伦多大学的绿色通道提前录取，毕业的所有学生都被国外大学录取或预录取。

在自身发展的同时，学校积极发挥辐射带动作用，在全省率先与联盟对接学校阳信一中进行合作交流，在学校文化、课程建设、课堂改革、师生研讨、资源共享等方面进行深度挖潜，相互促进，共同提升。

学校在全省"1751"改革创新工程现场会上介绍经验，阳信一中也得到了健康快速发展，成为"1751"工程的最大受益者之一。

第二片区高中段交流研讨

发展永无止境，成功没有终点。潍坊一中今后将坚定不移、坚持不懈地推进"容·雅"教育，不断深化在推进"1751"改革创新工程中结出的硕果，为所有潍坊一中学生描绘出更加灿烂的人生底色、夯实更加牢固的人生基础，也让潍坊一中优质教育这块学校品牌更响、更亮！

中篇

区域教育发展报告

均衡的实现依赖区域内学校的整体发展，只有每一所学校都进步，实现自主发展，才能实现真正意义上的均衡。实现学校自主发展需要满足的要素很多，“1751”工程在实施过程中，重视转变观念，通过专业引领、联盟发展、典型引领等一系列措施，促进了区(县)域教育均衡发展。一是转变观念，推动学校走自主发展之路。外部力量往往难以触及学校深层次变革，只有源于自身发展需求而产生的自主变革，才能将改革引向深入，并形成持续的改革力量。转型期，政府必须重新认识自己在公共教育服务中的角色，将教育管理权下移，从外控式的管理逐渐转向学校自我管理，赋予学校作为办学主体的应有地位和权利，由“督”到“促”，推动学校走自主发展之路。二是专业引领，挖掘推动学校自主发展的内生力量。专家介入和专业引领，不仅有利于学校冲破机械“复制”他人经验的樊篱，而且基于学校个体经验基础上的引领指导，有利于帮助学校借助外来智慧和资源，提升自主发展的愿望和能力，形成学校自主发展的内生力量。三是联盟发展，通过专家跟进，在常态情境下培育的“典型”，通常能够较好地反映学校改进的探索过程，学校发展路径和实践操作模式具有较强的迁移力。“1751”工程通过建立不同形式的联盟发展共同体，搭建学校联盟发展平台，辐射带动了区域教育的快速发展。四是发挥典型引领作用，以点带面，推进区域教育均衡发展。专家跟进推进学校自主发展的过程，也是培育区域教育“典型”的过程。在培育“典型”的同时，在本区域内选择第一批跟进学校，向其开放学校改进的每一个步骤和过程，指导这些学校同步推进学校自主发展，并在适当时机，再选择后续跟进学校。笔者以为，同时可通过建立一对一指导学校、片区联盟发展学校等形式，本着“资源共享、优势互补、相互促进、共同发展”的原则，盘活和利用更多的优质教育资源，以点带面，推进区域教育均衡发展。

第五章　借力“1751”夯实“五个带动”，力促区域教育高位均衡发展

——莱芜市莱城区教育发展报告

【导读】莱城区借力“1751”工程，在全区搭建起了专家、教育行政和学校之间的多维互动交流平台，他们坚持问题导向，基于问题解决，通过示范带动、榜样引领，坚定不移地走区域“内涵发展”之路，实现全区教育事业的跨越发展。全区教育系统以“创建一流学校，打造首善教育”为统领，以项目带动、联盟带动、专业引领、三课一体、文化建设“五个带动”为抓手，全面建设“身边的优质学校”，努力促进区域教育深度均衡发展，有力地推进了区域教育的均衡发展、内涵发展与个性发展。

借力发力，才会给力！2014 年 10 月 14—15 日，莱城区顺利通过国家义务教育发展基本均衡县(市、区)评估认定，开创了莱城教育新的“里程碑”。三年多的创建之旅，得益于一种变革力量的助推——山东省普通中小学“1751”改革创新工程(以下简称“1751“工程)。自 2011 年起，莱芜市莱城区借力山东省“1751”工程，全面建设老百姓身边的“优质学校”，强力推进区域教育高位均衡发展，让群众在“家门口”就能享受优质教育，切实把教育均衡的理念落实到每所学校、每节课堂、每名学生身上。

莱芜市莱城区地处山东省中部地区，辖 12 个镇(街道)，1 个省级经济开发区、1 个省级农业高新技术产业示范区，668 个行政村(居)，人口 80 万，总面积 1370 平方公里。现有中小学 115 处，注册幼儿园 219 处，在校生 11 万余人，在职教师 7000 余人。七分山区、二分丘陵、一分平原的莱城区，不论是办学条件，还是学校内涵发展水平参差

不齐、很不均衡，推进义务教育均衡发展困难重重、任重道远。特别是距离《国家中长期教育改革和发展规划纲要(2010—2020年)》提出的均衡发展义务教育的目标更远，诸如城乡、校际之间基础设施建设、师资力量配备、教学质量很不均衡；优质教育资源不足，名校、名师、名校长的数量少；教师队伍的数量不足、素质不强、结构不尽合理的矛盾突出；个别校长课改意识不强，围着教学成绩转的狭隘思想，直接导致教师课堂教学满堂灌、满堂问，漠视学生的主体地位，区域课改的整体推进举步维艰……

一、借力项目带动，催生办学“新思路”

事件回放：改革创新的“连锁“效应。2012年12月，以“分享、交流、展示”为主题，一年一度的全区中小学校长论坛如期开讲。作为山东省“1751“工程项目学校的凤城高中校长卢法斌、口镇中学校长张伟、吐丝口小学校长李金之系统阐述了学校办学定位、课改思路、实践经验及操作办法。他们全新的课改意识、扎实的行动实践，让参会的100余名中小学校长反响强烈。

校长论坛结束后，局党委立即召开了党委会专题研究，对三所学校的发展变化进行了立体分析，问题直指区域课改本质：为什么有不少学校校长办学思路不清，眉毛胡子一把抓？为什么校长课改自觉性不高、意识不强？一个关键问题就是缺乏高端引领与自主创新，在一定程度上限制和阻碍了学校发展。而三所“1751“工程项目校之所以能在较短的时间内实现思想的转变、观念的解放、行动的加快，其核心正是项目的助推与带动。作为区域教育主管部门，必须转变教育行政管理方式，发挥“1751“工程的平台作用，借力专家引领、项目带动，由管理到服务，引领全区各中小学校走自我变革之路，既能让三所项目校成为省级“样板校”，又能促使更多的学校成为区级“示范校”，莱城教育人将这种效应称为改革创新的“连锁”效应。

1. 建设省级“样板校”

发挥榜样示范带动作用，让项目校“先富起来”。莱城区按照“1751”工程“培育一批教育思想、学校管理、教育教学、考试评价、队伍建设、机制创新、培养模式、育人环境等方面改革创新、示范带动的样板名校、质量名校、特色名校”的核心要求，发挥好教育主管部门服务、协调、帮助等功能，借助“1751”工程资源平台，坚持专家引领与科研互助，与学校一道定规划、拿盘子、定措施，组织教研团队与省课程研究中心深入课堂诊断，加强对话交流，实行跟进式服务，尽可能提供一切可用的资源、条件与支持，让三所项目学校走出束缚、突破困境，实现“脱胎换骨”的发展与变化。

2011年，作为项目校的吐丝口小学处于新老校交接、合并搬迁的关键时期，如何站在关键点上实现新发展，正是该校首要破解的问题。当时该校由7所学校并为一处，学生由不足千人上升1700人，学校怎么办，如何顺应生源需求改进课堂？区教育局就在服务上做文章，积极协调省专家组到校全程诊断分析，组织学校班子、骨干教师深入济南市经五路小学等学习、交流，在此基础上，支持该校把陶行知的“教学做合一”思想引入，确立“五年影响一生”的办学理念，着力在体验教育上做文章。不仅实现了学校的顺利合并搬迁，也为深化“四学体验课堂”奠定了基石。三年下来，该校变化不仅是办学条件，更重要是办学内涵，稳固了生源，更引来了省内外的学习考察团。“原先转入城内上学的28名学生又重新转了回来，家长看重的正是我们的体验教育，我们的体验课堂。”校长李金之颇为感慨。据不完全统计，自2013年至2014年两年间，吐丝口小学通过承办现场会、接待省内外教育考察转团等方式，接待来人来访5000余人次，一所名不经传的农村中心校成长为省内外知名学校，靠的是引领，靠的是改革，靠的是创新与发展。

2. 打造区级“示范校”

作为“1751”工程项目区，仅抓三所项目校绝对是狭隘的。莱城区走的正是借力工程带动，着力打造好区级示范校的路子。为整体带动全区各级各类学校跨越发展，制定实施了“12345”的策略。“一个引领”，即用“1751”工程的理念，融合其他教育思想，引领全区教育教学工作的发展；“两个转变”，即切实转变教师的教学方式、转变学生的学习方式；“三课建设”，即多样化、特色化的课程建设，思维对话、生命共鸣的课堂建设，草根式、本土化的骨干课题建设；“四大体系”，即全面构建适合儿童发展的书香阅读课程、学科拓展课程，实践活动课程、兴趣特长课程；“五项工程”，即教师全员素质提升工程，亮点学科培养工程，名师名校长锻造工程，名优学校创建工程，教学质量全面提升工程。

3. 转变行政职能

由管理到服务，大力简政放权，促进学校自主发展、内涵发展，取消统一要求，只要学校符合国家办学的政策法规，就充分放权于学校。学校课程怎么建、课堂怎么改、常规怎么管全部是学校说了算，给学校留出发展的足够空间与权力。在服务跟进上，充分发挥教研室“指导、引领、服务”职能，推行“听一节课，指导一名老师，带动一个学科，推介一所学校”的一线教研法，变“学校向上跑”为“教研员向下跑”，科学创立“3＋2＋1”教研工作模式，大胆推行“跟进式教研、即时性教研、示范性教研”等科学有效的教研方式，全程服务于学校的个性发展。仅2012年，区教研员平均深入学校教研112天，平均听课达200余节，有效推进学校课改的进程。

4. 强化制度保障

为全面推进“1751”工程的可持续发展，不让工程成为一阵风，莱城区制定了务实管用的常态长效机制。按照《莱城区推进“1751”工程行动计划》，实行“一个项目、一套班子、一抓到底”的工作机制，先后成立了以局长任组长，分管副局长任副组长，基教科、教研室、人事科、项目校校长为成员的领导小组，设立莱城区“1751”工程执行中心，三所项目校相应成立了执行工作组，拿方案、定计划，抓研讨、促改革，确保改革创新工程有序有效有力推进。推行“项目管理”和项目组长责任制，坚持“三个一”、开好“三个会”：即每月一查、每季度一评、每学期一汇总；各项目校开好项目推进“调度会”，交流经验、协调工作、通报进度；各项目组开好问题“研讨会”，深入调查、查摆问题、会诊对策；教育局开好项目推进“表彰会”，激励先进，鞭策后进，制定《项目学校考评办法》，明确了考评范围、内容、程序，改革创新进展情况纳入全区教育综合督导评估成绩。

二、借力联盟带动，走活区域“一盘棋”

要推动区域整体发展，必然要树立“一盘棋”思想。而校际不均衡的一个桎梏就是学校的自我封闭、单打独斗。如何实现区域内学校的一体化发展？莱城区汲取“1751”工程“优势互补、资源共享、重点促进、共同发展”的经验做法，由三所项目校和区直学校、镇中心校为指导学校，牵头组建区域教育联盟共同体，着力打破校际间的壁垒，实现互惠共赢式发展。

1. 创建“4212”联盟

2014 年 4 月 11 日，莱城区第六教育联盟各联盟校在高庄中学举行了毕业班教学研讨。高庄中学、南冶中学、羊里中学等 17 名毕业班教师提供了 17 节实效课堂，针对毕业班学生思想状态的调节、教学设想、工作思路等方面进行了深入研讨。这是该联盟按照联盟发展章程和工作计划，开展的第四次联盟教研活动。

为推动区域教育高位均衡，莱城区把行政大区域化为若干教育小区域，既能实现资源互补，更有利于服务与指导。按照《关于在全区组建教育发展联盟促进教育均衡发展的实施意见》，由三所项目学校及区直学校、镇中心校等指导学校牵头，70 余所学校组建教育发展联盟，覆盖到了所有镇(街道)初中、部分小学，逐步形成了“4212”教育联盟发展推进策略。即：构建学校联盟、课题联盟、名师联盟、网络联盟等“4 大联盟”；组建 20 个学校发展联盟共同体(其中小学 10 个、初中 7 个，高中 3 个)、以 100 项课题为统领的课题研究联盟共同体、以 20 位名师为首的教师专业发展共同体。各联盟学校制定联盟工作章程和工作计划，通过开展教师轮岗交流、入校送课、举办讲座、常态化教研、草根式研究等互动教研方式，让办学水平高的城内校、中心校与农村薄弱学校抱团结对，实现联盟学校的优势互补、协商共进、整体发展。

2. 深化教师互动交流

“新学期，我们学校来了两位美女老师，秦老师教我们音乐，她上课和蔼，琴弹得棒，我们都喜欢她，都喜欢上音乐课。”提起新来的教师，凤城街道叶家小学四年级学生亓丽婧啧啧称赞。“从城内学校到乡村小学，我感到在这里特清静，特别是从孩子、老师身上看到了农村教育的纯朴与坚守，我一定要把学校的好经验、好方法传递给师生，并从他们身上汲取精神。”到叶家庄小学支教的实验小学秦呈玲老师深有感触。为记录这段支教经历，她每天都把教学的感受、开展的帮教活动、同课互构教研等写成教学日记，以备分享记录。

按照“4212”联盟机制，由教育联盟共同体学校共同组织开展教师互动交流，交流期为一学年，实现农村教师进城学习、体验发展，城里教师到农村学校接受锻炼、传播经验的互惠。在交流方式上，变过去的由教育局一手抓，为联盟学校自主、自需式确定交流的学科和人员，变教育局“说了算”为联盟共同学校“商量着办”，更加适合学校实际。区直、镇(办事处)指导学校、对应农村联盟学校互派教学经验丰富、事业心强、思想觉悟高的骨干教师进行为期一年的任教交流，全区先后交流干部、教师 155 名，29 名教研员参与助教联系学校，开展学术交流、学科研讨等 100 余次。特别是区教研员深入教育发展联盟学校，与交流干部教师一起，参与教学管理，开展案例分析、调查研究、网络教研、经验总结推广等工作，全力服务学校发展。

3. 拓展区域联盟共建

“莱城莱城，来了就成。”一天的对接交流，收获很大。回去之后，我们将好好研学，期待下一步的深度合作，努力推动两区教科研共同发展。今年 4 月，济南市历下区教育局副局长康玉平带领教研室主任、学科教研员、骨干教师一行 16 人，到莱城区进行了为期一天的教研共建对接交流。

莱城区实行了三项拓展。一是向济莱协作区上拓展，莱城区、历下区经过市教育主管部门的“牵线搭桥”，以“联盟共建、互助共享、合作共进”为主题，实施管理互通、研训互动、质量同进、文化共建、项目合作“五大工程”，共建两区教育联盟、学校联盟共同体。二是向联盟片区外拓展，三所省级“1751”工程项目学校跨片区搞联盟。像凤城高中先后到山东省实验中学、青岛二中、淄博实验中学、昌乐二中 20 余所学校参观交流。三是与省外名校结对发展。莱城区 20 所学校与上海、北京、江苏等地学校建立发展联盟，借智借力，推动学校个性发展。

4. 落实评价保障

转化评价理念，实行多元评价，发挥评价的激励与导向作用，区教育局通过举办联盟教研、承办现场会、执教公开课等方式，对联盟共同体学校实行成长记录式评价，一次次活动，让指导学校引领辐射作用得以发挥，让相对薄弱的联盟学校得以激励，相互借力发力，为学校注入了活力。在终结性评价上，多元呈现，如由教研室、人事科牵头，通过评价联盟学校开展活动的次数、内容、效果及双方的满意度，并将其结果作为评选各级各类先进学校的依据，引领各学校推进联盟工作；通过全面考核教研工作开展，引领区教研员向课题联盟工作要实效。通过对名师工作室进行综合评价，对教科研成果、教研组发展、教师成长进行细化考评，对成绩突出的名师进行表彰，推动名师联盟工作有序发展。通过把对网络教研纳入教师评价和单位评价，引导教师和学校加强对网络联盟工作，逐步形成校际、教师、班级、家长、学生等多种互动交流的常态机制。

三、借力专业带动，催生师资“学研潮”

教育均衡发展需要校长、教师的自主发展，更需要校长和老师的自觉行为。而现实情况是校长理念滞后，想干不会干，再好的机制也是一句空话；教师把握不住课标，方法陈旧，再好的理念也得不到落实。没有思想的转变与行为自觉，就办不出让群众满意的学校。莱城区依托

“1751”工程的专业带动，努力在教师专业成长上实现均衡。

1. 专家引领“给方子”

2013年下半年的一个周六，莱城区20多位校长分别向省课程研究中心团队汇报学校课程建设工作，李红婷主任边听边点评。“专家的点评让我豁然开朗，明白了课程怎样建、课堂怎样改、学校文化怎样创。”莱城区凤城街道北埠小学校长陈建涛感触很深。不少校长对课程研究中心专家的奉献与实干精神所感动，这样的集中诊断与点评在莱城区已达6次，惠及校长130人次。三年来，莱城区邀请全国知名专家、省课程研究中心、齐鲁名师、名校长近50人次到全区做报告讲学，给校长送理念、讲经验、给处方，校长的办学理念更新了，办学思路开阔了，学校的办学层次与水平全面提升。

2. 多元培训“趟路子”

课程专家每一次到莱城来，区教育局都能见缝插针、借力发力，发挥最大效益。2012年10月省课程研究中心领导的一次深入吐丝口小学、口镇中学、凤城高中课堂听课、观课活动，这样近距离地与专家面对面，心交心地交流，一同解读课程标准，老师们感觉亲切实在。这次活动与专家对接下午还有两个小时的空余时间，立即下通知，全区的500多名小学校长、骨干老师聆听了专家有关课程建设的报告。凡是在莱城区举行片区研训活动，只要有专家培训，各学校都派出骨干教师参加，受益的不仅是项目学校，更是全区所有学校。在此基础上，莱城区教育局单设师训办每年制定教师培训方案，先后与与美国加州州立大学合作举办中小学“海外英语教师培训班，平均每年邀请10位教育专家走进莱城区，进行班主任、国家课程校本化、学校安全、学前教育、文化建设、学科教学、教研科研、家庭教育等不同方面的培训。每年举办暑期信息技术、远程研修及中小学学科培训20余次，培训15000余人次。成功承办了“语参杯”第一届全国百佳语文教师颁奖典礼暨全国语文“同课异构”课堂展示会、全国第五届数学模块教学研讨会、全国第六届“推动学校文化建设、打造特色品牌学校”研讨会，全区900余名校长、教师参与同课异构培训，形成了“以会代训”的培训模式。

3. 网络教研“搭台子”

自2008年起，莱城区利用网络这一高端平台，坚持“培养一人，带动一科，激活一片”研修思路，推行有利于解决实际问题、提高教师成长、促进校本研修的“网络教研”。构建起“区教研室—乡镇中心校(区直小学)—乡镇村小”三级网络研训体系，形成了QQ群、公共邮箱、教育论坛、教师博客、UC、呱呱社区视频房间“五位一体”的网络研修模式。三年来，学科“网研”已达400次，参与17700余人次。自2011年秋季起，莱城区博客平台已开辟班级博客、师生博客、家庭博客近3万个。

4. 专业学习“架梯子”

为推进教师专业发展，制定了《关于实施“享受阅读，丰富人生”教师读书计划》，明确了教师读书学习的内容、要求和评价办法，先后召开了七次全区青年教师“学习・成长”读书成果展示会，推动了学校读书活动的开展，提升了师生的文化素养，加快了书香校园建设步伐。口镇中学着力打造教师专业发展共同体，通过广文中学的引荐，学校加入了全国初中学校课改联盟，为教师的专业发展构建起了全国交流的平台。凤城高中建立《教师专业化发展档案管理制度》，给每位老师建立“专业成长档案袋”，推行“教师成长导师制”，让青年教师和经验丰富的老教师结对帮扶，进行教坛新秀、教学能手、学科带头人、教育专家四个系列优秀教师的评选表彰活动，激发了广大教师专业化成长的积极性、创造性。仅2013年，全区就有9名教师荣获山东省特级教师、创新教师、班主任提名奖、优质课一等奖，5人入选全省远程研修专家团队，30余人次到市外讲学。

四、借力“三课一体”带动，创建教学“新生态”

办老百姓身边的优质学校，最关键的是促进学校内涵发展。内涵发展的主要要素就在于学校的课程建设和课堂改革。基于这样的认识，莱城区为创建教学生态，在丰实课程、实战课堂、实用课题“三课一体”上做了新文章。

(一)丰实的课程“这样建”

1. 提升校长课程领导力

校长的课程观决定了学校课程建设的思路和层次。莱城区通过校长课程培训、校长课程论坛等形式着力提高校长的领导力。2013年12月11—12日，莱城区中小学校长论坛又分别开坛了。“课程观决定教育价值观，课程结构决定学生素质结构，课程实施质量决定教育质量。”“学校教育的产品是课程体系。”“只有课程设置满足每个学生的个性需要，我们的学校才称得上最理想的学校。”……莱城区22名初中校长、31名小学校长摆理念、说思路、讲实施、谈成效，竞相登台论道课程建设，共研课程建设之路，共论实施之法，共议评价之策。这是提升全区校长提升课程领导力、执行力的措施之一，这样的校长课程论坛已举办了6次。

2. 提升区域课程的规划力

一是强化区域课程整体规划，根据《山东省中小学课程实施水平的评估方案》，制定了《莱城区课程实施指导纲要》，明确了区域课程建设的指导思想、实施原则、实施步骤和结果评价。二是强化学校课程的规划。各学校对国家课程、地方课程、学校课程三级课程做了统一规划整合，制定了学校实施纲要。三是加强了班级课程的规划。各学校以班级为单位，制定了班级课程的规划。四是加强了学科课程的规划，以学科教师、学科组为单位，按照课程标准对学科课程进行了规划设置，制定了学段、单元课程纲要，形成了“国家课程校本化、地方课程整合化、活动课程多样化、精品课程特色化”区域课程体系。在2014年承办全国第六届“推动学校文化建设、打造特色品牌学校”研讨会上，莱城区9位校长、教师从不同侧面集中展示了微课程群、地域课程、学校课程、电影课程、家教课程等课程建设成果，得到了与会人员和组委会的高度评价。

3. 提升区域课程的执行力

以评价促执行，建立了学校课程实施评价体系，每年召开全区的课程建设暨教学工作部署现场会、地方课程教学研讨会、音体美课程教学研讨会，按照《山东省普通中小学课程实施水平评价方案》，每年进行一次课程实施水平评估。以展示促执行，每年进行一次综合实践活动课程成果展示，搭建展示交流平台。以评选促执行，每年举行卓越课程评选，层层进行选拔推荐，参加全国评选，让示范带动得以充分发挥。全区每个学科、每个单元(模块)都整合了适合学生、适合实际的模块课程体系。比如小学语文每单元的课程资源体系包括：单元知识体系、主题晨诵诗、主题拓展阅读文章、主题阅读书目、主题语文实践活动等。陈毅中学亓延臣老师把电学整合为基础知识、实验探究和综合应用三大模块，将至少25课时的教学内容压缩为18课时，加之单元综合、矫正等，总节约课时12个左右。亓老师说："省出的课时就可让学生进行学科拓展实践、阅读物理科普书籍、写科技小论文等，一举多得，省时高效。"

多彩的艺体活动

(二)实战的课堂"这样推"

"课改改到深处是课堂。课堂均衡则教育均衡，课堂高效则质量高效。"区教育局党委书记、局长张继水这样诠释课改、课堂与教育均衡三者间的关系。2012年新学期，凤城高中卢法斌校长决心借鉴"1751"工程项目学校课改经验，全面推进高中小组合作学习。但实施一项改革，对高中来说谈何容易，既有办学压力，更有舆论压力。不但教师不接受，家长也不理解，热线电话、网上帖子、家长意见……将凤城高中推到了“风口浪尖”。做还是不做？卢校长认为，“1751”工程项目学校课改实效就是指路明灯，只要坚持做，化困难为动力，让教师与家长看实效，传言自然会化解。他带领全体教师，立足课堂，听课研讨，破解问题。一年下来，师生受益了，家长满意了，课改成功了。

在区域推进课堂教学改革，树立课堂均衡推动区域教育均衡的思想，坚持“三个始终”：始终倡导“以学定教、以学为主、先学后教、当堂达标”课改理念；始终落实“学生预习、小组合作、少讲多做、及时反馈”四个课堂教学基本环节；始终坚持“校长推进、整体改革、全面提升”课堂改革管理机制，制定下发《莱城区校长进课堂的八项基本要求》。通过召开课堂教学研讨会、送课下乡、教研员上示范课等方式，全面提升区域课堂改革实施水平。

（三）实用的课题“这样做”

“到四年级下学期，学生已掌握了学生自读单词尝试法拼读表，自主拼读初中或高中的生词，学习兴趣高涨。”在莱城区“小学英语开发课程资源，拓展学用渠道”课题现场研讨会上，大王庄镇上古联小英语教师张修贵向与会教师介绍自己的科研成果。“基于课标、基于学生的课题研究，持之以恒、常年不懈地倾心实践，张老师用十几年的探索收获了今天的成果。”英语教研员杨海燕这样评价。

全区按照“问题即课题、实践即研究、效果即成果”的基本思路，每年举行一次全区教科研工作培训会，每年进行一次教科研工作先进个人和教科研成果评选，先后邀请管建刚、张云鹰、邱学华等专家到莱城区做了课题研究专题报告，全面提升教科研工作水平。凤城高中建立了“教科室—级部—备课组—任课教师”的“四级”科研网络，全校共有 5 项国家级立项课题，21 项省级立项课题，23 项市级立项课题和 40 项区级立项课题正在研究。吐丝口小学实施了“内容主题化，推进课题化”的教研模式，引导教师扎实进行“草根课题”研究，每月举行一次课题研究汇报活动，切实提高课题研究的时效性。

五、借力文化带动，聚凝区域教育“正能量”

从一校一品、一校多品，到全区“书香莱城、幸福教育”区域品牌的创建，莱城区从“1751”改革创新工程中汲取力量，抓阅读实践、重文化积淀，形成区域文化辐射带动全区各学校的特色文化的“金字塔”。

亮点一：传统文化“长出来”。“读书伴我快乐成长，读书给我正能量，沐书香做达人……”2012 年 6 月 13 日，莱城区“读书达人”书香少年评选活动激烈进行。26 名选手饱含深情的朗诵，慷慨激昂的演讲，观点鲜明的辩论，集中展示了诵读成果。莱城区深化书香校园建设为突破口，构建区域传统文化，打造书香莱城品牌。立足“读好书、写好字、说好话、扫好地、唱好歌、健好体”的“六好”童子功工程，加快“晨诵、午读、暮省”卓越课程建设，走出语文单科抓习字、抓读写的局限，实施全学科阅读，师生共读学科经典、共读整本书，共写学科日记，读写结合成为学科教学的本质本原。启动“根基教育”实践研究，全力打造以“说普通话、写规范字、读经典书、习个性文”为核心的“根基课程”体系。区域实施礼仪教育进课堂、进教材、进头脑，明确了师生仪容仪表、举止行为、言语表达、接人待物、场所文明、集体活动等礼仪规范，学校成为文明礼仪的示范窗口，教师成为文明礼仪的表率，学生成为文明礼仪行动的先锋，营造文明有序的校园文化环境。全区“合格＋特色”的学校越来越多，“基础＋特长”的学生不断涌现。花园学校成立了国学研究社，编写了《弟子规》《大学》《论语》等国学读本，让学生畅享国学“营养餐”；实验中学的名著阅读、苗山中心中学的师生共读、茶业口镇中心小学的口语交际、大王庄中学的草根作文、杨庄中心小学的绘本读写、凤城街道办中心小学的生活化作文，成为学生践行读写、修身养性的“道德经”。

《论语》经典诵读

亮点二：特色文化“亮起来”。学校文化是引领学发展的一种力量。经过多年的锻造和洗礼，莱城区校长和教师们在学校课程文化建设过程中体验着一种积极向上的行为自觉，实现了生命的自觉，构建出特色鲜明的学校文化，成为提升学校核心竞争力的阳光密码。实验小学以“实施生态教育，打造生命憩园”为核心办学理念，努力以积极进取的精神文化、科学人文的管理文化、生动丰富的课程文化、真实有效的课堂文化，构建起了以人为本的学校文化，不断增强师生对学校的认同感和归属感，提升师生对生命的价值感和幸福感，让一个个生命绽放出了属于自己的美丽与芬芳。2013 年 3 月 17 日，《中国教育报》以《生态教育，让生命如花绽放》为题对学校的做法做了专题报道；陈毅中学以“弘毅”文化为引领，加快名校发展步伐，打造了“一场三楼四园五长廊”的校园“弘毅”“文化”，形成了以“弘毅”文化引领学校发展、教师发展、学生发展、课程构建、课堂构建和评价体系建设“六位一体”的校园文化体系；吐丝口小学以“五年影响一生”为办学理念，以实施“体验教育”为途径，构建了自主体验的实战课堂文化、丰实的体验课程文化、引领学生精神成长的德育文化，以文化创特色，以品牌求发展，凝聚了办“五年影响一生”的教育正能量，夯实了立德树人的根基。2014 年 10 月 25 日至 26

日，莱城区承办了全国第六届“推动学校文化建设，打造特色名牌学校”实施战略研讨会，实验小学、陈毅中学、吐丝口小学等学校文化建设经验得到全国教育专家、学者的高度评价。

亮点三：地域文化“火起来”。莱城区是齐鲁文化的重要发祥地，是“中国生姜之乡”“中国花椒之乡”，拥有3000多年的冶炼史和2000多年的冶铁史。境内拥有世界上最古老的长城——“齐长城”遗址；春秋时期的“长勺之战”，留下了“一鼓作气”的千古佳话；解放战争时期的“莱芜战役”名载史册，形成了“崇德尚实、重工厚商”的地域文化。和庄中学自主研发了《和庄民间故事》《青石关文化课程》，青石关齐长城文化研究、青石关及和庄民俗研究、蒲松龄文化研究、青石关战争文化研究、青石关文学与文化艺术研究五个子课题，青石关文化成为学校的亮点。高庄街道办苍龙峡小学开设了以苍龙峡文化资源为主要内容的阅读探写课，从苍龙峡的历史人物、传说故事、石刻碑碣等方面，编写了融知识性、人文性、趣味性为一体的乡土教材《走进苍龙峡》和《苍龙峡先贤诗歌辑轶》。苗山中学立足长勺文化的研究，着力建设中华鼓文化研究、兵器史研究、以少胜多战例的比较研究、课本剧编演、长勺古遗址的考察与研究等长勺文化课程群，带动农村中学的深度发展。此外，茶口镇中小学的古村落文化研究、大槐树中学的中医药文化研究……成为全区地域文化亮丽风景。

全国学校文化建设现场会在莱城区召开

作为山东省“1751”改革创校工程项目区，总结三年多的行动实践和促进区域教育高位均衡发展的做法，主要取得了以下六条经验。一是转变行政职能，由管理到服务。无论是教育联盟的建立，还是“一线教研法”的推进，无论是教师支教还是教研员的跟进服务，都在记录着行政职能的转变，由过去行政命令转变为自觉主动的服务。二是注重机制建设，搭建发展平台。为学校搭建了对内对外、对上对下交流的平台，开阔了视野，锻炼了队伍，提升了素质。三是简政放权，促进自主发展。把不该管的、不该做的放权于学校，留给学校自主发展的空间。四是培植典型，辐射带动区域整体发展。由“1751”工程项目校带动区级示范校，由区级示范校带动联盟共同体学校，层层带动，合力共赢。五是加强过程诊断与调控，优化实施过程。不管是项目校，还是区级的联盟共同体学校，都是在不断地自我反思、自我诊断、自我碰撞中改进工作，推动自我发展；作为区级教育主管部站门，坚持走从理论到实践再到理论改革之路，加强过程性诊断与分析，实现了量变到质变的飞跃。六是强化专业引领，推动科学发展。专家破题、规划驱动，坚持高端引领，由点到面，让学校系统规划，促进每所学校高质高效发展。当然，在深入推进“1751”改革创新工程上，需要给学校更多的机会、更高的平台，以专业引领，区域推进教育高位均衡发展。

第六章　德州市齐河县在协同共进中书写不一样的精彩

【导读】机遇千载难逢，机不可失！齐河县教育局认为："1751"工程是提高县域教育整体水平的重大决策，是齐河教育实现跨越发展的难得历史机遇。市县领导高度重视省"1751"改革创新工程，召开专题动员大会，设置由县教育局局长亲自挂帅的"1751"工程齐河县执行中心，各项目学校相应成立了"1751"工程执行工作小组，设置县、乡镇、校三级工程执行机构，明确各责任主体的工作任务和质量要求，跟进工程项目学校设立了齐河县"3420"工程实施方案，跟进了县域内开展的历次"1751"工程专家现场指导和片区联盟研讨动活动，成立了县域教育专家团队，制定了《齐河县"3420"工程实施方案》等一系列方案和文件，充分借力"1751"工程搭建起来的学校发展资源平台，发挥工程项目学校辐射带动，发掘县域学校间协同共进的力量，扎扎实实地促进了县域教育内涵发展和均衡发展。

古老的黄河奔腾不息，夜以继日缔造着新的奇迹。在母亲河下游左岸的齐河县，秉承着黄河精神的齐河儿女，在推进教育事业发展的征途上，以勤奋扎实、拼搏争先的姿态，用汗水和智慧谱写出一支改革创新的雄浑交响乐。

一、抢抓机遇，借力借势

老子说："天下难事，必做于易；天下大事，必做于细。"2011 年，山东省教育厅启动的普通中小学"1751"改革创新工程，便是一件惠民于全省教育教研的“大事”，齐河县有幸被推选为项目县，这是齐河县63万人的一件“喜事”。

齐河县地处德州市最南端，人杰地灵，钟灵毓秀。在春秋时，是齐国名相晏婴的封地(故县城驻地谓之曰“晏城”)，与省会济南隔黄河相望，辖13个乡镇、2个街道，1个省级经济开发区，1个省级旅游度假区，1个高新技术开发区，总人口63万，总面积1411平方公里。全县有教职工5964人，学校143处，在校生68251人，为德州市经济和教育发展的先进县。自实行新课程标改革以来，随着全县经济社会的快速发展，教育事业也有了长足的进步。但是教育工作在与全县经济社会的匹配性、贡献率上，还有着不小的差距，远远不能满足人民群众对优质教育日益增长的需求。由于投入不足、挖潜不够等历史因素，原有的底子薄、基础差等痼疾日显其弊；办学条件与省内发达地区差距的日益加大、教师队伍建设的严重滞后，更造成教师数量不足、素质不强、结构不合理，与实施素质教育、提升教育质量的愿景相去甚远；长期以来应试教育的惯性思维所造成的教职工缺乏素质教育理念、育人方法单一、课堂效率低下，学校发展停滞不前的沉疴积习难革……如何引领学校走更宽更广、科研治校的内涵发展之路，让齐河的孩子享受优质、优惠的教育，破解素质教育发展中的一系列难题，成为摆在教育主管部门面前的一大难题。

“难”，功成于“细”。机遇总是赋予那些渴望机遇并抓住机遇的人。

山东省“1751”改革创新工程旨在改变惯有的上级对下级的行政检查方式，以专家团队深入学校长期、持续的跟进指导方式，与项目学校面对面研讨、破解制约学校发展的瓶颈。专家以不批评、不(向省教育厅)反映、(省教育厅)不追究的“三不”原则，让广大教育工作者放下包袱，大胆进行改革创新；省“1751”改革创新工程蕴含的“协作发展，共享共赢；开放办学，形成合力；以人为本，夯实根基；完善课程，以点带面；依法办学，强调规范；丰富内涵，抓住根本”的教育理念，让校长和老师进一步明确教育改革创新的方向和目标，为学校走上“规范办学、尊重规律、依靠科学、改革创新、自主发展”的道路指明了方向。省

"1751"改革创新工程的推进方式，让齐河看到了县域教育发展的曙光。工程采取的"持续跟进，专家拉动发展；打造样板，典型带动发展；激发潜能，学校主动发展"的推进方式，为齐河教育的创新发展注入了兴奋剂和强心剂。

2011 年 3 月，齐河县召开专题动员会议，对改革创新工程进行了全面的动员部署。为确保工程的顺利实施，成立了以县教育局局长付永坡为组长，分管副局长窦绪明为副组长的工程领导小组，下设省"1751"改革创新工程齐河执行中心。各项目学校相应成立了"1751"工程执行工作小组，制定工作职责，实现层层有机构，步步有措施；对各项目标任务加以分解细化，明确教育局相关科室、项目学校和责任领导等责任主体的目标任务、时间进度和质量要求；制定下发《考评办法》，明确了考评范围、内容、程序，并将各单位改革创新工程的进展情况纳入全县教育综合督导评估内容……

二、整体推进，"一"以贯之

任何一项教育重大决策的实施，都是一项复杂而具体的战略部署，除了思想上的高度重视，还必须是行动上的缜密落实。齐河县教育局可以说既做到了"工于心"，又"做于细"：

(一)整体把握，贯穿"一条线"

为确保"1751"工程的有效实施，齐河县教育局先后出台《山东省"1751"工程齐河执行工作方案》《齐河县"3420"工程实施方案》等相关文件，制定了《工程学校评估细则》，依据方案和细则进行过程性评价。实行定期汇报交流制度，学期初、中、末，适时召开不同层次的调度会、座谈会，对发现的问题及时反馈，及时匡正；充分发挥教研室、普教科等科室的专业指导和行政干预作用，全程参与项目学校的调研、诊断、规划制定、跟进指导等工作。及时与省课程研究中心专家联系，在第一时间内得到需求专家的指导与引领，确保方案正确、预案可行、操作无偏差；创建《山东省“1751”工程——齐河工作简报》、执行中心博客，总结推广改革成果，及时刊发经验做法，并积极向省有关媒体推介，呈现了全县一体、上下一心、轰轰烈烈又扎扎实实的良好态势。

(二)实施“3420”改革创新工程，全县“一盘棋”

立足脚下，结合本县实际，有效借力，做足做好“结合”文章。经过细致的调研、运判，启动全县中小学“3420”改革创新工程：即在全面推进3所省项目学校改革创新的基础上，分三年依次跟进4所、10所、10所中小学，力争用五年的时间，让省级项目学校带动县级项目学校，县级项目学校带动镇级项目学校，充分发挥优质学校的“酵母作用”，并使其产生“蝴蝶效应”，在全县打造一批改革创新型学校，培养一批改革创新型校长、教师。为此，在工作中采取了“县域纵横联合，镇域整体推进”的双层多向发力的推进模式。

1.“纵”，即纵向探索改革创新型人才培养模式

在省课程研究中心专家的帮助指导下，由县指导团队、镇指导团队、校内骨干团队组成三级工作梯队，在理论和实践两个层面上重点培养本土改革创新型团队。在以下几方面有所突破、提升：

(1)专业培训提境界

为提升县、镇、校三级专家团队的专业水平，更新理念，先后多次邀请省课程研究中心专家、齐鲁名师名校长来齐河举办专家会诊、研讨报告会、校长论坛、班主任和骨干教师培训班，拓宽了视野，明晰了方向。

(2)活动研讨促提高

把所有省“1751”改革创新工程工作会议、现场研讨会及各学段、片区活动，都作为全县培养人才的契机，有针对性地组织局机关、各学校相关人员积极参加；组织相关人员到济南、潍坊等地学习考察。每次活动结束后，均通过召开座谈会、举办专题论坛等形式，对照先进，找出差距，制定改进措施，及时跟进，即时纠偏。同时把整个活动的感悟、体会编辑成《学习与思考》，印发给各工程学校以供学习借鉴；各项目学校组织干部、教师进行不同形式的二次研讨，把学习收获及时用于工作实践。胡官屯镇实验小学把日照新营小学的“1 加 1、1 选 1 和 1 展 1”等先进做法，引入校本课程的开发、实施和评价；华店乡蓝天小学借鉴日照新营小学把大课间活动丰富起来。

(3)跟进指导共成长

每学期，教育局都组织团队对项目学校至少进行两次跟进指导。在指导交流工作中，专家组成员互相学习、共同提高，有效提高了县、镇、校三级团队的整体素质。

2.“横”，即横向构建教育联盟暨教学共同体活动推进模式

通过构建校际联盟，最大限度的实现学校之间的资源共享，打造一批改革创新样板学校，全面提高县域教育整体水平。

(1)组建共同体，搭建学校交流平台

结合本县实际，在《齐河县“3420”工程学校发展共同体实施意见》的基础上，制定《中小学教学共同体联谊学校工作方案》《教师专业发展年实施方案》，本着自愿、合作、互助的原则，组建齐河县中小学教学共同体。共同体由省项目学校和县直优秀学校(含民办)与县直薄弱学校和乡镇学校组成：高中阶段设 1 个校际联盟(齐河一中、实验中学)；14 所初中学校设 5 个校际联盟(齐河三中、齐河四中、齐河五中、鼎新中学、文玉外国语学校作为引领学校分别与其他 9 所学校组成)；小学段设 4 个校际联盟(由县直第一、二、三、四实验小学作为引领学校与其他 15 个乡镇组成)。每一个共同体都制定一年的活动安排，由教研员督促和联系，保证各项活动如期举办。借鉴省现场会和片区活动经验，定期举办现场会和共同体活动，通过校际之间的特色课堂展示、同课异构、学校管理研讨等形式，明确帮扶学校的职责和任务，经常性、有计划性地开展送课送教活动，组织召开干部与干部之间，班主任、教研组长和老师之间的等向交流互动，共同研究分析阻碍学校发展的疑难问题和解决办法，提高潜力学校的办学水平，进一步缩小学校之间的差距，促进基础教育的均衡发展。同时，通过潜力学校与引领学校的互动，激活各校的内部管理机制，优化教育资源配置，提高教师的专业水平，实现了整体提高、双赢互惠。

校际联盟启动仪式

(2)镇域整体推进

在“3420”工程县项目学校的遴选中，按照每乡镇至少一处的原则，分三批选入，为每个乡镇打造一所样板学校，带动镇域教育水平的整体提高，鼓励各乡镇(街道)教育办公室立足实际跟进工程，积极探索镇域整体推进路子，镇域教育改革创新也如火如荼的开展起来。祝阿镇鼓励校长和教师勇敢地拿起“三把斧头”：砸开禁锢头脑的枷锁，解放思想、大胆作为；砸开校门的铁锁，让家长走进学校，让学生走出课堂；砸开功能室的铁锁，让学生随时可接触到计算机、图书和仪器。该镇确定了“重点打造，典型引路”的镇域教育改革创新思路，在重点打造黄河小学、实现率先发展的同时，充分发挥黄河小学的辐射带动作用，先后涌现出了镇中心小学、房台小学等一批立意新颖、主题鲜明、氛围浓厚的特色学校。该镇中心小学借助学校周边地理环境优势，确定了“绿色经典孕育健康人生”的办学理念，村委会无偿划拨土地作为学校综合实践活动基地，实现了特色建设与开展综合实践活动的有机统一。该校李传华老师主持的《农村小学综合实践活动的探究》，得到了省课程研究中心专家的高度赞誉；学校的“西瓜栽培”“绣球灯舞”两个课题已被列为国家级研究课题，校长刘胜军在省素质教育论坛上做了名为《综合实践活动教学在农村大有天地》的典型发言。

三、四线切入，做好改革文章

科研如攻坚，攻坚莫畏难。每个新的课题的破解，都是攻城略地的运筹帷幄、所向披靡。齐河县教育局把“1751”当作一场生死攸关的“大战役”来打，为了确保这场战役的胜利，把各学校不同程度存在的课程建设、课堂改革、队伍建设、管理创新 4 个共性问题作为进攻的重点，集中攻坚，全力突破，着力破解制约学校改革发展的难题，做足做好改革文章。

(一)从文化引领入手，做好管理文章

办学理念是学校用于指导教育教学行为与管理经营活动的最高价值标准，是学校一切行为的起点和归宿。调研发现，全县大部分学校都存在着办学理念不清晰、管理制度不完善以及由此造成的办学行为不规范、管理效能偏低等问题。一致认为适合学生的教育才是最好的教育，适合学校个性发展的道路才是最好的道路。省“1751”改革创新工程就是帮助项目学校找到适合自己发展的道路，从而激发学校自我发展的活力，走出一条创新之路。

在前期诊断的基础上，各项目学校分别确立了自己的核心办学理念、制定了发展规划，从不同的方面完善创新管理制度，开始向现代学校制度迈进。齐河一中针对前期诊断中发现的突出问题，在“以爱为本，以和为美”办学理念的统领下，推行全员育人导师制，激发起学生自我成长的力量；把原来的年级负责制改为“一级三部”制，形成了级部内合作竞争的格局；全面推行中层干部竞聘上岗，激活了用人机制，调动起教职工的积极性和主动性；齐河三中在省专家的指导下，借鉴华北师范大学周洪宇教授的“阳光教育”理论，确立了“阳光·卓越”办学理念：面向全体学生成长的整个过程，融德于智、德智一体、德智互动，教师和家长用爱润心、心怀阳光、给人阳光，最终目的就是要使学生成为卓尔超群、富有个性的优秀学子。学校运用理论支持，将理论进行全方面的

细化，充分发挥优秀传统文化的引领作用，在管理中融入“己欲立而立人，己欲达而达人”的思想，重新认识“阳光·卓越”的办学理念，有效地解决了“文化不落地”的难题，使“立人立己，达人达己”成为学校阳光教育的核心；焦庙实验小学结合省专家的诊断评价和学校实际，提出了“和谐校园，仁爱一生”的办学理念，打造“爱人”“爱家乡”“爱国家”“爱科学”的校园文化，营造了“仁和”的育人氛围；宣章屯镇中学小学校长李元海进行了“家校合作”探究，采用以自然村为单位的“村级预习互助小组”，家长轮流接送、辅导学生，不仅解决了留守儿童无人看管问题，也促进了家校教育联手，密切了家庭与家庭间的沟通。家校的和谐对学生人格的培养起到了积极的作用，“家校合作”得到了学生、家长和社会的广泛认可，其带来的正能量不可低估。

(二)从课程开发切入，做好课程体系建设文章

针对工程实施前，齐河县学校存在的课程方案落实不到位，课程建设缺少规划与理论指导，校本课程开发科学性欠缺等问题，我们在全面落实国家课程方案和山东省课程设置的有关要求的基础上，结合不同学段学生的发展需求，在课程建设上，指导学校建构课程体系，实现课程的校本化；支持学校以课程为载体形成特色，以学校为本打造品牌，实现自我超越与发展。工程实施以来，采取省项目学校学习省指导学校，县项目学校学习省项目学校，校际联盟带动、共同体互促的做法，全县各中小学校本课程开发从无到有，从有到精，课程体系日趋完善。焦庙镇实验小学学习日照新营小学的做法，模仿开发了18门校本课程，并实施了“快乐星期三”大走班。经过一年的实践，学校开始立足农村实际，深挖地方资源，收集“两河(黄河、齐河)文化”资料达20多万字，“农耕文化”资料10余万字，搜集濒临失传的农具上百件，着手开发“两河文化”和“农耕文化”课程，逐步建立适合农村学校发展的课程体系。第四实验小学多年坚持开展诗文诵读活动，加入工程后，开发了《畅游经典》校本课程，全校师生参与实施，编印《诗心飞扬》3册，包含学生优秀诗歌作品360件；一年级师生开发了《诵读识字》课程，实施仅三个月时间，生均识字量由原来80字提高到700字；成立了京剧、陶海拾贝、围棋等20个社团，每周三下午集中活动一小时，成为学校一道亮丽的风景。

（三）从课堂构建切入，做好高效课堂文章

在高效课堂研究指导上，学校充分发挥教研室的作用，所有教研员都参与到改革创新工程中，引导各学校在“目标教学”的基础上，培育本校教师的课堂特色，打造富有个性、高效灵动的课堂教学；注重发挥校际联盟和学段共同体的名师引领作用，通过送课下乡、磨课、网络教研等形式，提升农村学校和薄弱学科的课堂教学水平。工程实施以来，项目学校教学研究和合作交流意识明显增强，课题引领教学改革成效显著，学生个性和特长得到关注，教学质量大幅提升。齐河三中以打造阳光课堂为目标，摸索出了课堂教学的三种理念，三个原则，四阶段八环节，简称“三三四”数字化高效课堂教学模式。在这一模式基础上，学校各教研组根据学科特点，总结推广了一些适合本学科的多元化高效课堂教学模式，逐步实现一科一模、一人一模，如双课时读写式、学案导学式、实验互动式、师生互评式等，增效减负效果显著。今年《山东教育》中学刊第3期以《彩虹持练当空舞》为题，报道了该校深化课堂教学改革的做法。齐河四中在“求真、向善、唯美”办学理念的引领下，不断推进“357”高效课堂教学模式，同时组建了网络教学班、数字化实验室，创新电子备课使用和管理办法，用现代化教学手段辅助提高课堂教学效率。各学校课改的火炬为教师打造个性课堂照亮了道路，一大批锐意课堂革新的教师涌现出来，第二实验小学任丽娜老师的情境教学、第四实验小学闫彬老师的单元整体教学、晏城街道河李小学任秀红老师的评语教学法等，都独具特色，尽显课堂魅力。《德州日报》《山东教育报》《中国教育报》等先后介绍了齐河县的教科研工作。2014年3月，山东省教育科研年度工作会议暨县域教育科研现场会在齐河县召开，省市县领导及各地市教科所负责同志参加了会议，并给予了高度评价。

（四）从队伍建设切入，做好教师专业成长文章

干部教师队伍的素质，决定了改革创新工程的成败。项目学校诊断调研信息显示，教师的专业化水平偏低，具体表现在：部分教师专业发展意识比较淡薄，对自身专业发展需求不清；专业知识不够完备，通用知识、教育科学知识等相对不足；学科能力、课程开发能力、教学管理能力、教育教学研究能力、学生发展指导能力等普遍欠缺。针对以上问题，齐河县教育局加强了制度建设，不断健全促进教师专业发展的学校管理机制；充分发挥名师、骨干教师引领带动作用；启动师德生成名师工程，对不同类别的教师制定不同的发展目标和评价标准，实行梯次培养，有针对性地促进教师专业成长。

1. 加强名师、名校长培养，提升队伍素质

出台了《齐河县名师、名校长选拔培养管理办法》，探索建立长效机制。在名师培养上，依托“十百千”工程，从千名骨干教师中选出百佳教师，再从百佳教师中选出35名教师，设立专项培训经费，利用寒暑假到山东师大、华东师大等高校进行有针对性的培训，通过3年的重点培养，打造在全市乃至全省有一定影响力的名师，初步形成了我县阶梯式、动态化的名师培养模式。齐河一中实施了名师工程，计划利用10年时间，培养100名校内名师。通过建立名师成长档案、鼓励教师开展教育叙事研究、广借外力提升业务水平等手段，消除职业倦怠，激发成长热情。焦庙镇实验小学建立了名师带动工程，实施《教师捆绑式考核办法》。赵官镇中学制定了《名师培养工程实施细则》，扎实开展“四个一”活动，即教师每学期读一本教育专著、每月观看一次名师讲堂、每周写一篇教学反思、每天写一篇教学日记。开展了教师专业化成长周活动，每周确定一个主题，选取2～3位骨干教师根据主题做报告，分享业务成长经验。各项目学校自发地开通了博客，校长、教师自觉结成了内部小联盟，建立起自己的QQ群，相互促进，共同成长。

在名校长的培养问题上，建立完善了学校后备干部培养机制，形成学校领导班子老中青梯次分布的良好态势，通过传帮带、压担子等措施，促进年轻干部快速成长；探索优秀校长培训机制，每年在全县遴选10名优秀校长进行重点培养，采取提高培训、挂职锻炼等形式，促其观念更新、管理创新。

2.“教师专业发展年”活动有声有色

各项目学校都立足校情，丰富载体，活化形式，加快教师专业成长步伐。为打造高素质的教师队伍，县教育局将这一学年定为“齐河县教师专业发展年”，聚焦课程标准、教材、青年教师培养和高效课堂模式构建，反复征求意见，制定活动方案，开展了丰富多彩的教学教研活动，构建了教师专业化成长机制，开展了各种专项活动。既求真务实，又开拓创新：第一小学的教师自我成长三年规划、潘店的基于课堂实录的评课和当堂测评教学效果、焦庙实验小学的课标微论坛活动、晏城街道的部分骨干教师建立教育博客研讨课标教材问题、第四小学的在理论学习过程中总结的“读、研、写、评”四步法等都因校制宜，各展其长。广大教师在活动中得到了锻炼，在积极参与中获得了提高。

3. 学科基地，携手并行

为发挥龙头学校、特色学校骨干教师的作用，整合全县的学科教学研究力量，形成群体优势、规模优势，提高广大教师的教学水平和整体竞争能力，在各单位申报的基础上，经过局党组集体研究，参考各单位的学科力量与教学成绩，根据全县学校布局和教学实际，确定 12 所教研力量相对较强、教学质量相对较高的学校作为齐河县义务教育学段学科教研基地。基地由全县学科基地工作指导委员会统一领导，下设学科基地工作领导小组和各学科基地专家组两级组织。学科基地工作领导小组设组长 1 名，由基地学校校长担任；副组长 1 名，由县教研室学科教研员担任；成员若干名，由学科基地专家组成员担任，具体负责本学科基地的常规运作，协调各项业务管理，组织学科基地专家进行高层次的业务进修与学习，促进本学科基地的学科专业发展。通过各种渠道对相关学校进行有效辐射和指导，提高本学科教学效率和应考水平；学科基地专家由教研员和优秀骨干教师组成，具体负责本学科新课程各年级教学和评价等方面的研究，提出具体的学科教学和评价的指导意见，组织全县的学科教学研讨活动，进行学科教师业务培训，负责每年全县初中毕业班调研考试、小学高年级学情调查的命题、审题及质量分析等工作。

教育局每年划拨专款 50 万元用于资助开展学科基地教研活动(其中 10％资金用于奖励有突出贡献的学科团队及学科教研员)。初中学科基地建设划拨经费36万元，小学学科基地建设划拨经费14万元，每学年末，县教育局组织专人对学科基地活动情况进行综合考评，通过查阅档案资料、召开教师座谈会等形式，对各教研基地工作情况作出初步评估，及时召开总结会议，交流基地建设经验，提出改进意见，研讨学科发展问题。实施动态管理，每学年教育局根据评估结果，结合基地学校和基层教师意见，对学科教研基地的安排进行适当调整。

学科基地建设已成为德州市教科研建设的一大亮点，得到了上级主管部门的高度认可和基层学校的热烈欢迎。

4. 研修有效，学习有果

通过走出去、请进来组织教育干部、教师、班主任等交流学习、培训等活动，达700多人次。2004年8月10日—17日组织全县名师培养人、语数外学科教研员等共45人前往北师大进行研修学习，从课堂教学、新课程改革到专业发展、教育科研以及新时期教师职业道德、中学生心理健康辅导等，进行了为期一周的学习培训、讨论交流，更新了教育理念，开阔了工作思路。开学后所有名师培养人都要执教一节示范课，落实和传达学习效果，使资源利用最大化，把理论转化到教育教学实践中去。

5. 推进城乡交流

把有农村学校任教经历作为城区学校教师职称评定的必要条件，调动起城区优质师资向农村学校流动的积极性，仅2012年就有211名干部教师参加了城乡交流，8所学校结为“手拉手”合作交流学校，初步实现了“城乡交流、均衡共进”的目标。

四、加大教育投入，做好学校发展文章

1. 校舍建设标准化

根据《齐河县义务教育学校校舍标准化建设实施方案》的文件精神(齐政发〔2013〕63号)，全县计划投资2.1亿元，新建校舍12.6万平方

米，加快每个乡镇(街道)规划建设一处标准的省级标准规范化中心小学的进度。教育局给齐河三中投资800余万元的学生宿舍楼2013年年底已经投入使用。2014年年初又投资500多万元给齐河三中修建了学生餐厅和阶梯教室。

2. 信息化建设共享化

充分利用全县教育信息网，积极搭建网络教研平台，广大教师参与资源共建共享，上传教案26253节，集体教案246节，学校共享教案22498节，区县共享教案18495节；建设了录播平台，实现了“空中送课”“网络送课”。

3. 提高教师待遇

2012年12月起，县财政每月拿出50余万元为农村教师增发交通补助金；班主任费提高了标准，并且由县财政统筹；原拖欠的995名中、高级教师职称工资分三年兑现，现已兑现完毕，彻底解决了职称遗留问题，激发了广大教职工的工作积极性。

2013年4月11～12日，春和景明。山东省普通中小学“1751”改革创新工程工作会议暨现场经验流会在齐河召开。省课程研究中心专家、各市地教科研负责人和全省指导学校、项目学校的领导、教师五百余人

张志勇厅长在学校参观科技创新作品

共赴盛会，可谓人才济济，盛况空前。与会人员分两组观摩了齐河三中、齐河一中、齐河县焦庙镇实验小学等学校。张志勇副厅长全程观摩了中学组，对齐河三中的科技创新、黑陶制作、京剧等校本课程的开设给予了高度评价，他总结提炼出的“战略机遇意识、组织保障机制”等“齐河经验七条”，高屋建瓴，切中肯綮；所做的《寻找走向卓越的学校自主变革之路——建设“身边的优质学校”》专题报告，翔实地阐述了实施“1751”改革创新工程的重要意义、理论基础，为深入推进全省普通中小学“1751”改革创新工程指明了方向……

“1751”改革创新工程的实施，让齐河县的教育呈现了鲜活的生命力，也结出了丰硕的成果：齐河县先后荣获全国教育督导先进集体、全省教科研工作先进集体等称号，2012 年、2013 年连续两年获德州市综合督导第一名，省项目学校齐河三中被评为全国教育系统先进集体；陈爱峰校长荣获全国优秀教育工作者称号，胡官实验小学李鹏老师荣获全国优秀教师称号；张景文、徐茂顺校长荣获省特级教师、德州市有突出贡献的中青年专家荣誉称号，王莹莹、杜祥军老师分获山东省优秀教师、山东省优秀教育工作者称号；已有 27 项课题列为省级重点课题；仅 2013 年 8 月至今，就有 19 位教师参加省级优质课评选并获奖。

“1751”改革创新工程已在齐河这片古老而年轻的土地上结出了丰硕的成果，每一项成绩的取得，都离不开齐河县教育工作者勇超自我、不懈努力的攀登，也是“1751”改革创新工程在齐河这片富饶美丽的大地上不断发芽、开花、结果的过程。

教育无捷径，科研无尽头。对每一项新的课题的探索、研究都是不断否定旧我、诞生新我的“涅槃”。齐河教育定会在“1751”改革创新工程的大成就和大喜悦里，兼收并蓄，取长补短，重新上路，加快前行的步伐，在共同前行中书写不一样的精彩！

下　篇

学校发展典型经验

伴随学校改进的不断深入，学校发展日趋个性化，这正是学校寻求特色发展的潜质所在。“1751”工程适应学校个性化发展需求，积极倡导每一所项目学校要通过诊断明确学校发展优势与存在的主要问题，研究学校发展空间和主要生长点，通过制定学校发展规划，确立学校发展定位与目标、路径与措施，持续促进学校走改革创新、自主发展之路。“1751”工程重视学校通过发掘和整合自身内生力量，在学校内在“发展性”指标有创新，在内涵发展上有突破，关注学校在一定时期发展的速度和提升的幅度。为了使各工程学校对“发展性”指标有一个较为清晰的认识，我们在“1751”工程方案中提出了促进学校自主变革的七大发展性指标，包括学校文化、课程建设、教学改革、教师专业发展、学生自主成长等，建立起了三级指标体系。在推进过程中还分别针对一级指标的推进工作制定了实施指导方案，如《关于推进山东省普通中小学“1751”改革创新工程项目学校文化建设的指导意见》《关于推进山东省普通中小学“1751”改革创新工程项目学校文化建设的指导意见》……历经三年多的推进工作，各学校分别在上述一级指标上涌现出一批典型经验，特色学校建设成效显著，综合办学水平也得到了快速提升。为此，本篇通过五章从五个维度来介绍学校典型经验。

第八章　学校文化建设

“学校文化是一所学校综合素质的体现，正确的办学思想、先进的办学理念是学校文化的灵魂。学校是文化的场所，学校是和人打交道的，是思想和思想的交流，是情感和情感的沟通，是生命和生命的对话[①]。”“文化”一词最早见于西汉·刘向《说苑·指武》，“圣人之治天下也，先文德而后武力。凡武之兴，为不服也。文化不改，然后加诛。”这里讲了圣人治理天下的方法，先“文德”，而后“武力”。“文化”的本义就是“以文教化”，其中“文”是治理的基础和工具，“教化”是治理的重点，它表示对人性情的陶冶，文德的化育，属于精神领域范畴。随着时间的推移，文化成为一个非常广泛的社会和历史现象，文化如同生活中不可或缺的空气一样存在于社会之中。“文化是民族的血脉，是人民的精神家园。”[②]文化是存在社会中的一切知识、信仰、法律、道德、习俗、行为乃至人工制品形成的整体，是一个国家存续的命脉。学校是传播文化、培育人才的场所，是社会中一个有目的、有计划、相对独立的教育组织，学校的教育活动就是教师与学生乃至一切有关对学生教育的文化活动。

“学校文化是指在一个学校内，经过长期发展历史积淀而形成的，以校内师生为主体创造并形成共识的价值观念、办学思想、群体意识、行为规范等构成的价值观体系，是一个学校精神与氛围的集中体现。”[③]学校文化是指学校以社会文化为背景，在长期办学实践中创造积淀出来

---

① 袁振国：《校长的文化使命》，载《素质教育大参考》，2004(1)。

② 《中共中央关于深化文化体制改革推动社会主义文化大发展大繁荣若干重大问题的决定》。

③ 陶西平：《培育学校良好的教育生态》，载《中国教育报》，2006-06-20。

的具有独特凝聚力，并为所在社会及其学校成员所共同认可和遵循的共同价值观、行为规范准则、制度规范要求、学习生活方式、物化环境风貌等因素所构成的核心价值观念体系的总和。学校文化主宰着学校每个成员的认知与言行，在潜移默化中影响着每一个成员的思维与行动。学校文化是一所学校生命力、凝聚力、驱动力及核心竞争力的源泉，是精神性的引导力量。学校文化简言之，就是一所学校的风范与学校精神。创新学校文化，是打造学校学习共同体、生命共同体的必由之路。

2011 年 3 月山东省启动了普通中小学“1751”改革创新工程(以下简称“1751”工程)，三年以来，项目学校以学校文化创新为突破口，确立核心理念体系，完善管理制度，创新行为方式，优化文化环境，努力打造学校自主发展的精神高地，步入了内涵发展、科学发展的快车道，一批理念先进、管理科学、改革劲头足、创新意识强的示范性学校应运而生。文化创新引领了学校前进的方向，激发了学校的内生活力和不竭动力，推动了学校的各项变革与全面发展，改变了师生的生命状态和学校的面貌。

一、文化创新，学校发展方式的战略选择

(一)转变观念，唤醒文化创新情怀

自 2001 年国家启动新课程改革以来，山东省将学校文化建设列入了发展议程，由最初追求规模与效益的扩张，逐步转向了走质量提升与内涵发展的道路，呈现出新的发展生机，取得了很好的成效。但从全省教育情况来看，发展还很不平衡，东西部之间、城乡之间、学校与学校之间差距较大。农村学校特别是是欠发达地区的学校，文化基础相对薄弱，封闭的师生文化、不和谐的发展环境，以及校长的文化意识、管理水平等都影响和制约了学校文化的建设，不少学校还处于文化的虚无状态，以致长期在低层次的办学困惑中徘徊不前。基础教育如何以科学发展观为指导，解放思想，统筹规划，着眼于教育发展的薄弱环节，切实

解决欠发达地区学校专业指导缺乏，改革动力不足、创新能力不够等问题，实现教育价值观的全面性回归和教育实践行为的根本性转变，促进全省基础教育的均衡、健康、持续发展，探索和创建新型学校教育发展方式，成为深化山东省基础教育改革的必然选择。2011年，省教育厅决定在全省普通中小学实施“1751”改革创新工程，通过专业引领，联盟共建，激活学校发展愿望和内生的改革力量，推进普通中小学走改革创新、自主发展之路。

《国家中长期教育改革和发展规划纲要(2010—2020年)》指出：“坚持德育为先、立德树人，把社会主义核心价值体系融入国民教育全过程。①”强调了社会主义核心价值观贯穿于中小学教育全过程的重要性，指出了学校核心价值观在学校发展中方向引领的重要作用。《山东省中长期教育改革和发展规划纲要(2011—2020年)》指出：“把社会主义核心价值体系融入国民教育全过程，构建大中小学有效衔接的德育体系。”“加强校风、教风、学风建设，形成积极向上、充满活力的齐鲁校园文化。”进一步明确了学校文化建设的方向和主要目标。

学校文化的经典式阐释是“学校内有关教学及其他一切活动的价值观念及行为形态。②”考察一所学校的办学思想、教育理念，首先审视的是学校的教育价值观、人才观，即办什么样的学校，培养什么样的人才，以及如何培养人才的问题。当前正在进行的新课程改革，就是要打破旧有学校文化的保守、落后、沉寂状态，促使学校对自身文化进行全面的反思、检讨与审视，自觉担当起学校文化创新的历史使命。

课程改革是一项深层次、整体性、全方位的改革，它要求彻底打破原有的课程架构和运作方式，重新确立新的价值取向和课程观念，从而改变教师的教学方式、学生的学习方式以及学校的日常教育模式；改变教师和学生的工作与学习状态、生命状态，促进学校文化的全面改造与转型，创建适应素质教育需要的学校文化环境。

---

① 引自《国家中长期教育改革和发展规划纲要(2010—2020年)》。

② 顾明远：《教育大辞典》，第6卷，426页，上海，上海教育出版社，1992。

(二)诊断先行，客观认识发展现状

实施"1751"工程，首先对项目学校要有一个全面客观的认识，需要进行基于专业的诊断。专业诊断是对学校的办学方向、管理制度、课程文化、教师专业发展、学生素质、办学质量等进行价值性的评价与认定，也是总结经验、查找问题、制定发展规划的必要环节；专业诊断如同看病查体，科学诊断、找准病根、把好命脉，才能对症治病。

省基础教育课程研究中心制定了《学校专业诊断的实施方案》，制作了涉及校长、教师、学生、家长等人员的专业诊断工具，组建了省内知名教育专家、教育科研人员以及"齐鲁名校长"代表等人员组成的专业诊断队伍，进行了详细研讨和实地专业培训，获得了专业诊断的第一手资料。专业诊断与鉴定性、等级性评估有着性质的不同，得到了校长、师生、家长的大力支持和发自内心的欢迎。在项目学校自查的基础上，组织专家组分五个片区，对所有项目学校进行了系统诊断。

通过听取汇报、访谈、巡视、听课、查阅资料、反馈等，省基础教育课程研究中心摸清了学校发展现状，拟定了较为客观的、针对性强的诊断报告，及各学段的精神文化、管理制度、发展环境单项诊断报告，对学校文化建设现状有了全面的了解和总体把握。

(三)系统分析，正视学校制约瓶颈

诊断为每处项目学校提供了大量客观真实的数据与资料，专家组对学校办学基础与现状、发展优势与不足、面临机遇与挑战、发展重点与策略等，进行了认真的研究分析，在充分肯定总结文化建设经验的同时，发现了学校面临的困境与存在问题。

1. 透视问题之一：价值追求趋于狭隘化、功利化

部分学校未确立核心办学理念，未建立起由核心教育价值观引领的办学理念体系，学校的办学目标与育人目标不明确，"唯考是教""唯分是依"的现象严重存在，教育思想及管理理念还没有真正转到"育人为本"的轨道上来，存在教育价值判断、教育理性认识的扭曲与错位。

对A校诊断证明，学校办学思想不够明确，发展思路不够清晰，办学定位不高，"三高、一流"的办学目标太笼统、空泛，具体要求模

糊，办学理念未形成体系。班子成员的视野还不够开阔，还未从传统办学观念的束缚下解放出来；办学方向、培养目标的局限性强、指向偏窄，影响并制约着学校向更高层次的发展。师生尚未达成共同发展的愿景，学校特色发展迹象尚不明显。

个别学校教育理念与现实脱节，先进的理念文化背后，是地道的"唯智"主义的文化倾向，违背了学校育人场所的基本定位和素质教育的原则要求。这种对文化建设急功近利、盲目跟风炒作的作为，势必会偏离学校工作的实际和发展的大方向，造成学校办学理念的狭隘性和教育理念认知上的混乱，影响到学校核心价值观的确定和社会主流文化的厘定。调研显示，多数校长还注重于常规性、行政化管理，没有把学校发展上升到文化统领、理念引领的高度来思考与规划。

B学校的校长对学校非常熟悉，在全员育人导师制、课堂教学改革方面进行了一些可贵的探索。但校长的教育理念和办学思路未能在教师的教育教学实践中呈现。在教师访谈中发现，教师对学校的核心理念和价值观，也包括很多制度不太了解，也就谈不上认同。课堂教学围绕着考试展开，听课时发现，教师用对答案的方式处理一张试卷，基本上是紧跟考试满堂灌；教师虽然教材内容纯熟，考试技能精到，但教学效率低下、事倍功半，致使师生长期在题海里拼搏、在"白加黑"里度日，教育教学质量却一直在低层次的"应试"状态中徘徊、滞留、挣扎。

2. 透视问题之二：文化内容呈现浅表化、雷同化

有的满足于打造表面性文化，缺乏内涵性、深层次的思考凝练与理性阐释，办学理念体系还体现于干巴巴、孤零零的几段文字，尚未融入师生教与学的行为之中；有的缺少文化生成性过程和原创性内容，不能呈现学校的历史积淀与个性特色；也有拿来主义、简单拼凑用以充当门面的现象。在对学校的调研中，不少学校的师生对办学目标、校风、校训等办学理念不甚了解，以致有的校级干部也不知所以然。有文化之表象，无学校之灵魂。

文化是一种独特的生活方式及行为过程。独特的历史文化、地域环境、师资现状、生源构成等赋予学校独特的个性选择。独特性的精心打造、极致发挥，就会形成彰显个性的办学特色，创建自己的教育品牌，增强学校的竞争力。学校不能割断历史，学校文化要在历史发展、文化的传承中不断创新，才能彰显出文化的生命力。

C学校作为一所百年老校，其历史文化积淀开发和研究着力太少，从材料和交谈来看，有关“××”阶段、“××”阶段的介绍过于单薄，几个阶段的延续过渡、办学理念的传承如何，杰出校长、知名校友的思想与成就怎样，很少能够让人看到。按一般情况，百年老校，应有十分丰厚的文化积淀和思想内涵，有丰富的档案资料和珍贵文物，甚至从中可以提炼出新时代仍然需要的核心理念、校训、校风等博大精深的文化内涵。在此方面，该校更有得天独厚的条件，还大有文章可做。

3. 透视问题之三：制度文化缺乏民主性、科学性

不少学校民主与开放的现代学校管理制度与运行机制尚未建立起来，学校管理手段单一，行政命令化现象普遍，教师长期处于“被管理”状态。调研发现，学校不同程度地存在教代会不能正常召开、作用不能正常发挥、学校民主意识及人文精神缺乏等问题，忽视或丧失了师生、家长在学校管理中的主体功能，师生的精神状态、行为方式，与校园张贴显现的符号文化的真实价值明显脱节。学校管理的民主意识还没有真正确立。实行校长负责制后，对校长的权力因素强调多，教师民主决策的机会少；民主管理、民主监督制度不健全，没有健全的民主化组织机构和规章制度作保障；有的学校校务公开的充分程度和透明度不够，学校领导干部的民主评议和监督得不到落实，民主渠道不畅。

D校管理模式还属经验型、行政推动型，民主管理、依法治校的办学原则落实不够。学校虽然制定了完备的规章制度，但执行力度严重不足，还没有建立起制度执行、检查、评估的运行机制。个别制度条款仅停留在纸面上，也有不按制度办事、随意性较强的现象。由于一线、二线考核与福利没有多少差别，不少教师、甚至骨干教师要求从一线转岗，致使职员数量大幅膨胀，图书室人满为患；处室干部多，几乎无人兼课；教师与职工比例失调，职工比例达到了25.7%，严重影响了任课教师的积极性。有64.29%的教师认为管理制度是制约个人潜能发挥的最主要因素，有46.43%的教师认为制约学校快速发展的最大障碍是内部管理。学校还未建立起科学合理的教职工奖惩激励机制，考核奖惩、福利制度不尽合理。考核奖励主要看高考，容易忽视过程；奖励过分向考上名牌倾斜，挫伤了大多数教师的积极性；学校奖金与福利比例失调，用于突出一线、奖励绩效的支出较少。学校高额的福利支出，未真正起到调动教职工积极性的作用，甚至造成教师凝聚力缺失、进取精神损伤。尽管发了可观的班主任费，但由于未建立有效的班级评价机制，未发挥应有的激励作用。用人制度是学校管理的重点，人浮于事，干的不如不干的，实干的不如混饭度日的，势必严重挫伤教职工的积极性，是管理混乱的源头，是学校发展首先要解决的问题。

教师、学生评价制度“唯分论”现象突出，评价片面性，缺乏客观性、科学性，偏离了“以德为先、立德树人”的教育本质。只重视结果性评价，缺乏教育过程的预设论证和生成性调控，缺乏对诸多教育因素的综合考虑，忽视教育发展过程的常规性评价，教师的教学行为得不到正确的引导和规范，合作交流很难进行，甚至相互封闭，如同对手，也造成了弄虚作假、学校人际关系紧张等问题的出现。教育教学评价直接关系学校的办学方向，建立科学、客观、公正、公平的评价制度，是引领学校办学方向，促进学校科学发展、内涵发展的重要环节与手段。

E校缺乏全面育人的系统思考，学生评价方式单一。学校工作的重点还停留在抓升学率、“构建适应高考的教学模式”、为应考服务上，对学生全面发展、身心健康缺乏应有的关注。通过与学生座谈，多数学生反映课余活动、综合实践活动较少。学校德育内容相对单薄，尤其针对学生的道德素养提升和综合实践能力培养做得不够，缺乏理念的引导和文化支撑，缺乏具体有力的措施和行动方案的落实。学生综合素质评价制度还很不完善，学生选课、作品展示、实践活动、标志性成果等过程性资料积累不够。84%的家长反映，该校的学生评价方式单一，即以学习成绩为主。教育评价是学校发展的指挥棒，片面性的评价就误导了学生发展的方向，必须通过建立客观科学的评价制度与机制，引领教育改革发展的方向，真正将学校教育转到“育人为本”的轨道上来。

另外，部分学校违规办学现象严重，随意增加课时，加班加点，不一而足。有的存在关门办学倾向，学生社会实践缺乏，社会办学力量缺失。

4. 透视问题之四：行为文化存在形式化、粗放化

学校行为文化缺乏高雅的文化品位，干群、师生之间存在不协调、不和谐因素。科层制下的“官本位”思想严重存在，人本性观念淡薄，缺乏对师生的人文关怀、情感沟通，致使教师的教学心态不平衡，教育思想与行为不符合素质教育的要求。在文化建设过程中缺少充分的师生需求分析，不仅制约了师生参与文化建设的积极性，也因为缺少对师生诉求的正确表达而虚化了师生对文化的认同，影响了学校文化建设的个性化特色。同时，也造成了文化价值认同形式化、实施内容浅层化、实施过程程式化、实施效果短期化的现象。

F学校管理还处于经验型管理层面，现代管理制度体系还没有形成。多数制度是一些工作职责，并且比较陈旧，对于如何规范办学行为、激励教师专业发展、深化课堂教学改革、引导学生综合素质提升等方面的制度建设重视不够、执行不力。学校教师考评制度过分注重学生成绩，指向性有所偏离。管理机制上存在多层交叉、相互扯皮、责任不明的现象。学校组织设置机关化、行政化，30多名中层以上干部，大都来自一线优秀教师，其中有不少曾经是高水平教师，但是现在几乎都不上课，当干部成了脱离教学的借口，老师们意见较大，严重影响了教师工作的积极性。学校存在管理制度的滞后性，缺乏文化特性和人文精神，甚至不符合国家的政策法规，仪式活动表面化、形式化，只重视了仪式本身，对其文化的内涵挖掘不够，使仪式走向重复和机械，致使参与者容易对其产生倦怠，严重制约了学校文化的建设。学校不是行政机构，教育教学干部不能脱离教学岗位，学校干部不能身先示教、身正为范，就失去了领导、指导教学的资格，以至于出现乱指挥、瞎指挥的现象。

5. 透视问题之五：环境文化建设偏重物化改善、轻视文化建设

校内外学校文化环境还不能满足素质教育实施及课程改革的需求，

有的基本办学条件尚不能满足，存在专项活动场所缺乏、教学设备简陋、校园人文意识薄弱等一系列问题。

社会教育资源的利用还未引起高度重视，对学校社区内各类教育资源、家长资源的整合不理想，有的学校家长委员会仅是几位有影响的家长的集合，家长及家长委员会的作用发挥不够。学校与社区联系少，不注意挖掘与利用社区的教育资源。学校对家庭教育作用认识不够，片面认为农村家长文化水平相对较低，且外出打工的较多，开不开家长会作用不大；有的学校对家长引导和培训不够，未充分调动家长参与学校管理和教育教学的积极性，家长对学校的办学理念及管理工作不是很了解；在涉及学生利益的问题上，不能及时与学生家长沟通。学校、家庭、社会三方互动机制未建立，未形成相互支持、相互促进、共同发展的氛围。家长作用不能发挥的根本原因，是校长民主管理、开放办学意识缺乏。

(四)深度变革，聚焦学校文化突围

专业诊断报告为学校指出了文化建设的优势与面临的发展机遇，提出了问题症结和合理化建议，为学校理清思路、确立发展方向提供了科学依据。

通过分析，认为影响学校发展的主要原因是：教育核心价值观念弱化、功利主义办学思想严重；课程改革缺乏文化统领，方向不明；现代学校制度建设启动较慢，民主与人本意识薄弱；师生生活幸福指数低，改革动力不足；学校环境文化不适应课程改革要求，缺乏特色和更多的人文关怀。其根本原因，是学校文化建设滞后。

为统一认识，专家组与学校领导，进行了多次面对面的分析与交流，充分肯定学校成绩、发展优势，发展机遇、存在问题、应对策略等，达成了共识。一致认为：学校要发展，必须突破文化建设瓶颈的制约，明确学校文化建设方向，增强文化重建的内在动力和紧迫性，全面实施学校文化创新战略。

各项目学校通过开展以教育思想大讨论为主的“头脑风暴”，与专家团队共同梳理学校优势与文化传统，明确发展主题，确立办学方向和育人目标，对学校办学理念体系的战略性、方向性、科学性、独特性，及在学校文化发展中的支撑性、可行性作用进行了充分论证。通过广泛征求师生、家长等方面的意见，上下反复讨论，分别制定了《学校三年发展规划》，勾画了学校发展的蓝图，迈出了自主发展的新步伐。

(五)联盟发展，实现文化创新的共建共赢

为发挥专业的支持作用，省基础教育课程研究中心先后制定下发了《关于推进"1751"项目学校管理制度创新的指导意见》《"1751"项目学校自主性发展评价方案》等一系列文件，形成了《在课程改革中创新学校文化》的报告，为学校文化建设提供了依据。实行了"三进三动"策略。

1. 专业跟进，指导推动

专业引领主要是为学校办学方向把关定向。学校文化建设是工程开局的重头戏。各专家组深入项目学校，听取大家意见，引领学校从教育性质任务、学校发展目标、育人目标去进行理性思考，进行学校发展环境分析，展开教育思想的大讨论。专业引领，从理论和实践的角度，解决了大家一系列教育认知问题，端正了对党和国家教育方针的认识，认清了"唯智"为上的片面性及危害性，推动了文化建设的思想认知与行为自觉。

在文化打造的具体活动中，专家组结合片区各项教育活动，从学校精神文化、制度管理文化、行为文化、环境文化的各个方面予以认真的研究，推动学校文化建设不断深化与发展。不少项目学校都打出了特色学校发展的旗帜。

2. 联盟共进，合作互动

为确保项目学校改革发展工作的顺利进行，充分发挥校际合作的重要作用，省工程领导小组下达了《关于建立"1751"工程学校互助合作机制促进项目学校改革发展的意见》，按照"优势互补、资源共享、重点促进、共同发展"的原则，在全省范围内选择一批办学理念先进、办学行为规范、办学水平较高、办学特色鲜明、办学实力较强和具有良好合作意愿的优质学校作为项目学校的合作伙伴学校，与项目学校共同组成"1751"工程学校合作发展共同体，形成学校互助合作发展机制，开展共同体成员学校间的合作交流，在重点促进项目学校改革创新的同时，推动全体成员学校共同发展。

建立什么样的发展运行机制，是推动工程顺利进展的关键。构建学校发展联盟，强弱结合、片区共建、专家跟进、合作互动，打造共同发展平台，是“1751”工程实施的一大亮丽特色。每一所项目学校与一所省内名校构成共建联盟，每一个片区组成一个有3～5个结对联盟组成的学段活动联盟，三个学段又构成了全省三个大的交流展示平台，形成了共同发展、合作互动、共建共赢的发展氛围。学校文化建设成绩斐然，莱州一中、莱芜凤城高中、齐河一中、垦利一中、商河一中、蒙阴一中、阳信一中、单县一中、滕州一中等一大批改革创新学校脱颖而出，受到社会和家长的广泛赞誉，引起了良好的社会反映。

工程建设指导学校的作用功不可没。博兴二中的“诚毅文化”是在艰苦创业的建校过程中凝练出来的，以诚实、真诚为立身之本，以坚毅、果敢砥砺师生意志，作为学校的核心理念，形成了“诚毅文化”课程体系，在全省项目启动会上作了全面的展示，产生了大的轰动效应。山东省实验中学的“学长制度”、青岛二中博大包容、自主开放的“山海文化”、潍坊一中的“容·雅文化”、章丘四中的“创新文化”，日照一中“和·容文化”、青岛39中的“海洋特色教育”、昌乐二中的“271高效课堂文化”、齐河一中的“爱和文化”、诸城一中的“责任教育”等，都充分发挥了指导学校在文化重建中的示范引领作用。项目学校派出干部、教师到指导学校跟进学习，片区活动同课异构、同台唱戏、同堂互磋，学段交流现场示范、高层引领。一批批项目学校的教师走进了联盟结对学校，研究切磋，亲身感受名师的指导，深受先进办学思想的影响，重新激发了教育改革创新的热情，老师们一本本饱含教育激情的学习心得体会，入情入理，感人至深。到先进学校体验生活、挂职学习，成为项目学校老师们的一种盼望、一种福利，而老师们现场、网上等丰富多彩的体验交流，也成为了工程特有的文化风景。

3. 行动推进，典型带动

工程的启动，极大地激发了项目学校改革创新的热情。省加大了行动推进策略，先后在潍坊市临朐县、德州市齐河县、东营市垦利一中等地召开了现场研讨会，发挥了典型带动的模范作用。

项目学校派出干部、教师到指导学校跟进学习，片区活动同课异构、同台唱戏、同堂互磋，学段交流现场示范、高层引领。莱芜市凤城高中的一位老师在青岛二中挂职学习的十几天时间，深受先进办学思想的影响，写出了上万字的心得体会，入情入理，感人至深。到先进学校体验生活，成为项目学校老师们的一种盼望，而老师们在现场和网上等丰富多彩的体验交流，也成为了工程特有的文化风景。

一所学校如果没有先进的办学理念、正确的教育观和人才观的指引，没有形成积极向上的学校文化，就难以形成核心竞争力和旺盛持久的生命力。学校文化在学校发展中具有无以替代的战略地位，伴随着学校发展的始终。打造学校自主发展的精神战略高地，是深化课程改革的关键。学校文化建设主要包括精神、制度、环境和行为文化建设四个层面。

二、多条路径，实施文化创建战略

(一)回归教育本质，重塑学校精神文化

精神文化属于意识形态范畴，是学校文化的核心和灵魂，代表着学校文化发展的方向，是学校赖以生存和发展的精神支柱。它主要包括学校历史传统、生活观念和被全体师生员工认同的核心价值理念、学校发展目标、学校培养目标、校训、教风、学风、校风、学校精神、发展策略、学校标示、学校人际关系等要素，是一个学校本质性、个性化的集中反映，对学校成员具有规范性和引导性的作用。

习近平总书记在党的十八届三中全会上指出，“推进国家治理体系和治理能力现代化，要大力培育和弘扬社会主义核心价值体系和核心价值观，加快构建充分反映中国特色、民族特性、时代特征的价值体系。坚守我们的价值体系，坚守我们的核心价值观，必须发挥文化的作用。

民族文化是一个民族区别于其他民族的独特标识。要加强对中华优秀传统文化的挖掘和阐发，努力实现中华传统美德的创造性转化、创新性发展，把跨越时空、超越国度、富有永恒魅力、具有当代价值的文化精神弘扬起来，把继承优秀传统文化又弘扬时代精神、立足本国又面向世界的当代中国文化创新成果传播出去。只要中华民族一代接着一代追求美好崇高的道德境界，我们的民族就永远充满希望。”[①]习总书记的讲话为学校文化建设指出了明确的发展方向。加快构建具有中华优秀传统文化、民族特性和时代精神的学校教育核心价值观及其理念体系，发挥学校文化的引领作用，是学校文化创新的根本所在。

“学校精神文化也被称为办学理念体系，是一条学校文化的价值链条。[②]”办好一所学校，需要强烈的规划意识与设计能力，有明确的发展定位和发展路径，说到底，要有一个清晰鲜明的核心价值理念及其办学理念体系的支撑。

重塑学校精神文化，要坚持以社会主义核心价值理念为引领，以办学目标和育人目标为方向，以“一训三风”建设为主线，以行为文化为载体，以制度文化、环境文化为保证，切实提升学校精神文化建设层次。学校要回归育人原点、承载师生的欢乐、洋溢师生的幸福、展现师生的情操、留恋师生的回忆，重塑学校精神文化是学校发展的根本所在。

1. 凝练核心理念，打造师生生命乐园

“学校办学核心理念是学校办学的理想、信念、价值观，是学校成员对学校的发展目标、培养目标、校风、教风、学风、校训等精神类文化要素的提炼、概括与升华，是用来指引学校建设、教育教学与管理等活动的最高价值标准，是学校文化的基础、中心和灵魂。”[③]文化的核心是价值观，学校核心理念是教育价值最本质的反映，是学校教育价值、办学目的的最终追求。学校核心理念也是社会主义核心价值观，与学校

① 习近平：《完善和发展中国特色社会主义制度　推进国家治理体系和治理能力现代化》，载《人民网》，2014-08-14。

② 张东娇：《学校文化管理》，北京，教育科学出版社，2013。

③ 朱小蔓：《现代学校制度的理论与实验研究》，北京，教育科学出版社，2008。

这一特定教育组织的特性有机结合的具体体现。学校核心价值观的确立，不能脱离社会主义核心价值观的指导与引领。

学校核心理念即学校的教育哲学，也称作学校办学宗旨，是一所学校的文化基础、灵魂和持续发展的精神动力，是学校前进的旗帜和方向标。学校文化建设的首要任务，就是要重新审视学校的办学宗旨，确立核心办学理念，使学校成为充满旺盛活力的精神共同体。

学校核心理念具有战略性、导向性、渗透性、独特性等特点。学校办学特色不同，首先是学校核心价值理念的不同。在学校文化建设中，需要确立将社会主义核心价值观、国家教育理想与学校办学实际融合于一体的、具有本质性特点的核心性理念，需要找到将核心理念落实到学校各项改革实践中的路线图。

【思想共鸣】

文化的核心是价值观，学校核心理念是教育价值最本质、最科学的反映，是学校教育价值的最终追求。学校核心理念具有统领学校发展的无穷魅力，一所没有核心价值观引领的学校，必定是一所方向目标不明的学校。确立了学校的核心价值观，就是打出了学校特色发展的旗帜，就迈出了向特色学校进发的步伐。文化创新让已有百年文化传统、有着辉煌办学历史的滕州一中焕发了青春，赋予了学校战胜自我、超越自我的勇气，赋予了学校“跨过那站着的前人”的宏大气魄，展现给世人的是一片改革创新的亮丽局面。

滕州一中，是一所有丰厚历史底蕴的百年老校，基于对学校办学历史、教育发展趋势的思考，经过多年的文化建设，凝练出“跨过那站着的前人”的校魂，形成了滕州一中核心的文化特色。学校秉承“敢为人先、追求卓越”的一中精神，确立了“全面发展打基础、不拘一格育人才”的办学宗旨，“励志、尚礼、博学、慎思”的校训，形成了“敬业、爱生、务实、高效”的教风，“勤奋、持恒、科学、上进”的学风，精心培育全面发展、特长突出的创新人才。工程实施以来，滕州一中以“跨过那站着的前人”的宏大气魄，引领全校教职工勤勉务实，殚精竭虑，奋斗拼搏，构建起了具有本校特色的课程文化、课堂教学文化、学生心理教育文化，教育教学质量持续大幅度攀升，走出了一条适合自我的改革创新、特色发展之路。

2. 继承文化传统，增强教育价值认同

学校目标指学校培养目标与学校发展目标，是核心办学理念的具体体现。学校培养目标，即培养什么样人才的问题；学校发展目标，即办什么样学校的问题。学校要根据自己的实际做出鲜明准确的回答与理性的阐释，制定实施两个目标的具体策略与措施，也就是怎样去培养和怎样发展的问题。目标是学校办学的方向，脱离了办学方向就违背了办学宗旨，就失去了办学的灵魂。校长作为学校教育发展方向的掌舵人，根本任务就是不能背离党和国家的教育方针要求，不能让学校背离学校改革发展的大方向，时时、事事、处处保持清醒的头脑，经常以两个目标来对照衡量自己的工作，保证学校工作沿着正确的方向发展。

【典型案例之一】

学校文化建设是一个系统性很强的发展性、动态性、过程性工程，要有长远系统科学的规划，有阶段性建设目标实施方案，要贯穿于学校发展的整个过程。以文化的视角去指导、策划学校的发展与所有教育教学活动，引领师生的行为方式，改变提升师生的文化环境和生活学习质量，不断创新生成自己的特色文化。思想是行动的先导，核心办学理念是学校创新发展的灵魂，让文化引领推动学校持续发展的战略思考，赋予了蒙阴一中创新发展的前进方向和改革进取的巨大动力。“以理念引导为根本，让文化起点‘高’起来；以机制创新为龙头，让管理文化‘强’起来；以环境建设为切入，让文化环境‘美’起来；以课程建设为抓手，让文化内涵‘深’起来；以高效课堂为阵地，让文化效果‘实’起来；以活动开展为载体，让文化形式‘活’起来；以教师发展为关键，让育人水平‘提’起来的文化建设路径与策略，为学校文化建设提供了生动实际的宝贵经验。”

让文化引领推动学校持续发展

——蒙阴一中学校文化建设纪实

走进蒙阴一中的校园，一股浓浓的文化气息扑面而来——雕篆着哲理名言的碑石文化大道，镌刻着传统文化符号的文化墙，经典国学诵读的琅琅书声，“三色”(绿色、红色、金色)课程的展示板，生动活泼的高效文化课堂……

然而，在省“1751”工程项目学校指导专家眼中，蒙阴一中是这样的——

“办学理念空泛，口号化严重；领导力差，制度建设欠缺；课程单调乏味，不成体系；教师队伍涣散，专业水平低……”

三年的时间，何以发生了这样的巨大变化呢？

2011年3月，省教育厅启动山东省“1751”改革创新工程，蒙阴一中幸运地入选为“项目学校”，课程研究中心专家团队走进蒙阴一中进行诊断、调研……寻找到了该校发展的“病灶”和“瓶颈”，开出了“药方”——让文化引领推动学校持续发展，即着眼于“人”的终极发展，努力持续打造使人获得人格尊严、个性发展和生命幸福的“人本”文化，将蒙阴一中建设成为一所真正的“文化”校园。

一、以理念引导为根本，让文化起点“高”起来

思想是行动的先导，理念是发展的核心。先进文化理念的确立是学校文化发展的根本。蒙阴一中将教育理念确立为“为学生的发展服务，为学生的终身奠基”。

“1751”工程启动前的蒙阴一中：办学理念不明确，办学的价值追求和发展愿景不清晰，没有主张，缺乏自信。学校管理机制陈旧，对教师的评价激励主要以高考成绩为标准，缺乏科学的理论依据；环境育人意识不足，校园环境凌乱无序，缺乏环境育人意识；课程建设制度落实不到位，选修课开设不够，校本课程开发严重欠缺；课堂主要是教师讲解，缺少学生的自主合作探讨，教育教学效率不高；教师开拓创新精神

不足，理念和技能落伍，主动学习意识差；学生培养模式单一，师生关系紧张。

“为学生的发展服务，为学生的终身奠基”的办学理念确立之后，蒙阴一中对既往的管理方式、校园环境、课程设置、课堂教学、学生培养模式、教师发展等方面进行了一次大刀阔斧的重构：管理方面，贯穿服务学生理念，创新机制，完善制度，高效运作；环境方面，校园内楼宇、道路、广场、园林、牌坊、碑石布局合理，庄重典雅，营造出一种宁静、优雅、温馨的气氛；课程方面，开发出一百多门校本课程，其中的《绿色家乡》系列、《红色热土》系列和《金刚石矿和钻石文化》已经成为独具特色的品牌课程，深受学生喜爱和专家称赞；课堂教学变教师管制课堂为教师服务学生，学生成为课堂的主体，课堂上充满了“三交”(交流、交锋、交融)、“三声”(掌声，笑声，辩论声)、“三话”(自己的话、真实的话、有创见的话)，成为生动活泼的高效课堂；学校举行的所有学生参加的重要活动都以学生为主体，为学生搭建平台，让学生参加、经历、体验、感悟；在教师发展方面，唤醒职业情怀，提升专业能力。

“为学生的发展服务，为学生的终身奠基”的理念，培养具有“爱心责任荣誉”理念和“包容创新”时代精神的新公民的育人目标全面渗透在各个环节和领域，学校向内涵式文化发展深入推进。

二、以机制创新为龙头，让管理文化“强”起来

经过专家团队的指点，蒙阴一中领导层很快认识到：学校管理的问题，归根到底是如何激发、调动教职工创业激情和工作积极性的问题。反观之前的管理，行政化倾向明显，缺乏人本化、民主化管理意识与措施，对教师主要靠施加外在压力进行管理；学校没有自主选任干部权限，干部队伍年龄老化现象严重，年富力强的优秀人才不能进入中层担负重要工作，干群关系不和谐民主。

针对上述种种不足，蒙阴一中进行了一系列改革。

第一，创新治理体系，激发管理活力。选拔“70后”年轻干部进入领导班子。中层干部实行“三推荐一答辩”机制选拔，侧重在“70后”“80后”成员。新设立政策理论研究管理办公室、校园文化建设管理办公室、

教育教学评价管理中心、课程建设管理中心、综合实践活动建设管理中心、音美教育教学管理中心、体育健康教学管理中心、图书实验教学管理中心、信息电化教学管理中心。建立“五位一体”的管理模式，即门卫(出入)、校园(生活)、宿舍(休息)、食堂(饮食)、教学楼(学习)五个方位的全方位监管服务，分别由综治安全科、政教处、学管处、总务处、教导处五个职能部门负责。

第二，转变治理思想，强化过程评价。学校转变过去对教师行政命令、强行管制的管理方式，以过程监控和评价调动教师工作积极性。加强管理人员培训工作，学校成立“领导团队培训学院”“班主任培训学院”“备课组长培训学院”“学生干部培训学院”“教辅科室干部培训学院”，对各个层次的管理人员进行培训。为教师展示才华搭建平台，举办班主任论坛、备课组组长论坛、“我的教育故事”、同课异构、资深教师示范课、骨干教师展示课、青年教师汇报课、校本课程开发成果展示会、学生、家长评教等活动。学校每年对教师进行同行、学生、家长等多元评价活动，进行“金牌教师”“教学能手”“教学新秀”“学生最喜欢的教师”“十佳班主任”“十佳教师”“十佳备课组长”“十佳学生”等评选活动，隆重表彰，有效地激发了教师的工作积极性和职业荣誉感。

第三，转换治理方式，提高管理效率。推行“项目带动”“课题推进”工作模式，把学校重要工作设计成若干个“项目”，由一位或者多位干部具体负责，组建团队，对于该项目的主要问题则实行“课题推进”。组建“立体语文”课题组、“慕课、翻转课堂”课题组、“全员育人导师制”课题组、“传统文化教学”课题组，“学生三周自主发展规划”课题组等。

第四，改进学生管理方式，促进学生自主管理。结合学校综合实践课程开设，学生在班级管理、活动组织、宿舍、餐厅管理、班级文化建设、安全等方面组建学生自主管理组织，组织学生开展活动。由政教处和团委牵头，成立学管处，指导学生自主管理。

三、以环境建设为切入，让文化环境“美”起来

蒙阴一中校园环境建设有基础，在 2005 年 12 月年曾被山东省建设厅授予“山东省花园式单位”称号。但是由于对校园环境育人功能的认识不到位，校园环境的文化含量偏低。

一旦找到症结所在，蒙阴一中立行立改。

第一，整合地域文化资源，营建大文化环境。以开阔的视野，把学校置于沂蒙山区的地理人文背景之下，依据当地的地理人文、儒家文化、沂蒙精神、优秀校友等资源，结合校本课程开发、校园文化景观建设等，从大处着眼进行校园文化建设。学子森林园里，种植着近200种家乡树木；校园内随处点缀着奇石、牌坊、宝鼎、亲子鹿；教学楼走廊里，岱崮地貌、孟良崮战役、云蒙湖、蒙阴县城的大幅照片悬挂在文化墙上；刘洪、沂蒙六姐妹、金刚石矿、银麦啤酒、蒙阴蜜桃、地震灾害预防等都被开发成校本课程。

第二，规范合理的布局文化。教学区、运动区、生活区分列东、西、南部，布局合理，规范有序。楼宇设施庄重典雅，致远楼、致兴楼、致和楼三座教学楼巍然耸立，综艺楼、图书楼、办公楼、科技楼遥相呼应，德馨寓、文馨寓、谊馨寓、女生公寓楼错落有致，一餐厅、二餐厅及地下通道、运动中心点缀生辉，无不透射着一种庄严大气和美观和谐之感。

第三，舒适优美的植被文化。校园内环境优美，花木扶疏，植被茂盛，建有学子森林园，“尽收梓里嘉木”，玉兰、银杏、水杉、红枫、樱花、紫藤等200余个品种。流连其中，美不胜收。

第四，厚重深沉的广场、碑石文化。学校建有爱心广场、方圆广场、五班广场、文化地标、文化墙、柱石、育人宝鼎、铜钟赋雕塑等文化景点。在蒙阴一中，每一块石头都会“说话”；每一寸土地都有“故事”，每一条道路，都有“文化”，处处时时文化育人。

第五，雅致温馨的标语文化。文化大道两侧张贴着许多富有哲思的标语，育人大道两边树有雕刻哲理名言的碑石，教学楼内建设文化走廊、班级名片、黑板报，悬挂名言标语，公寓内按照“以人为本，发扬个性”的原则进行自主文化建设，食堂内悬挂励志名言、节约爱惜粮食的警语，门卫处张贴提示礼貌问候语，使师生心灵受到潜移默化的浸润和熏陶。

第六，个性张扬的室内文化。学校建有个性突出、温馨和谐的教室和办公室文化，班级有班训、班徽、班歌，建有号称“思想长廊”和“精神高地”的走廊文化，古今名人名言、中外励志故事、人文艺术图画、科技实验成果……每块阵地由师生自主设计，蕴含感情，传达理念，放飞梦想。

第七，规范有序的安全文化。学校成立有专门的综合治理办公室和学生安全自主管理委员会，对学校安全、秩序、灾患预防、生命健康进行系统的全方位的监管和保障，通过艾滋病防护讲座、反震抗灾知识课堂、食品卫生百日活动、交通安全出入礼仪等生命课程精心开展，给师生创造一种生活学习的安全感。每班选一名安全班长，对学生视野中的安全隐患及时上报。

第八，引人向善的行为文化。主要依据学校制定的《校园十无》《学生成长十做到》规范学生行为，同时对教职员工特别是后勤工作人员的行为严格要求，使师生的行为本身也成为教育资源和校园文化的重要组成部分。

四、以课程建设为抓手，让文化内涵“深”起来

经过专家指点，蒙阴一中着手构建属于自己的课程体系。

第一，创新构建体系，凸显文化特色。

根据国家课程标准要求，提出了“人本、多元、整合、创新”的课程理念，构建了完整科学创新的蒙阴一中课程体系。

第二，重点开发课程，打造课程品牌。

1. 人与自然、生命。(1)以山东第二高峰“蒙山”、山东第二大水库“云蒙湖”、中国第五大造型地貌“岱崮地貌”、亚洲最大的金刚石矿遗址“701”矿等资源开发课程，培养生态意识和科学意识。(2)以“防艾滋”“防毒品”“防地震”“会自救”为内容的生命安全课程，培养“尊重生命、敬畏生命、生命至上”思想意识。

2. 人与科学、艺术。(1)以学科思维、思想挖掘、价值探索为内容的学科拓展课程，培养科学思想和思维能力。(2)以艺术欣赏和艺术体验、艺术创作为主要内容的艺术课程，培养审美、鉴赏和艺术创作能力。

3. 人与历史、文化。(1)以历史名人珠算发明者“算圣”刘洪、革命家陈毅、粟裕为素材的“燕翼堂”“孟良崮战役”“沂蒙山小调”“沂蒙六姐妹”等“红色热土”系列课程，培养爱国爱党爱家乡的精神情操。(2)以知名校友公方彬、薛其坤等为素材的校友文化课程和文化地标、学子森林园等景观为主的校园生态文化课程，培养励志坚毅品质和文化修养。

4. 人与社会、生活。(1)看农村、进社区、观工厂、学军人，培养学生创业观念和担当意识。(2)强化校园生活自治系列工程，培养观察、动手能力。

五、以高效课堂为阵地，让文化效果“实”起来

以前的课堂，就是教师一套教材、一本教参、一摞习题、一讲到底。缺乏师生互动，缺乏学生的自主探究，课堂气氛沉闷，课堂效率低下，学生作业负担沉重。

“1751”工程实施以来，蒙阴一中着力打造以“三声”“三话”“三交”为特征的文化课堂，让整个课堂始终洋溢着一种团结友爱、积极乐观、创新突破、欢乐祥和的文化氛围，彻底改变了“满堂灌”和“填鸭式”教学方式，将教师主体改变为“教师主导，学生主体”，每一节课都充满了浓浓的文化味道。

六、以活动开展为载体，让文化形式“活”起来

“1751”工程实施以前，蒙阴一中的活动主要就是运动会、歌咏比赛、元旦文艺晚会，很少从活动的文化和德育功能出发设计活动。“1751”工程实施后，学校明确“校准人生方向；加足人生动力；丰富人生内容；升华人生情调；追寻人生梦想”的德育功能，进而实施“爱心即教育，态度即能力，活动即成长，习惯即成绩，兴趣即动力”的基本方略，按照“品德教育、行为管理、习惯养成、素养提升”的实施路径，丰富活动内容，创新活动形式，在活动中促进学生成长。

第一，以“四节”开展为主线。

1. 运动“体育节”，创建健康生活。2. 韵味“诗歌节”，建设诗意校园。3. 丰厚“读书节”，营建书香校园。4. 精彩“艺术节”，营造浪漫氛围。

第二，以课堂空间拓展为延伸。

1. 立足校园，积极挖掘学校资源。2. 走进社会，广泛开展校外考察。3. 家校联合，发挥家长作用。4. 创新形式，合作探究实践提升。5. 高一新生入学教育培训活动。

第三，以多彩社团活动为载体。

学校成立文学社、舞蹈社、话剧社、广播站、记者站等三十余个社团，都设有独立的章程，由学校团委监管运作，社团成员自主管理，对于发挥个性特长起到了良好作用。

七、以教师发展为关键，让育人水平"提"起来

学校主要从以下两个方面入手破解这些难题。

第一，唤醒教育情怀，激发创业激情。一是"走出去、引进来"。通过多次聘请省内外专家来校做报告，连续两年近200人次赴北师大、华东师大培训等方式外出考察学习、干部挂职，60余人参加共同体德育论坛，30人次参加省素质教育论坛等，提升教师队伍素质。二是铸师魂，塑形象。通过"三·八""七·一""教师节"等重大节日表彰、学生评选"我最喜欢的老师"、涵养教师情怀的文娱、合唱、体育比赛、评选"十佳""20强"等系列名师，令更多教师得到发展。三是举办读书会、系列论坛、开展交流反思。四是分层管理，逐步推进。把教师分为资深教师、骨干教师和青年教师等六个学习团队，分层管理，逐步推进，提升教师团队的专业素养水平。五是展示教育理念，彰显工作信念。以备课组文化建设和班级名片建设为中心，以诠释解读工作信念和教育理念的论坛为深化。六是寻合作，找灵感。通过六校共同体，搭建合作平台，先后到省内外几十所优秀高中学校参观交流学习，选派骨干到青岛二中、淄博实验中学等名校挂职学习交流。

三年来，学校涌现出正高级教师、特级教师、沂蒙名师、教学能手、省市县讲课比赛优胜教师等一大批省市县校级名师，形成了教师专业成长和教育教学质量全面提高的良好局面。

第二，促进专业成长，提升教学能力。积极开展同课异构活动，先后到青岛二中、淄博实验中学、莱芜凤城高中听课学习、参加论坛交流，学校提出了“我的模式我的课”的课堂改革倡议，发动全校教师积极探索课堂艺术，实现课堂突破。组建“立体文化语文”大课题组，探索语文教学的突破和跨越，让语文教师首先“动”起来，相继筹备成立“传统文化”课题组、“慕课翻转课堂”课题组、“全员育人导师制”课题组，让教师真正以教学立身，成为“文化”教育家。

三年来，通过“1751”平台，学校发生了巨大变化，取得了系列重要成果：被省教育厅课程研究中心专家评价为“山东省高中自主发展十大模式”之一；山东省“1751”改革创新工程第一片区“思维课堂”现场会在学校召开；山东省“1751”改革创新工程第一片区“德育品牌论坛”现场会在学校召开；以临沂第一的高分顺利通过省级规范化验收；临沂市教育系统骨干读书会在学校召开现场会；在 2012 年山东省高中校长素质教育培训班、山东省第 80 期高中校长任职资格培训班、2012 山东省普通高中教学管理团队培训班、全省高中综合实践活动课程研讨会上介绍发展经验；《山东教育》2014 年 9 月刊头题刊发报道学校特稿、封面介绍校长；《新世纪领导者》全文转载推广；学生公瑞凝荣获山东省中小学生“国学达人”大赛个人第四名好成绩。学校先后获得全国校园文化系列活动优秀单位、山东省示范家长学校等 20 余项市级以上荣誉称号，并被教育部社科院项目组确定为普通高中多样化发展研究重点实验基地，吸引省内外一批批教育界同行来校参观、交流。

【思想共鸣】

学校管理制度是学校在教育教学实践中所建立起来的规章与条例，一般包括人事管理、教育教学管理、班级管理、财务管理、后勤管理等制度。制度是学校管理理念的具体体现，学校管理理念是学校制度活的灵魂。制度不是贴在墙上的装饰和生硬的条文，而是有生命力的、人性化的行为章程，是做人做事的标准和行动指南。“管理就是服务”，学校管理的中心是充分调动师生的积极性和创造性，最终目的是实现师生的全面健康发展。淄博实验中学以“理解、尊重、宽容、信任”为前提，充分考虑师生的个性需求，注意发挥师生主体性管理的作用，实行人性化的管理方式，营建了宽松和谐的人文化发展氛围，提升了学校管理的思想境界，也极大地激发了学校发展的活力。

淄博市实验中学弘扬卓越文化，倡导“没有最好，只有更好”“做最好的自己”的工作理念和工作标准，鼓励教师挑战自我、超越自我，形成了共同的价值取向和共同的人生追求，凝结为“建成特色鲜明、省内领先、全国一流、具有国际影响的现代学校”的发展目标，并在全校教职工心中内化为“学校越来越好”这样一个朴素的目标追求，凝聚了人心，激发了内在动力。学校坚持“师生利益高于一切”的人本原则，更多地从内心深处去理解人、体谅人、关心人、发展人，让每一位教职工都得到充分的尊重和信任，营造以人为本的和谐氛围；倡导“学校领导要把教职工当作自己的兄弟姐妹一样来对待，教师要把学生当作自己的孩子一样来对待，教职工要把学校当作自己的家一样来对待”的亲情管理机制，激发了每位老师的责任意识；创新人文激励机制，评选名牌教师、十佳青年教师、创新型班主任、创新型教师、师德标兵等并进行隆重表彰，组织班主任节，制定了《任课教师低职高聘工作实施方案》《淄博实验中学教职工绩效工资实施方案》，使每一位教职工都能体验到职业的幸福感和成就感，凸显了生命的价值与尊严；实施“读书富脑”工程，激发起了老师们追寻理想，实现梦想的欲望和激情；完善教研、科研成果评选奖励机制，充分调动广大教师教研、科研的积极性；提出了“关注健康，提升素养”“培训就是最大的福利”的理念，以“促进专业发展，提高课堂教学能力”为重点，以“名师引领、骨干带动、青年培养”为策略，以“制度激励、高端引领、同伴互助”为抓手，广阔搭建人才成长的平台，拓宽了办学思路，极大地激发了广大教师的工作积极性。

【思想共鸣】

管理不是管制、管教人，而是唤醒人、发展人；制度不是制约、压制人，而是激励人、成就人。创新管理文化，实质上就是对师生生活方式再造的过程。各项目学校突出以人为本，体现人文精神，进行了包括教师管理、课堂教学评估、职称评聘、学生评价、评优创先等一系列学校现行管理制度的改革。阳信一中在重塑教师精神，激发教师教育情怀，调动教师教育教学的积极性和创造性，促进教师专业发展方面，取得了一定的成效。在此基础上，改革学校管理制度，建立了教研团队综合评价模式，优化了教师发展环境。

阳信县第一中学，从学校管理切入，创新管理制度，做好学校精致管理文章。在激发教师激情的同时，还在政策上予以规范、制约，创新学校管理模式。在级部管理的基础上，强化学校层面的整体管理。学校成立两个督导组，一是由校级领导和中层正职组成的学校管理督导组，每天对级部工作、学生管理、教师办公以及卫生、纪律、安全、两休等师生日常行为规范进行常规检查、督促，做到“管理无漏洞，规范无死角”；二是由业务校长与教科室组织部分骨干教师组成的教学视导组，每学期分两次对级部教学工作从课堂教学、听评课活动到集体备课、作业批改、教学计划落实情况等进行全面细致地检查视导，以便使课程方案和规范教学行为落到实处。在此基础上，学校建立了教师捆绑式综合总体评价的方式，从“教风师德”“工作计划”“听评课活动”“教学常规落实”“课堂教学创新”“校本及特色课程开发”“模块检测与学分管理”“优生培养与素质拓展”“教学成绩”“学情、教情调查”等十个方面评价表彰优秀备课组，意图通过优秀备课组建设，增强教师的合作意识、团队意识和创新能力。“学科建设，决定学校的教育高度”，学校开展学科教学创新，形成学科引领文化。

【思想共鸣】

制度是办学理念、教育思想的规范化、条文化体现，制度的制定和实施，直接反映了管理者的思想境界、管理水平。学校制度具有相对稳定性的特点，但并不是一成不变的僵化条文。制度建设不可一蹴而就，必须符合学校自身发展和改革需要的实际，不可盲目模仿、照抄照搬。制度建设永远是一个渐进式、行进式，伴随着学校办学的始终，是一个不断修改、与时俱进、逐步完善的过程。符合学校实际的、有利于发展的就要坚持、实行，不符合发展实际的、挫伤师生积极性的就要修改、变革、完善。临朐第五中学优化学校组织结构，减少管理层次，实行权力下放，提高了学校管理的科学性。

临朐第五中学以“一切为了学生，为了学生一切”为办学宗旨，以

“让五中学生接受最好的教育”为办学目标，坚持“对全体学生负责，对学生未来负责”的办学理念，秉承“读书明理，成才报国”的校训和“和谐、合作、竞争、发展”的校风，以“面向时代，造就具有创新精神的个性化人才；面向未来，培养全面发展的现代化人才；面向世界，成就具有国际视野的高素质人才”作为育人目标，营造和谐向上的班级文化环境，通过丰富多彩的活动文化，激发教师的工作热情。优化学校组织结构，创新管理机制，将原来的八个科室合并为教师发展处、学生发展处和后勤服务处三个处室，使责任更加明确，分工更加科学，工作更有针对性，激发了学校工作活力。创新评价机制，将学校重点推进的工作项目，如课堂教学改革、小课题研究、“精品大课堂”等，纳入到新的教师评价机制中，促进了重点项目的推动；实行捆绑式评价，变以备课组为主的评价为以班级教学协作组为主的评价，以协作组的总体评价决定教师的个人评价，进一步加强了老师之间的团结协作意识。

三年来，各学校在充分利用自身教育资源的基础上，认真挖掘、开发、整合包括家庭、社区、社会在内的各类教育资源，建立学校与家庭、社区三方互动机制，引导社区及有关专业人士参与学校管理和学校课程建设，聘请社会知名学者、专家为学生上选修课、做专题报告、特长辅导等，营造了全社会育人的良好环境。项目学校普遍建立了班级、级部和学校家长委员会，充分发挥家长在学校改革中的作用，让更多的家长参与到学校办学与学生管理之中，壮大了学校办学与管理的力量。

【思想共鸣】

开放性与全时空性，也是现代学校管理制度的重要特征之一。学校不能关起门来办学，不能“两耳不闻窗外事”，要坚持“三个面向”。面向社会开放，与社会生活相联系，与社会实践相结合，要在融入社会大环境中发挥学校精神文化阵地的社会作用；面向世界，有广阔的教育视野，着眼于提高整个民族的素质；面向未来，树立远大的教育目标，有为中华伟大复兴奋斗的志向。诸城一中通过长期的教育实践，凝练了独具学校特色的“责任文化”，“为国家的前途命运负责，为学生的终身发展负责”的办学宗旨，“为实现理想走进来，为服务人类走出去”的校训，昭示着每一个学生要将远大的理想转化为自己的责任，进而转化为一种为实现中华民族伟大复兴梦想的社会责任、国家责任，做一个有担当、敢负责的文化人、社会人。凝聚了学校核心发展理念的“责任文化”，将学校的发展、教师的发展、学生的发展，与全社会的发展、国家民族的发展密切的结合在了一起，这样就把握了学校发展的大方向，就占领了学校发展的精神战略高地，就找到了理想落地的结合点。诸城一中办学理念的升华，源于一代代诸城一中人的崇高追求，从继承学校优良传统出发，将学校引领到了一个新的发展境界。

诸城一中的“责任”文化犹如一个巨大的精神磁场，凝聚成核心竞争力，每一名师生成为“责任”文化的信仰者、践行者。学校大门上方“让人心潮澎湃。办公楼上“为国家的前途命运负责，为学生的终身发展负责”的办学宗旨，寓意“责任重于泰山”的泰山石，内涵丰富的“责任广场”，优美的太阳湖、月亮湾，每年高三毕业生捐赠的爱校石，以校友名字命名的“金铃路”“小云路”，还有“博士榜”和“诸城名人榜”，时时处处都在激励师生争做楷模，勇于担当。学校以“责任文化”为核心，努力建设一中人形象文化，德才兼备、廉洁奉公、作风民主、公平公正、求真务实、率先垂范、敢于担当、勇于开创的领导素质形象；为人师表、诲人不倦、谦让包容、坦荡真诚、业务精湛、乐于奉献、勤学善思、奋力争先的教职工素质形象；志向远大、意志坚强、素质全面、特长彰显、文明诚实、自信大气、敢于挑战、勇争第一的学生素质形象。努力打造区域核心文化，如“努力使教师的教和学生的学都成为有效劳动”的教学区文化，“成为影响世界的人”的国际部文化，“一屋不扫何以扫天下”的宿舍区文化，“人最可贵的品质是先人后己”的生活区文化，以及“没有强健的体魄，你的一切理想都将是一句空话”的体育运动区文化等，责任文化得到进一步升华，诸城一中的恢弘大气尽显无疑。各处室、班级、宿舍等精心打造了个性文化，在全体师生中开展了“校园文化知多少”活动，让师生熟悉和掌握学校的文化精髓，切实收到了文化育人的效果。学校在全国各地建立了 11 个校友会，每年校友会通过召开迎新座谈会，为新考入北京、上海、广东等地的校友找一位老校友作导师，让“责任文化”走向了社会。学校从1997年开始，举办“百家讲坛”，定期邀请全国各个领域的专家学者来校为师生做报告。十几年来，到诸城一中讲学的专家学者多达几百人。“百家讲坛”不仅有名家，还有本校的教师和学生，也有家长和校友，异彩纷呈的报告为学生打开了一扇扇道德与知识的门窗，让他们走进了一个多彩的世界。浓郁的文化氛围，让许多走出校门的学子依旧留恋学校时光；职责分明、干事创业的团队，让每一名家庭成员感受到关爱与呵护；以责任文化为核心的学校文化，温馨了校园，幸福了师生，更培养了一批批乐于奉献、勇于担当的人……

【思想共鸣】

发展团队文化，绽放人文风采。学校团队文化或称学校队伍文化，是一个组织的集体精神文化的重要组成部分。加强团队建设、培养教师群体和学生群体的团队精神，是学校文化建设的重要内容。人不是孤立的，是组织的一员，个人的命运与集体的命运是紧紧地连在一起的。学校是一个有机的整体，在这个整体之中必须互相合作、精诚团结、目标一致，才能发挥更大的效能。团队精神对任何一个组织来讲都是不可缺少的精髓，失去了团队精神，就失去了团结进取的力量。学生社团活动是校园文化建设的主要载体，是实施素质教育的有效途径。东平县明湖中学，一度陷入低水平办学困境，学校以跟进“1751”工程为契机，积极打造学生团队文化，发挥学校专业团体的文化建设作用，凝聚了学校团队的聚合力量，展现了学生的生命活力和崭新的精神风貌，使学校“创办适合学生的教育，实现学生多元成才”的办学理念落到了实处。

东平县明湖中学以加入“1751”工程为契机，在传承中发展，在借鉴中创新，以背水一战的决心和不达目的誓不罢休的勇气，提出了“在务实中追求高效，在创新中体验成功”的学校精神，确立了“创办适合学生的教育，实现学生多元成才”的办学理念。通过三年的努力，实现了学校华丽的转身，快速发展的蜕变。观念的转变：确立了以学生为本，以学生的发展为核心的学生发展观，树立了“为学生的终身发展奠基，关注每位学生的个性需求”的课程观，以小组合作学习为载体，以探究学习为形式的课堂教学观，以学生综合素质为价值追求的特色高中发展观。实现了办学机制的转变，充分发挥家长委员会、校务委员会、教学督导团和教工代表大会的作用，不断提高学校民主管理水平；全面实行"一竞两聘"制，完善和谐作业组与和谐学科组的建设，形成了良性竞争的格局，实现了所有人员的优化组合，为学校的健康发展注入了新的活力。学校突出艺体类教育特色，开设了声乐、舞蹈、器乐、绘画、书法五个艺术工作室，体育开设篮球、足球、排球、武术、健美操、乒乓球等校本课程，实行模块化教学。学校成立艺体类专业社团 60 多个，使学生的特长得到了发展，艺术素养得到了提高，音、体、美各方面的才能得到了锻炼。在原来学生社团的基础上，根据学生意愿进行系统的专业提升训练，共分为美术、音乐、体育、武术、体育舞蹈、影评等七个专业，采用学校专业教师为主，外聘教师为辅的授课模式，进行集中训练，让学生实现了多元化成才的梦想，学校已经进入市高中教学先进学校行列。

【典型案例之二】

学校教育的人文性与民主性是现代学校管理的突出特征，对于改变传统学校管理中"一言堂"、指令式、行政型管理模式，具有思想引领的重要作用。"人文性是指在学校管理中给予师生员工生命与事业的双重关怀，这是一种人性化的管理，其本质是以人为本，以文化为基础，强调人的能动作用，学校教育的核心是人。"①学校的一切都要从人的角度出发，人是一切价值评价的尺度。民主性体现了管理的多元性、公共性，是让所有与学校育人有关的人员都参与到学校管理之中。民主管理的通俗说法是："管理不只是管理干部的事，管理是全体人员的事。人人都是管理、教育的主体，人人都在被管理与教育之中。"实行民主决策、民主管理、民主监督，以充分发挥在学校管理中的主人翁作用。实行人文性、民主性管理，是现代学校管理的重要特征，体现了师生对学校管理改革的诉求，也是启动改革动力，促进学校逐步向着文化管理迈

① 程红兵：《学校文化建设的路径》，上海，华东师范大学出版社，2012。

进的重要举措。

商河县第一中学创新管理机制，提高管理效能，向科学管理要质量、要效益，发生了本质性变化。一是加强班子建设，实行民主治校，阳光行政。学校实行中层以上领导干部分工协作和责任追究制度，实行校务、财务公开制度，做到阳光透明，“给群众一个明白，还干部一个清白”。二是创新管理机制，实施“双向选择，竞聘上岗”的全员聘任制，打造以班主任为核心的优秀班级团队，增强了教师的教育责任感和忧患意识，激发了内生活力，形成了发展合力。三是开展“和谐学科组”创建活动，打造以学科组为核心的强有力的教研团队，变个人评价为团队评价，变强制性管理为自我约束、相互激励的团体公约式、自我约束式管理。三项制度改革，使学校走出了一条大面积提高教育质量的成功之路。

浴火涅槃击长空，春秋走笔谱华章

——商河一中以制度文化引领学校跨越式发展

商河一中地处黄河以北，鲁西北平原，是山东省规范化学校。近年来，学校不断实现新的跨越，成为有自己办学特色的基础教育品牌学校，跻身济南市前列；一所处在经济相对落后地区的县级学校，花园般的校园、现代化的办公设施、科学规范的管路制度、越来越响的学校声誉，吸引来众多学校前来交流学习，形成对周边地区的辐射引领效应，带动了部分学校共同发展。

2011年，对商河一中来说，是需要用浓笔重彩书写的一年，这是建校六十多年来一个重要的转折点。这一年，学校成为山东省“1751”改革创新工程项目学校，获得了难得的发展契机。学校从困境中崛起，从低谷开始腾飞，犹如凤凰浴火涅槃，重获新生。

毋庸讳言，之前的商河一中连续多年徘徊不前。教师人心不稳，精神涣散，普遍失去归属感、职业自豪感；学生家长对学校不信任，优秀生源大量外流，其中有不少外流学生因缺少有效监管而荒废了学业。

作为商河县最高学府，有着半个多世纪的优秀传统和深厚文化积淀，也曾经有过辉煌。而对出现的不断滑坡的难堪局面，家长不满意，社会不满意，领导批评，舆论指责，种种状况已经影响到了学校的生存。

2011年3月，省基础教育课程研究中心专家莅临一中考察调研，5月，对学校现状进行诊断把脉，专家经过分析，挖出了制约学校发展的病根。专家认为，学校发展定位不高，办学思想不够明确，发展思路不够清晰，培养目标局限性强、指向偏窄，办学理念未形成体系。虽然也出台了一些规章制度，但视野还不够开阔，还未从传统办学观念的束缚下解放出来。教师的专业发展得不到相应关注，忽视了学校发展的主体因素。教师教学质量提高的原动力不足，理论的支持度不高。学校通过合理报酬来改变教师的心理平衡度，但无法提升教师的良好生命状态，局限于头痛医头脚痛医脚，这样影响并制约着学校向更高层次的发展。

专家建议，走内涵发展、科学发展之路，首要的是有先进教育思想的引领和科学办学理念的支撑，建立起具有学校自身特点的管理理念体系。明确办学宗旨，制定出立足学校实际、着眼长远发展的办学目标和阶段性发展规划，将管理上升为理论、并落实于办学实践。建立符合学校实际、理念先进的现代学校管理制度，实现学校管理的规范化、精致化、科学化；要将学校教育管理制度上升到文化层面，形成具有商河一中特点的管理制度特色。

根据专家建议，学校领导班子在专家团队的指导下，结合新的教育形势，广泛征询教师意见，集思广益，认真透彻地分析研究一中的现状，在客观分析学校现实的基础上，学校领导一班人达成共识：商河一中的问题归根结底是管理问题。要让学校走出困境，获得新生，绽放光彩，必须要提升思想境界，创新管理机制，加大改革力度，提升学校效益；必须要走跨越式发展的道路，要把商河一中建成一所教育思想先进、办学行为规范、学校管理科学、课堂教学高效、师资队伍优良、育人环境优化、教育特色鲜明、学生综合素质较高的改革创新示范学校；要让学校成为一个干群关系和谐、师生关系和谐、教职工关系和谐的品牌学校。只有这样，才能让学校焕发生机，才能提升学校品位，赢得社会的广泛尊重，让每一位教职工都能充分享受到职业幸福感。

学校管理涉及方方面面，要提升管理效能，必须要选准突破口，抓住根本，抓住关键，才能抓出成效。学校根据实际情况发展需求，决定从三个团队建设入手：一是管理团队建设，二是班主任团队建设，三是教研团队建设。

第一，锻造灵魂：唤醒学校管理活力。

学校领导班子是一个学校的核心和灵魂，是学校发展的关键。作为学校的领导核心，班子成员的思想观念、价值取向、工作作风等，直接影响着校风、教风、学风，决定着学校办学理念、发展状态。心齐才能气顺，气顺才能劲足。只有领导班子自身过硬，才能带出能打硬仗的教职工队伍，才能带领教职工同甘共苦、干事创业，才能增强号召力、凝聚力、战斗力，从而带动学校的和谐发展，创造出一流的工作业绩。因此加强学校领导班子建设，提高班子成员的整体素质，对于促进一所薄弱学校"翻身"，并且要健康、和谐、持续发展至关重要。

商河一中领导班子按照民主科学办现代教育的要求，破除传统人治观念，确定了"管理民主化"这一思想核心，以此实现学校管理的规范化、科学化。为了掌握一手校情，学校领导先后多次召开教师座谈会、班主任座谈会、学科组长座谈会、离退休老教师座谈会。采取面对面座谈、书面问卷调查、电子邮件意见箱等多种方式，广泛听取教师对教育教学管理、班主任选拔考核，教师专业成长、队伍建设以及学生管理等方面的建议，作为出台改革措施的依据。这一系列"接地气"的民主化措施，将广大教师对学校发展的愿景与学校实际情况有机地结合起来，激发了广大教职员工的积极性和主动性，很好地阐释了"每项管理的决策与措施，都是依据有关人性与其行为的假设"(麦格雷戈)这一教育管理理念。

学校所有建设项目、资金管理和使用都经集体会商决定，避免"一言堂""人情工程"，并实行校务、财务公开制度，自觉接受群众监督，做到阳光财政，清廉透明。同时，学校实行中层以上领导干部分工协作和责任追究制度，做到既职责分明又相互监督；每周五召开行政例会，各部门负责人都要汇报工作、展示计划，摆问题、找差距，发现问题苗头、沟通各部门协作，在观点碰撞中不断提升管理理念、教学思想，改进工作方法，促进干群和谐。

在贯彻“民主治校、公平公正”管理理念的过程中，学校领导班子以身作则，率先垂范。四位校级领导中，有两位在一线上课，同时担任班主任，以普通教师、班主任的身份参与本年级德、能、勤、绩考核，在教学评优、荣誉评选中，领导干部不但不享受照顾，反而会让渡自己的机会给普通教师。要求教师做到的，校级领导带头遵守，示范带动。从带班到值班，从集体办公到集体备课。学校自上而下形成了干事创业、公平竞争的良好氛围。领导班子成员靠近一线“接地气”，不仅起到模范示范作用，还取得了教育教学管理发言权。增强了管理的针对性与实效性，也真正体现了民主化管理的优越性。

“善治必达情，达情必近人”。领导班子是富有浓郁的人文关怀气息和社会责任感的。学校健全教职工代表大会制度，提高民主治校水平。班子成员俯下身子、深入基层，与群众“零距离”“面对面”，拜群众为师，在群众中汲取工作的智慧和力量。深入师生中掌握第一手资料，查找工作中存在的问题和不足，与师生一起想问题、谋对策，寻找解决问题的方法和路径。尊重师生的创造精神，在师生中发现、挖掘和总结经验，推动教育教学工作创新发展。继续坚持与师生的交流谈心，坚持对生活困难师生的关心帮扶，坚持一周一次的学生座谈会，通过问卷调查、个别访谈、德育信箱等工作形式，积极听取师生及家长的意见和建议，踏踏实实解决师生及家长关心的问题。进一步加强与教职工、学生、家长沟通，始终保持务实作风。想师生、家长之所想，急师生、家长之所急，关心师生冷暖，关注家长期望，共谋学校发展。一位教师在笔记中写道：“站在领导面前，我们不需要像过去那样‘仰视’，或者敬而远之，我们喜欢接近领导，感受到了一种全新的道德高度和人生高度；曾经因为晋级、评优心里不平衡，曾经因为工作的烦琐辛苦而抱怨，而现在当我们在工作上得过且过、敷衍塞责的时候，我们会把他们作为一个参照的对象，把他们作为重塑师德，调整心态的标榜。”

班子成员思想统一，作风正派，分工明确，团结协作，战斗力强，能够凝聚人心。学校改革措施得到了多数教师的认同，在管理中已经发挥着积极引领作用。

第二，强基固本：铸就一支精锐之师。

班主任是学生学习行为的指导者，是学生成长的关怀者。“以身教者从，以言教者讼。”一位好的班主任的品行修养、世界观、人生观都会成为一种模式而被学生们模仿、学习，因此，班主任的重要性不言而喻。改革之前，即使在学校整体教育教学质量下滑的背景下，一中的部分班主任、任课教师还是乐此不疲于学生家长的“吃请”，对“关系户”学生礼遇有加，放松要求，结果却耽误了学业，最后导致家长与班主任、教师“反目为仇”。其根本原因在于班主任、任课教师的选拔任用不透明，存在暗箱操作，甚至利益输送，“关系户”教师出现责任事故，却不敢去处理，因为怕“拔出萝卜带出泥”。

对此，一中领导班子下决心打破旧的利益格局，在充分调研和借鉴外地经验的基础上，实施“双向选择，竞聘上岗”的全员聘任制，努力打造以班主任为核心的优秀班级团队。

班主任的产生，先需个人报名初选，再经学校领导、年级组长、骨干教师组成的评选小组的当场答辩考核，最后经大家当场投票择优聘任。新当选的班主任再抽签择优选择自己班级的任课教师，形成相互欣赏的任教团队。班内学生则是采取电脑平行分班，班主任抽签认定。竞聘的同时，学校改革了评价制度，改变了唯教学成绩评价模式，变为德、能、勤、绩全方位评价模式评价教师。

信任产生动力，公平催生热情，欣赏带来快乐。这一系列公开公正公平的竞聘和评价体系，为广大教师提供了阳光竞争的平台，激发了大家正面展示自我潜能的愿望，它不仅优化了班主任队伍，使全校班级管理提升到了一个新的水平，而且优化了教师队伍结构和人力资源配置，形成了班级与班级之间既相互竞争，又相互交流与合作的局面，极大地减少了班级的内耗，让班主任和任课教师之间更加和谐地融为一体，更加提高了教学效率。

通过竞聘形成的班主任团队，成为学校德育工作的中坚力量。为实现学校提出的“立一等品格，求一等学识”的育人目标，树立全面育人、全员育人的大德育观，学校以班主任为依托，提高管理标准，细化工作职责，齐抓共管，努力打造德育工作“无缝隙、全覆盖”体系。

康德说，只有人能教育人，换言之，即是自身受过教育的人才能教育人。因此，搞好德育教育，一个精良的德育队伍是不可或缺的。首先，学校加强班主任管理，提高班主任的工作艺术。学生的健康成长，班主任起着举足轻重的作用，他们与学生距离最近，是最直接的教育管理者。因此，学校特别重视班主任的管理，一方面加强培训工作，提高班主任的思想素质和工作能力，每学期开学前，都要组织班主任上岗培训，学期中要组织看录像、专家讲座、经验交流、案例探析等，并印发《班主任经验交流》。

班主任队伍中的每一位成员，他们以“一切为了学生，为了学生一切”为信念，全新心意为学生服务。老师的工作时间很长，尤其是班主任老师，从早上6:00到晚上11:00，只要学生是醒着的，老师就不睡，一直陪同。一般来说，老师每天有两节课，制作学案三节课，批改作业三节课，除此以外还有备课、辅导、学科组开会研讨，一天下来，老师几乎都在工作。细心的人还会发现，由于时间紧，校长、老师经常在学校食堂吃饭，老师和同学共餐，这几乎成了学校餐厅的一景。班额为60人的班级，每次模拟考后老师会找到班里每一个同学了解情况。频繁地交流，学生已经和老师成了知心朋友，一名学生在“心灵感悟”里写道：“心里烦躁，还好，我有我的老师们，他们能帮我解决问题。”学生对老师的信任，已经超出了家长的想象。

为培养学生的民主意识、责任意识、公民意识，由原来简单、高压、强制、粗放管理过渡到民主体验式管理，精细化管理，实现全方位育人。学校组织学生自下而上进行大讨论，最后学生达成共识。比如，在统一校服问题上，在学生发型问题上，我们征求学生的意见，经过讨论，达成一致，成为制度：周一到周五，全体学生统一校服，男生一律短发。这样的结果，学生乐于接受，乐于执行，而且，既保持了青少年的自然淳朴之美，又避免了攀比之风。其他诸如感恩教育、集体主义和纪律教育、爱心教育，让学生列举中学生最讨厌的陋习等做法，都是采取这样的方式，让学生自觉自愿地去追求高尚情操，做举止高雅的人。事实证明，学生达成的共识与学校预设的高度一致，学生经过讨论达成的规则他们乐于遵守，能够做到主动摒弃自身存在的不良习惯，达到自我约束、自我管理、自我教育的目的，超出了预期的效果。学校让每个学生都建立一本《心灵感悟手册》，让学生反思自己每天的思想行为，及时总结，写在心灵感悟手册上，班主任及时批阅，并写上批语，这既是促进学生自我教育自我管理的措施，又是班级管理的重要一环。

在德育建设中，学校重视培植"尊重天性、涵养德性、发展个性"为主的德育文化。每周一升旗仪式、国旗下的宣读，每周一班会印发德育学习材料；每周一班会前10～15分钟时间，由德育办主持通过校园广播，召开德育班会对学生进行教育和引导；每周一交班级自主管理周汇报材料，加强班级自主管理，提高学生的自我约束能力；每周评选展示"每周之星"，每两周评选"星级文明宿舍"，每学期评选"十佳中学生"树立学生身边的榜样。除此，还通过活动引领学生自主发展，结合教师节、国庆节、母亲节等组织好"行为习惯养成月""感恩月""文明礼仪教育月""心目中中学生形象设计"等对学生进行世界观、人生观教育。优美的环境陶冶人，优美的环境净化人，优美的环境培育人，按照学校发展和师生发展的需要，本着教育学生服务学生的宗旨，学校精心规划建设，持续投入，创设良好的育人环境，全方位地为学生发展创造文化空间，形成具有学校独特风格的育人文化体系。

思想引导行为，行为变成习惯，习惯塑造性格，性格决定命运。商河一中的校园里，活跃着一支精锐之师，这支队伍创造了最大的合力，为孩子们成为社会栋梁之材奠定了坚实的基础，确保了商河这片土地上成千上万的孩子，在通往"象牙塔"的路上，所向披靡。

第三，凝神聚气：演绎校园和谐理念。

改革之前的一中教学模式是没有模式，因为各自为政，教师备课、上课、作业布置等教学常规单打独斗，教学进度随心意，课堂安排看发挥，课上满堂灌、课下靠自觉，本来仅有的一些可塑之才也成为“被差生”。

一中原来的教研大多流于一种形式：一本书，一杯茶，一个话题，一节课。教研活动、集体备课无固定时间、无固定场所、无监督检查。备课组内部不团结、各班成绩参差不齐，教学质量低。这就使得很多可行的教学方法难以落实，很多先进的教学理念难以推行，千头万绪，无从抓起。

教学质量的提高，最根本的还是提升教研能力。学科组是学校开展教学研究活动的最基本组织。随着教学改革的深入，其作用越来越得以显现，它不仅直接影响每一位教师的教育教学水平，而且还关系到学校教学质量的整体提高。因此必须要落实好学校的教学常规管理，树立大课堂理念，优化教学过程，提高课堂教学效率，提升学校的整体教学水平。

为此，学校因地制宜地贯彻落实“科学发展观”，创造性地开展了“和谐学科组”创建活动，打造以学科组为核心的强有力的教学教研团队。

“和谐学科组”的主要内涵，就是打造以学科组为核心的强有力的教研团队。学校将每学期学科组及每个成员的“工作计划、总结、教学成绩、示范课、学生评教、小课题研究、听课、集体备课、读书笔记”等九项教学常规管理内容，作为学科组创建的主要项目，制定了具体标准及验收办法，将教学常规管理这一涉及项目多、跨度时间长、执行落实难、标准不易把握的管理难题，得到了有效合理的破解。每学期初，各学科组由组长向分管校长提出申请，学校备案。本学期内完成规定项目，并全部通过学校验收达标后，可以成为本学期商河一中和谐学科组。实行“和谐教研组”创建机制，将对教师管理的理念与要求转化为教师平时的工作规范和自我达标的具体行动，使教师的每一项工作都与和谐教研组创建结合起来，调动了教师自我约束、主动进取的积极性。激励组内教师建立自我帮扶机制，发挥学科组的集体智慧，形成相互促进、共同提高的良好教研氛围。

通过和谐学科组活动的实施，学校各学科老师精神为之一振，教研的积极性和主动性大大提高，而且，教研也不再拘泥于集体备课时间，而是随时随地地进行和开展。这一活动很好地将老师们“要我干”变成了“我要干”，学校也由教学的组织者变为了教学的“裁判员”和“引领者”。

为进一步促进教师的专业成长，为教师搭建追求先进理念、主动可持续发展的平台。学校将要组织教师“走出去”外出参观学习，开拓教师视野，为教师搭建学习交流、自觉发展的平台；广泛开展教、学案评比、课件制作、板书大赛、同课异构、优质课评比等活动，策划教师校园之星的评选，多维度发掘教师的优势和亮点，搭建教师参与民主决策的平台，激发教师的归属感、成就感、幸福感；深入开展课题研究，提高教师的理论修养和教育科研能力，为教师搭建学术研究、专业发展的平台。

学校将进一步加强课程改革领导，全面落实课程目标。认真研究自主、合作、探究学习组织实施策略和方法，转变教学方式。积极创造条件，切实开好音、体、美、通用技术课程；贴近学生的现实生活世界，关注学生的直接经验，创造性地开设综合实践活动课程。建立学校课程管理制度和运行机制，加大学校课程建设力度，努力开发校内人才资源，彰显教师个性特长，调动教师参与学校课程建设的积极性。充分发挥市内高校及科研院所众多的优势，探讨建立与高校联合育人机制，积极推进以本土资源为内容的学校课程研发和资源建设。以许商等历史名人研究、商河地方民俗文化研究、鼓子秧歌传承与研究等为课程开发重点，凝练学校课程特色。

观念的转变，必然带来机制的改善，机制改善了，课堂教学改革也应运而生。商河一中花大气力改变传统的教学模式和复习模式。在教学实践中，一中教师进一步巩固确立了教师为主导，学生为主体的教学观念。学案教学形式丰富多样，有课前预习、课上训练、课后巩固的学案，每天有导学案，每周有复习案；同时做到了导学案日日清、复习案周周清，使学生步步为营，稳扎稳打，夯实了学习基础。

学案的制作由学科骨干教师执笔，在集体教研时提交讨论，经大家去粗取精后定稿；学案下发后，督促学生限时完成；教师及时全批全改，了解学生的疑难缺漏，为下节课的教学明确了重点；毕业班的学案制作更是精心，为了让学生在有限的时间里最大限度地提高训练功效，老师们常常是在十几本复习材料的数十道高考题反复筛选最典型、最符合学生实际情况的题目来制作学案。为了不过于加大学生的训练负担，每一套学案，老师都亲自演练，以估测不同程度学生完成该套学案的可能时间。教师备好一节需要二至三节课的时间，真正实现了“让老师下海，让学生上岸”，把学生从题海解放出来，为加强高考复习的针对性，学校还经常组织老师认真研究高考的要求，研究中找出新意，找出动态，为学生的高三复习找准了方向，提高了复习效率，从而为高考整体成绩的提高奠定了基础。

学校极为注重抓模块测试后的管理，即变分数管理为落实管理。模块测试后，不仅仅只看分数多少，而是以年级为单位，对所有主客观题目通过计算机进行得分率的统计，以确定知识的缺陷所在，每学科组重新制定补习方案，有针对性地安排训练；各任课教师对所教班级同时进行定量分析，以确定本班的教学问题所在，制定出具体的补救措施；每个学生根据自己的答题情况，建立错题记录，并进行总结和整理；然后由班主任与相关的任课老师再分别从思想上和学习方法上对学生进行相关疏导，从而使其迅速弥补缺陷，提升学习成绩。学案导学的实施，实现了有效教学，打造了高效课堂。

“和谐学科组”创建活动的开展，促进了教学常规的落实和教研活动的开展。改变了教师原来被动的接受外部压力的习性，通过教学过程的细节化、规范化，逐步转化为教师的内心责任感、紧迫感和荣辱感，进而形成教师积极进取的自发自觉意识，学校教学管理进入了一种更高的层次。

【思想共鸣】

学校环境文化既有硬性的显性的物质文化，也有软性的隐形的精神文化。从科学发展的视角看，都体现着“以人为本”的核心价值观，共同承载着学校文化的精神内核和对学校发展的理想追求。环境文化是一种历史的积淀，也是一种现实生活方式的再嫁接、再创造。教育是生命与生命的对话，是心灵与心灵的沟通，是情感对情感的影响。学校既要建设有教育灵魂的设施，又要赋予每一处学校设施以教育的灵魂，让校园处处都跃动灵动的生命，处处都显现出生命的活力，处处都呈现出教育的精神。宁阳四中的“四心”育人策略，从人的心灵塑造抓起，构建起了系统的学校育人文化环境，起到了有效的育人效果。

宁阳四中地处泰山之阳，南临圣人故里，博大精深的泰山精神与儒家文化就是宁阳四中文化的根。学校把“心怀诚爱、和谐共进”作为学校的办学理念和立校之魂，作为学校师生共同的价值观念、价值判断和价值取向，引领学校和师生发展。确立了培养“四心”人的育人目标，即“四心”型管理者(有心、用心、尽心、贴心)，“四心”型班主任(细心、恒心、公心、慧心)，“四心”型教师(良心、爱心、诚心、育心)，“四心”型职员(忠心、精心、热心、耐心)，“四心”型学生(责任心、自信心、感恩心、荣辱心)。“心怀诚爱、和谐共进”的办学理念已经渗透于学校教育教学的实践，贯穿于学校文化建设中，形成了以课程为支撑，以活动为载体，以制度为保障，以物质文化、精神文化、制度文化、行为文化为内容的，涵盖课程文化、课堂文化、宿舍文化、餐厅文化、长廊文化、广场文化、活动文化、视觉文化等精神文化建设体系，成为学校改革创新的不竭动力。

3. 突出环境文化特色，建设师生精神家园

环境文化建设，应符合学生的培养目标。学校应该结合区位特点、历史传承和发展定位，凝练富有区域特点的的校园环境文化。学校物质环境的美化，大到学校园区的规划、建筑形态、场所氛围、景观布局以及环境品质，小到每一间房舍、教室的布置以及每一种花草树木的栽植，都对学生的心智起着刺激、启迪和诱发的作用，对学生的意志、性格和情感有着陶冶熏染、潜移默化的巨大力量。环境文化隐性教育功能的强化，净化、绿化、美化、优化的校园环境，让师生在洁净、美丽的环境中感受到美的氛围，接受美的熏陶，养成美的行为，升华美的境界。

【典型案例之三】

丰富多彩、健康高雅的校园文化，可以增强学生对学校生活的兴趣，从而热爱学校生活，热爱文化学习，形成健康向上的校风。环境文化建设在于构筑一个博大的精神家园，传承历史文化精神，积淀文化底蕴，提升文化品位，形成环境育人的良好氛围。人创造了环境，环境成就了人。优美的育人环境可以起到潜移默化、润物细无声的作用。山东是儒家文化的发源地，具有博大精深的传统文化，有丰富厚重的地域文化，凝练了齐鲁文化的特色，是学校打造特色文化、建设特色学校无可替代的宝贵资源。曲阜一中位于伟大的教育家、思想家孔子的故乡，具有得天独厚的地域条件，学校深刻理解儒家文化的内涵，将学校内涵发展与构建学校核心办学理念体系有机地结合在一起，将大力弘扬儒家文化与打造现代化学校文化紧密结合起来，将自然之美与人文之美有机结合，传统底蕴之美与现代开放之美相互融合，让师生时时处处都感受着学校特色文化的魅力，让学生从优秀传统文化中汲取生命的营养，增添接传华夏文明薪火的信心，形成了以“明德”为主题的儒家文化和具有鲜明时代特色的学校文化，成为师生理想的精神家园。

文化引领，内涵发展，创建特色，全面育人

——曲阜一中学校文化引领内涵发展的若干做法

曲阜一中原址于孔庙西侧，与举世闻名的大成殿毗临。2002 年建设新校，占地 454 亩，总建筑面积 11.3 万平方米，设计新颖，建筑精良，气势宏伟，设施齐备。设计 120 个教学班规模，现有学生 5000 多人，在职教职工 571 人。作为一所百年老校，曲阜市第一中学具有悠久的历史和良好的办学传统。多年来，学校坚持以教学为中心，以育人作主线，以文化为引领，以内涵求发展，使学校的各项工作在继承中发展，在进取中创新，先后荣获山东省普法先进单位、山东省国防教育先进单位、山东省精神文明先进单位、山东省遵纪守法光荣校、山东省绿色学校等荣誉称号。

一、挖掘孔子思想内涵，弘扬明德中学传统

学校文化是学校的办学理念、目标、特色的重要体现，是学校发展和创新的永远灵魂。两千五百年前，孔子弦歌于洙泗，施教于杏坛，首开平民教育之先河，“有教无类”“因材施教”的思想至今仍深刻地影响着全人类的教育实践。而曲阜一中历史悠久，远可溯源到三国时的“孔氏家学”，近可追及民国时的“阙里孔氏私立明德中学堂”，末代衍圣公、孔子第七十七代孙孔德成先生曾担任名誉校长。1952 年 9 月，曲阜中学创立，1959 年列为省重点中学。现为济宁市对外开放学校，省级规范化学校。

曲阜一中在全面实施素质教育和创新教育的今天，借助东方圣城、儒家文化发祥地曲阜这一得天独厚的优势，在充分挖掘孔子思想内涵，弘扬明德中学传统的基础上，确立了“教育就是为生命奠基，教学就是为成才启航”的办学理念，引领着师生昂首前进。学校秉承“明德、笃学、弘毅、致用”的校训、形成了“团结、奋进、开拓、创新”的校风、“严谨、务实、敬业、育人”的教风和“勤奋、文明、健美、守纪”的学风。

二、创设优雅校园环境，营造浓郁文化氛围

优美的校园环境对形成良好的校风、学风会起到积极作用，对学生的健康成长和教师的育人工作有着巨大的影响。学校努力创设具有曲阜一中特色的校园文化环境，将自然之美与人文之美有机结合，将传统之美与现代之美相互融合，让师生时时处处都感受着学校文化的魅力。

1. 科学布局，系统规划：根据“明德、笃学、弘毅、致用”的校训，学校对校区、建筑物、道路、广场、河流、绿地和景观进行了系统的规划，即“一河(子在川)、二场(明德广场、弘毅广场)、三桥(风桥、雅桥、颂桥)、四园(春华园、夏荣园、秋实园、冬穆园)、五区(办公区、教学区、科文区、生活区、活动区)、六路(思学路、笃学路、博学路、明德路、思齐路、致用路)、七景(音乐喷泉、紫藤小筑、沁梅小居、书法长河、科技长廊、腾飞雕塑、书魂雕塑)、八点(弦歌亭、三省亭、乐水台、家炳碑、罗马柱、星光道、墨林假山、中西合璧)”。

2. 绿化美化，景色怡人：几年的努力使目前校园绿化面积已达学校面积的41%，构建起常绿与落叶相结合、乔灌与花草相补充、亮化与净化相得益彰的花园式群落布局，形成了曲阜一中独特的绿、净、美、雅的环境文化氛围。楼宇错落、亭台有致，湖波荡漾、草绿花繁，尽显幽美与雅致。青青芳草，郁郁翠柏，啾啾鸟语、琅琅书声，荡漾生机与活力。

3. 环境潜移、文化熏陶：着眼于学校总体布局的和谐统一，着眼于环境文化氛围的熏陶感染，学校精心设计，打造了中华文化一条街、可爱的家乡一条街、论语一条街、名言一条街、国内外著名学府一条街等，旨在开掘曲阜独有的儒家文化内涵，拓展校本德育空间，启迪学生心智，让学生从优秀传统文化中汲取生命的营养，感悟先哲思想的深邃，增添接传华夏文明薪火的信心，耳濡目染，情感共鸣，激发建设家乡的动力和报效祖国的壮志。

三、狠抓师德师风建设，重视教师文化素养

培养一支具有现代教育理念、专业发展过硬、文化素养厚重的教师队伍是我们学校靠文化引领、走内涵发展的基本保障。我们的具体做法是：一是加强师德师风建设，塑造高尚师魂。高尚的师德师风是建立一所特色学校的“魂”，只有“魂”正才能“心”正，才能“身”正，才能“影”正。为此，我们采取了以下几点措施：一是组织教师认真学习了十七大和十七届四中、五中全会精神、《中小学教师职业道德规范》、教育部《关于进一步加强和改进师德建设的意见》、山东省教育厅《关于加强师德建设规范普通中小学教师教育教学行为的若干意见》等法律法规和文件；全市干部作风暨“2711”工程建设誓师大会和“魅力曲阜·教育名市”工程暨作风建设动员大会精神、济宁市教育局教师行为“十个不准”、曲阜市党政机关“七条禁令”和市教育系统“五条禁令”；教育战线特别是我市中小学教师中优秀模范人物的先进事迹。二是相继制定完善了《教师廉洁从教条例》等一系列规章制度，并在校师德建设领导小组的引领下，与教师签订了“师德承诺书”，责任到人。三是召开动员大会、专题会，讲解新形势下的教师及其行为和学生及其行为之间的关系，加强师德师风建设。四是不间断组织优秀教师外出学习、培训，充分发挥“活水”效应。五是开展了“努力塑造团结勤奋的班子形象、爱岗勤恳的服务形象、敬业勤勉的师表形象”教育活动、“做德艺双馨教师、办人民满意教育”主题活动、“树师表形象、展教师风采”主题演讲、“廉政文化进校园”等一系列活动，在活动中，逐渐建立起了师德良、师心慈、师业精、师身端、师风正、师学勤、师律严的高素质队伍。六是健全师德评价机制，将师德师风建设水平、制度落实情况、教学行为、学生评议等与教师日常及年终考核挂钩，严格操作，并记入教师个人成长档案，作为评优评先的重要依据。通过一系列措施的实施，切实提高了教师素质，提高了师德师风建设水平。七是在全体教师中倡导多读书，读好书，做到专业知识过硬和文化素养厚重。

四、健全各项管理制度，形成特色管理文化

2011年3月入选山东省中小学“1751”改革创新工程项目校以来，学校认真学习领会、贯彻落实文件精神，制定了“1751”创新工程三年发展规划。修订印发了《曲阜一中管理制度汇编》，制定了《曲阜一中各类奖励规定》《曲阜一中教师工作量规定》《曲阜一中教职工考勤处理意见》《曲阜一中年级主任考核细则及年级奖励发放办法》。每学期召开一次教代会，充分发挥教代会的积极作用，每月召开一次全体教职工大会，每周召开一次校委会，重大事情集体讨论决定，坚持校务公开，财务公开。这些措施的实施，激发了老师们的工作积极性和主动性，切实解决了干好干孬一个样，成绩优劣一个样的难题。同时出台有关教师发展和培养的相关条例，为教师的成长与成功创造条件。对优秀教师、骨干教师，加强梯队建设，促其发挥作用，提高层次。对普通教师、青年教师，创设各种活动平台。给教师集体过生日，则营造宽松、信任的工作和生活氛围，形成了积极向上、团结进取、温馨如家的团队文化。

五、重视儒家文化引领，突出校本文化特色

学校在用现代文化引领学校发展的同时，始终不忘用传统文化滋养师生的心田。立足于东方圣城优越地理位置和鲜明文化坐标的实际，我们在秉承“四氏学堂”良好办学传统的基础上，深入挖掘和学用儒家经典

中具有核心地位的《论语》的当代德育价值。对以《论语》为核心的传统思想道德教育进行了初步的探索，编写了《论语精选》校本教材，选聘了一批对儒学有较深研究的复合型语文、政治、历史等学科教师，在基础年级开设选修课，来帮助同学们“构筑心灵家园，铸造精神长城”。学校长期保持和曲阜师范大学孔子文化研究院、曲阜文物管理委员会、曲阜孔子研究院等学术单位的联系、交流、合作。组织老师们经常参加在曲阜举办的各种儒学学术研讨活动，利用周六、周日、节假日让学生到三孔、孔子研究院、六艺城、论语碑苑等参观体验生活，撰写调查报告，开展研究性学习。

为激发同学们学习《论语》的积极性，锻炼诵读能力，提高语文素养，培养道德情操，达到“笃学明德”的教育目的，制作了中英文对照的《论语》名句精选，举行了“吟诵千年《论语》，铸造精神长城”大型诵读活动。我们还组织了学生学习《弟子规》系列活动，通过丰富多彩的活动形式，让学生诵、讲、写、画、唱、演《弟子规》，举办了大型诵读《弟子规》汇报表演，学生从中陶冶了情操，净化了心灵，感知了中华传统文化的博大精深，激发了学生寻求精神营养滋养心田的内在渴求。

六、校园文化活动丰富，学生综合素质增强

我们坚持以丰富多彩的校园文化活动为载体，努力实现文化育人、活动培才的教育目标，让课堂成为同学们学习、成长的学堂，让校园成为同学们张扬个性、发展特长的乐园。学校举办的各类科技活动、社团活动、艺术活动多彩多姿，成果丰硕。

为培养学生的爱心、责任心，以及相互信任、相互合作的团队精神，举办了“让爱飞扬，共同托起明天的太阳”活动；举办了“凝聚青春力量，振奋时代精神”为主题的“红歌”传唱比赛；组织了“国庆六十周年”征文比赛，英语演讲和书法比赛；为配合励志教育，组织了演讲和辩论比赛。这些活动的开展，对丰富师生的校园文化生活，强健体魄，培养学生的创新审美能力，增强合作意识和团队精神，发展个性特长，起到了积极的促进作用。筹划创办了曲阜一中“百生讲坛”，为学生搭建一个交流的平台，培养了学生自主创新、探究研讨的精神品质，突出了

学生的个性特长。设立了文化橱窗，《教育法》《教师法》《中学生日常行为规范》《中小学教师职业道德规范》“八荣八耻”等内容均在橱窗显要位置显示，全体师生经常对照自省，时时严格要求自己。学校在每个教室内均设置了文化活动黑板；成立了“校园之声”广播站和“明德文学社”，定期播报校内外新闻和师生佳作、编印内部文学刊物——《明德报》。丰富多彩的校园文化生活，弘扬了积极向上的曲阜一中精神，“明德”文学社社员的作品相继在《语文报》《语文周刊》《鲁风报》等报纸、杂志发表，创造了浓郁的文化氛围。曲阜一中校报荣获全国第四届中小学校校报校刊评比特等奖。

学校这两年在校园文化活动中重点开展了感恩教育和励志教育活动：每年都组织全体学生观看专题片《让生命充满爱》，开主题班会，写观后感，举办“感恩父母，永存孝心”大型文艺演出，让学生学会感恩父母、感恩社会、回报社会；引入“励志教育三大步”教育模式，同学们每天坚持读励志信，写阅读心得和成长记录，定期写自我反思和思想总结，努力改变自我，塑造精彩人生，有效地促进了学生健康、快乐、幸福地成长。每一位教师积极开展励志教育小组活动，展现学生的思考和体验，拓展导师与学生交流的空间，增加师生之间、小组成员之间心灵的契合，情感的互通，培养了学生团结友爱的集体主义精神，提升了运动能力、协作能力、交际能力。2011 年 1 月 4～6 日在淄博召开的第二届全国励志教育论坛实践汇报会上，学校做了《励明德之志，树笃学之风，铸弘毅之体，育致用之材》的汇报演讲，得到了与会代表的认可；2011 年 6 月 20～22 日，成功举办了第三届全国励志教育论坛暨曲阜一中实践汇报会，学校的励志教育实践得到了与会代表的高度评价。

文化维系着学校的生命，关乎着学校的发展。没有浓厚的文化底蕴，便没有优良的人文传统；没有优秀的文化，决不会造就卓越的学校。加强学校文化建设，是落实科学发展观的需要，是推进素质教育的需要，是提升学校文化内涵的需要，是提高育人水平的需要。曲阜市第一中学将以高度的责任感和厚重的使命感，进一步搞好学校文化建设工作，特别是通过“1751”创新工程八校联谊会，虚心向兄弟学校学习，总结工作教训，弥补不足，缩短差距，努力创设文明、高尚的精神氛围，促进统一、和谐的文化认同，为学生的综合素质形成提供深厚的渊源积淀，为教师的专业科学发展提供有力的文化支撑，从而推动学校各项工作顺利实施，并开启新的征程。

【典型案例之四】

著名教育家乌申斯基曾经说过："教育的目的在于使学生获得幸福。"苏霍姆林斯基说过："教育就是培养幸福的人"。教育的存在价值和根本目的，就在于使人获得幸福，并且贯穿于教育教学的整个过程，即让教师在教学工作中获得职业的幸福，让学生在学习中享受愉快学习的幸福，让家长和社会因学生的幸福而幸福。学校为了实现人的终身幸福而教育，教育因为人的幸福的实现而崇高伟大。创办幸福的教育，打造幸福的学校，成就幸福的教师，培养幸福的人才，让每一位教师都幸福地工作，让每一名学生都幸福地成长，是一个有教育理想的校长的不懈追求。肥城市泰西中学，抓住了学校教育的真谛，构筑幸福教育理念文化，创设幸福教育课堂，完善幸福教育评价体系，优化幸福教育学校环境氛围，做了非常有益的探索。

让每一位教师幸福　让每一名学生优秀

——肥城市泰西中学促进师生共同成长提升幸福力教育行动

泰西中学位于五岳之首泰山西麓、世上桃都古君子之邑——肥城市。学校始建于1996年，历史虽不厚重，却历经奋斗和探索、拓荒和创业、艰难和辉煌、创新和超越，凝聚成自强行健、追求卓越的泰西精神，以引人注目的教育教学成绩、精诚合作的教师团队、鲜活亮丽的德育成果，书写了教育史册的丰盈和精彩。一路走来，学校已荣获山东省规范化学校、高中教学示范学校、民主管理先进单位、十佳师德建设先进集体、校本研究先进单位、"1751"改革创新工程突出贡献奖等近20项省级以上荣誉。

教师是教育的根本，教育大计，教师为本；学生是教育的主体，质量大计，学生为本。面对甚嚣尘上的教师职业倦怠、学生负担过重和“新读书无用论”，我们以“让一名教师幸福，让一位学生优秀”为办学理念，将学校教育生活化，提出“工作即生活”“学习即生活”，“让教师过一种幸福完整的教育生活，让学生过一种修身博学的读书生活”，让学校成为师生共同的精神栖息地，教师通过专业发展享受职业的幸福：敬业精业，善导乐教；学生通过快乐成长体验学习的乐趣：乐学会学，向善至真。开启了提升师生幸福力的“六大”教育行动，勾勒教书与育人、教学与教育、教师与学生和谐共长、低碳高效的幸福教育画卷。

行动之一：环境为共同成长调味，优化教育发展环境

苏霍姆林斯基说过“用环境，用学生自己创造的周围情景进行教育，这是教育过程中最微妙的领域之一”。近年来，我们以创建“四园一体式”校园——知识乐园、科技校园、和谐家园、绿色田园为切入点，用环境陶冶人的情感情操、助推人的自我完善、增进人的幸福体验。

1. 让每一处规划都说话。二十四孝故事、知识文化长廊、师生书法、绘画作品、活动剪影、人格自律灯箱、名人名言、小桥流水、亭台楼榭、奋斗的历程——学校荣誉展示、静卧的文字石——汉字嬗变史、文化创意——行走的书……校园内每一处规划都匠心独具，润物无声的教育显得是那样楚楚动人、绚丽多姿。

2. 让每一个功能室都灿烂：近三年来，学校投入400余万元加强功能室建设。图书馆现有藏书20万余册，求真会堂、大中小型会议室、党团活动室、教工阅览室、学生阅览室、琴房、书法室、绘画室、体育馆、微机室、探究实验室、德育展室、名师工作室、心理工作室一应俱全，让人置身其中便产生一种积极向上的力量。

3. 让每一块绿地都芬芳：学校是泰安市花园式单位，校园内花草树木都悬挂“身份证”，春来鸟语花香，入夏荷花映水，秋到满园红叶，冬至梅花争艳。绿地芬芳，舞动出生命的自信与精彩。

4. 让每一个班级都温馨：学校为每个班级都配备了多功能架，笤帚、拖把一律上架，给人井然有序之感。班级图书角建设、“我的班级我管理”、学习小组等班级文化建设活动，让爱、温馨和正能量充满教室的每一个角落。

行动之二：文化为共同成长立魂，构筑幸福教育文化

依托肥城历史名人有子“礼之用，和为贵”“天地和，而万物生焉，四时兴焉”思想，学校凝练出“和衷共济、和乐盈心、和而不同、和而求同”的文化建设主题，构筑幸福文化，让学校成为师生的精神栖息地。

1. 破题解捆上墙进栏，分解幸福文化

管理文化：制度第一、校长第二；教研文化：规范、继承、嫁接、融合、创新；育人文化：管理育人、服务育人、课堂育人、活动育人；服务文化：后勤服务前勤、行政服务教师、教师服务学生；课堂文化：剔除无效、减少低效、增加有效、追求高效；班级文化：人生酬勤、修身博学；家校文化：心手相牵、合作共赢；学习文化：终身学习、探究反思、分享共进；办公室文化：卫生清洁、舒适优雅。我们将这些文化标签全部悬挂于墙，而且每一间办公室、教室都设立了文明小提醒、幸福小箴言、健康小贴士。

2. 树立七种观念，营养幸福文化

以深入推进教育教学改革为契机，倡树五种观念。质量观：品学兼优、尊重差异、张扬个性、多元发展。教育观：人人有才，人无全才，不求人人升学，但求个个成才。教学观：以学定教，以学论教、以教促学、教学相长。课程观：开发、开放、共享。学习观：自主学习、合作学习、探究学习。服务观：教育即服务，服务于学生，让学生成才；服务于家长，让家长放心；服务于教师，让教师满意。教师观：教师是教育教学的研究者、创造者；教师是课程的开发者和建设者；教师是学生学习的引领者、参与者和促进者。学生观：学生是学习的主人，学生是有潜力的人，学生是独特的人，学生是成长中的人。

行动之三：支持源为共同成长加力，建构社会支持系统

教师的支持源主要包括领导、同事、朋友和其他(如亲戚、家庭、社会组织)，学生的支持源主要包括家长、老师、同学和朋友，这些社会关系有着重要的社会支持作用。我们重点从如下四个方面建构对师生的社会支持系统。

1. 创办《心世界》，知识技巧普及增进教师的幸福体验

2014 年学校以“通俗性、专业性、趣味性”为宗旨，创办了专属教师的心灵读物《心世界》，开辟了“写在前面”“理论前沿”“成长宝典”“心理课堂”“心理广角”“百味人生”“心理故事”等八个栏目，引导老师们认识教育行业的特殊性，体会教育工作的成就感。

2. 立足校本师本，科学地完善管理制度和评价体系

(1)讲公平，使教师能获得心理上的平衡。公正公平增加人的幸福指数，当自我的努力得到了领导、同事公正公平的评价时，会对教师产生极大的激励作用；反之，教师的态度就会消极、不满意甚至抱怨。学校在教师节表彰、职称评聘、外出学习、教师选聘上坚持机会均等、公正公平公开，增进了学校的凝聚力、向心力。(2)讲民主，使教师能达到情绪上的饱和。一个凡事讲民主讲程序的学校，幸福氛围一定是浓厚的。学校探索实践现代学校管理制度建设，依法治校，民主治校，重大决策、重要部署严格走民主路线，“我的学校我管理”，保证了教师的知情权、发言权。(3)讲创新，使教师能享受学校管理的和谐。教师幸福是一个螺旋式的动态过程，管理制度、评价体系、激励机制也要与时俱进。我们秉着人性化、激励性、民主化、科学化原则，重新修订了各部门工作职责，增强了教师的满意度。重新出台了《泰西中学教师考核办法》，采用“三重原则”，即重视老年教师、重用骨干教师、重锤青年教师，以团队绩效评价协作组，让教师群体抱团发展，增强了教师的归属感。

3. 抓住最近发展区，引导教师准确地定位自我

教师的成长包含适应期、发展期、成熟期、平静期和隐退期。对一个新教师来说，完成既定任务就觉得很幸福；对年轻教师来说，跟学生建立起深厚感情就是幸福的事；对一个优秀老师来说，把民族责任感融入教学，培养出品学兼优的好学生会让他备感幸福。准确的定位自我非常重要，一位教师一旦对自己要求过高，当难以达到自我期望时，就会对自身发展缺乏信心，进而职业倦怠。我们引导教师在符合自己最近发展区、又不断在动态变化中提升目标上定位自我。首先形成相对评价，

即教师的自我评价。世界上的每一个人都是独一无二的，教师要对自己所处的环境、个性专长和优缺点心知肚明；其次形成绝对评价，即以某个标准为参照形成的评价。教师根据学校要求对比自己的实际进行定位，如自己是教学出色，班主任工作得心应手，还是德育工作有独到之处，科学把握自己的成长进度，通过各个分目标的达成提升幸福力；最后形成纵向评价，即教师对不同时期或阶段的状况进行比较，从而形成的当前评价。这种评价可以帮助教师在不同阶段，向自我的理想目标前进，从而在变化中提升幸福感。

行动之四：读书为共同成长添彩，开展师生共读活动

一个人的精神发育史就是他的阅读史，一个没有阅读的学校永远不可能有真正的教育。为让读书成为师生的一种基本生活方式，我们以“读书改变生活”为主题，深入开展师生共读活动，让泰西人朝着“具有人文情怀、生活情趣、艺术情调和高品位”进发。

1. 教工阅览室、学生阅览室、图书馆全天候开放。

2. 开展图书进教室活动。学校每一个教室都设有书柜书橱，采取学校购进一部分、学生自带一部分，实现了教室图书馆化。

3. 开展教师每天读书半小时活动。学校每间办公室都配置了报刊架、书架，为教师订阅的报刊不仅有教学类，还有人文、时尚、科技类50多种。设计印发了《教师阅读日志》，人手一本，每学期评选“校园十大读书教师”。

4. 为教师推荐文章与书籍。班子成员坚持每周向教师推荐1～2篇文章，每月向教师推荐一本好书。

5. 开展“我的教育理想”读书交流活动。博览群书激活了教师思维，读书交流会上，赵红梅老师说：“古今中外的教育家，虽然教育风格各有千秋，但教育思想在本质上却是殊途同归——都主张‘爱的教育’”。刘红星老师认为：“也许一篇文章并不能让人成熟起来，但是十篇、二十篇就不同了，坚持让我的内心丰富，内心丰富的人和内心贫乏的人眼中的世界是不同的。”

行动之五：动态生成特色化系列化校本课程，奠基学生未来发展

今天的课程就是学生明天的社会，学校变“认知能力观”为“实践能力观”，制定了突出重点、打造亮点、全力推进的校本课程开发原则，重点开发学科学习拓展型、科技发明探索类、体育技能类、艺术类、报告(讲座)类、活动类课程等六大类校本课程。目前，学校已动态生成《呵护心灵》《励志青春》《走向文明》《书法艺术》《身边的化学》《光影的艺术》等六十多门校本课程，为学生提供了多样化选择和多层次需求的校本课程套餐。学生在选课中感受到“我”是课程和学习的主人，增强了学习兴趣，“我的发展我负责”，增进了自我需求得到满足的幸福体验。

行动之六：德育为共同成长正冠，全力打造“泰西德园”

良好品德滋养幸福人生。学校以“看着学生今天求学，想着学生明天升学，望着学生将来工作”为德育出发点，以“高尚人格、高远志向、高雅情趣”为德育目标，秉持“共性与个性同顾、课内与课外同时、学校与家长同责、班主任与任课教师同力”的四同育人模式，通过制度德育(让人不敢犯错)、文化德育(让人不想犯错)、活动德育(让人升华情感)、生活德育(让人养成习惯)，既促进学生社会化发展，又引领学生个性化发展，全力打造“崇泰至善，尚和致美”的泰西德园。

1. 主题教育：让学生自立自强、自尊自爱，不能靠红头文件，不能站在教室里说教，必须营造氛围让学生由外及内，由内而发。“迈好高中第一步”“高中生活我该怎样过”“牵手文明，告别陋习”是学校分别在高一、高二开展的常态主题教育活动。

2. 法制安全：为防患于未然，学校把安全教育作为生命教育的重要内容来实施；为培养学生的法制意识、规则意识，我们不时把司法教官、少年犯请进校园现身说法。

3. 科技体验：钱学森之问发人深省，为培养学生的科学素养、科技创新能力，学校成立了10个课外兴趣小组，安排指导教师，把学生带进科技馆、图书室、实验室。

4. 社会实践：学校开辟了“人无我有，人有我优，人优我特”的社会实践之旅。通过军训、参观访问、社会调查、农工商岗位体验，提高学生的实践能力。

5. 社区服务：为培养学生的环保意识、责任意识，我们组建了青年志愿者协会，让会员走出校园、走进社区，把环保、卫生意识带进家庭、带进社区，形成习惯，影响社会。

6. 社团活动：学校社团工作重视学生的主体性作用，秉着“学生事·学生办”的碎片化思路，凡是学生“接得住·管得好”的活动，均坚持教师指导为辅，学生自主管理为主的原则，让学生自我管理、自我教育、自我服务、自我提升。

学校坚信，对于成长中的学生，“阳光自信永远最美”。让人欣慰的是学校德育工作成效显著，一大批学子用自信和毅力、用执着和进取，书写了让人艳羡的华美青春，涌现出了从“木炭男孩”到硕士生——蔡振国、拄着双拐读书的阳光女孩——张月(受到全国残联主席张海迪接见)、背着妈妈上学的孝心少年——于统帅(全国道德模范提名奖，被习近平总书记亲切接见)等众多励志楷模。

(二)创生行为文化，实行以文化人

学校行为文化，主要通过师生的活动形态表现出来，是学校日常生活中人们最经常、最直接感受的学校文化形态。学校行为文化包括学校内人们的日常言行和开展的各种礼仪性、娱乐性、学术性等活动，有人也将学校行为文化称为学校活动文化。

行为文化最终还应该以和谐的学校人际关系为基本追求。学校人际关系对内包括学校领导与教职工之间的关系、教师与学生之间的关系；对外还包括教师与家长的关系、学校与社会的关系等。良好的学校人际关系，有助于广大师生员工达到密切合作，有助于形成一个团结统一的集体，更好的发挥学校行为的整体效应。在所有的人际关系中，最体现学校文化特点的就是师生之间的关系，建立相互尊重的、相互信赖的、人文化的师生关系，是学校行为文化建设追求的重要目标。

“学校行为文化是学校全体成员在精神文化指引下和制度文化规范下所形成的为社会所认可的行为方式及其承载这些行为方式的活动的总和，包括校长行为文化、教师行为文化和学生行为文化。[①]”行为文化是

---

① 张东娇：《学校文化管理》，北京，教育科学出版社，2001。

在学校教育过程中形成的，也称为活动文化。“文化的本质是‘人化’，文化是人实践的产物。[①]”学校行为文化，是学校所有成员活动的文化、实践的文化，寓于学校一切教育教学的活动与实践之中。

行为文化是将学校的核心价值观念和道德规范，转化为学校所有人员内心信念和行为准则的实践文化。主要通过校长、教职工、学生的各种文化活动形态表现出来，代表了一个学校团体的行为风格、个性风范，是学校日常生活中最能直接感受体验到的学校文化形态，是学校精神折射的直接反映。

1. 改变领导行为方式，构建民主科学的管理文化

课程改革改变了校长“政策守护者、被动执行者”的角色，赋予了校长“自主办学、民主管理”的权利，赋予了学校师生“课程构建、自主选择”的权利，是国家对广大校长及师生的信任，是促进学校文化创新的重要途径和文化创生的巨大动力。学校管理的本质在于最大限度地调动每位教职工的潜能，学校管理的最高境界是“以文化人”的文化管理。“校长文化是一所学校发展的灵魂，是在学校文化进程中所折射出来的校长独有的精神追求和行为特征。[②]”校长行为文化建设，具体表现在加强民主建设，强化民主管理，实行人文关怀等方面。文化管理是超越规范的管理，是人们在对规范充分认同的基础上，将规范自觉贯彻于日常行为，并以更高的道德与精神追求进行自我约束的管理。让学校成为教职工人生价值实现的场所，使学校在教职工人生价值得到充分实现的同时得到更快、更好的发展，是学校文化管理的追求与魅力所在。

【思想共鸣】

教育的根本目的在于育人，在于让学生成为一个充满幸福感、品德优秀、富有智慧、对社会有用的人。整合校内外教育资源，建立适合每一个学生发展的校本课程体系，实施“课程育人”，是教育回归本质的有效途径。淄博市七中立足于“齐文化”的深厚根基，发挥地域优势，将“齐文化”纳入校本课程体系，抓住了课程建设的根本，形成了独特的课程特色。

---

① 段振榜：《哲学与学校文化浅探》，载《船山学刊》，2006(1)。

② 王继华：《教育新文化执行力》，长沙，岳麓出版社，2008。

淄博第七中学形成了深厚的文化积淀：“勇于进取、敢于担当”的校训，“激情燃烧、追求卓越”的学校精神，“让每一个学生成才发展”的办学理念和宗旨，“团结、拼搏、求实、奋进”的校风。通过开展“活力德育”建设，着力培养学生追求卓越的创新精神、自信自强的成才精神、自主自立的学习精神、勇于进取的拼搏精神、敢于担当的责任意识，举办学生党校，提高了学生的政治素养，坚持利用寒暑假组织大型采访校友活动，用校友的人生经历、奋斗精神和社会价值激励在校学生，震撼学生们的心灵，使学生意识到自己所应该担当的社会责任，促进每一个学生的成才发展。利用特色课程文化培养学生自身素养，学校发挥地域优势，将齐文化纳入学校的课程建设之中，开设了五大课程体系、67门校本课程。语文组和历史组老师开设了齐文化研究课程，成立了学校蹴鞠协会，开发了“蹴鞠”校本课程等，开展了临淄地区环境污染与保护调查研究、齐国古迹保护与开发等研究性学习课题，将研究性学习课程实实在在地开展了起来，利用学校在齐文化发源地的优势，组织学生进行社会实践活动，让学生担当齐文化旅游大使，加强了学生学习齐文化的兴趣，使齐文化真正融入学生之中。

【思想共鸣】

教师研究文化，主要体现于教师教研与科研的常态化。让在研究中工作成为教师的一种工作方式，打造教师合作共赢的团队文化，增强教师非正式组织在学校发展中的文化力量，塑造教师团结协作、和谐共进的文化精神，让教师在研究中充分地享受教育工作的快乐。教师教学文化，主要体现于师生教学关系的调整与改变。课程教学是教师教学行为的主要阵地，教师要争当课程教学的改革者、创新者，适应新时代创新型人才培养的要求，真正让学生成为学习的主体，大力培养学生的自主、合作、探究精神，切实改变传统的“我说你做”“我讲你听”师道尊严的教学关系。

2. 改进学习方式，创建自主向上的学生行为文化

学生行为文化，是学生在学校核心价值观和文化取向引导下学习、生活等行为方式的总和。主要体现于学生文明行为习惯的养成、特色文化仪式、班级文化等方面的创建上，以规范集体行为，提高个人素养，提升整体文明程度，形成独特的行为育人文化。学生行为文化是学生在学校文化的特定环境中所形成的共同价值观、文化取向在行为方式上的表现。具体反映在学生的行为规范、各项活动上，反映在班级文化、宿舍文化、仪式文化等方面，是学生精神风貌的展现。

【思想共鸣】

学生行为文化创新，是在“以学生发展为本”教育观念指导下的一种实践，将学校的关注点提升到改变学生的生命质量和生存状态的高度，将学校管理的内涵提升到生命文化的境界。通过行为科学的理念指导、引领学生的行为，通过学生自身的道德影响、情感感化、精神感染、行为示范等范本效应、榜样效应，润泽、感染学生的行为，滋润学生的精神，陶冶学生的心灵，使整个学校学生的精神状态、文明举止、行为习惯都渗透于学校的先进理念文化之中，从而形成一种学生自我示范、自我感化、自我影响的强大的教育力量，在潜移默化的氛围中接受学校共同的价值观念，产生巨大的正能量和整体合力，让每一个学生都成为文明儒雅、行为高尚的具有独立人格的“文化人”。山东省实验中学“学长制”的持续实践，形成了有利于学生成长的文化环境，让每一个生命都因榜样的力量而精彩绽放。

山东省实验中学实行学长制，积极营造学生自我教育环境，取得了明显的成效。“学长制”是让高年级同学担负起帮助和指导低年级学生的责任，实现学生间学习上的自助，生活上的自理，成长中的互助，是一项挖掘同伴间的相互影响的资源、激活并发挥同伴间相互影响力量的重要机制。通过学长的传承，让低年级学生快速融入高中生活与学习，积极参与学校活动，正确认识生活中的困难和挫折，制定科学合理有效的高中三年规划。在这一过程中培养学生的自理、自立能力，完善人格，实现学生双方的自我教育、自我管理、自我提高。学长制的组织方式。每年的第二个学期末在高一年级选拔部分学习成绩优异、工作成绩突出的学生组成首席学长团，并从中选取在学习、生活、社团活动中表现出色且善于演讲的学生组成学长报告团，由他们参与指导新生的入校教育、生活指导、学习方法指导、高中生涯规划、社团选择等方面的工作。学长制由政教处、团委负责实施。实施渠道主要有以下三条：①学生会—班长—班小组。②团总支—团支书—团小组。③学生社团—社长—社员。实施层面主要有三个：①“点对面”的指导与引领——学长团对整个高一年级的指导与引领；②“面对面”的指导与引领——高年级各班学生干部与对口班级学生干部之间的指导与引领；③“点对点”的指导与引领——高年级每一个学生担负起学长责任，与低年级每一个人结成辅助关系。每年高一新生开学，最具亮点的就是学长的走马上任。校园内人头攒动，前来报到的高一新生在身披绶带胸带学长证的学长引领着开始入校的各项程序。在教室、宿舍、餐厅，你都会看到学长忙碌的身影，他们引导着高一学生报到、注册、熟悉宿舍环境，告诉学弟学妹如何开始入校第一天的生活。军训开始后，又是在学长的带领下开始学习太极拳，体育队列训练，卫生整理等日常学习与生活。学长报告会，让高一新生不再迷茫。学长报告团分别从高中生活规划、社团选择、学习经验、学生组织、团队合作等方面讲述自己的成败得失和做法，为新生提供可资借鉴的经验。这样使新生能以最短的时间适应高中生活，实现初中与高中对接的“软着陆”。每年的学生干部培训也是独具特色，主讲人不是学校领导，也不是专家老师，而是高年级的学长。重大活动赛事彰显学子潜能与学长力量，每年举行的科技节、读书节、体育节、艺术节、社团推介日等重要活动，处处都有学长参与指导的身影，处处都可以感受到学长的力量。实践表明，学长制是营造良好的校园人际关系、建构学生成长精神环境的创新实践，是实现学生自我教育的有效举措，是对“生本文化”和“朋辈文化”的再造和高扬，是对落实“全员育人”的丰富和发展。

【思想共鸣】

办好学校离不开家长及社会各界的支持。家庭教育和社区教育是学校教育不可缺少的重要生力军，建立学校与家庭、社区三方互动的综合教育机制，是现代化人才培养的需要。学校要充分利用各自所处的地理优势和历史文化优势，适应当地群众对教育教学质量不断提高的要求，更新教育观念，建立与周边社会、家长相互支持、相互促进、共同发展的协作关系，积极打造健康向上、宽松和谐的社区教育环境。单县一中建立学校开放制度，整合了社会教育资源，激活了全社会办学和家长参与学校发展、管理的积极性，增强了学校办学的实力。

单县一中实行家校共建工程，构筑起了“学校、家庭、社会”三位一体的立体教育模式。一是加强家校组织建设。每个新学年开始，学生稳定后的首要任务就是成立各级家长委员会。各班成立班级家长委员会，各级部成立本级部家长委员会，学校成立学校家长委会会，完善三级家长委员会机构。二是建立家校联系制度。家长委员会定期召开会议，对学校的发展建言献策。学校邀请家长代表参与到学校参观食堂，检查食堂的卫生工作；参观宿舍，查找宿舍管理存在的漏洞；邀请家长进入课堂听课，了解一中教师的日常工作状态；考试中邀请部分家长担任巡考工作，督促学生诚信、认真考试。学校为家长委员制作专门的通行证，家长委员可以随时进出校园，检查学校的各项工作。三是充分利用部分家长的特长，开设校本课程，开展各类活动，扩大德育外延。学校利用部分家长的知识优势开设相关的校本课程如法律讲堂、安全讲座、传统文化、体育选修课、担任社团指导教师等，给学生提供了课本外的更多选择，丰富了学校的课程资源。学校还利用家长资源组织学生参观拘留所、四君子酒厂、展览馆、生物发电厂、化工厂等各种校外实践活动，开设相关研究性学习课题，校内举办模拟青少年法庭，聘请家长担任法制副校长，邀请家长主持、参与班级主题班会等，使家长资源与学校教育形成合力，促进学生综合素质的全面发展。四是通过召开家长会、开展家访和向学生家长征集意见等形式，创设家长与学校交流、沟通的平台。学校通过校讯通平台及时将学校的动态送达到家长，家长也可以及时把意见反馈给学校，学校还要求班主任及任课教师每学期都要完成一定量的家访。便捷的交流、畅通的途径使得学校与家庭可以互相知我所想、明我所需，让学校和家庭真正完美结合，共同塑造孩子的未来。五是举办家校共建论坛，共商学校发展大计。家长和学校相结合，讨论学校发展中遇到的困难，研究学生教育中的共性问题，商讨解决方案，利用多方力量，促进学校发展。六是制定家长学校培训计划，办好家长学校，增强家长的责任感，提升家长的育人水平，弥补学校教育的空缺，给孩子创造一个全方位、无缝隙的成长环境。学校充分发掘家长这一富矿资源，让家校共建更上一个台阶。

【思想共鸣】

最有效的教育是自我教育，让学生自觉地进行自我思想教育，自觉地按照社会公德约束和控制自己的行为。管理的关键是无缝隙，最有效地管理应该是校级范围内的公约式的自我管理。青岛市黄岛区第二中学“无痕育人”的德育教育尝试，从唤醒人的自觉意识抓起，从制定学生信守应诺的公约入手，从培养人的自觉性做起，强化学生的自觉、自律、自警、自尊、自强教育，形成了人人践行公约的良好风气，达到了理想的育人效果。

青岛市黄岛区第二中学构建“无痕育人”的德育体系，积极创设让学生自己体验、顿悟的氛围，达到无痕育人的目的。一是加强自我教育。学校提出了“我刻苦，从乐于强记复习做起；我节俭，从拒绝冰糕饮料做起；我守纪，从主动参入公约做起”的要求，唤醒学生正确的审美观，强化学生的自我锻造力。制定并科学使用学生周自律规范表，对学生的日常行为规范要求，以表格的形式做了细致的要求，引导学生在自我反思中达到知、情、意、行的规范要求。二是落实自我公约。学校从“宿舍公约化”入手，制定了《宿舍公约化管理指导意见》，有序开展了教室公约化、餐厅公约化等学生学习生活公约化管理模式，学生在矫正自我的过程中，能够自我约束、自我激励，唤醒学生正确的民主意识，自觉的法制意识，培养学生的公民意识。三是凝成教育合力。落实全员导师制，让每位教师都承担了父母、良师、益友三重角色，与学生进行民主平等的思想交流；开展了“我的学生我教育”活动，形成事事有教育，全员都育人的良好局面；召开“圆桌座谈式家长会”，与家长平等对话，心贴心交流；科学指导学生假期生活，落实学生假期生活“三个一”工程，帮助学生了解社会；用好《家校立交》，教给家长教育孩子的方法，形成了教育的合力。四是达成教育目标。学校把德育教育附着于多种载体，把社会主义核心价值体系融入教育全过程，把立德树人微格化、具体化，依着于生活细节，增强德育实效性。通过氛围熏陶、主题带动等措施，让学生明确“德为才之帅”，自觉立德做人，肩负起应尽的社会责任。

【思想共鸣】

习惯在于养成，教育就是培养习惯。重视习惯养成，让教育不再是干巴巴的空头说教，让教育回归学生的生活，才是教育的本义。行为源于生活，教育不能脱离生活实际。教育的最终目的在于让学生在行为习惯的养成中学会做人，学会做事。荣成六中德育体系的建立，形成了学生教育的鲜明特色。

荣成六中确立了“尊重德性、崇尚个性”的学校办学目标，把立德树人作为教育的根本任务，在新形势下为适应学生、教师个性化需求，促进学生、教师个性发展而进行教育。“尊重德性”就是围绕“仁爱”的德性本质，“六大感恩”的德性内涵，“八大德育目标”的德性要求，扎实有效地推进学校德育工作，使美德修养成为六中全体师生的“共性”，并形成凝聚六中集体精神的独特“个性”。“崇尚个性”就是努力发展教师个性(学养深厚、教养精湛)和学生个性，以教师个性促进学生个性的发展。“尊重德性、崇尚个性”更加关注学生“善良、正直、诚信、坚强、宽容、礼敬、责任、合作”的品德，培养学生“自强、自信、自主、自律”的精神，引导他们在掌握人类优秀文化的基础上，学会做人、学会求知、学会健体、学会审美、学会做事、学会合作、学会创新，进而让学生树立主体意识，实现主动发展。学校通过几年的探索，建立了德育课程体系，形成六中的德育特色。

【典型案例之五】

创新学校文化，是实现学校“文化立校”的前提。学校文化是学校全体成员共享的核心价值观，学校文化统率和规范学校每一位成员行事的态度与方式，渗透到学校管理的各个环节，体现在全体师生行动的各个方面。学校文化建设需要不断审视学校文化发展中存在的问题，不断调整学校文化与外部文化之间的关系，促进文化之间的和谐发展。学校文化的更新与发展必将对学校的办学理念、教育观念、教学方法、教学质量以及教师发展产生积极的影响，进而为学生的全面和谐发展及学校的可持续发展奠定坚实的基础。博兴二中学校文化建设的实践证明，充分发挥学校文化的导向、教育、凝聚、激励性功能，促进师生身心发展，拓宽师生的视野，发展学生的个性特长，陶冶学生的情操和审美能力，才是学校文化重建的真谛，才能真正使学校文化成为实施素质教育的重要载体和师生进取的精神支柱。

文化引领　优势互补　促进学校内涵发展

——博兴二中文化创新探索

2011 年 11 月，山东省普通中小学“1751”工程学校发展现场观摩暨校际合作工作会议在博兴二中隆重召开，来自全省 17 个项目县教育局、51 所伙伴学校以及 51 所项目学校的领导、部分特邀指导专家和省内著名中小学的有关领导、北京师范大学出版集团相关领导等共 200 多人参加了会议。会议启动了建立学校互助发展共同体、推进全省基础教育均衡发展战略举措。博兴二中校长王爱岭介绍了学校发展经验，并提供了高质量的观摩展示现场。博兴二中深厚的文化底蕴和高质量的课程建设得到了张志勇副厅长及与会人员的高度赞扬，认为博兴二中的做法具有前瞻价值和实践价值，创新力度大，值得深入推广。

几年来，在省基础教育课程研究中心的领导下，在省“1751”改革创新工程项目学校泰安东平明湖中学和第二片区学校发展共同体的双层促进下，博兴二中始终站在教育改革的前沿，与片区学校和项目学校紧密合作，以文化为引领，规范实施高中课程，深化基层团队建设，重视过程评价，细化教学管理，构建优质课堂，有效促进了学校内涵发展，取得了显著的成绩：学校获得山东省“1751”改革创新工程突出贡献奖，2014 年被评为全市教育系统先进集体。

一、诚毅文化：博兴二中的办学之魂

学校文化与学校课程体系集中反映了学校的特色与个性。在 2011

年滨州市普通高中课程与教学工作会议上，省基础教育课程研究中心主任齐健教授高度评价和肯定博兴二中的文化与课程建设，称诚毅文化是博兴二中的办学之魂，学校课程体系植根于学校诚毅文化，直接引领着师生对学校文化的传承和自身素质的发展。博兴二中也正是紧密依托自身实际，不断释放学校的文化活力，通过学校精神文化的不断传承、丰富和发展，打造了博兴二中人健康和谐的生活、学习家园。

博兴二中始建于1978年，原为博兴县城郊公社中学，当初的学校坐落在县城西北角的不毛之地上，距县城有四五里路。由于缺少政策和资金支持，学校只建起了十几口简陋的平房作为教室和办公室。1983年暑期，随着全县教育格局的调整，学校由城郊社中升格为县直完全中学，命名为“博兴第二中学”。学校升格了，名称改变了，但校园还是那个校园，人员还是那些人员，学校发展面临的诸多困难有增无减。随着改革开放，坚韧不拔的二中人实事求是、精诚团结、不断追求，经过几代人不懈的努力，学校厚积薄发，形成了乐于奉献、艰苦创业、奋发有为、勇于争先的优良传统。依靠二中人的诚信务实和坚毅品质，创造出了“可持续发展”的教育模式，用坚实的脚步一步一个脚印地走到了今天。风风雨雨的发展历程，见证了学校的发展，提炼出了“诚毅”的核心理念，并努力践行实施。而今，学校已凭借其全新的面貌、优异的成绩、先进的理念、突出的特色，先后获得省级规范化学校、省级教学示范学校、省级教科研工作先进单位和山东省中小学素质教育工作先进单位荣誉称号。

沿着博兴二中校园贯通南北的诚毅大道，依次排列办公楼、三栋教学楼，依“诚毅”核心理念分别命名为“勤毅楼”“敏学楼”“日新楼”“行远楼”；以“修身、养性、立志”为主题，分别建设“诚毅广场”“孔子文化广场”“翔宇广场”；按“儒家文化、感恩孝道、立志成才”的整体布局，在三栋教学楼上创办班级文化墙；以“国学和艺术”为主题建文化长廊“德艺廊”。“奥体园”“松樱园”“琵琶园”“求知园”“地理园”镶嵌其中，形成了“一湖三场五园”的校园格局。文化景观、绿树芳草与周围建筑自然搭配，浑然一体，也凸显了齐鲁文化“一山一水一圣人”的标志寓意。浓郁的校园文化气息起到了慰藉人的心灵、提升人的气质、涵养人的德性、纯洁人的情感、陶冶人的精神、开阔人的视野，促进和谐发展的作用。

博兴二中围绕“诚以立身，毅以行远”的校训，在学校文化建设中进行了“诚”“孝”“毅”“志”的系统教育。诚，即诚实、真诚，这是立身之本。学校师生追求做人之诚，做真人——胸中洞然，是非分明，行所当行，止所当止；求真理——追求致知之诚，探索真知，腹累博学。孝，即引导学生崇尚孝悌文化，做到尊敬师长，感恩孝敬父母，进而做到同学间的互帮互助。毅，坚毅、果断之义。要求师生无论是做人还是做事既要斗志昂扬而又冷静果敢，志存高远而又持之以恒，不畏艰难而能勇往直前。志，即立志、有志、有远志，要求学生做立志行远的人。学校建有孔子文化广场，圣师孔子雕像矗立其中，我们以儒家文化为主题内容，教育师生诵读国学经典，弘扬传统文化，激励师生追求真理，淡泊名利。学校的翔宇广场以周恩来总理的“宇“命名，意在培养师生志坚有恒的精神，教育学生树立远大志向，追求卓越，做儒雅大气的中学生。

二、课程建设：引领学生全面发展

每天清晨的早读时间，博兴二中的教学楼里都会传出朗朗的读书声，这是博兴二中实施国学教育进课堂中的传统经典诵读活动。学校把国学经典诵读活动纳入教育教学工作体系，坚持清晨一读，午间一诵，晚间一省。琵琶园、德艺廊、孔子广场、教学楼道内的经典国学名句，处处让师生们能随时感触中华文明的千年历程、触摸中华传统文化的厚重。教室里、楼道间、过道旁、宣传栏中定期更换的以国学为主题的学生书画展、校园广播站的“国学经典诵读”栏目等，让国学经典正以其独有的方式走进学生的心灵。学校已经举办了四期孔子文化节，开设学校课程《圣师孔子》、观看《孔子》电影了解孔子，浸润孔子思想精髓。举办“国学经典教育”知识竞赛、邀请吉林省著名的民营企业家、慈善家、教育家王竑琦举行“圣贤教育，立德树人”国学教育论坛，为沐浴国学经典，传承孝道感恩奠定了基础。

博兴二中在课程开设方面注重了前四个领域的实施，更注重技术、艺术、体育与健康、综合实践活动等后四个领域课程的实施与管理。

技术类课程的设置是培养学生技术素养的重要保证。学校建设了信息技术专用教室和通用技术实验室，配备了必需的教学设施。因地制宜，因陋就简，指导学生利用木材下脚料和废旧纸箱板进行加工制作，实现了成本低、易制作的目的，切实保证了课程的开设，有效地激发了学生的创新精神，提高了学生的实践能力。

学校注重加强体育、艺术课程的开设，积极开展丰富多彩的群众性体育艺术活动，比如体育艺术节、广播体操比赛、节日晚会等。由学生为主组织开展的“体育艺术节”已举办了十届，为学生的发展提供丰富的展示平台，使学生们在活动中得到自我教育和锻炼。

学校成立了综合实践活动教研室，社会实践活动、社区服务指导办公室，研究性学习教研组，并出台了《博兴二中综合实践活动课程实施方案》，确保课程开设、管理、评价有章可循。学校研究性学习研究课题已有三百多个，范围涉及环境生活、历史与人文、天文地理等。如《博兴县城的公交现状调查与分析》一课题得到了博兴县交通局、市政管理等部门的高度重视并录用采纳建议，真正起到观察生活，探究生活，改善生活的目的，让他们真正提高了建设家乡、美化家乡的主人翁意识。《博兴二中校服的设计》调查报告得到了学校领导的高度重视，在征订新校服时真正倾听了全校学生的心声，逐步改善校服样式，做到了满足学生需求，张扬青春个性与实用相结合，受到了同学们的赞誉。《听乡音、品乡情——吕剧的发展史探究》调查报告得到了县文化局的高度评价，为同学们献上了一道丰富的文化大餐，为我们更多地了解和弘扬家乡传统小戏艺术做出了贡献。

博兴二中每学年都组织以“走进新农村，感受新变化”为主题的“千人走进新农村”社会实践活动，让城里的孩子走进农村，和农村的孩子共同感受农村的新变化，培养吃苦耐劳的精神。一位参加活动的学生在感悟中写道：“‘走进新农村’社会实践活动周已经过去了，期间，启动仪式、下田劳作、走访当地居民、开展社会调查等一系列活动充盈着我们短短几天的时光。这次的社会实践我们的收获很大，我们常常被有思想、有远见、有决策的农民所感动，更被他们的勤劳、朴实的品质所折服。通过这次社会实践，我们既对中国的农村建设有了一定的认识，也增长了见识与经验。这次社会实践活动的时间虽短，但它留给我们的启迪却是深刻而长远的。我们通过积极参与，走进了社会，明确了自己的目标，激发了自己的学习热情，达到了‘共悟体验之苦，共享体验之乐’的目的”。

在校本课程建设过程中，博兴二中特别注意与学校“诚毅”教育思想的紧密联系，注意与“志坚有恒、多才博学、学以致用的现代中学生”的学生培养目标紧密联系，注意加强对学生创新精神和实践能力的培养，并用体系性的课程建设思想来引领教师的课程开发。学校根据育人目标、办学特色及学校文化特色与地方实际，从人文素养、学科拓展、文学艺术和生活技能四个方面，教师自主开发了诚毅文化、国学文化、论语文化、董永与孝文化、麻大湖文化、人生规划与发展、中国象棋、摄影、剪纸等28门学校课程，教师自己编写了《诚毅文化》《圣师孔子》《董永与孝文化》《国学入门》《天然乐园麻大湖》等系列人文读本。学校课程开发与实施项目组直接组织研究、规划与管理学校课程的实施，解决了年级管理的松散性，有效地提高了这些课程的实施质量。在博兴二中，学生实现了校本课程的自主选课和走班学习，教师实现了校本课程的自主开发和跨年级教学。

为了更好地整合课程资源，全面实施课程、规范选课走班教学，博兴二中在全省率先建立了课程超市。课程超市结合国家课程方案设有各个领域的课程设置说明，设有学校实施课程的有关规定和方案，设有学校课程实施的过程性材料和成果展示。课程超市成为学校整合课程资源的多功能课程宣传中心，也是集课程介绍说明、课程呈现、成果展示、视频互动为一体的的综合性课程活动场所。课程超市的建立，更好地让师生深入了解掌握新课程背景下的课程设置和课程修习要求，了解学校的课程设置规划。在这里，学生能更直观地认识选课走班的基本方式，教师能丰富课程理论知识，也能更有目标地开发与实施课程。

三、教学教研：打造生本高效课堂

近年来，博兴二中高标准建设数字化校园，大力加强教师基层团队建设，坚持开展了领导干部评点课堂制度和参与式教学研究制度。以“五步三段式”课堂教学模式为依托，积极打造生本高效课堂，广泛开展教学大比武活动，为教师专业素质提高搭建了平台，在各级各类教学比赛中取得了优异的成绩。在2014年全省各学科课堂教学优质课评选中，博兴二中参赛教师凭借先进的理念、独特的设计、扎实的素养，过五关，斩六将，最终获得了近年来最突出的成绩，有7位教师榜上有名，获奖总人数在全省同类学校中名列前茅。

首先，学校加强了集体备课，强化二次备课，实施参与式教学研讨制度，确保工作落实。博兴二中坚持以小组研讨式为主的集体备课，每次活动由主讲人作主体准备，以课前说课为主要形式，利用电子大屏幕投影仪，分析学生课堂学习的认知前提和情感前提，讨论预测学生的认知障碍，分析课件、学案各部分如何体现三维教学目标、突出教学重点、突破教学难点，具体展示教学流程设计。要求小组成员在自己思考的基础上每人准备1～2个问题参与讨论，研讨过程中由主讲人提出问题，随机指定备课组成员表述观点。教学设计的重点关注怎样细化课时学习目标；设计怎样的教学形式，才能够体现和落实三维学习目标；创设怎样的教学情境，才能够激发学生学习兴趣；提出怎样的问题，才能够让学生积极主动地参与；选择设计怎样的练习，才能够引导学生巩固基础，形成能力，提高素质。

学校建成了三个智能自动录播教室，初步实现了现代教育技术支持下的参与式教学研究与教学改革，老师们用数字化备课、上课、录课、研讨平台积累教育经验，实现了优秀资源的共建共享。

其次，学校工作聚焦课堂，关注效率，不断优化课堂教学模式。近年来，博兴二中在师生中广泛开展“学习金字塔”理论学习讨论活动，引领师生转变教学方式和学习方式，充分发挥学生的主体作用，积极倡导自主、合作、探究的学习方式，实现“先学后教、小组合作、当堂达标”的课堂教学总体要求。学校重点以学案教学为载体实施了“五步三段式”教学模式探索，突出强调在学科教学中体现学生为主体的小组合作学习，营造师生互动、教学相长的氛围。“五步三段式”课堂教学，循序渐进，环环相扣，有机统一，实现了课堂优化、提高效率，在以生为本的前提下实现了课内课外的循环双高效。教师更加关注学生的学，关注学生的独特感受，促进了教学方式和学习方式的转变，实现课堂教学结构的最优化。

最后，积极开展翻转课堂教学实验，最大程度落实学生“自主、合作、探究”的学习理念。学校成立了翻转课堂教学专题研究组，有计划地开展研究与实验工作，充分利用学校信息化的优势，丰富课程资源体系。学校与青岛文通公司合作，围绕“智慧教室”为老师“翻转课堂”教学研究活动需要的各项技术提供优质服务。搭建网络平台，丰富“翻转课堂”教学资源库，实现资源共享。制定了翻转课堂达标标准，主要要素有：每节课要有学案和微课(精选难点)为载体的前置学习内容，实现目标导学、学案导学、微课助学和在线测学；课堂教学环节主要包括目标导学、疑难突破、训练展示、合作提升、评价点拨五个环节，其中训练展示、合作提升环节要通过学生小组合作学习方式实现；每节课要在在线测学、疑难突破、训练展示、评价点拨等环节上充分使用平板电脑功能。务必课堂当堂达标，倡导下课前布置适量作业并推送下节课微视频。

实施翻转课堂教学实验，激发了学生的学习兴趣，培养了学生主动合作交流，体验知识的形成过程，体会到了学习的乐趣，享受到了成功的喜悦。同时也促使老师们对课堂教学的研究成为自觉行为，实验班老师自发地参与各个学科的听课评课，针对教材内容的整合、课时难点的确定、学案的编制、微课的录制等深入研究。老师们更加关注有生命的、开放的、个性的、充满灵动的教学过程，研究范围越来越大、研究内容越来越多、研究层次越来越深。

四、科学管理：学校发展的动力源泉

先进的办学思想是学校发展的先决条件，科学管理的系统工程是学校发展的动力源泉。学校在管理上坚持民主参与、科学评价、精致化管理，抓好每一项任务的落实，提高学校工作的整体执行力，将各项工作全方位做实、百分之百到位，使精致化管理逐渐成为一种习惯、一种品

质、一种作风，形成学校新的管理模式。

实施民主管理是博兴二中建设现代学校制度的重要举措之一。每年教代会上的《学校工做报告》《学校财务报告》《学校内体改方案》等都要通过代表的审议，以便于全体教师职工监督，这不仅是教师参政议政的制度保障，也成为了学校民主生活的一种文化。在评优选模和晋职晋升中，民主参与，让一线教师说了算，体现了评优选模和晋职晋升的公平和公正。学校成立了“校长顾问团”，由学校优秀教师和德高望重的退休老教师组成。“校长顾问团”定期开展活动，通过座谈会、调查问卷等多种形式，多层面了解教职工的心声及学校发展中存在的问题，及时向校长提出建设性意见和建议。这一创新学校管理的新举措，凝聚了教职工的智慧，构建了学校决策与管理的民主化框架，搭建了教师与学校决策层沟通的桥梁，正在推动学校向又快又好发展。

博兴二中实施开放的达标式评价，让评价成为一种激励。他们遵循“简单、实用、科学、开放”的原则，制定了多维度评价指标，科学构建了一种能够促进教师专业成长的评价制度。在考评的方式上，引入名师等学术权威力量参与对教学过程的评价，成立了教学专家团队，使评价更具权威性；在考评的实施上，变重结果为重过程，变一次评价为多次评价，变单一教学成绩评价为多元化全面评价，变奖惩型评价为开放的达标式评价，使评价更具有引领性。让教职工人人争取合格，个个争创优秀，从而使评价成为一种激励。同时，学校克服传统的分等排队评价，构建了关注教师专业成长与需要的学生评教办法，通过学生找教师优点的办法评价教师，设计了13项开放的调查问卷选项让学生为老师选择，例如：老师富有爱心、耐心和责任心，经常与学生谈心交流，善解人意，易于相处，公平公正对待所有学生；老师了解、尊重每一位学生，从不体罚或变相体罚同学；尊重家长，能主动与学生家长联系，认真听取意见和建议；老师上课的语言丰富、有吸引力；老师善于为学生提供讨论、质疑、探究、合作、交流的机会，从不“满堂灌”；老师讲练时间安排合理，习惯使用多媒体辅助教学等。改变了单一打分式或分等式的传统做法，开放、达标、不排队，让教师都有目标追求。

学校管理的精致还体现在晒常规，过程评价成为常态。各级部通过宣传栏、智能办公平台、学校网站等途径将每周年级各项活动数据、备课听课检查结果统计等及时公示，确保了时效性，促进解决问题的有效性。各年级公示的材料有：每天公示材料——三操秩序、课间秩序、自习秩序、宿舍卫生、教学楼卫生、班主任值班反馈；每周公示材料——班主任值班、晚点签到情况、每周定点劳动专项检查、学生好人好事汇总、每周违纪学生汇总、教师值班汇总、教师听课统计、教师个人备课检评、备课组集体备课检评；每月公示材料——班级教师团队捆绑评价成绩、备课组达标评价成绩、教师值班汇总、周末值班汇总等。教科研处公示的材料有：各年级备课组集体备课的组织与质量、听课、作业教学以及教学教研专项活动开展及成绩，每月进行教科研绩效工作综合评估，全校所有备课组成绩量化排名。

家校结合、让家长委员会成为学校教育的“同盟军”也是学校管理的重要策略。博兴二中充分发挥家长资源优势，让家长委员会成员走进课堂，了解、配合、参与课程改革。如通过开展“课堂开放日”活动，让家长们进入课堂，感受新课改内容，了解教师教的情况和孩子学的情况；增加家长们对课程改革的感性认识，促进教师的教和学生的学，提高教学质量。邀请家长委员会参加学校组织的大型活动。每逢举行运动会、艺术节、教学开放周等活动，邀请家长委员会成员参加，通过参与，让家长进一步明确了学校的教育理念、教育现状，从而达到宣传学校、理解学校的目的。

博兴二中还创造性地实施了学校主导、年级主演、教师约谈式的家长会，受到学生家长的一致好评。他们采用不同形式的三个阶段组织学生家长会。第一阶段由德育处和年级部共同主导召开，主要就共性问题进行研讨和工作交流；第二阶段在各年级部各班教室召开，由班主任主持，各任课教师同时参加；第三阶段按照学生家长与任课教师的约谈要求，双方充分沟通交流。这样的家长会改变了以往班主任为主角，任课教师为配角的模式，定点定人，分散谈话，让学生家长更有针对性、更及时有效地找到相关任课教师进行交流。为及早了解家长想预约的任课教师，让任课教师做好充分准备，年级部制定并向家长提前发放《家长约谈任课教师表》，确保家长会的针对性。为了教师便于会后反思，加强下一步对学生的教育，各年级发放了《教师与家长约谈记录表》，对家长与教师谈话的内容做好记录。家长会上，各任课教师可以一对一、一对二或一对多地与学生家长就学生的思想状况、学习习惯、学习成绩与家长做详细沟通，并与家长深入交流教育学生、指导学习的方法，引导和帮助学生克服学习中的困难，让他们更好更快地成长。家长也就自己关心的问题与相关任课教师展开畅所欲言的交流。

学校制度要得到落实，必须有一支高度自觉的执行团队。博兴二中在领导管理方面也奉行一个不成文的原则，那就是要承担责任而不是推卸责任。不管发生什么情况，先定好位：主动承担责任。这种管理模式和文化精神现在已经深入人心，并引领全校师生更多从“自我”的角度多审视、剖析自己，经常看到别人的长处，修正自己的不足，促进了和谐的管理和关系的融洽。他们从奠定“人和”思想，到上下一心拧成一股绳，从具体落实管理制度内容，到深入人心内化为品格都在努力检验自己是否做到了学校的文化核心——诚和毅，诚“心”才能成德，毅“心”才能毅行，他们把这些标准作为师德评价内涵的重要内容，从立身、处事多方面来引领师生做有品位的二中人，做有精神的二中人和社会人，用精神文化来凝聚师生人心，用精神来鼓舞人，用精神来教育人，用精神来提升人。

省“1751”教育创新工程对项目学校是难得的发展机遇，对博兴二中这样的指导学校也起到了多维促进与提升作用。省“1751”教育创新工程启动以来，博兴二中和东平明湖中学开展了六次课程研讨和同课异构活动，双方就深化课程改革、构建高效课堂、加快现代学校制度建设、全面实施素质教育等问题进行了深入探讨和交流，博兴二中真正起到了示范辐射作用，明湖中学也得到了健康快速发展。片区校际合作交流促进了共同体学校的优势互补，资源共享，为各个学校的跨越式发展奠定了坚实基础，也给各个学校进一步探索内涵发展之路积累了经验。

“志存高远，锲而不舍”是博兴二中永恒的精神信念，也是博兴二中前进的动力和源泉。面向未来，博兴二中正以崭新的姿态和昂扬的斗志站在新的起跑线上，高扬“诚以立身，毅以行远”的鲜红旗帜，以其雄厚的实力、创新的活力、文化的魅力展现在世人面前。

三、深度变革，学校文化建设的理性反思与改进

学校文化，决定着一所学校的办学水平。学校文化建设伴随着学校办学的始终，是一个由低到高、由浅入深、与时俱进的发展过程。学校文化，如同人与空气一刻都不能脱离；文化创新永无止境，是学校持续健康发展的不竭动力。文化创新的作用不可低估，从发展的眼光看，工程项目学校文化创新还仅仅是初步，还需要做一些理性的反思与改进。

（一）文化建设应该坚持先进文化的前进方向

素质教育的根本依托在于学校文化的创新，学校文化创新的历史使命就是要确保素质教育的深入进行，建设新理念、新精神、新制度的创新型学校是素质教育不断推进的必然。学校文化创新要坚持与时俱进，坚持倡导先进文化，弘扬优良传统，确立核心价值，体现发展主题，培育时代精神，提高文化创新的针对性和实效性。

中华传统优秀文化是实现中华民族伟大复兴的无可替代的宝贵资源。党的十七大报告中指出：“弘扬中华文化，建设中华民族共有的精神家园。”党的十八大提出了：“建设优秀传统文化传承体系，弘扬中华优秀传统文化”的重大任务，倡导“富强、民主、文明、和谐，自由、平等、公正、法治，爱国、敬业、诚信、友善”的社会主义核心价值观。加强中华优秀文化传统教育、社会主义核心价值观教育，是党和国家赋予学校教育的重大历史责任，学校要大力弘扬博大精深的中华优秀传统文化，大力传播以社会主义核心价值观为主要内容的正能量，自觉抵制拜金主义、享乐主义、奢靡之风等各种不良文化思潮的影响，坚持时代旋律，体现发展主题，培育时代精神，为学生健康成长、教师素质提高和学校持续发展创设优美的人文环境与良好的发展氛围。

学校文化创新要坚持先进文化的方向，关注学校的办学宗旨，体现“立德树人”的教育理念，提高文化建设的针对性、实效性。弘扬主旋律，突出高品位，坚决改变一些学校办学方向偏离、理念与实践脱离的现状。中华传统优秀文化、社会主义核心价值文化，是学校文化创新的无可替代的宝贵资源。要让学校处处浸润着博大精深的中华优秀传统文化；处处彰显着社会主义核心价值的主流文化；处处呈现着海纳百川、多元包容的世界先进性文化；处处洋溢着师生个性化的创新文化。自觉抵制各种不良文化习惯的侵蚀与影响，以真正在中华文化复兴中肩负起文化育人的历史使命。

(二)文化建设应该彰显校本课程文化的特色

“文化”简言之，“以文化人”；有学校不一定有文化，有文化才有学校特色。“学校文化与学校特色就是同一枚硬币的两面，是同一个问题的不同表述”“建设学校文化就是形成学校特色[①]”。每个学校都应该有自己的、独特的办学理念，才能形成学校的特色。

构建现代教育制度，要求每一所学校，都应形成属于自己的学校精神，为践行教育思想，实现办学理想和发展目标提供精神动力和信念支持。不同学校有不同的文化传统和不同的发展条件，学校文化建设要重视文化个性发展、强化优势特色发展，尊重多元，崇尚差异，追求个性，凝练特色。学校文化是学校个性的体现。缺乏独立精神，唯上唯书，照抄照搬，不可能构建优秀的学校文化，没有独立精神的学校文化，无异于学校无文化。

文化重建是个性特色形成的深度实践，关键在于课程文化建设。特色课程是学校特色文化的载体，学校应该根据自己的特点，对课程文化特色进行具体的设计定位。既注重中华优秀传统文化的传承与发展，又注重世界先进文化的广泛汲取与借鉴；既注重人文素质的培养，又要注重与科学精神培养的有机结合；既立足于本校的办学基础、文化积淀，还应考虑到当地文化及多元性文化的融合，最终建立起适合每一个学生

---

① 彭刚：《在学校文化建设中形成特色》，载《教育发展研究》，2008。

发展的校本课程体系。

(三)文化建设应该充分发挥校长的价值引领作用

发挥学校主体作用，加快建设现代学校制度。袁贵仁部长在2014年全国教育会议上指出："教育有没有活力，关键要看学校有没有活力。推进教育治理体系和治理能力现代化，必须把学校作为基本立足点，建立以学校持续健康发展为导向的工作机制，最大程度地激发学校作为教育'细胞'的活力。"健全学校内部治理结构是教育管理体制改革的基础，建立现代学校制度文化势在必行。

学校文化的变革，校长具有统领的不可替代的重要作用，要发挥校长在学校文化建设中的价值引领作用。校长的教育思想、远见卓识、胸襟气魄、对文化的重视及理解程度等在学校文化建设中起着至关重要的作用。因此，校长要跟上新课改的时代步伐，率先实现自己文化理念的转型。以前瞻的眼光，勇于开拓的精神，大胆进行文化实践和创新。有人说，校长要有知识分子的品格，教育家的情怀，哲学家的气质，是非常有道理的。"新时代，校长有三大使命，即先进教育理念的统整与引领，优良传统文化的传承与发扬，学校新文化的创新与重构①。"

工程的实施说明，校长的教育思想、胸襟气魄、文化底蕴等在学校文化建设中起着关键性作用。校长使命艰巨，任重道远，既要有尊重历史的智慧，也要有超越自我的勇气。校长的办学思想，决定着学校的发展方向。树立正确的价值理念，确立核心办学理念，引领学校发展方向，将它内化为师生的价值观，外化为师生的行为，是校长文化重建的不可推卸的历史责任。校长不是学校看守者，要有文化担当。转变管理观念，打造学校文化特色，营造一种"民主、开放、科学、人本"的管理文化，自觉实现由规范管理到科学管理、向文化管理的转变，从而逐步推进学校治理体系和治理能力的现代化，应作为一个校长精神使命的不懈追求。

(四)文化建设应该充分发挥师生员工的主体作用

学校文化是所属成员共建共生的生态性文化，师生是学校的主人，

---

① 顾建德，喻志杰：《关于学校文化建设的思考》，载《中小学校长》，2011。

是学校文化建设的主体，而不是“被运动、被文化”的对象。

教师是学校文化的传承者、创造者、示范者，应充分发挥教师在学校文化建设中的变革能力及其主体作用，构建教师学习团队，注重教师对话交流，支持教师自组织的建设，改变教师生命状态，努力培育一种“团结互助、和谐共赢”的教师文化。

学生是学校文化流动的风景，是学校文化建设的生力军。要把学生精神文化、行为文化研究提上文化建设的重要议程，提升学生精神，锻造学生品格，坚定学生文化自信，努力打造一种“自主和谐、合作创生”的学生文化，让学生真正成为文化建设的创造者、亲历者、传承者。

学校文化创建，需要调动学校每一个人的聪明智慧，需要大家的积极参与、不懈努力，而学校文化的创建过程也是人的思想境界全面升华、人的生命质量全面提高的过程。新课程改革改变了过去教师间孤立封闭的局面，孕育出了更多的师生学习共同体，进而创生出师生之间互帮互助、相互切磋、资源共享的学习文化。变革已成为一种发展的常态，参与变革既是自己的权利，也是自己义不容辞的责任。

在学校文化建设中，要重塑学校、师生新的文化形象：学校不再是一个机构，而是一个“学习者生命共同体”；教师不仅仅是“传道者”，而是“终身学习的典范”；学生不仅仅是知识的接受者，还是“知识、智慧的创造者和实践者”，是一个具有终身学习能力、自主发展能力、有高尚精神追求的、全面发展的人。

(五)文化创新是一个自主建构、不断完善的过程

学校文化创新是学校发展中自身必须始终办好的一件大事。文化建设需要学习借鉴，更要自觉自省；需要专业引领，更在于自我创生；需要心灵塑造，不要不合实际地拿来主义、做表面文章。

学校文化的创新，实质上是一个不断激发自身内在动机、挖掘内在潜能、发挥内在动力的文化创生过程。学校文化变革的根本要义，在于学校教育要实现以物为中心向以人为中心的转移，在于彻底改善学校的生态环境，改变师生的行为方式，提高师生的幸福生活指数，促进“学校人”的全面和谐发展，引领“社会人”的生活行为，让先进的学校文化影响和改造社会文化，让博大精深的中华文化发扬光大、世代流传。

著名教育家杨福家先生在《博雅教育》一书中的结束语中说：“中国梦，首先是中国教育梦。在这个梦里，各类学校以培养合格公民为首任，为培养‘三百六十行，行行出状元’而尽心尽力；在这个梦里，既有大楼，更有大师，还充满着大爱；在这个梦里，育人为先，学生为中心，师生互动，敢于争辩，‘我爱我师，我更爱真理’；在这个梦里，研究大楼夜夜灯火辉煌，年轻研究生在一流导师指导下日夜奋斗，探索未知；在这个梦里，没有浮躁与功利，学者们可能花几年甚至几十年时间为攻克世界难题而默默无闻地艰苦拼搏；在这个梦里，毕业后的学生能深刻体会到‘几年的学校生活改变了我的一生’，他们脚踏实地，努力工作，回报社会。①”杨先生从大学的角度，展望了中国教育梦的辉煌前景。

基础教育，作为造就人才和提高国民素质的奠基工程，在教育改革中占有重要地位。让我们通过持续不断的中小学文化创新，引领学校教育改革的先进方向，让学校文化百花齐放，各展绮彩，努力实现每一个学生健康成长的理想之梦、每一个教师职业幸福的理想之梦、每一所学校自主发展科学发展的理想之梦。

① 杨福家等著：《博雅教育》(第二版)，结束语，上海，复旦大学出版社。

第九章　课程建设

2011年3月，为贯彻落实全省教育工作会议和《山东省中长期教育改革和发展规划纲要(2011—2020年)》有关精神，进一步规范我省普通中小学办学行为，深化课程改革，全面提高办学水平，促进我省中小学实现内涵发展和科学发展，山东省教育厅决定在全省实施普通中小学"1751"改革创新工程(以下简称"1751"工程)。为确保工程的顺利实施，山东省基础教育课程研究中心研究制订了工程实施方案。方案指出"1751"工程的基本目标："以项目学校为基地，力争用三至五年的努力，培育一批教育思想先进、办学行为规范、学校管理科学、课程方案落实、课堂教学高效、师资队伍优良、育人环境优化、教育特色鲜明、学生综合素质较高的普通中小学改革创新示范学校；培养出一批认真贯彻党的教育方针、落实国家教育政策、积极推进课程改革、深入实施素质教育的创新型校长和教师，推动学校走'规范办学、尊重规律、依靠科学、改革创新、自主发展'之路。"从《方案》可以看出，"1751"工程在课程建设方面的落脚点主要是"课程方案落实"和"积极推进课程改革"。自从工程启动以来，在教育厅和齐鲁师范学院的领导下，齐鲁师范学院山东省基础教育课程研究中心根据工程方案制定的目标，组建了包括指导学校、项目学校的学校发展联盟，在"课程方案落实"和"积极推进课程改革"方面做了大量的工作，不仅使得项目学校的课程建设取得了长足的进步，也促进了指导学校的课程建设，有力地推动了项目学校和指导学校的课程方案的落实和课程建设。

中华人民共和国教育部制定的《普通高中课程方案(实验)》指出："普通高中课程方案以教育要'三个面向'的指示和'三个代表'的重要思想为指导，坚持全面贯彻党的教育方针，认真落实《中共中央国务院关于深化教育改革全面推进素质教育的决定》和《国务院关于基础教育改革与发展的决定》，适应时代发展的需要，立足我国实际，借鉴国际课程改革的有益经验，大力推进教育创新，努力构建具有中国特色、充满活力的普通高中课程体系，为造就数以亿计的高素质劳动者、数以千万计的专门人才和一大批拔尖创新人才奠定基础。”

学校课程是体现学校教育思想的重要载体，是实现教育目的的主要途径，是学校教育活动的主要依据。“1751”工程项目学校和指导学校，在齐鲁师范学院山东省基础教育课程研究中心的专业支持下，经过三年多的时间，在落实国家以及山东省的课程方案、积极推进课程各个方面取得了很大成绩，积累了经验，同时也在课程建设过程中发现了一些不足。客观、理性地总结高中学校学校课程发展的经验和教训，无论是在理论层面还是在实践层面，都会对更大范围内深入推进课程改革具有可借鉴意义。

一、“1751”工程学校课程改革在探索中前行

我国 2001 年启动新一轮基础教育课程改革，山东省同年启动义务教育阶段新课改，到 2003 年年底，全省实施义务教育新课程的县(市)区已达到 106 个，占全省县(市)区总数的 76%，到 2004 年山东省又有 33 个县(市)区进入新课改，实现了在全省范围内普及实施义务教育阶段新课程。2004 年山东省同广东、宁夏、海南四个省进入全国首批高中新课改实验区，普通高中新课程方案、各科新课程标准和各科新教材将于 2004 年 9 月秋季始在实验区整体实验。

1. 教育大省、地区差异大、课改任务重：需要教育行政和专业引领“两只手”

作为教育大省，在县市区多、地区间教育差距较大、课改任务重等背景下，山东省通过陆续推进国家级、省级实验区的办法，有序推进课程改革。山东省将贯彻国家课程方案作为实施素质教育的核心内容，尤

其是2008年以来，山东省把规范办学行为作为底线，先后出台了《关于深化基础教育课程改革全面提高教育质量的意见(鲁教字(2008)1号)》和《规范办学行为40条》。要求“落实课程标准，按照国家规定的教育教学内容和课程设置开展教学活动，不随意增减课程和课时。开展好技术、艺术、体育与健康、综合实践活动四个领域的教育教学工作。因地制宜开发学校课程，形成学校特色”。“高中学校要建立学生选课制度，为学生自主选课提供科学指导。”其次是在行政推进落实上“动真格”，将其基本目标概括为“三个还给”“三个全面”，即把时间还给学生，把健康还给学生，把能力还给学生；全面建设合格学校，全面贯彻国家课程方案，全面培育合格学生。通过组织多路督察小组，明察暗访，在接近一年的时间里，山东省教育厅组织了100余个检查组，暗访了4000余所中小学，对学校提前开学、变相补课等违规办学行为给予全省通报批评、“亮黄牌”、撤销“省级规范化学校”称号等。这其中，高中成为落实国家课程改革方案的“坚冰”，对此，山东省教育厅规定，所有高中在高二结束前不得组织文理分科，高三上学期也必须用来讲授新课，只准最后一个学期复习备考。在课程安排上，当地强调，高中课程第一学年以必修课程为主，第二学年在继续进行通识教育的基础上，强化选修，必须尊重和保障学生通过选择课程实现选择发展方向和发展水平的权利。

然而，实施素质教育不能仅仅停留在规范办学和开全开齐课程的层面，必须落实到实施国家课程方案的质量和水平上来。面对中小学课程领导力和执行力薄弱，一线教师缺乏基本的课程理解和实施能力的现状，在行政推进上，山东省加大了校长、教师的培训力度，建设了高水平、大规模远程研修平台，通过以专家报告、名师讲座、网络研修等形式，提升中小学校长和教师的课程理解和实施能力。但通过追踪访谈、问卷发现，一线校长和教师已经不再满足于课改理念性、通识性培训，高水平课程研究专家所做的理论报告往往远离教学实践需要。从需求调查反馈情况来看，中小学迫切需要对学校改进和教师教学的实践行为给予有针对性的指导。山东省根据课程改革的现实需求，大力推进专业支持下的学校课程改革，一方面，改进培训方式。通过从高校、教研室等聘请专家，推出以课例为载体，对接一线教师教学行为、对接一线教师校本教研的“双对接”教师研修范式；另一方面，于 2011 年 3 月启动了“1751”工程，组建专家团队，深入 51 所工程项目学校进行专业指导，促进学校改革创新、自主发展。

2. 摸清基础、创新思路、顶层设计：以规划驱动课程改革与发展

“1751”工程旨在选择来自全省 17 个地市的 51 所具有代表性的项目学校，在专业支持下，经过三至五年的重点培育，形成一批县域层面的普通中小学改革创新、自主发展的示范学校。通过组建专家团队深入学校开展专业诊断和促进学校自我诊断，形成学校诊断报告，通过组织全校上下开展学校发展大讨论，进一步统一认识，明确学校发展的优势、存在的主要问题、学校发展定位与目标、学校发展策略与方法，在此基础上 51 所学校分别制定了学校三年发展规划和年度计划。从课程层面来看，多数项目学校缺乏对课程的基本理解：有些学校认为课堂改革是学校改革的核心，从课程层面谈改革只能对少数好学校而言，对多数学校来说是“纸上谈兵”。有些学校已经有意识地开始了课程建设，但从认识上将“课程建设”等同于“校本课程开发”，或将“校本课程建设”等同于“校本教材编写”等，存在明显的窄化学校课程现象；有些学校师资力量和经费投入不足，课程开发和建设水平较低，所开出的“课程”体现于几次活动或教师组织学校上几次动手实践课，存在明显的形式化现象。通过专家跟进学校帮助学校研讨和制定发展规划，以获得高起点定位，谋划学校课程建设目标，让学生初步认识到课程建设的意义、范畴、方式方法等，通过发展规划驱动，以课程改革推动学校系统改进，在创建课程发展机构、推进国家课程的校本化实施、强化三级课程的整合性研究等方面，持续深入地推进学校课程改革与发展。

3. 理解力、创新点、校本化：课程目标的定位与课程推进策略的选择

不同语境下，对于持有不同价值观的人而言，对课程理解存在较大差异。在课程发展需求的现实背景下，摒弃纠缠不清的论证，回到为了实施的课程理解上来是明智选择。学校课程是贯彻落实国家教育方针，促进学生全面发展和个性发展的重要载体。课程在学校教育教学中具有核心的地位，学校的一切工作都是围绕建设课程、实施课程和发展课程来展开的，尤其在发展学校特色，促进学校内涵发展，提升学校文化形象和品味，培育有个性有特色的学生品性等方面具有基础性和决定性的作用。更进一步来说，课程改革需要依托具体的课程改革目标和任务的达成来实现，突出课程理念基础上的具体课程目标的理解，可将改革指向实施层面，课程的理解就更为具体和更具可操作性。

“1751”工程在课程推进层面，重视按照国家规定开全开齐课程；推进国家课程的校本化研究，加强地方课程和学校课程建设，合理构建学校课程体系；建立学校课程管理和运行机制；积极推进课程研发和资源建设，提高校内外课程资源整合和利用水平；凝练学校课程发展特色，以课程建设为载体实施素质教育。

各项目学校在发展规划和课程建设目标的指导下，开展课程改革创新和发展研究。但由于各学校发展处在不同的发展阶段，欠发达地市与发达地市之间、学校与学校之间，存在课程发展环境与条件、课程发展基础和能力、课程发展需求和愿望、行政推进力度和方式等诸多差异，加之 51 所项目学校就其发展水平而言，多数处于中等偏下阶段，因此，在制定各项目学校发展规划时，各学校选择优先发展的指标有较大差异。多数学校，尤其是高中学段的 17 所学校，选择了以课堂教学改革为突破口，相继推进课程建设、制度建设、教师专业成长、学校文化建设等发展性指标，大约有三分之一的小学和四分之一的初中，选择以课程建设为突破口，相继推进其他发展性指标。对此，专业支持下的学校课程发展的重心亦根据项目学校依次推进的重点领域，有计划、有目的地协助学校有序推进学校课程发展。

专业支持下的学校课程发展策略主要有如下几种方式：一是以学科课堂教学为核心，促进教师对课程实施与课堂教学改革关系的理解，认识教师是课程实施的主人，并顺应深化学科教学改革需求，帮助教师开展国家课程的校本化研究，促进教师提高课程整合意识，帮助学生自主建构知识，达成在课程标准下师生共建适合自己的课程，提升教学效益和效率。二是指导教师开出学科拓展课程和学科交叉课程。组织教师开发学科课程的拓展课程和以“主题”形式开发学科交叉课程，具有较大的发展空间。三是在已开出的地方课程和校本课程基础上，推进三级课程的整合和校本化研究。四是对课程建设基础较为薄弱，着力聚焦课程教学改革的学校，结合学校已有的师资、家长、环境、社区、社会等可能的优势，开出部分校本课程，以改变学校单一课堂学习生活，增强课程的多样性和选择性，改善师生生命状态和价值追求。专业支持下的“1751”工程项目学校，涌现出不同的课程发展策略，比如在语文学科课程建设中：A 校在语文拓展课程建设中，提出了在学习国家课程时，将课文向作者的其他作品拓展、将课文向原作全文拓展、将课文向同一题材的其他作品拓展等；B 校在涉及语文的交叉课程建设中，提出了对语文基础知识课程进行改编、拓编、新编的策略；C 校重视语文学校策略的选择，提出了朗读策略、记忆策略和即时作文研训策略等；D 校重视语文与音乐、美术及媒体的链接，开发了诗歌鉴赏、名作欣赏、图书馆阅读、电视或新闻品评等课程，国家课程的校本化研究及学科课程的交叉整合研究，提升了学校实施国家三级课程的质量与水平。再比如，E 校提出“学本课堂”的构建和优化，有力地促进了国家课程的生本化研究。学校常态课堂全面推行“学案＋展示＋评价”的课堂改革，逐步培养学生对学习内容和学习过程的兴趣。通过采取“多元、量化、适度”的评价策略，把管理的重心放在了小组层面，努力缔造“完美小组”，并通过“同质走班，专项辅导”方式，打破班级界限，实现了学校课程发展的多样性和选择性目标。

工程实施三年来，许多项目学校构建起了丰富而又多彩的课程，打破了学科间的壁垒，发展课程的多样性、综合性、趣味性，增强其探究性、学术性，满足不同学生的需求拓展学生的视野，培养健康的审美情趣，提高学生欣赏能力，发展应用能力，促进学生对学科课程的深入理解，激发学生的创造力。

4. 典型带动、多校协作、互惠共赢：发挥学校课程联盟发展优势

在深化课程改革阶段，学校发展日趋凸显其个性化特征，仅仅依赖政策引领和行政推进，已难以触及学校深层次变革，要将改革引向深入并形成持续的改革力量，必须帮助学校激活其内生力量，引领和指导学校自主变革。因此，在教育转型期，政府需要重新认识自己在公共教育服务中的角色，在自身专业引领力量难以满足需求的情况下，通过搭建联盟发展平台，发挥典型引领和协同发展效应。

新一轮基础教育课程改革以来，历经十多年探索，全省已逐渐发展起一批改革创新的先进学校，这些学校的改革与发展经验，开展工程项目学校和这些先进学校间的交流，无疑对工程项目学校具有较强的拉动作用。其中的一些学校在课程建设方面积累了不少经验，但也走了一些弯路，这些都在学校的自主发展中具有重要的指导意义。如青岛二中围绕学生十项素质的培养目标，结合创新人才培养要求，在学校六个大类近100门校本课程的基础上，进一步挖掘与优化现有课程资源，形成了以人文素养类课程、科学研究类课程、工程类课程、技术类课程四大类课程为基础的创新人才培养校本课程体系。以“模拟文化”课程为代表的人文类课程，通过开展模拟联合国协会、模拟经济协会、模拟法庭、模拟人代会、模拟新闻大赛等形式，极大丰富了学生的知识面，开阔了学生的视野，逐渐形成一种独特的校园文化。以研究性学习为代表的科学类课程，通过和创意思维课的结合，学生每年的创意设计多达800余项，每年都有100多项成果申请成功国家实用新型专利，其中部分成果还可进一步提升，参加科技创新大赛、环保科技大赛、水科技大赛等，成绩一直在全国名列前茅。指导学校的这些做法，为项目学校积累了经验，提供了借鉴。

工程项目学校因其改革的切入口不同，其发展优势和不足各有不同，促进项目学校之间的合作交流，无疑具有互惠共赢的作用。因此，通过搭建联盟发展平台，发挥先进学校的引领带动作用和项目学校的交流互补作用，帮助学校冲破机械“复制”他人经验的樊篱，在推动学校个性化自主发展的同时，辐射带动区域教育发展。

5. 民主性、开放性、选择性：多主体参与及现代教育技术搭建课程发展资源平台

英国、美国等世界发达国家，通常只有国家课程大纲，有的没有国家统一大纲，只有地区性(州)大纲，课程开发与实施的自主权在教师和学校。我国长期延续国家统一大纲、统一教材的做法，许多教师习惯于照本宣科，教师的思维方式和行为方式受制于行政推动、大纲和教材的规定，长此以往便形成思维的惰性。我国新一轮基础教育课程改革，实施国家、地方、学校三级课程管理制度，本质上是推进了课程民主，给了学校较大的课程发展自主权，比较好地调动了学校课程发展的积极性，增强了课程的弹性管理。“以学生发展为本”的课程理念，打破了传统上中央集权控制下统一定制的课程管理方式，改变了课程的统一性和教材规定性。学校、家庭、社会多主体参与课程开发，增强了学校课程发展的民主性、针对性、开放性。但从“1751”工程项目学校实施前调研的情况来看，61.75％的学生认为可选课程只有1～3门。推进学校课程多层次多样化，解决“千校一面”、发展同质化的问题，为每个学生提供适合的教育，以满足不同潜质学生的发展需要，成为工程项目学校课程发展的主要任务。在推进项目学校课程发展的民主性过程中，主要采用了如下措施：第一，建立首席课程开发专家制度。在调研学生需求和教师兴趣专业特长基础上，分年级、分类别设置课程，学校课程通过遴选优秀教师和认领课程，由首席课程开发专家牵头组建课程开发团队，联合开发课程；第二，以学科教研组为单位，开发与学科关联度较大的拓展性课程；第三，跨学科组建课程团队，开发学科交叉课程；第四，由具有特别才能的教师，吸纳有专长的学校教干、工勤人员等开发个性化课程；第五，面向社会吸纳家长、行业专家、大学教授等，开设家长课程、大师课程等。学校通过成立课程发展中心，负责课程管理与评价。比如，F校充分利用学校良好的环境生态和红色文化传承，建立来自学校、家长、文化馆的教师和专家授课体系，提出了构建“生态课程”的设想。开设了以“生态家园、绿色蒙阴”为主题的环保教育课程，以“岱崮地貌”“钻石之都”为地质特点的地理教育课程，以“珍爱生命，注重安全”为主要内容的生命安全课程，以“弘扬沂蒙精神，培育祖国未来，传播正谊真理，造就社会栋梁”的建校宗旨为统领，以“孟良崮战役遗址”“沂蒙山小调诞生地”“沂蒙六姐妹纪念馆”“沂蒙红嫂”等为载体的“沂蒙精神”教育课程，以学校“一班花园、五班广场、文化地标、学子森林园”为课堂阵地的思想品德教育课程，以蒙阴历史名人算圣刘洪、秦代戍边大将蒙恬、杰出校友军事思想家公方彬、科学院院士薛其坤等为素材的励志教育课程等，并已经在高一和高二年级顺利开课。

G校以邀请不同领域内的专家、学生家长、民间艺人等参与学校课程开发，弥补了课程发展中的师资和资源不足问题，促进了课程的多样化和选择性。学校开设了五大类课程共102门，包括习惯品德课程，如成功教育、责任教育等；传统文化类，经典诵读、百家讲坛、礼仪教育、家乡文化、苏绣等；动手实践类，如灯笼的制作、剪纸、烙画、版画、自行车维修、录音机维修、丝袜花的制作、生物标本的制作、十字绣等；艺体类，如象棋、围棋、乒乓球、篮球、足球、排球、版画、航模、羽毛球、摄影、韵律操、手风琴、电子琴、横笛、围棋、理发、二胡、国画、柔道与摔跤等；学科拓展延伸类，如数学发散思维训练、小记者培训、英语视听、生命奥秘、心理与健康教育、我身边的化学中国名胜、模拟法庭、应用物理、纸桥承重、植物的嫁接、电脑硬件安装、时政论坛、动漫制作等。

H校推进了多媒体技术与课程的深度融合，率先启动了微课程建设工程，在前期学案导学、微视频制作、单子白板应用、翻转课堂探索基础上，各学科分别制定了自主学习任务单、配套的微课程资源，将微课程与单位课时教学活动融为一体，实现了信息技术与课程内容整合基础上的学科课程重构。

6. 价值引领、公共准则、自主更新：建立学校课程发展制度与运行机制

实施国家、地方和学校三级课程管理，强化课程对不同地区、不同学校、不同学生的适应性，建立学校课程发展制度，逐步形成课程自主更新的课程发展制度及其运行机制，不仅是我国基础教育课程管理体制改革的要求，也是学校课程可持续发展的必然选择。

教学制度不等于课程制度。教学制度通常是与教学设计及实施过程中的教师行为规范有关，属于教学过程的行为规则。学校课程制度是指学校课程发展及实施过程的任务规程及行为规则。建立课程制度是落实课程方案、促进课程开发与实施、课程领导与评价的有效性的一系列规程，是学校课程在选择、决策、开发、实施与评价过程中，人人都需要遵守的行为准则。学校课程发展制度与运行机制建设，一般涉及学校课程价值引领、构建符合国家三级课程要求的学校课程、教师与学校在课程开发与实施中的角色与责任、学校课程自主更新等。

从调研来看，多数学校用课堂教学改革取代课程改革，88.2%的校长没有把教学改革上升到课程实施和需要文化引领的高度去认识。诚然，教学是课程实施的基本途径，而课堂教学是教学的基本途径，课堂教学改革是课程改革的应有之义，也是核心环节。实际上，只有确定了课程方案，明确了课程目标才能让教学改革更好地走到“前台”来。学校课程方案的确定要依据国家教育规划纲要、国家课程标准的要求，要适应区域教育政策和学校课程发展需求，但往往因为学校缺乏基本的课程理解和领导能力，对学校课程发展的价值取向、目标定位等不够清晰，难以形成课程发展纲要，确定适宜的课程发展制度，加之教师的教学观念、教学方式落后，因而学校课程发展缺乏明确的价值引领、公共准则以及自主更新能力。因此，帮助学校建立课程发展制度及其运行机制成为专业支持下的学校课程发展基本途径。

在“1751”工程推进过程中，从认识和行为两个方面促进学校理解和自主建构学校课程发展的基本制度及其运行机制。一是帮助学校开展自我诊断和制定学校发展规划的过程中，在反复进行的多轮研讨活动中推进理解；二是在指导学校开展教学改革或课程开发过程中，以专业引领报告、现场研讨点评、开展主题系列研究活动中深化理解；三是协助学校制定课程发展方案和建立基本的课程发展制定过程中增强实践能力。在专家团队跟进指导下，帮助学校逐步建立起了课程选择、课程审议和课程开发及再开发运行机制，建立起了学校课程发展的大框架，比如：①提出了“生命课程”建设框架、“幸福课程”建设框架、“和美课程”建设框架等，明确了课程建设的原则与流程。②有些学校建立起了“1＋1”课程发展制度，教师们除了上好自己主讲的学科课程，要求根据自己的兴趣和特长自主开发“1”门满足学生需求的校本课程，或参与一个课程开发团队共同开发“1”门课程。在这项制度实施过程中，学校首先对学生课程需求和教师开发课程的潜能，进行了充分调研，结合学校课程发展需求，提出年度课程开发纲要，通过遴选方式，让教师或课程开发团队认领开发的课程。③有些学校建立起了“1＋1＋1”课程发展制度，在“1＋1”课程发展制度实施基础上，提出了鼓励教师认领和组织“1”个学生社团开展活动，有的结合学校“导师制”开展活动，取得了突出成效。④有些以课堂教学为突破口的学校，也在学校核心价值观的引领下，提出优质课堂建设的原则或基本教学框架，在更普遍的意义上，统一课堂教学改革的理念、目标、框架和原则，使得相对落后的学校在较短的时间里，整体提升课堂建设水平，建立起了学校的课堂建设制度及其运行机制，推进了国家课程的校本化实施进程。

在促进学校建立课程发展制度及其运行机制过程中，遇到的普遍问题是难以用学校核心价值观引领课程发展，因而导致学校课程改革紧紧停留在操作层面和缺乏生命的活力。对此，在专家团队的引领下，许多学校从明确和改进学校核心理念体系做起，确立了学校课程发展定位，建立起了驱动课程发展的制度体系，形成了课程发展的自主更新机制，使学校课程发展始终充满生命的活力。

二、学校课程发展实践探索中存在问题的审思

提升学校课程发展能力，无疑是落实国家课程标准、促进学校办出高质量的教育、培养真正具有创新精神和创新能力人才的重要举措，也是未来十年乃至更长时间内，我国教育工作者需要面对的重大课题。在专业支持下，引领“1751”工程项目学校自主发展学校课程，本质上是一个促进学校课程发展理念与实践的深度变革，也是实现课程文化再造的过程，需要以一种理性、客观、前瞻的视角，对学校课程发展经验及存在问题进行审慎的思考与辨析，为更宽广的层面上促进学校课程发展做

好思想准备和提供可借鉴的经验。

(一)学校课程发展需要关注理论与实践的“中间地带”

学校课程发展一直受制于不同的课程哲学流派的价值标准，课程知识选择的逻辑起点常常动摇于社会、学科和儿童之间，致使学校课程设置呈现出一种特定的钟摆现象。伴随我国新一轮基础教育课程改革的不断深入，中小学校长和教师的课程意识逐渐觉醒，自主发展学校的愿望和能力逐渐增强，但课程发展的价值取向的选择受制于课程目标及一定的社会历史条件。“以学生发展为本”的新课程理念，让学校课程发展的着眼点投向了学生，在人文精神视野下，向未来社会成员的生存和发展，确立现代课程发展的价值取向，学校在课程标准的框架下，开发了一系列满足学生个性化发展需求的多样性、可选择的课程，逐渐推进具有学校个性特质的学校课程发展框架，但现实的考试评价制度和行政督导检查，致使学校课程发展的价值取向“不得不”在社会、学科、儿童之间游移，课程发展的理性价值取向与非理性价值取向常常交织在一起，难以向更广阔的选择空间演进。来自“1751”工程项目学校校长和老师们的反馈，充分体现了这种举棋不定处境中的痛楚。学校经过几年时间，在专家团队的引领下建构起来的课程体系，改变了师生的生命状态和价值追求，让学校课程发展充满了生命的活力，学校教学质量和水平不断提升，但经历多次密集型以考试为主要手段的检查、排名、评优后，让老师们逐渐心灰意冷。比如：举例工程项目学校 A，在课程建设方面；工程项目学校 B，在课程制度建设方面；工程项目学校 C，在核心价值引领方面等。

制约学校课程发展的最大瓶颈是：怎样将课程专家设计好的课程方案在实践中得到较好的贯彻落实？新课程改革的到来更是将中外课程理论研究成果奉为指导思想，将其引入实践，更新课程与教学观念，改革现行的课程结构与内容，指导教师课程意识的转换等。当前，深化基础教育课程改革正处在这个相互交融的过程中，理论与实践已经出现了裂痕。一方面，理论工作者因过分追求学术理性而缺乏对实践关怀，缺乏对当下实践基础和实践者的能力基本认知；另一方面，课程实践则因缺乏必要的理论支持而日益贫弱，学术的“繁荣”与实践的“贫困”矛盾地扭结在一起，使得今日课改变得困难重重。“1751”工程建设通过组建长期深入中小学改革一线开展研究和实践的高校教授、地方教研员和中小学名师名校长等组建的工程建设支持团队，在拟合理论与实践出现裂痕的“中间地带”中具有较强的柔韧性，因而收到项目学校的热情接纳和好评，在服务学校课程发展过程中，起到了有效的助推作用。毋庸讳言，课程改革需要吸收多元理论和实践经验，但不意味着课程改革的理论基础是模糊的，理论基础不明确，导致了课程发展的指导者和实践者缺乏明确的方向感，甚至不知所措。

（二）学校课程发展审慎思考政府角色定位，强化专业支持与服务职能

《国家中长期教育改革与发展规划纲要（2010—2020年）》明确指出：“要继续深入推进课程改革、全面落实课程方案”，“全面、深入、持续的变革是我国培养创新人才、加速实现民族振兴的重要路径”。站在新的历史起点上，深入推进课程改革，首先要审慎思考政府角色定位。学校得以推进我国自新中国成立以来直至新课改之前，中央集权制式的课程建设中，地方和学校课程权力缺失，面对新时期人才成长的多样化和个性化需求，如不能及时转变政府职能，下放课程决策、开发和实施权力，课程变革将会因缺乏创新而失去发展动力和发展活力。进入“1751”工程的51所学校，在经过短短三年的时间，发生了巨大的变化，其课程发展水平走在了地方中小学的前列。所取得的一条基本经验是：转变政府职能、赋予学校自主发展课程的权利、发挥在组建专业团队和跟进学校指导的行政力量、搭建合作交流平台、持续推进学校课程发展。

诚然，如果过分下放权力，使课程发展失去必要的规约。正如富兰所说：“集权失之过分控制，分权错在走向无序，过分的集权和分权都有不足之处，从上到下和从下到上两方面的策略都是必不可少的。因而需要在两者之间建立一种双向关系，相互给予压力、支持和不断协商。”显然，教育的政府行为需要在课程权力适度下放中，重建刚柔相济的管理方式，合理配置课程权力。权力下放并非意味着政府撒手不管，相反地，在新的课程秩序建立之前，政府对课程管理的核心作用不能削弱，但必须改变的是政府角色定位，要从“控制”走向“服务”。通过制定相应的政策，影响各利益主体的价值选择，提高他们的理性选择能力以及责任意识，使他们在冲突、妥协甚至是痛苦的挣扎中，转变旧有观念，突破传统的惯性，认可和选择新的课程秩序规范。通过政策导引，使课程走向秩序性发展。

在强化专业支持与服务职能这一方面，教育局作为各地教育主管部门应该承担起学校课程建设的政策贯彻和指导作用，以避免所辖学校因对政策的误解而造成的不当行为。为更好地贯彻相关的课程政策，引导学校的课程建设，建议教育局成立相对专业的课程政策贯彻和课程建设的引导机构，进入这个机构的工作人员应该认真学习国家的课程政策，理解好国家的课程精神实质，借助于更专业的课程队伍的力量，做好课程政策的上传下达，使得国家的课程政策落实到基层学校不走样，并能正确导引基层学校的课程建设，使得学校在落实国家、省里的课程方案方面准确到位，在学校课程建设方面积极有效，更好地实现《国家中长期教育改革与发展规划纲要(2010—2020年)》提出的“要继续深入推进课程改革、全面落实课程方案”的目标。有的教育局虽然也有成立的相关机构，但人员大多是从相关机构临时调集的，专业性不够强，难以保证“深入推进课程改革、全面落实课程方案”的专业需要。尽管工程一直强调项目学校的区域带动作用，各项目县也竭尽所能地推进工程进展，但在县域层面的课程专业支持与服务职能方面确实做得不够，这不仅体现在日常的工作中，也体现在“1751”工程项目县所递交的总结报告中，17个项目县仅有3个项目县用一定的篇幅涉及课程建设。

(三)强化课程领导力，明确课程发展目标，提高课程发展的针对性和适应性

学校课程领导力不仅仅包括校长个人的课程领导力，也包括学校中其他成员的课程领导力，其主体是课程领导共同体。学校课程课程发展呈现课程领导力的发展水平，包括学校课程发展的价值引领、学校课程发展状态诊断与规划的制定、课程实施过程的监控与指导、课程制度与运行机制建设、课程发展保障体系建设、课程改进与评价能力等。专业支持下的“1751”工程项目学校课程改进过程，亦是专家跟进指导促进课程理解、强化课程领导力的过程。专家团队跟进学校指导课程发展，通过学校诊断与规划、专题报告、专项推进策划与适时跟进指导、校际联盟发展互助、监控与评价等措施，促进了以校长为学校课程核心领导力，以学校中层、教师为主体成员的课程领导共同体的领导能力的快速发展。学校课程领导不同主体之间、以及与专家团队、各级行政、家庭与社会之间互相作用、互相影响，有效地促进并运用了学校课程领导力主体团队的作用，从根本上提升了学校课程领导力。

提升学校课程领导力要求学校领导认真学习国家的课程政策，明晰学校课程发展方向；加强学校领导对课程的学习，从理论正确上把握课程的内涵，熟悉课程内容；确立学校课程发展目标，制定一套切实可行的学校课程方案。国家和省里的课程方案和课程政策是深思熟虑的结果，作为学校的带头人，学校领导必须深入学习其精神，把握课程方案和政策的本质，这样才能比正在对学校课程政策落实和建设方面不乱为、不妄为，保证国家和省里的课程方案能科学地落实，保证正确的课程建设方向。学校领导加强读课程理论的学习，以保证对课程理论的准确把握，对课程理论的学习应该深入，不能望文生义。在制定学校的课程方案时应该基于国家和省里的课程政策，再根据自己学校的实际情况，制定切实可行的学校课程方案，而不能置国家和省里的课程方案于不顾，一味追求新、异、怪，违反“规范办学、尊重规律”的要求。

课程发展目标定位有赖于课程发展的价值取向、课程发展内涵解读和课程发展的目标追求。在国家课程标准的框架下，课程发展目标关乎学生学习与教育的权利，关乎学生的全面发展和个性化发展，关乎国家三级课程的校本化落实，关乎学生的兴趣与潜能的开发。通过专业支持促进“1751”工程项目学校自主发展，重视帮助学校理解课程，明确学校课程发展定位与目标，为学校特色发展提供课程发展指导，构建多元开放、充满活力、多样化和可选择的课程发展框架，促进学校转变育人模式，因材施教，满足学生自主选择、自主学习、自主发展需求，实现学生全面且有个性的发展。

(四)加强基础教育课程政策调控，强化课程发展制度建设，提升课程发展运行的机制保障

教育转型期，着眼于未来课程发展需求，各级课程管理行政部门应进一步解放思想，转化行政职能，强化专业引领指导，加强和完善课程改革的支持保障机制，进一步强化地方和学校实施课程的能力，按照课程方案要求开齐开足课程，推进学校课程制度和机制创新。教育发展的政府职能要求各级课程管理部门需要深入开展调查研究，适时制定和出台宏观政策研究，不断提高政策的针对性、适应性、有效性，为课程改革提供政策支持和制度保障。与此同时，必须加快探索和完善各级专业支持机构，组建由地方高等院校、课程专业机构和各级教研部门组成的专业支持机构，切实推进对课改的专业引领支持。建立省级层面课程实施及教材使用情况的动态监测机制，提高课程发展与管理的科学化、规范化水平。建立政府、社会、学校、家庭之间的互动联动机制，整合和利用各种社会资源服务于基础教育；要加快教育培训方式的转型，强化岗位培训和跟进式培训，促进在教师行动研究中转变思维方式和行为方式，不断提升队伍建设的专业化水平。

建立学校课程发展与教师队伍整合的运行机制，是学校课程发展保持可持续发展动力的基本保障。课程的多样化带来对多元化教师的发展需求。发挥教师自身专业优势和兴趣特长，促进师资力量的优化配置，发掘校内员工、学生家长、学校退休教师、社区及社会相关领域专家的特长，将其纳入学校课程发展团队，是构建学校课程发展坚实有力的师资力量的有效补充和保障。

落实强化考试评价制度改革，完善中考改革，积极探索多样化的高中招生办法，深入探索高考、高中学业水平考试和学生综合素质评价相结合的综合评价方式；进一步改革对学校、教师和学生的评价制度，依照中小学各学科教师专业标准和学生学业质量标准，推进中小学教育质量综合评价改革，构建基础教育质量保障体系。

专业支持下的“1751”工程项目学校课程发展实践，有力地促进了基础教育课程政策调控，强化了课程发展制度建设，提升了课程发展运行的机制保障。

进一步明确国家、地方和学校课程管理的责任和义务，落实地方、学校课程管理自主权，大力支持有条件的地方和学校有效整合三级课程资源，加快探索和建设适合本地本校需要、具有地方和学校特色的本地本校课程。

(五)提高课程的校本化实施水平，搭建学校课程发展框架，建设适应性强的学校课程体系

新一轮基础教育课程改革以开放、接纳的态势，融入了国内外课程理论和实践经验，理性推进我国课程改革。但由于国与国之间、城市与城市之间、城市与乡村之间、乡村与乡村之间，存在着较大的文化背景、实践基础等方面的差异，在坚持国家课程改革纲要的基本精神和落实国家课程标准的过程中，由不同教材、不同教师、不同学生互动生成的课程仍会存在较大差异，课程生成的过程正是国家课程校本化实施的过程。事实上，仅就国家课程而言，在国家统一的课程标准下，无论其统一性、权威性、系统性特点如何突出，其刚性规定仍存在宏观、笼统、模糊、抽象等问题，加之缺乏必要的评价标准，以及各地实施条件和基础存在较大差异，为课程实施提供了较大的发展空间。就国家实施三级课程管理体系而言，本质上是教育制度内部权力与资源的重新分配，肯定了学校、教师在课程开发中的权力和地位，要突出学生发展的个性化、教师专业发展和学校办学特色，使得推进国家课程的校本化实施成为必然。国家三级课程校本化建设水平，亦标志着学校的课程发展水平。

专业支持下的“1751”工程项目学校课程发展过程，亦是推进国家三级课程的校本化实施过程，需要着眼于系统上整体规划课程发展。在顶层设计上，坚持国家教育规划纲要和各学科课程标准，推进三级课程相互适应和融合，表现在具体推进国家课程(含各学科课程和综合实践课程)、地方课程、校本课程的进程中，不断推进课程整合、延伸、交叉、补充，在更上位的层面上生成适合各自学校的大课程。其校本化体现在教师在纲要和课标的要求下，依照课程目标、自身经验和学生认知特点，整合课程内容，在师生互动中生成课程。在核心文化价值统领下，基于学校文化背景、建设基础、发展愿景，确定培育学校发展特色；以课程开发与实施为教师行动研究载体，促进教师课程理解、提升课程领导与课程建设能力。这其中，对国家课程的校本化研究，包括课程内容的整合与重建、对学科内容的扩展与延伸、用模块构建学生学习阶梯、构建发展性学生评价体系等。总之，国家课程的校本化实施旨在着眼于三级课程开发和实施的基础与愿景进行整体规划课程发展，逐步构建学校课程发展框架和育人模式。

H 校提出了向整合要效益的口号，探索国家三级课程的校本化实施探索。一是将校本课程与学科课程、实践活动、课题研究、主题教育活动等有机结合，构建课程体系；二是将三级课程课时整合使用，在规范前提下，开全课程、开足课时；三是对三级课程内容进行整合，形成大模块，起到相互渗透、相互补充以及拓展延伸的作用，充分发挥课程的育人功能，深化实施单元主题模块教学。L 校将学科内部相关或相近的内容按照横向、纵向原则进行整合，增强知识间的内在联系，促使学生用自己的方式沿知识的自然展开顺序构建学科知识。M 校将国家课程中的繁、难内容按照激发兴趣、促进理解的原则进行整合，关注学生的认知基础、认知经验，将学生的学科认知与学生生活的经验世界连接起来，引起情感上的认同与自觉的智慧参与。

国家课程的校本化实施，达到了减时增效的目的，提高了国家课程的适应性，促进了学生的个性成长和教师的专业发展，实现了学校课程创生，成为适应每一位学生发展需求的学校课程。

三、学校课程体系建设

（一）学校的课程体系建设思路

课程体系是指学校课程体系中各种课程类型及具体科目的组织、搭配所形成的合理关系与恰当比例，是由各类课程构成的、有机的、完整的统一体。课程体系是学校育人活动的指导思想，是培养目标的具体化和依托，主要由特定的课程观、课程目标、课程内容、课程结构和课程活动方式所组成，其中课程观起着主宰作用。

学校课程结构是指学校课程体系中各种课程类型及具体科目的组织、搭配所形成的合理关系与恰当比例，是由各类课程构成的、有机的、完整的统一体。课程结构是针对整个课程体系而言的，课程的知识构成是课程结构的核心问题，课程的形态结构是课程结构的骨架。课程类型按不同维度来划分主要有：学科课程与经验课程；分科课程与综合课程；必修课程与选修课程；国家课程、地方课程与校本课程等。各课程类型和科目都具有自身的价值，在课程结构中具有相应的地位，与其他课程形成价值互补。

新一轮课程改革实现了课程结构的均衡性、综合性和选择性。课程结构的均衡性，是针对课程结构存在着课程类型过分单一、科目设置比重失衡的弊端，学科课程、分科课程、必修课程占主导地位，经验课程、综合课程、选修课程缺失；国家课程一统天下，完全没有地方课程和校本课程的空间。课程结构的调整要实现课程类型的多样化、科目比重均衡化的要求。课程结构的综合性，是针对课程结构“学科本位、科目过多、缺乏整合”的弊端，从加强学科综合、设置综合课程、增设综合实践活动三个方面，努力提高课程的综合化程度。课程结构的选择性，是针对课程结构过分追求统一性、缺少弹性和灵活性的弊端，为适应地方、学校、学生的差异，满足地方、学校、学生发展的特定需要而提出的。一方面，课程结构要能够提供一定数量的课程以供选择，以促进学生个性的发展；另一方面，要能够为地方和学校提供空间以开发自身的课程，建设具有地方特色和学校特色的课程。

与国家、地方的课程结构相比，学校的课程结构是微观层次的课程结构，具有操作性强的特点。学校微观层次的课程结构应该基于以下三个方面建立。

第一，基于国家和省里的课程结构的基本要求，体现一定的变通性，体现了学校所在区域社会政治、经济、文化的发展状况对学校课程建设的现实要求。

第二，课程结构要适应本学校教师和学生的特点，体现学校师生在课程改革中的主体性、选择性。

课程改革能否取得成功在于学校中实际发生的教育教学行为是否有了变化。因此，只有调动、解放每一所学校、每一位教师的积极性，使他们真正成为课程改革的主体，课程改革才有希望。每一所学校的主体性集中体现在通过选择并设置能够创造和形成本校文化特色的课程上。不论国家课程还是地方课程，在课程门类及其关系方面都应适应每一所学校的学校文化特殊性，学校有必要也有能力根据本学校的教育宗旨对国家课程和地方课程进行选择和再开发，创造性地实施国家课程和地方课程。国家或地方层面的课程计划还需要规定学校自己设置的选修课(校本课程)的课时比例。

第三，课程结构要适应学生的个性差异，建立和完善课程选修制。

教育面对的是一个个具有独特个性的学生，教育的根本目的和内在价值是促进每一个人的个性发展。衡量课程改革成败的基本标志是看它是否促进了学生的个性发展。为此，课程结构必须具有选择性，以适应学生的个性差异。

(二)学校课程体系的设计理念

一般来说，学校课程体系设计包括以科目、学习者、问题解决为中心的三个设计理念。

1. 以科目为中心的课程设计

这种课程设计的共同点在于都把内容用作课程的横向、纵向结构的基础，科目设计强调把课程组织成为许许多多的科目，每一个科目有意识地阐述专门的、同质的知识体系。科目可以是研究方面的分工，如物理、化学、历史、文学、哲学等。此外，还包含目前一些实践性领域等。这种设计优势在于它是使学生熟知文化遗产要素的最系统、最有效的组织形式，通过学习有组织的题材体系，学生就能有效而经济地构建自己的知识体系。为达到科目设计的作用，科目的内在逻辑必须符合学生学习科目时的心理过程，在生活情境中能够使用等。这种设计的不足在于这一设计可能割裂知识，从而割裂了学生的理解力，脱离现实世界所关心的以及发生的时间，没有恰当考虑学生的需要、兴趣和经验，对学和用是无效的课程安排等。

2. 以学习者为中心的课程设计

这种课程设计强调学生个性发展，强调课程的组织形式要产生于学生的需要、兴趣和目的。这种设计的典型例证就是“活动——经验”设计，其主要特征有以下两点。

(1)课程结构由学生的需要和兴趣来决定

教师实施“活动——经验”设计的重要任务是：发现学生的兴趣是什么和帮助学生为学习而选择最重要的兴趣。这样，课程就不以学科中心设计的方式来预先计划，只有当教师和学生共同确立追求的目标，规定查阅的资料，计划实施的活动，以及安排从事的评定程序等，这时课程结构才会形成。这种合作计划是“活动——经验”设计的核心。

(2)重在问题解决

学生在追求兴趣的过程中，会碰到某些必须加以克服的困难和障碍，这些困难构成真正的、学生渴望以挑战而接受的问题。在攻克这些难题，寻找解决它们的办法时，学生实现了体现这一课程的主要价值——真实性、意义性、直接性、主动性，以及活动与经验的相关性。

这种设计充分考虑了学生的学习需要和兴趣，但是以学生感觉到的需要的兴趣为基础的课程，不可能保证为生活做充分的准备，课程缺乏连续性。

3. 以问题解决为中心的课程设计

与以学习者中心的设计理念相比，问题解决中心的设计更强调集体的作用，强调在问题解决的过程中学会合作、学会解决问题，目标指向是问题的解决。

（三）“1751”工程学校的课程体系案例

【案例一】

诸城一中“五维一体”课程体系

【导引】

山东省诸城第一中学，创建于1952年，山东省首批规范化学校，全国中小学课堂教学研究中心实验基地，教育部基础教育课程教材发展中心学校课程领导力项目试点校，山东省教书育人先进单位，山东省教学示范校。学校历经60多年积淀发展，形成了先进的办学理念：“为国家的前途命运负责，为学生的终身发展负责”的办学宗旨；“为实现理想走进来，为服务人类走出去”的校训；“志向远大，意志坚强，素质全面，勇于开创”的培养目标；“树立大教育观念，实施开放式办学”的办学策略。创建了中学校园里的“百家讲坛”，形成了修身教育、创新教育、活动育人等鲜明的办学特色，取得了优异的教育教学成绩。学校承载着不断进取的“干事创业，奉献争先”的一中精神和新的梦想，高标准定位，高质量办学，为创办适合学生发展的教育，正阔步走向明天的壮丽与辉煌，谱写出更加动人的华彩乐章。

学校学校课程建设历史悠久、成果丰硕，长期以来，学校注重创设适合每个学生发展的教育，努力开设适合学生个性需求的特色课程，先后开发和实施了一百多门种类繁多的独具特色的校本课程，2012年10月26日至27日，山东省“1751”工程第二片区高中学段第三次研讨会在诸城一中召开，会议上山东省课程研究中心的领导和专家对学校的课程建设高度肯定，称赞学校的课程建设“校本课程异彩纷呈，全面育人硕果累累”；有专家赋诗一首赞誉学校课程建设：“震撼动神魂，恢弘气象新。高精引领者，理想践行人。济济大师荟，谆谆教谕循。课程绮彩绽，学子笑声频。六轶风华美，昭昭业绩真。龙城风景好，无处不阳春。”有专家则用“先进、丰富、多元、成熟、高位”高度概括了诸城一中的校本课程建设成就。领导和专家的肯定是对学校校本课程建设的极大鼓舞和鞭策。近几年来，学校又在各级领导和专家的指导下，借鉴“1751”第二片区兄弟学校的课程建设的经验做法，对学校课程建设进行了梳理和升华，把“责任”文化深深植入课程体系建设，构建起多元的、适合学生发展的“五维一体”的课程体系。“五维课程”包括文化浸润类、学科拓展类、活动体验类、特长培养类、国际教育类，“一体”是学校课程均以“责任文化”为主体，满足不同学生的需求，为学生的个性发展和学校特色发展奠定丰厚的课程基础。

学科拓展类中的“百家讲坛”课程，被《中国教育报》誉为中学校园里的“百家讲坛”。从 1997 年开始，学校定期邀请全国各个领域的专家学者来校为师生做报告。十几年来，到诸城一中讲学的专家学者多达几百人。“百家讲坛”不仅有名家，还有本校的教师和学生，也有家长和校友，他们同样可以登上“百家讲坛”做报告。他们的报告为学生打开了一扇窗，让他们走进了一个多彩的世界。

特长培养类中的创新教育课程，让学生们乐在其中，激活了学生的潜能，取得了显著成效。在第 19 届全国信息学奥赛中，有 2 人荣获一等奖，3 人获得二等奖；2013 年 12 月，山东省信息学奥赛总结表彰大会在诸城一中召开；2014 年山东省信息学奥赛夏令营和第 20 届全国信息学奥林匹克竞赛在诸城一中成功举行，在第 20 届全国信息学奥林匹克联赛中，有 5 位同学获得一等奖，9 人获得二等奖，学校荣获山东省信息学奥赛金牌学校称号。2014 年，侯超在全国中学生物理奥林匹克竞赛中以全省第二名的突出成绩入选全国冬令营并代表山东队参加在浙江省杭州举行的全国物理奥林匹克竞赛决赛最终以突出的成绩摘得银牌，为学校和全省争得了荣誉，这是潍坊市唯一获银牌以上奖牌的同学，在学校和我市历史上尚属首例。罗兆勇在全国数学奥林匹克竞赛中以全省第三名的突出成绩入选全国冬令营，将代表山东参加全国决赛。在全国中小学生电脑制作活动中，有 6 位同学获全国竞赛一等奖，有 7 名同学获得二等奖，学校获优秀组织奖；臧传宇获工程挑战赛全国亚军。学校孙海伟同学在 2014 年“智道杯”第二届山东省中小学校园动漫与数字艺术原创大赛中喜获一等奖。学校荣获中国青少年科技辅导员协会“单位会员”称号。目前为止，学生有800多项科技成果获得国家专利，其中，金俊同学一人获得6项国家专利，被中国发明家协会吸收为会员。

艺术特长教育在诸城一中起步很早，20世纪80年代起就闻名全国，被称为山东省艺术教育的发源地。目前已有近6000名学生凭艺术特长考入中央美院、中央音乐学院、清华大学等高校。

体育特长教育同样也是硕果累累，学校共向国家输送优秀运动员800多人，国家一级运动员80多人。涌现出了一批以郑桂霞、段秀全等为代表的优秀运动员。2013年学校蝉联第27届潍坊市中学生田径运动会团体总分第一名，被誉为诸城一中“体育神话”。同年7月又获得山东省中学生田径运动会团体总分第一名。

目前，学校共开发校本课程100多门，丰富多彩的课程满足了不同学生对学习内容的选择，提高了学生学习的兴趣和积极性，为学生的创新发展搭建了平台。学校对校本课程实施学分制管理，学生修满学分获得“诸城一中综合素质合格证”，与省教育厅颁发的“学业水平考试合格证”一起，双证齐全才算是诸城一中合格毕业生。

“责任文化统领课程体系”是诸城一中在长期的办学实践中形成了先进的办学理念。“为国家的前途命运负责，为学生的终身发展负责”的办学宗旨，“为实现理想走进来，为服务人类走出去”的校训，把国家前途和学生的终身发展结合起来，把实现理想和服务人类结合起来，这些成为诸城一中办学的灵魂，也成为学校课程建设的指针。服务国家与人类，实现理想，达成终身发展，凡此等等给学生确立了一种责任意识，责任意识潜移默化成为一种课程文化。把“责任”文化深深植入课程体系建设，构建起多元的、适合学生发展的“五维一体”的课程体系。

在“百家讲坛”课程中，学生、教师、家长、专家你方谈罢我登场，纵谈古今，激扬文字，探索万象，揭示人生，此起彼伏，精彩万端，讲者洒脱自如，听者醍醐灌顶。

【案例二】

蒙阴一中：以课程建设为抓手，让文化内涵“深”起来

【导引】

山东省蒙阴第一中学始建于1954年，原为“山东省蒙阴中学”，1956年改称“山东省蒙阴第一中学”。原中央军委副主席迟浩田曾为学校题写校名。1984年被确定为临沂市重点中学。2007被确定为省级规范化学校。

学校全面贯彻党的教育方针，始终秉承“弘扬沂蒙精神，培育祖国未来，传播正谊真理，造就社会栋梁”的建校宗旨，遵循“立足蒙阴，服务祖国，以人为本，创建特色”的办学思路，引导学生树立以“爱心、责任、荣誉”为核心内容的世界观、人生观和价值观，帮助学生实现“做人有德，做事有成，学有所长，体有所健”的成长目标，努力使全体学生达到“生活自理，学习自主，行为自律，人格自尊”的时代要求。

三年前的蒙阴一中，校本课程只有一位老师开发的《民俗》，主要是为了应付上级的检查。从领导到老师普遍缺乏对课程的认识，很少考虑学生个性发展问题，没有开齐课程开足课时。经过专家指点，蒙阴一中认识到了存在的问题，马上着手改正。

一、创新构建体系，凸显文化特色

根据国家课程标准要求，提出了“人本、多元、整合、创新”的课程理念，构建了完整科学创新的蒙阴一中课程体系：

- 学校课程
  - 国家课程
    - 必修（执行国家课程标准）
    - 选修
  - 校本课程
    - 人与自然、生命
    - 人与科学、艺术
    - 人与历史、文化
    - 人与社会、生活

二、重点开发课程，打造课程品牌

1. 人与自然、生命。(1)以山东第二高峰“蒙山”、山东第二大水库

“云蒙湖”、中国第五大造型地貌“岱崮地貌”、亚洲最大的金刚石矿遗址“701”矿等资源开发课程，培养生态意识和科学意识。如《蒙阴地方地理》《岱崮地貌》《金刚石矿与钻石文化》等。(2)以“防艾滋”“防毒品”“防地震”“会自救”为内容的生命安全课程，培养“尊重生命、敬畏生命、生命至上”思想意识。如《地震灾害及预防》《青少年饮食健康与糖尿病防治》《网络信息安全》等。

2. 人与科学、艺术。(1)以学科思维、思想挖掘、价值探索为内容的学科拓展课程，培养科学思想和思维能力。如《刘洪与数学》《生物标本制作》《历法》等。(2)以艺术欣赏和艺术体验、艺术创作为主要内容的艺术课程，培养审美、鉴赏和艺术创作能力。如《国画欣赏》《民族民间音乐》《flash 动画制作》等。

3. 人与历史、文化。(1)以历史名人珠算发明者“算圣”刘洪、山东省委早期领导人刘晓浦、刘一梦，革命家陈毅、粟裕为素材的“燕翼堂”“孟良崮战役”“沂蒙山小调”“沂蒙六姐妹”等“红色热土”系列课程，培养爱国爱党爱家乡的精神情操。如《燕翼堂》《孟良崮战役》《沂蒙六姐妹》等。(2)以知名校友公方彬、薛其坤等为素材的校友文化课程和文化地标、学子森林园等景观为主的校园生态文化课程，培养励志坚毅品质和文化修养。如《蒙阴一中著名校友》《蒙阴一中校园文化巡礼》《爱心·责任·荣誉》等。

4. 人与社会、生活。(1)看农村、进社区、观工厂、学军人，培养学生创业观念和担当意识。如《蒙阴蜜桃的生物学价值》《银麦飘香》《小流域治理》等。(2)强化校园生活自治系列工程，培养观察、动手能力。如《个人性格与人生发展》《中国结》等。

同时，宿舍、餐厅、校门、厕所管理、师生语言行为习惯等，课程价值也被开发利用，体现出育人功能。

蒙阴一中是“1751”工程项目学校，正如文中所言，“三年前的蒙阴一中，校本课程只有一位老师开发的《民俗》，主要是为了应付上级的检查。从领导到老师普遍缺乏对课程的认识，很少考虑学生个性发展问题，没有开齐课程开足课时。”这一现状也揭示了“1751”工程之初项目学校课程建设的现状。

“1751”工程启动以来，在工程的带动下，在省课程研究中心、指导学校的指导下，项目学校逐渐确立起课程建设意识，使得学校的课程体系从无到有，从简单到全面，逐步改变了学校传统的育人模式，在落实国家和省里的课程方案、积极推进课程建设方面付出了巨大的努力，也有了巨大的收获。蒙阴一中立足“人本、多元、整合、创新”的课程理念构建了学校的课程体系，围绕人与自然生命、人与科学艺术、人与历史文化、人与社会生活四个方面紧密结合学校所在的地方特色构建校本课程体系，课程内容、课程资源就在身边，容易引起学生开发和学习的兴趣和积极性，课程建设的效果也显而易见。立足校本构建学校课程体系是“1751”工程学校课程建设的一大亮色。

四、学校课程实施

(一)学校的课程实施内涵

课程实施是一个多义的概念，尽管人们对课程实施的认识不一，但至少在三个方面已形成共识：1. 课程实施是将编制好的课程计划付诸实践的过程，是实现预期的课程理想，达到预期的课程目的，实现预期教育结果的手段；2. 课程实施是通过教学活动将编制好的课程付诸实践；3. 课程实践的焦点是实践中发生改革的程度和影响课程实施的那些因素。在我国，国家所规定的课程都是经过一段时间的研究、实践和论证而形成的，从总体上看，具有科学性和可行性。但由于我国的地区之间的差别较大，在实施的过程中，不可避免地会带来一些问题。所以，在理解课程实施问题时，应当将课程计划看作是可以调整和改变的，判断课程实施的成败也不应以对原有计划的执行程度为标准，而应关注执行过程中教师在特定的情境下对课程计划的调适和改造，课程实施是将规划的课程付诸实际教育教学行动的实践历程。仅就山东省内来看，在课程实施上也存在很大差别，各个地市在课程实施方面都有着自己的特色。课堂教学是课程实施的主阵地，由于课堂教学单列一部分探讨，本章的课程实施主要探讨课堂外的部分。

(二)“1751”工程学校的课程实施案例

【案例一】

五莲中学：以课程建设为载体　促进学生全面而有个性地成长

【导引】

山东省五莲中学(原五莲中学)创建于1996年，是一所省级规范化学校。2011年3月，学校入选山东省中小学“1751”改革创新工程项目学校，为课程文化的发展创新找到了切合点和生长点。三年多的时间，于一个学校的发展来说，是短暂的。但就这三年，在省基础教育课程研究中心、项目共同体和指导学校的引领下，学校在内涵发展方面取得了长足进步，学校的“硬实力”和“软实力”都在学校文化力不断提升的过程中逐步发展起来。

题记：知教育者，与其守成法，毋宁尚自然；与其求划一，毋宁展个性。

——蔡元培

文化若水，真水无香，学校文化有着神奇而又独特的魅力，是学校科学发展的灵魂。要想真正打造一所优质学校，必须靠文化的力量和内涵。学校在学校文化建设和创新中确立了“提升学校文化力，促进学校内涵发展”的核心价值追求，是学校在传承历史、审视现实、展望未来的思考过程中积淀和凝练出的一种思想、一种精神和一种目标，为实现这一目标，学校在制度文化、教师文化、学生文化、环境文化和课程文化等方面不断寻找最佳切入点和突破口，不断发展创新。课程文化能集中反映文化价值观念的主流，反映教育目的的价值取向，更能反映学校的办学理念，是学校文化的核心文化。学校以课程建设为载体，创设课程文化，促进学生全面而有个性地成长，充分体现课程文化的“育人”本源。

学校全景

2011年，在全省课程实施水平评估中，学校取得48分(满分50分)的优异成绩；2014年，山东省校本研究工作会议在泰安召开，会上，学校被表彰为山东省校本研究先进学校，是日照市获此殊荣的唯一一所高中；2012年、2013年学校连续两年在日照市组织的校本课程开发评选中获得一等奖；

……

反思和总结三年来的工作，我们认为，把课程建设作为文化力提升的核心，发挥文化引领作用，以课程建设为载体，打造适合学生个性化成长的学校课程体系，使我们的工作思路更清晰，日标更明确，信心更坚定。

一、基于“1751”改革创新工程下的学校课程建设

根据教育部规划，2004年山东省同广东、宁夏、海南成为全国首批高中新课改实验区，率先推行普通高中新课程方案。学校同全省的普通高中学校一起加入了这样一场号称新中国成立以来改革力度最大、影响最为深远的教育变革。这次新课改，其核心在于通过变革人才培养模式，发展学生创新精神和实践能力。这样一次源于顶层设计的高中课程改革把课程目标、课程结构、课程内容、课程实施、课程评价、课程管理作为改革的主攻方向，接下来的教师培训学习、学校内部一系列制度的出台等措施给老师们带来了巨大的视觉冲击，选课走班、学分认定、

学生素养评价等一些新鲜的东西使教师、学生、家长有了不少新鲜感，对这次课改充满了好奇和期待。

但是，这场声势浩大的改革遇到了巨大的现实困难，特别是在学校这样一所县级中学暴露得尤为突出。先进的课程理念与相对落后的教学思想、教师的素质与新课程的要求、选修课程必修化、学分认定的难度、模块教学的困难、硬件设施的不足给走班带来的困难、选课走班带来的管理难度、素养评价的诚信度、社会实践活动资源的匮乏、教师课程开发与实施能力的欠缺等一大堆现实难题使得这场变革举步维艰。更为重要的是，当2007年的高考结束的时候，人们发现，课改并没有给高考带来多少新气象。

接下来的2007年末，省教育厅出台了规范办学行为的有关规定，《山东省普通中小学管理基本规范》40条，从办学方向、教学管理、教师管理、评价管理等多个维度明确了普通中小学管理的具体要求。其中，对课程实施提出了许多要求。在这样一种背景下，学校和全省的所有高中学校一样，又掀起了一次具有革命性意义的行动。

回顾过去，在落实40条规定的过程中，学校有很多方面还是停留在2004年课改基础上，对有些方面进行一次必要的修正从而使之符合规范的要求，很多工作局限于修修补补。至于为什么要这么做，从学校到老师考虑得不够深刻，没有内化为一种师生自觉，实践中存在着诸多形式主义的东西。

为什么课程改革会如此艰难？反思过去学校在这方面的工作，在深层次上存在这样几个突出问题。一是在学校的核心价值取向上，依然尊奉着“知识本位”的教育哲学和理念，过分追求知识教学效果的最大化。二是在育人思维方式上，以工业化大生产的思维模式为主要特征，尊奉着“统一化、标准化、集约化”的原则和要求，过分追求高度集中和严格控制，力求建立权威性的非民主化的师生关系，要求确立以客观标准评判结果的控制方式，从而构成严格的选择和淘汰机制，以确保知识本位和知识传递效果的实现。三是在行为方式上，课程与教学以课堂为中心、书本为中心、教师为中心，教学方式规定学习方式，教学行为制约和规定学习行为，教学不是为学习服务，而是学习要适应教学，学生要努力改变自身去适应课堂秩序、教学资源的要求和教师的特殊规定。

当我们找到这些根源的时候，我们立即意识到了改变课程的重要性和紧迫性。一所学校只有在“课程”这个核心问题上找到正确的路径，才能真正提升学校的办学层次，只有构建其以促进学生发展为核心的课程体系，才能促进学生全面而有个性的成长，才能培养真正的人。

2011 年，当我们荣幸地入选山东省中小学“1751”改革创新工程项目学校后，在省课程研究中心专家、共同体学校的专业引领、联盟发展、典型带动的作用下，我们不仅坚定了加强课程建设的信心，也逐渐清晰了学校课程建设的路径。

2011 年上半年，李红婷主任率课程研究中心专家团队数次到校帮助学校进行自我诊断，并于下半年形成了学校三年发展规划；三年来省课程研究中心专家多次到校调研并指导工作；

2012 年 4 月，学校派管理团队到青岛二中挂职学习半个月，全面并近距离接触青岛二中的课程建设和实施情况；

2012 年至 2013 年 11 月，每学期至少三次共同体校际联盟活动，“1751”平台使学校各项工作步入快车道；

2013 年 10 月，青岛二中孙先亮校长率学校管理团队来校调研并达成校际进一步合作发展协议；

孙先亮校长作翻转课堂报告

2013年11月21日至22日，“1751”工程第一片区高中段共同体同课异构暨优秀生培养工作论坛在学校举行。省基础教育课程研究中心、青岛二中、淄博实验中学、烟台莱阳九中、莱芜凤城高中、临沂蒙阴一中、新疆库车二中、郯城二中、垦利一中、五莲一中等学校的近600位领导、专家和教师参加了这次盛会。

二、学校课程建设的思考和策略

课程在学校教育中处于核心地位，教育的目标和价值主要通过课程来体现。课程应该体现一所学校的文化、办学理念、教育的价值取向。所以，课程应该具有统领作用，它无法孤立地存在，而是与学校的制度、教育教学行为紧密关联在一起。教师、学生、课堂是一所学校课程的具体承载者。学校课程从来就不是局部的而是整体的，不仅是外推的更是内生的，不仅是客体(物)的更是主体(人)的，不仅是表层的更是深度的，这是包括了学校的物质、制度、精神层面的全方位的建设，是涉及学校教育哲学与价值、管理与组织、教师与学生、行为与形象的整体品质的完善和教育境界的提升。

课程，是学生发展的载体，也是形成办学特色的关键。自入选“1751”改革创新工程项目学校以来，五莲中学以“深化课程改革、构建优质课堂、促进教师专业发展、优化学校管理制度”为重点，确立用课程理念统领学校工作，用课堂效率体现课程落实，用课程开发推动教师专业发展的内涵发展思路，学校课程体系逐步完善。紧紧围绕课程这样一个中心，从制度建设、理念规划、课堂建设、教师队伍建设、德育活动设计、人才培养模式等多个维度，重新进行思考和设计，把学校的课程建设落到实处，落脚于实实在在的教育行动上。

(一)构建理念文化，诠释学校课程目标

“让五莲的孩子接受现代化、高质量、有特色的一流教育。”这是五莲中学的办学理念，是深深烙在每个五莲中学人内心的校魂。

“在理论上吸收先进思想，在设施上优化育人环境，在教学上打造高效课堂，形成特色，构建品牌，塑造德才兼备、全面发展而又彰显个性的优秀人才。基于这样的思想，确立了这种实实在在的办学理念。”这是校长岳在田对办学理念的阐释。应该说，这是一种完全抛却功利而又实实在在的办学理念，就是为了五莲的孩子打造高品质的教育，培养真正意义上的人，这也是教育的目的，回归教育的真正本质。

“教师发展第一，学生成长至上。”学生成才是学校教育的本源和落脚点，教师的成长促进学生的发展，师生的共同发展推动学校的发展和成功，而学校的成功又为师生的发展提供更优越的条件，学校在追求学生成才、教师成长与自身成功的过程中达到和谐共振。这就是五莲中学“学生成才、教师成长、学校成功”的学校共生理念。为实现学校共生理念，分别提出了学生、教师、学校发展目标。学生健康发展为中心，强调健全人格的重要性，锻炼学生强健的体魄，让学生智慧而高效地学习，形成了“心强、体强、学强”的学生发展目标。教师是学校的核心竞争力，教师发展目标是“研究型、创新型、专家型”，这也是教师成长的基本路线，层层递进，不断提升。创建优质、品牌、特色学校是学校的发展目标：大面积提高教育教学质量，创建教学优质学校、品牌学校；建设富有特色的校本课程体系，促进学生的个性发展和全面发展，创办特色学校。

在具体的教育教学中，学校提出了“全面发展，人文见长”的教育目标，是五莲中学的文化特色。全面发展是学校教育的基础，是一种全方位的育人活动，在个体充分发展的基础上，达到群体的“全面发展”，既使学生在德智体美等方面和谐发展，又使他们的个性健康发展，具备一定的创新精神和实践能力。在具体的教育教学中，强调人文精神的养育，站在为学生终身发展的高度，帮助学生学会做人。

跟过去相比，学校的办学理念立意更高远，更多地关注了人的发展，包括学生和教师，理念文化的体现更具体，更能让师生看得见，摸得着，体会到。

“我的孩子不是最优秀的，但我相信他选择了五莲中学，在这样一种育人环境中，他会得到全面的发展，他会生活得很愉快，他会不断走向优秀。”这是一位学生家长在新生家长会后的感慨。

(二)完善制度建设，创设课程改革浓厚氛围自加入“1751”改革创新工程项目学校以来，学校重新思考制定了《五莲中学课程实施未来三年计划》，分阶段确立工作目标和阶段措施。规范阶段、提高阶段已完成目标任务，特色纷呈的第三阶段已经取得初步效果并正在不断深入。

学校立足实际，面向全体学生，根据学生的身心特点与学科教育发展的特点和区域资源特点确定学校课程体系，力求使学生在思想、文化、身心和技能等方面的素质得到全面提高，个性特长得到发展。为了更好地推进落实新课程理念，学校专门制定了《五莲中学教师课程理念学习制度》，对教师的学习提出明确的要求和落实措施。

课程改革，方案先行。为了能使新课程在较高的标准下扎实有序地运行，学校制定了《课程实施方案》《学校课程开发方案》《学校三年课程规划》《综合实践活动实施方案》《高中新课程学生选课指导手册》《校本教研制度》等系列课改方案，为新课程的落实提供了最有力的制度保障。学校根据自身实际整合学校课程资源，确定了每学期各年级的课程开设方案和学生的选课指导方案，学生人手一份《五莲中学学生选课指导手册》。学校严格落实课程方案，开齐课程，上足课时。音体美教学努力做到普及与提高相结合，在提高全体学生基本技能的前提下，加大专业生的训练。通用技术课程采取理论与实践结合的方式，走向社区，走进车间，学以致用。综合实践活动课程采取校内与校外结合，课内与假期结合，教师指导与学生自主活动相结合的原则开展。国家系列选修模块开设数量足，能满足学生选课需要，校本课程种类和数量基本满足学生需要。

(三)打造高效生命课堂，确立课程改革主阵地

课堂是学校工作的核心，是提高教育教学质量的主战场，更是提升师生成就感，幸福感的关键。传统课堂教学的最大弊端是“老师讲得太多，学生活动太少”。

五莲中学认为“课堂改变，学校才会改变；课堂高效，教育才会高效；课堂优质，学生才会卓越；课堂创新，学生才会创造；课堂进步，教师才会成长；课堂愉悦，师生才会幸福”。学校十分重视课堂教学改

革，在学习借鉴国内知名学校的教学理论前提下，以美国缅因州贝瑟尔国家培训实验室的“学习金字塔”理念为指导，“1525”课堂教学模式从无到有，从初具雏形到不断完善，从注重知识传授到努力打造促进知识落实、智能发展的高效课堂和充满道德、情趣、活力的生命课堂。

学校每学期开展高效课堂活动月，通过全员赛讲课、骨干教师示范课、全县教学开放周等活动推进改革的落实。为切实打造促进知识落实、智能发展的高效课堂和充满道德、情趣、活力的生命课堂，进一步转变教师的教学方式和学生的学习方式，提高教和学的效率。学校将高效生命课堂的内涵界定为“是以学生健康发展为中心，努力实现学生成才、教师成长、学校成功的共生理念，是以学生为主体，课堂为阵地，以促进学生健康、可持续发展为主要目的而开展的师生之间的充满生命活力的思想、知识和情感的交流活动”。把充满激情与活力、师生在尊重平等氛围中全方位互动、培养自主探究精神、尊重学生差异并把差异作为一种教学资源、彰显教师教学特色、师生在互动中体验成功、分享成功等六大特征作为高效生命课堂的主要特征。将集体备课、观课议课、骨干示范、同课异构四项措施做为推进落实的主要手段。提出了调动学生学习的主动性、积极性，大幅提高学习效率；建设激情校园、激情课堂，促进学生健康、可持续发展；优化校内教研氛围，促进学科建设；形成教师教学特色，培养特色教师，打造特色课堂；形成和谐的师生关系，实现师生共同成长等五大愿景。

（四）开发校本课程，助推学生全面而有个性的成长

“如何适应学生的能力、性向、经验以及现实生活的需要，来设计符合学生利益的课程”，是校本课程设计的基本原则。过去很长一段时间，学校的校本课程建设一支在低层次徘徊，课程目标不够明确，课程内容狭窄，课程评价肤浅，教师开发实施校本课程的积极性不够，学生对校本课程的学习热情不够高涨。

校本课程为学生将来能在社会上站立起来，多给他们一个支点，是为学生将来走好人生之路而设置的课程。三年来，五莲中学在开全开齐国家课程的前提下，通过构筑符合学生需求的、多样化的课程体系，满

足了不同学生的需要，为学生的全面发展、自主发展和个性发展提供了一系列的校本课程，让课程引领思想、让理想付诸行动、让特长有所表现、让兴趣铸就专长、让爱好呈现成果，为学生的全面发展、自主发展和个性搭建了课程平台。

目前，学校开发开设的校本课程主要包括人文素养、德育活动、家校合作、班会、社会实践、社团、特长发展等几个大类。这些课程融教育性、科学性、知识性、人文性、趣味性、地方性于一体，为学生开辟了清新、多彩的新天地，为学生的全面发展和素质提高产生了积极而深远的影响。

（五）促进教师发展，积聚课程改革的人力资源

教师的专业素养是学校的核心竞争力，也是学生获得个性化发展的首要前提。五莲中学是一所年轻的学校，学校教师构成成分比较复杂，有的是从其他高中学校选调来的，有的是从初中学校考选来的，更多的是从国内普通师范院校中招聘来的。特别是2000—2005年期间，大批骨干教师流失，一度使学校师资状况陷入困境。学校教师普遍比较年轻，年龄结构不尽合理，学科领军人物奇缺，教师的科研能力不够，课程开发和实施水平不够。

为了实现学校更高层次的发展目标，提升学校的办学品位，形成学校鲜明的办学特色，提升教师专业素养显得重要而紧迫。近年来，在“1751”共同体学校和专家的引领下，学校积极探索，不懈努力，为学生的特色发展和个性化成长提供有力的师资支撑。我们认为，这是学校入选项目学校后受益最大的一个方面。

激活教师发展意识。学校通过对教师进行校情教育，使全体教师充分认识到教师必须负重奋进、爬坡前行，通过提升教师水平来全面优化学生质量，大幅提高学生成绩，以此实现教师的人生价值，提高学校的办学效益，从而把学校办成学生向往，家长信赖，教师愉悦，社会尊重的卓越学校。学校加强对教师发展的领导力，促进教师高位发展，引领更多的教师以各级名师、省教学能手、省特级教师为事业追求的目标，提升学校骨干教师群体的层次。学校启动“金牌工程”评选活动，设立金

牌教师、金牌学生、金牌年级、金牌班级、金牌学科及金牌教研组评选，鼓励全体师生追求卓越，争先创优。

打牢教师专业基础。突出抓实以听评课、集体备课、课堂达标课为主要内容的常规教研，针对三校合并的实际情况，搞好校本培训，促进教师队伍均衡发展。坚持办好《五莲中学教学论坛》，实现校内资源共享；各学科每月分别编印一期《教育科研发展动态》，及时推介学科教学前沿信息，促进教师专业发展。同时，引领教师高位发展。学校认识到，名师是一所学校的精神象征和标志，是学校办学质量和水平的重要指标。学校采取“走出去请进来”的方式，加强教师高层次培训，先后与华东师大、北师大合作举办骨干教师培训班。借助“1751”项目创新工程这一平台，积极为教师提供有利于教师专业发展的学习机会。三年来，学校积极派出教师参加“1751”工程第一片区高中学段共同体学校之间有关活动。先后到青岛二中、淄博实验高中、蒙阴一中、莱芜凤城高中、莱阳九中、日照一中等参加学术研讨、教学教研、同课异构等活动。2013 年 11 月 21 日、22 日“第一片区”共同体学校同课异构活动成功在学校举行，全校 350 多名一线教师全部参加了活动学习。

提升教师课堂驾驭能力。多途径促进生命化课堂的落实。进行全面课堂质量管理，提升学校课堂教学改革领导力，继续采取学校领导挂靠学科、年级主任包联教研组制度和学校领导听课日制度，有关领导要深入课堂一线，掌握每一位教师的课堂教学实情，建立课堂教学会诊制度。组织有关人员对部分教师进行课堂会诊，制定切实可行的整改措施，进行跟进指导，为每一位教师的教学反思和改进课堂教学提供支持。实施高效生命化课堂全员竞赛达标活动，每学期组织一次全员竞赛达标活动，让每一位教师成为课堂教学改革的参与者、实践者、受益者。扎实开展“构建高效生命课堂，提升师生幸福指数”活动，印制“学习金字塔”张贴于宣传栏、办公室和教室，出台学校文件强力推行高效生命课堂。每学期定期举行大型高效课堂展示课用于相互交流和学习。继续加强课堂教学微环节研究。制定出台了各学科教学方略和课堂教学微环节研究实施细则。

提升教师个性化指导的能力。学校的办学特色在很大程度上取决于学校的课程特色。课程特色决定学生的发展特色。学校提倡和鼓励学科组、教师个人对国家课程进行整合，实现国家课程校本化。逐步实施教师“1＋1＋1”工程，即要求教师能上好1门学科，开好1门校本课程，指导好1个社团。学校将校本课程开发和实施纳入校内名师评选的必要条件，以此来满足学生特色发展的需要。自2013年年底，学校整合艺体教师资源，发挥教师专业特长，培养学生特长技能，力争使每位学生掌握一项陪伴终身并能助推人生成长的特长技能。组建并完善学科辅导教练团队，使一批学生在数学、物理、化学、生物、信息学、写作等方面脱颖而出，形成特长。

加强学科建设。学科建设不仅直接关系到一个学校的教育教学质量，也是一所学校内涵和底蕴的体现。一个学科搞得好就会促进学科内教师的均衡、高位、特色发展，就会使本学科的教学质量走向高的水平。学科的发展说到底还是人的发展，建设好一个学科需要有本学科的领军人物以及由此而带动起来的核心团队。因此，学科建设与教师专业发展是相辅相成的关系。学校要发展，不仅要使学生成才，也要促进教师成长。这样，才能使学校的教育教学质量保持高水平上的持续发展。2014年1月学校以校字〔2014〕1号文件的形式出台了《五莲中学关于加强学科建设，促进教师专业发展的实施意见》，把学科建设和教师专业发展摆在了学校工作的重中之重。“1号文件，足以显示了此项工作在学校中的重要性。”校长岳在田说。

三、课程建设取得的成果

三年来，学校对课程有了更新更深的认识，课程在学校工作中的核心地位得到确立，课程文化的引领作用得到淋漓尽致的体现。教师的课程整合和开发能力有了明显提高。

（一）异彩纷呈的校本课程助推学生全面而有个性成长

1. 人文素养课程

五莲中学从组织、制度、师资、物质、社区课程资源等方面入手，逐步建立和完善学校人文素养课程体系，提升学生的人文素养水平。

平安和谐课程。人文教育首先应创设人文校园，五莲中学以培养人文精神为目标，多渠道打造“平安和谐校园”，为师生创造了一个平安、健康、文明、和谐的工作、生活、学习环境。确立了“平安、和谐、奋进”的校园文化主题，以“平安”为第一要务，以“和谐”为根本目的，以“奋进”为追求目标，促进学校和谐发展。以《法润校园》《祝你平安》《心海导航》三门校本课程为载体，构建品位高雅、内容丰富的校园文化。

传统文化课程。中华传统文化中璀璨纷呈的经典篇章，是中华民族的“根”与“魂”。学校充分发挥人文学科的优势，在课堂教学和课外阅读中挖掘传统文化的精髓，让学生在传统文化的浸染中，心灵得到净化，品格得到提升。

儒家思想一直是中华文化的主体和主流，这套思想具有成熟的道德理性和浓厚的人文关怀，其核心是探索如何做人的道理，其根本价值就在于道德，在于人文主义，由此可见，对学生思想品德的教育，人文精神的培养，最好的教材莫过于以儒家思想为代表的国学。近几年，五莲中学在这方面也做了大量的工作。其中，重点是《朱子家训》等名篇的研读和背诵。2014 年春天，学校举行了 3000 多人同时默写《朱子家训》的活动。国学教育在学生身上得到了自觉的体现，并内化为行事原则，提高了学生的人文素养。

太极拳是我国的国粹，是我国具有代表性的体育传统项目，经常练习太极拳，可以起到练气、蓄劲、健身、养生、防身、修身的功效，一生受益无穷。为弘扬我国太极拳文化，提高学生健康意识和身心修养，学校开发了《太极拳修习》校本课程，作为学生的必修课程。在优美的旋律中，学生在整齐划一的队伍中时缓时快、柔中带刚的招式尽显太极的魅力。

经典诵读课程。五莲中学从培养学生的人文精神出发，不断拓展特色教育发展空间，努力构建德育工作新视角，结合德育工作“文是载体，德是灵魂，人的发展是根本”的理念，提出了“以文养德”的德育工作思路。在教育实践中，通过多种渠道促进“以文养德”，大力开展经典诵读活动，提高学生的人文素养。学校成立了“朗悦”朗诵协会，聘请电视台播音员、语言文字专业技术人员担任顾问，指导社团成员的朗诵技巧，学校学生代表日照市参加山东省经典诵读比赛取得优异成绩。

由师生选编的每月一期《心灵驿站》《全国中学生优秀作文选》《五莲中学学生优秀作文选》等师生自编的小册子，选取了文采斐然、思想深刻的好文章，对学生的道德水平、人文精神、文学素养进行“大补”。同时，英语老师开发了每月一期的《五莲中学学生英语课外阅读精选》，提高学生的英语应用能力。《杏坛》为师德读本，用小文章潜移默化提高教师的师德水平。教学楼外宣传栏内的“人生百读”，选取了励志、修身等经典文章，随时给学生以过目难忘的心灵触动。《五莲中学学生手册》设置了校园文化选粹章节，选登了《干净背后的力量》《青春宣言》等值得经常阅读的文章，悄然震撼着学生的心灵，使制度与规范渗透思想的引领。

学校重视阅读教育，加强书香校园建设，推进“经典诵读”活动。校本课程《智慧的盛宴》，选取了名人名言1200句，学生在智慧的盛宴中，启迪智慧，增长才干，净化心灵。学校为学生订阅了《情感读本》，让学生在感动与优雅中演绎道德与文明。组织学生利用寒暑假借阅优秀长篇小说，学校实施开架阅读；班级图书角的建立让学生随时分享书籍；电子阅览室储藏量丰富，实现图书资源网络共享。大阅读活动不但提高了学生的语文读写能力，更重要的是这项活动的意义远远超越了学科教学本身，在阅读中，格言警句的启发，人物事例的教育，作家情操的熏陶，通过学生的情感共鸣所产生的教育作用，将对学生产生持久、深远的影响。2014年4月，日照市中学生“文创园”杯首届汉字英雄擂台赛决赛在日照广播电视台演播大厅落下帷幕。经过激烈角逐，学校包揽了前四名，以绝对优势获得团体冠军。2014年6月，由山东省教育厅、山东省语言文字工作委员会举办的“快乐汉字”竞赛活动在济南举行，学校作为全省唯一一支由一所学校代表地市参赛的代表队，与来自全省的17支地市代表队、85名选手展开激烈角逐，取得优异成绩，两名同学分获全省第四名、第六名。

2. 德育精品活动课程

德育是教育的重要组成部分，是最主要的教育目标之一。德育不是空洞的说教，要以一系列的活动为载体，德育的效果也要靠活动来实现，没有活动就没有德育。

在“感动校园人物评选及颁奖典礼”中发现感动，传播感动。五莲中学自2009年启动了“感动校园人物评选和颁奖典礼”活动。制定详细可行的《“感动校园”年度人物评选方案》。活动围绕“感动”主题，采用个人报名、集体推荐相结合的方式进行“海选”，然后由组委会票决产生“感动校园人物”。每年一月份，模仿中央电视台“感动中国人物颁奖典礼”举行由全校师生和家长委员会代表参加的盛大颁奖典礼。典礼场面热烈而感人。当选的感动校园人物中，有德艺双馨的全国优秀教师、省特级教师，有舍小家顾大家的青年教师，有感恩父母自信自强的学子，他们是全校师生的道德楷模和学习标杆。

在“百里远足”中学会坚持，塑造坚韧。为增强学生的体质，给学生一个健康的体魄，塑造学生勇于战胜自我和顽强拼搏的意志品质，弘扬团结友爱文明环保的良好风尚，强化学生的集体观念、纪律观念和合作意识。学校每年三月份精心组织“百里远足”活动。“百里远足”活动以“文明、合作、环保、励志”为主题，学校领导、全体师生共同参加，从“出征仪式”到“励志征程”，到“激情总结”再到撰写“远足感悟”无不精心

百里远足

思虑，步步引导，让学生感受坚持，学会坚韧，走向成功。活动历时一天，徒步百里。对于以独生子女为主体的学生群体来说，每年的“百里远足”活动堪称是一次生理和心理上的“长征”。但是，在学校的精心组织，周密安排下，这项活动成为每届学生的一份期待，一个向往。每一次“百里远足”都是一次团结协作之旅、文明环保之旅、励志奋进之旅。

在“成人仪式”中明确责任，学会担当。18岁，是一个人走向成熟的标志；18岁，意味着你要开始承担应有的社会责任。为了让每一个青年学生明确自己的社会责任，学会担当责任，每年5月，学校组织“18岁成人仪式”。该项活动由学生会承办，并邀请学校领导、家长代表参加。“18岁成人仪式”让学生切实感受到成长的快乐，人生的责任，让他们更加懂得要以自己的实际行动关心他人，回报社会，勇于担当，辉煌人生。

在“毕业典礼”中难说再见，学会感恩。6月9日，是高考结束的日子，是师生分别的时刻。高考结束不是匆忙的离别，而是期盼对高中的回忆、对老师的感恩和对同学的祝福。“毕业典礼”在这个时候就成为挖掘人性、洗礼灵魂、学会感恩、又让学生终身难忘的活动。校长的毕业致辞和高中生活纪录片，真实地道出和记录了同学们高中三年生活的点点滴滴，同学们奋斗的脚印、成长的快乐、克服困难的自信与坚强，师生间纯真的感情……在离别的时刻，当一幕幕在三年学习生活中不留意却又让人勾起无限思忆的画面在学生眼前闪现，他们无不心情澎湃继而惊呼流泪。三年激情，一朝爆发，真的往事难追、终身难忘，真的是“难说再见”。一束束鲜花，一声声祝福，一丝丝泪光，一句句感谢，一次次拥抱，饱含着最朴素也最真挚的情感，表达了对老师和母校的眷恋和感激。

3. 家校合作课程

学生家长委员会是代表在校全体学生家长参与学校民主管理，增强学校、家庭、社会三结合教育工作的群众组织。其宗旨是团结全校学生家长，密切学校与家庭的联系，并依据学生家长、社会需求向学校提出调整办学目标、育人模式、构建办学特色的建议，向学生家长汇报学校办学的情况，充分发挥家长对学校教育、教学工作的建议、监督作用。通过学校与家长、家长与家长、家长与社会各界间的横向联系，营造一个良好的由学校、家庭、社会三位一体的遵循教育规律、多元化教育体系理念的整体教育网络，拓展育人的多种渠道，不断提高家长正确教育子女的水平，促进学校教育教学改革的推进。学校创新工作机制，将家长委员会层层建到班级、年级、学校，三级家长委员会分工不同、职责不同。学校定期聘请学生家长、社会人士、知名专家到校举办家庭教育讲座，普及家教尝试，解答家长的疑惑。学校还专门开发了家校合作课程读本——《五莲中学家长手册》，让每一位家长了解学校，支持学校的工作，取得了很好的效果。

4. 精品班会课程

五莲中学将主题班会课程化，努力追求主题班会的精品化、系列化，她是集中优质德育教育的资源，展现班级工作智慧的有效呈现形式。课程化、系列化、精品化的班会是学校实施德育工作的重要平台，是对学生进行思想道德教育、行为习惯养成和心理品质教育的主要阵地。同时又能体现学校德育的灵活性和针对性。对学生而言，课程化、系列化、精品化的主题班会更具启迪性。主题班会重点突出了法制、安全、文明礼仪、学法指导、励志几个主题。

5. 社会实践活动课程

为提高学生的社会实践能力和创新能力，强化人文素质的养成，五莲中学积极开展丰富多彩的社会实践活动，组织安排学生积极参加社团组织、社会实践、社区服务、社会调查等活动。

社区服务，让同学们在助人为乐的过程中体验到了“予人玫瑰，手留余香”的快乐；到洪凝河捡拾垃圾，参观五征集团和华龙纺织集团，清明节祭扫烈士陵园活动……通过这些活动，学生在社会、校园、家庭的大课堂中，培育了他们乐观、正直、感恩和助人为乐的仁爱品质，学生的实践能力得到提高，激发了对社会的责任感和爱心，人文素养得到了真正的内化。校园内，助人为乐、拾金不昧、见义勇为等好人好事层出不穷。

6. 社团类课程

学生社团搭建起“挖掘潜能、展现自我”的平台。学校设立了《心语》文学社、《沁园》校刊社、五莲中学小记者团、“校园之声”广播站、新星书画社、摄影爱好者协会、轻舞飞扬舞蹈队、集邮爱好者协会、网络俱乐部、足球队、篮球队、乒乓球队、轮滑等社团组织，目前已有1000多名学生加入了社团组织。

社团以培养学生创新精神、实践能力为重点，提高学生的自主性、积极性，鼓励学生的创造性，力求活动的成效性；以丰富学生的课余生活为目标，让更多的学生获得成功的体验，促进每一位学生富有个性地发展，进一步营造素质教育发展的良好氛围。学校的体育节、科技节、艺术节、读书节等活跃着各社团的成员，为学生的个性发展提供了广阔的舞台。

7. 特长发展类课程

正如世界上找不到两片形同的树叶，每个人都是独特的生命个体，“天生我材必有用”，“我存在就是奇迹”。五莲中学将学生的个体差异作为可贵的教育资源，通过特色课程的开发和设立，不断开发学生的潜能，发掘每一个学生的闪光点，让每一个学生成为最好的自己。

“奥赛”课程。此系列主要依托校内辅导专家团队和学生兴趣小组实施。主要发展学生的学科兴趣爱好，培养学科拔尖竞赛人才。学校各学科有专门的辅导教练和重点发展学科。自2009年就成立了特长发展教研室，设专职教师，加强奥赛辅导，组建了信息学、物理、数学、化学、生物学等学科奥赛教练团队。各学科奥赛成绩优秀，先后获得中学生信息学奥赛金牌学校、中学生生物学奥赛金牌学校、中学生数学竞赛优胜学校等荣誉称号，近几年，有63人次获各学科国家级奖励。2012年、2013年连续两年，全国信息学奥赛中，4名同学获国家一等奖，学校被授予“全国信息学奥赛金牌学校”。2014年5月，亚洲和太平洋地区信息学奥林匹克竞赛中国赛区比赛在北京航空航天大学举行，学校刘鸣江同学作为日照市唯一的一名选手代表山东省参赛，勇夺银牌。

“创新教育”课程。学校把培养学生的科技创新能力作为一个课题来研究，结合研究性学习和校本课程的开设，学校重视培养学生的创新思维和创新能力。此系列课程主要依托理化生学科国家课程和相关校本课程实施，既在学科教学中侧重了学生动手能力、实践能力、发现能力、创新思维的培养，又在专门的引导、强化、培养过程中有针对性地发展了部分学生的特长素质。学校每年举办科技节，邀请科技专家做报告，每年举行一次科技创新大赛。学校的创新课程也是风生水起，目前已有100多名学生的发明创造获得了国家专利。仅2013年，学生就获得了50余项国家专利；2014年3月，在山东省第五届中学生创新实验大赛中，学校学生展示的《测定空气中氧气含量的实验改进》，获全省一等奖。2014年6月，在中国地理学会组织的第八届"地球小博士"全国地理科技大赛中学校10名同学获一等奖。

"艺术"课程。主要包括：美术、音乐、器乐、舞蹈、广播电视编导影评、书法等。学校有自己的"海韵"乐团，"轻歌曼舞"舞蹈队，有学生自己的书法协会等。除常规的艺术课外，相关的校本课程和特长兴趣小组是实施此系列课程的主体。在上好艺术欣赏课，进行艺术普及教育的同时，学校创造条件让一部分在艺术方面有专长的学生通过参加艺考实现自己的大学梦想，拓宽了学生长才之路。2014年2月，"辉煌中国·全国艺术精英电视盛典活动"总决赛在北京举行，学校选送的单人舞蹈《望雨》、集体舞蹈《风酥雨忆》在28个舞蹈中脱颖而出，均获得一等奖，学校也被组委会授予最佳组织奖。

"运动"课程。主要包括：田径、自行车、轮滑、篮球、帆船、皮划艇等。此系列主要依托体育课教学和校内、校外训练基地来实施。学校体育教师均有自己的训练团队，认真加强体育在学校的普及与提高，让每一个学生学会健体，丰富了学生的校园生活，发展了学生的爱好和特长，提高了学生的综合素质，推动了素质教育的深入实施。学校每年举办一次体育节，全面展示学校体育成果。在县教育局、文体广电局的支持下，学校从全县范围内招收体育优秀人才，并与日照市体校实行校体合作，联合培养。在帆板帆船、自行车、田径、乒乓球等领域，学校培养的运动员已在国家、省市运动会、锦标赛中获得近百枚奖牌。2013

年、2014 年连续两年成功举办拔了全省中学生田径联赛。经国家体育总局批准，学校的腾飞青少年体育俱乐部成功晋升成为“国家级青少年体育俱乐部”。2012 年，五莲中学学生在国家、省级体育赛事中共获得 10 枚金牌、7 枚银牌、5 枚铜牌。2014 年 9 月 16 日，第 23 届山东省运动会在济宁市体育中心体育场开幕。学校应邀参加了开幕式，并被山东省体育局授予全省群众体育先进单位。本届省运会，学校学生在场地自行车决赛、帆板决赛中，分别获得了 7 金 6 银 2 铜的好成绩。

（二）教师队伍得到长足发展

学校的课程战略，促进了教师专业成长，教师特长得到有效发挥。教师的课程意识增强了，国家课程的执行力提高了，校本课程的开发能力发展了。教师，尤其是青年教师，与新课程共成长。学校实施的优质课堂构建工程和教师专业发展工程不仅促进了学生的成才，也促进了教师队伍的均衡、高位、特色发展。提升了学校的核心竞争力，促进了教育教学质量的全面提高。

学校现有专任教师 450 人，其中国家、省、市、县级骨干教师 206 人。近年，在全国优秀教师、特级教师评选，省人大代表推选，市十佳最美教师评选及五莲县十佳优秀母亲、五莲县十大青年标兵、五莲县十佳老教师评选中，学校教师均榜上有名，标志着学校教师的均衡、高位发展。2011 年 5 月，陈彦磊老师代表日照市参加山东省信息技术教学业务技能大赛，获得全省第一名；2013 年有 7 名教师代表日照市参加全省优质课评选并均获得优异成绩，其中 3 人获一等奖，3 人获二等奖，获奖人数及等次位居全省领先地位。2014 年，两名教师在山东省教师基本功比赛中均获一等奖；1 名教师获全省政治优质课一等奖。

结束语：目前，学校课程体系基本形成，正逐步完成从基于升学的课程体系向学生全面发展，培养“合格＋特长”“优秀＋特长”的课程体系转变。学校发展突破瓶颈，走向特色。新课程的实施，尤其是特色课程的建设带动了学校一系列变化。学校的办学质量和办学模式得到社会各界的广泛赞誉，学校集体和教师个人多次受到上级教育主管部门和各级政府的嘉奖。学校“优质、品牌、特色”的学校发展目标和“学生成才，教师成长，学校成功”学校共生理念逐步得以实现。

成绩是对过去的总结，学校深知，很多工作我们还做得不够，甚至还没有着手去做。教育始终在路上，但学校清楚记得为什么而出发，学校一旦起航，就要朝着目标去不懈的努力，在目标的引领下，辛勤耕耘，创新进取……

五莲中学对学校的课程实施有着认真的思考和卓有成效的行动，五莲中学在课程实施方面有以下借鉴意义。

在学校的办学理念和核心文化上认识课程文化的价值和作用，“课程文化能集中反映文化价值观念的主流，反映教育目的的价值取向，更能反映学校的办学理念，是学校文化的核心文化。学校以课程建设为载体，创设课程文化，促进学生全面而有个性地成长，充分体现课程文化的‘育人’本源。”于是学校“把课程建设作为文化力提升的核心，发挥文化引领作用，以课程建设为载体，打造适合学生个性化成长的学校课程体系，使学校的工作思路更清晰，目标更明确，信心更坚定”。学校提出了“全面发展，人文见长”的教育目标，是五莲中学的文化特色。

充分认真的思考和确定策略是课程实施的前提。

“这场声势浩大的改革遇到了巨大的现实困难，特别是在学校这样一所县级中学暴露得尤为突出。先进的课程理念与相对落后的教学思想、教师的素质与新课程的要求、选修课程必修化、学分认定的难度、模块教学的困难、硬件设施的不足给走班带来的困难、选课走班带来的管理难度、素养评价的诚信度、社会实践活动资源的匮乏、教师课程开发与实施能力的欠缺等一大堆现实难题使得这场变革举步维艰。

“为什么课程改革会如此艰难？反思过去学校在这方面的工作，在深层次上存在这样几个突出问题：一是在学校的核心价值取向上，依然尊奉着“知识本位”的教育哲学和理念，过分追求知识教学效果的最大化；二是在育人思维方式上，……要求确立以客观标准评判结果的控制方式，从而构成严格的选择和淘汰机制，以确保知识本位和知识传递效果的实现；三是在行为方式上，课程与教学以课堂为中心、书本为中心、教师为中心，教学方式规定学习方式，教学行为制约和规定学习行为，教学不是为学习服务，而是学习要适应教学，学生要努力改变自身去适应课堂秩序、教学资源的要求和教师的特殊规定。”

反思之后，“当我们找到这些根源的时候，我们立即意识到了改变课程的重要性和紧迫性。一所学校只有在‘课程’这个核心问题上找到正确的路径，才能真正提升学校的办学层次，只有构建其以促进学生发展为核心的课程体系，才能促进学生全面而有个性的成长……”

在课程实施的过程中，“在省课程研究中心专家、共同体学校的专业引领、联盟发展、典型带动的作用下，学校不仅坚定了加强课程建设的信心，也逐渐清晰了学校课程建设的路径”。

在具体实施过程中，用课程文化诠释课程目标，用制度建设创设课程氛围，确立课堂作为主阵地的地位，用校本课程助推学生的成长，开发教师这一人力资源的潜能，种种做法，切实可行，行之有效。

课程建设取得累累硕果：异彩纷呈的校本课程助推学生全面而有个性成长。德育精品活动课程，家校合作课程，精品班会课程，社会实践活动课程，社团类课程，特长发展类课程等，也让教师队伍得到长足发展。种种成果使得学校呈现出蓬勃的生命力，走出了学校自主发展的康庄大道。

更为可贵的是他们对学校的课程实施有着清醒的认识：“学校课程体系基本形成，正逐步完成从基于升学的课程体系向学生全面发展，培养‘合格＋特长’‘优秀＋特长’的课程体系转变。学校发展突破瓶颈，走向特色。”

【案例二】

荣成六中：立德树人，建设适合学生发展的课程体系

【导引】

荣成市第六中学始建于1958年，位于胶东半岛东端，气候宜人，风光秀美，是一所离荣成市二十多公里的农村高中。东有国家级风景名

胜区成山头，被誉为“东方第一角”“中国好望角”。当年，秦始皇东巡至此，面对穹隆沧海惊呼“天境”，他令丞相李斯手书“秦东门天尽头”。这里是中国大陆伸向海洋的极点，是中国北部沿海最早迎接太阳的地方。南临著名的马山天鹅湖，每年冬季都有数万只大天鹅不辞长途跋涉，来此栖息越冬。放眼望去，万顷湖天碧，一池雪花白，场面蔚为壮观。西有荣山，东有成山，南有马山，青翠苍绿；万亩林海，郁郁葱葱；是明朝年间县城遗址，故称老荣成。“古有成山书院，今有荣成六中”，荣成六中环抱于三山之中。座落在山水之间，可谓育人的风水宝地。多年来，学校坚持以优化育人环境，优化师资队伍，优化教学手段，以人为本的办学理念，全面贯彻党的教育方针，以“立志报效祖国”为校魂，以“德行、创新、求真、创新”为校训，形成了“尊师爱生、文明守纪”的校风，学校有“人人做思想工作，处处有思想教育”的光荣传统。坚持五育并举，引导学生走五颜六色的成才之路。以德治校，合格加特长是学校的办学特色。

一、打造“荣成六中成长四季”，探索活动课程的育人效果

让学生的人品和学识共同进步是六中人的追求，也是素质教育的具体体现。学校强化“尊重德性、崇尚个性”的德育特色，更加关注学生“善良、正直、诚信、坚强、宽容、礼敬、责任、合作”的品德，培养学生“自强、自信、自主、自律”的精神，引导他们在掌握人类优秀文化的基础上，学会做人、学会求知、学会健体、学会审美、学会做事、学会合作、学会创新，进而让学生树立主体意识、实现主动发展。学校将这一教育理念贯穿于日常的教学过程中，经过多年积累与探索，逐渐形成有特色的“成长四季”品牌活动。

——明德季，即每年9—10月，以教师节、校庆、运动会为系列的教育活动。形成其效用主要有两方面，一是以教师节为开端、以热闹的校庆活动为重点的系列活动，既让学生了解了学校的概况，也引导学生认识到明德厚学，尊师重道的重要；二是学校规划的多种课程及活动，可以帮助学生顺利进入一个新的学习阶段，从而培养学生养成立志向、负责任、学方法、爱学校的优秀品质。

——民俗季，即每年12月至次年2月，形成以元旦、春节、元宵节为系列的教育活动。通过元旦晚会、赠春联、元宵猜灯谜等活动让学生了解民俗活动并体味其内在意涵，感悟中华传统文化之博大精深。

——文艺季，即每年3—6月，开展以艺术节、五四青年节、毕业典礼为系列的教育活动。通过电影欣赏、音乐欣赏、美术展览、文学社团、书画展览及其他各种文艺活动，让学生接触艺术、喜欢文艺，进而提升校园的文化气息，同时寓美育于日常生活中，引导学生主动接近艺术，建立自己的艺术档案，并对学生不同的特殊才能加以培训。

——游学季，即每年7—8月，离开自己熟悉的校园环境，到另一个全新的环境里进行学习和游玩，既不是单纯的旅游也不是纯粹的学习，在学习之中放松，在游玩当中学习。旨在开拓视野，扩展见闻。

荣成六中“成长四季”其实是从人与自我、人与人、人与环境、人与社会四大维度来勾勒“以人为本、自主发展”的理念，也诠释了荣成六中“尊重德性、崇尚个性”教育的要义。

二、深化校本课程资源开发，改进校本课程的育人功能

学校建立了校本课程选修制度，要求教师充分发挥自己的特长开设校本选修课，打破以往以班级为基本单位的组织教学模式，在年级内实行走班制。我们以学生的需求为指向、以教师为主体，充分利用学校和本地区现有的资源优势，自主开发了90多门课程，包括话剧表演、文体写作、象棋入门、散打、天文观测、舞蹈、摄影等多种门类，丰富了学生的选修范围。对于这些校本课程，我们要求教师必须以科学严谨的态度，按一门教材的体系，编写完整的授课内容与学习方法。学校依据教材的质量进行打分，再优中选优推介给学生选修。这种老师选模块、学生选老师的模式，保证了校本课程在选修的过程中能扎扎实实地推动下去，有利于学生的个性发展、教师的专业发展和学校的特色发展。

我们重视学生的社区服务与社会实践活动。学校综合实践组结合学校实际，制定了适合学校特点的综合实践活动开展制度和计划。组织学生到天鹅湖旅游度假区、成山林场、风力发电等校外综合实践基地进行实地社会实践研究，到兵营、敬老院等地进行社区服务活动，使学生自

身得到学习和锻炼。另一方面，学校也鼓励学生自主开展社团活动。学生依据自己的兴趣爱好制定社团活动计划与章程，交团委审批后可发起社团的召集与组建，并按计划开展活动。今年学生就自发组建了模特队、汽车研究会、武道社等多个社团，进一步丰富了学生的课外生活，有效地培养了学生的创新精神和实践能力，全面提高了学生的综合素质。

我们还通过专门软件进行心理健康测试，为每名学生设置心理档案，各班主任兼做学生心理咨询导师，解决学生一般心理问题，缓解高中学生学习紧张的压力。严格选拔班级心理小助手，先以心理健康教育中心的名义向各班发布公告，公开招募，学生填写申请表，最后经心理教师面试通过才能录用；心理小助手培训时间固定，形式也是多种多样，有知识讲授，有话题讨论、还有视频观赏，效果显著。通过各种活动，心理小助手成长很快，积极投身学校的心理健康教育，想出很多好办法帮助身边的同学，很好地在校内实现了心育的渗透。学校还广泛邀请往届优秀毕业生到校做报告，这些从六中走出去并取得一定成绩的毕业生实例给在校生很好的激励作用。

荣成六中是一所农村高中，在绝大多数农村高中都被合并、被撤销或搬迁进城的今天，能在远离县城的农村坚持下来的高中已经是屈指可数了，还能办出自己的特色被社会所认可的更是凤毛麟角，荣成六中便是其中之一。学校经过多年积累与探索，逐渐形成有特色的“成长四季”品牌活动：明德季、民俗季、文艺季、游学季，探索活动课程的育人效果，深化校本课程资源开发，改进校本课程的育人功能。这些活动实实在在，看得见摸得着，察而见意，视而可行。

在今天，能在农村坚持着的高中本身就是一种成功，成功之处不仅仅在于农村学校的师生要付出比城市高中更多的努力，还在于这种学校对农村文化的一种坚守，能在这种坚守中立足育人实施课程，诠释“尊重德性、崇尚个性”的教育，无疑是可贵的。

【案例三】

青岛第三十九中学：践行“1751”工程精神，建设海洋教育课程体系

【导引】

山东省青岛第三十九中学(中国海洋大学附属中学)是青岛市教育局直属的全日制完全中学。荣获过省艺术教育示范校、市规范化学校、市精神文明单位、市教学示范学校、市特色学校、市平安校园、市绿色学校、市德育先进集体、市工会先进集体、市五四红旗团委、市优秀家长学校等一系列荣誉。学校是省排球传统项目学校、市帆船运动特色学校、中国音乐学院生源基地、山东教育电视台影视人才培训基地、青岛华文教育基地成员单位、国际交流与合作基地学校。

在全面实施新课改的进程中，学校坚持“高效课堂、教法创新；有效学习、自主合作；专业引领、科研兴校”的先进理念。以创新教育为龙头，遵循教育规律，尊重学生主体，贯彻“因材施教、分类指导、分层推进、个性发展”原则，着力提高学生人文素质和科学精神，为学生的成功学习和终身发展奠定基础。学校的教育教学质量不断提升，赢得岛城人民的认可和赞誉。近年来，学校坚持“优化资源、面向未来、开拓创新”的办学理念，既充分利用文化底蕴深厚的优势和社会及中国海洋大学的支持，又加强与国际友好学校的合作与交流，先后与英国、澳大利亚、新加坡、韩国、德国、法国等多所学校建立友好关系并成功进行师生互访。在吸收国外先进教育思想与理念，发展国际教育合作与对接中抢占了先机。当前以落实《国家中长期教育改革和发展规划纲要(2010—2020年)》为契机，进一步解放思想，更新观念，立足完中优势和海洋大学附中特色，以海洋特色校本课程为载体，以海洋科学知识普及和专业研究人才的培养为目标，力争在招生、学制、课程、学生评价、教学模式、升学选拔等方面先行先试，探索出一条海洋科学创新人才培养的新途径。

青岛三十九中(中国海洋大学附属中学)是山东省“1751”工程指导学校，近年来学校坚持“包容、开放”的文化精神，秉承“正心、立人、尚学、修能”的校训，坚持“每个孩子都优秀、每个学生都精彩”的育人理念，坚持“幸福工作、快乐学习”的办学目标，努力践行“1751”工程精神，学校已经发展成为文化底蕴厚重、基础教学成就突出、艺术特色享誉全国、海洋教育蓬勃发展的著名中学。

一、践行“1751”工程精神，建设海洋教育课程体系

(一)海洋教育是时代和社会发展的需要

2001 年 5 月联合国缔约国文件中指出“21 世纪是海洋世纪”；2012 年党的十八大报告明确指出要“建设海洋强国”；《国家中长期教育改革和发展规划纲要(2010—2020 年)》明确提出：“以培养创新人才为目标，把改革创新作为教育发展的强大动力”；《山东省基础教育综合改革试点实施方案》的措施之一是：以特色课程建设为核心，实施“高等学校与特色高中联合育人计划”。在此背景下，不断加强海洋意识宣传，积极推行海洋教育成为建设海洋强国的必然要求，也是时代发展的大势所趋。

中国工程院院士管华诗曾说：“中国海洋大学海洋专业的学生入学分数很高，但培养潜力不大，缺乏对海洋的兴趣，缺乏海洋专业基础，更缺乏海洋专业发展的志向，对于毕业后是否从事海洋领域的工作，也很茫然。”我们对这一现象的原因做了认真的思考。问题虽然表现在大学生身上，但是根源却在基础教育上，统一的选拔标准导致同质化的教育，忽视了学生兴趣的培养与高校专业选择的对接，更忽视了学生个性化发展的需求。由此我们感悟到基础教育面临这样三个难题：一是学生缺乏对学习的兴趣；二是学生缺乏实践能力和创新精神；三是基础教育与高等教育脱节。学校海洋教育的发展正是适应了基础教育自身发展的需要。

(二)海洋教育是基于自身资源优势的选择

青岛三十九中作为中国海洋大学附属中学，发展海洋教育有着独特的资源优势。贯彻国家、省、市有关“海洋强国”和教育改革的战略方针，攻克基础教育面临的难题，积极探索中学与大学和科研院所联合育

人的人才培养方式，实现学生的个性化发展和可持续发展成为学校发展的重要契机，也是时代发展赋予我们的使命。

因此，学校在广泛听取中国海洋大学等专家和发动全校师生讨论的基础上，把海洋教育确定为学校发展的特色。近年来，学校在激发学生热爱海洋、保护海洋、探索海洋奥秘的责任感和使命感，培养创新型海洋人才方面进行了积极的探索。

(三)创新制度、创新课程，打造蓝色海洋教育平台

2010年，在全校师生的共同参与下，学校在国家海洋局宣教中心、青岛市教育局、中国海洋大学、驻青涉海科研单位的支持下，经过海洋和教育方面专家论证，先后制定了《青岛三十九中(海大附中)海洋教育创新人才培养工程实施方案》及与之相配的《课程方案》《三年发展规划》《海洋科学研究创新人才培养班招生方案》，不断完善《海洋教育基地建设实施方案》《海洋实践活动实施方案》《研究性学习课题研究实施方案》等20余项培养保障制度，形成蓝色海洋教育和创新人才培养的基本思路。在此基础上，我们创新课程，建设了独具特色的海洋课程体系。

在课程建设与开发方面，依据不同阶段学生的认知规律，针对海洋班和普通班学生的不同特点，以培养学生的专业兴趣、专业基础、专业志向和“求知、探索、实践”能力培养为主要目的，初步形成了“基础型课程＋拓展型课程＋实践型课程”三位一体的海洋特色课程体系，实现了“四个一”工程：每周一节海洋校本课程，每月一次海洋实践活动，每学期一项海洋课题研究，每年一次海上科考活动。

1. 基础性课程：即国家课程，严格按照国家课程标准完成的必修基础课程，体现国家对公民素质的基本要求(即共同基础)，着眼于促进学生基础学力与基本素养。开全、开足国家课程，严格完成国家课程计划，实现学生基础扎实，全面发展。同时通过生物、地理、物理、化学、政治等必修课程，进行潜移默化的海洋教育渗透，力争做到结合学科教学渗透海洋知识、培养海洋意识、传承海洋文化，最终树立海洋保护和合理开发的责任感。

2. 拓展型课程：以海洋科学内容为主线，包括海洋知识讲座和海

洋学校课程。每周一次，周五下午第三节进行。海洋知识讲座在高一进行，由涉海高校及研究所的海洋专家为学生开设海洋讲座。海洋学校课程在高二进行，学校将相关的海洋科普知识形成列表，建立相应的“海洋课程超市”，学生依据自己的兴趣选择，主要由本校教师授课，穿插其他工科或文化类专家讲座，如聘请清华大学、南京大学、青岛大学等专家，以海洋为主，其他学科为辅，满足学生不同选择的需求，将基础课程知识与海洋事业的发展有机融合，以培养学生学以致用的能力。

3. 实践型课程：实践型课程采用集中与分散相结合的弹性课时制，利用每月周末一天以及寒假、暑假、法定节假日等时间，采取见习游学、沙龙讲坛、参观考察、头脑风暴、创意设计、动手实验和课题研究等形式，进行丰富多彩的海洋实践活动。突出海洋人才特色培养，引导学生特色成长。

二、整合特色课程资源，凸显特色教育优势

(一)创新育人模式，建立海洋教育实践基地

学校与国家海洋局北海分局、中国科学院海洋研究所、中国水产科学院黄海水产研究所、国土资源部青岛海洋地质研究所、青岛海洋科技馆等驻青海洋科研机构和明月海藻集团等签订了《海洋教育联合育人协议》，使其成为学校海洋教育实践基地，搭建创新人才成长平台，为学生进行海洋实践活动提供了更宽广的平台，为学校多元化、特色化发展奠定了基础。

(二)创新师资队伍建设，组建海洋教育教师团队

一是招聘海洋科学方面的博士生，作为海洋课题研究、海洋实验和海洋实践活动的指导专家。我们先后引进了两次远赴南极科考以海洋生物为主要研究方向的白晓歌博士和以海洋地质为研究方向的王静博士，使教师队伍不断向专业化方向迈进。

二是与中国海洋大学、黄海水产研究所、海洋研究所、青岛海洋地质研究所等驻青高校和研究机构签订协议，聘请 40 多位专家教授组成专家团队，开展系列海洋科学讲座和课题指导。其主要内容涉及海洋生物技术、海洋风力资源、海洋权益、海洋贝类和鱼类、海洋食品、海洋

岛屿、海洋灾害、海洋新能源、中国的未来与海洋、低碳生活与海洋环境保护、水产品质量安全、海底矿产资源、中国大洋科考历程及壮举等。

三是学校专业水平比较高的教师通过涉海高校相关专家给予专业培训，组建本校教师团队，开设海洋学校课程。

四是聘请中国海洋大学的研究生作为学生海洋探究的校外辅导员，定期指导课程学习、研究性学习、课外活动、课题研究。

五是建立了“中学博士工作站”，聘请中科院海洋研究所和中国海洋大学的博士走进学校指导学生开展海洋教育、海洋课题研究等工作，提升中学生科学素养、培养科学精神、进行未来高校专业选择引领，探索构建中学与大学、科研院所联合育人的新模式。

最终形成一支专兼职相结合、课堂教学与实践活动相结合的高素质的教师队伍。

(三)创新机构与设施建设，保障海洋教育顺利进行

1. 学校专门成立海洋教育研究室，以海洋专业的博士教师为主要成员，系统开展海洋教育管理与科研，确保海洋科学创新人才培养的顺利进行。2012 年 12 月中国海洋报社《海洋教育》编辑部落户青岛三十九中，为全国中小学海洋意识教育的宣传交流搭建了平台。

2. 学校建立了三大海洋科学实验室，配备了大量海洋生物、海洋化学、海洋地质等方面先进的专业实验仪器，为学生课题研究提供了保障。在学校海洋教育基地的支持下，学校设计建设了海洋科学展示大厅，建成水族箱、标本陈列箱和学生课题成果展示大厅(说明：这些展示的作品均为科研院所免费展示，并且可以循环展示)，还建设了海洋教育资料室，购进了许多海洋研究及海洋科普方面的图书和杂志，深受孩子们的欢迎。

(四)创新学习方式，海洋课题研究成为学生成长的摇篮

走进专业实验室进行海洋课题研究，成为学校海洋教育的常态化环节，也成为学生未来成长的摇篮。以 2011 级首届海洋班为例，学生根据各自的兴趣，形成研究小组，提出有关海洋方面的研究课题。根据各

自小组课题涉及的专业方向，与特聘的海洋专家团队相关专家联系，选择适合的指导教师给予相应指导。在各个小组确定课题和指导教师之后，特邀中国海洋大学、国家海洋局第一研究所、中科院黄海水产研究所和国土资源部青岛海洋地质研究所等专家教授组成课题评审委员会，于2012年01月13日，对2011级海洋班首轮海洋课题的开题进行了论证。本次海洋课题共有9个，其研究内容涉及“海洋有孔虫”“斑马鱼胚胎发育”“虾类解剖”“从海洋贝壳中提取糖蛋白”“海洋生物生活习性”“海洋旅游文化”“海洋岛屿”等方面的内容。对相关课题论证后，各研究小组于寒假及周末期间走进中国海洋大学、国家海洋局第一研究所等重点实验室开展实际的课题研究，各课题都取得了阶段性成果。在6月初，邀请课题相关的专家及指导教师，进行了2011级海洋班首轮课题汇报会。其中“从海洋贝壳中提取糖蛋白”课题组在首届青岛市海洋教育论坛上进行了集中展示，受到与会领导和专家的好评。在大学和涉海机构的专家引领下，学校海洋班学生实现了“人人有课题，人人搞研究，人人出成果”的目标。

2011级海洋班，在校期间，聆听海洋专家讲座30场，参加海洋实践活动12次，课题研究结题19项，每个学生至少有3项课题研究成果和一次海上科考的经历，系统化的海洋教育开阔了学生眼界，激发了学生对专业学习的浓厚兴趣。

三、践行“1751”工程特色，海洋教育取得突出成果

特色发展是学校发展的重要战略之一。海洋特色教育成为三十九中学校品牌的崭新亮点。

在青岛市教育局的支持下，学校高中部于2011年成功招收首届“海洋教育创新人才培养班”，用心关注每个学生的发展；2014年，学校首次实现了海洋班提前自主招生，报名异常火爆，录取比例为18.5∶1，在岛城中考录取史上是首次，这是岛城百姓对学校海洋教育探索与实践的最好认可。海洋教育创新人才培养班从无到有，从有到精，海洋教育课程体系的建设逐步完善，三十九中人一直在探索着、努力着。

2011年三十九中成为青岛市首批蓝色海洋教育特色实验先行先试

学校，同时被国家海洋局授予首个“海洋意识宣传教育基地”，组织了全国首次中学生海上科考，构建了全国首个中学海洋教育课程体系，学校多次在国家教育行政学院校长培训班、山东省高中学校校长会议、全省高中教学校长培训班、青岛市海洋教育论坛等会议上，围绕海洋教育课程开发、特色办学进行典型发言。2011 年白刚勋校长被评为“2011 年度全国十大海洋人物”；2011 年《青岛三十九中(海大附中)海洋教育课程》被评为山东省优秀课程资源专题资源一等奖；2012 年山东省教育厅张志勇副厅长给予学校特色办学高度评价，撰文称“从青岛三十九中我看到了教育的希望”；2013 年学校“蓝色海洋教育”项目获得青岛市首届教育体制改革成果大奖(全市中小学仅有两所学校获奖)；2013 年 12 月荣获“第三届全国教育改革创新奖”，白刚勋校长获得第三届全国教育改革创新优秀校长奖；2014 年 5 月，学校蓝色海洋教育校本研究获得山东省基础教育成果奖一等奖；2014 年荣获山东省校本研究先进单位。2014 年青岛市科学技术协会授予三十九中“海洋科普教育基地”。2014 年 4 月由国家海洋局宣教中心组织的全国海洋意识教育教材编写，其中的初中、高中分册由青岛三十九中组织编写并已出版。

近年来，上海大团中学、上海育才中学、厦门科技中学、福州八中、日照一中、昌乐二中、东营实验中学等 50 多所中学先后到校参观学习。学校派出老师为青岛西元庄小学、大学路小学、江苏路小学、桦园小学、育才中学、青岛四十七中等学校进行海洋讲座。中央电视台中文国际频道、综合频道、新闻联播、新闻频道、新闻直播间等先后三次报道青岛三十九中海洋教育活动。《山东教育》(2014 年第 5 期)刊发长篇通讯《那片蔚蓝，无限辽阔——青岛三十九中蓝色海洋特色教育》。青岛日报、青岛电视台、青岛早报、半岛都市报、齐鲁晚报等多家媒体报道青岛三十九中海洋教育 30 余次。2011 年山东省教育厅张志勇副厅长考察海洋特色教育后，写下博文“从青岛三十九中我看到了教育的希望”；2012 年，中国海洋大学冯士筰院士对学校海洋教育的发展也非常关注，为海洋班学生寄语“海纳百川，美智德体，桃李无言，下自成蹊”。中国科学院海洋研究所秦蕴珊院士题词“特色海洋班的建立是个创举，必将为海洋人才的培育起到积极的作用，祝你们成功”，表达对海洋班的殷切希望；2013年青岛教师座谈会，山东省姜异康书记对学校海洋教育特色给予充分肯定。

青岛第三十九中(中国海洋大学附中)的海洋特色教育建设工作，建立在学校丰厚的历史传统上，建立在教职员工的高度共识上，建立在校本教研的落到实处上，建立在上级主管部门的大力支持与专业引领上。海洋特色教育是一项系统工程，永不停歇的附中人将会不断审视学校教育的质量和品位，不断探索推进教师专业发展的途径和方法，为打造青岛三十九中(海大附中)优质教育品牌而不懈努力！

海洋特色彰显办学独特魅力青岛三十九中作为中国海洋大学附属中学，充分利用学校的独特优势，结合时代需要发展海洋教育，形成了独特的海洋教育特色。在实施海洋教育课程、形成海洋教育特色的过程中，学校的做法具有主要的指导意义。

一、紧密把握时代发展的脉搏。在国家、省、市有关“海洋强国”的大背景下，学校紧紧把握时代脉搏，以高度的使命感和责任感创新教育特色。积极探索中学与大学和科研院所联合育人的人才培养方式，实现学生的个性化发展和可持续发展成为学校发展的重要契机，也是时代发展赋予的使命。

二、立足于学校自身的优势。一是地处海滨，有着天然的地理优势；二是作为中国海洋大学附中的身份，具有独特人文优势、人力资源优势，国家海洋局宣教中心、青岛市教育局、中国海洋大学、驻青涉海科研单位等单位成为学校海洋特色不竭的资源。

第十章　教学改革

教学是教师的教和学生的学所组成的人才培养活动，是实施课程方案、达成教育目标的行动环节。通过这种活动，教师有目的、有计划、有组织地指导学生学习和掌握文化科学基础知识和基本技能，促进学生多方面综合素质全面提高。山东省普通中小学“1751”改革创新工程，基于专业诊断，实施专业引领，推动自主变革，历经四年时间，在促进51所项目学校全面创新发展的同时，教学领域的改革发展成效显著。这一课改背景下的教学方式和学习方式的转型性的教学改革项目，对于教育立德树人的根本任务和历史使命，对于素质教育和课程改革的深入发展，无论在理论层面还是在实践层面，都具有重要意义。

一、教学改革的重要意义和主要内容

(一)改革背景和面临的问题

2001年我国启动新一轮基础教育课程改革，山东省同年启动义务教育阶段新课改，2004年同广东、宁夏、海南等省成为全国首批高中新课改实验区。2008年以来，山东省将贯彻国家课程方案作为实施素质教育的核心内容，大力规范办学行为，强力推进素质教育。在办学思想上，强调“三个全面”，即全面建设合格学校，全面贯彻国家课程方案，全面培育合格学生。在课程建设上，要求“全面落实课程标准，不随意增减课程和课时”，“高中学校要建立学生选课制度，为学生自主选课提供科学指导”。在教学层面上，强调“三个还给”，即把时间还给学生，把健康还给学生，把能力还给学生。同时，加强教育行政管理，对提前开学、变相补课等违规办学行为给予严肃处理。

截至2011年，三年的大力整治取得了一定进展，普通中小学课程建设和教学改革打开新局面，片面追求升学率、加班加点、题海战术、零抬头等教育乱象得到有效遏制，一些新的办学理念和创新成果有所显现，全省基础教育的教育生态得到改善，也赢得了省内外的关注和赞誉。但是，就全省来讲，改革创新还只是星星点点，不成气候，对于素质教育的误读和异化现象普遍存在，广大中小学，尤其是农村中小学的发展水平还很低，观念性、长期性、老大难、关键性问题还很多。山东省基础教育课程研究中心在北京师范大学出版集团的支持下，组成五个专家组，分头对51所工程项目学校进行了专业诊断，诊断发现的问题在全省乃至全国具有典型性和普遍性。教学领域的主要问题如下。

1. 办学思想和教学理念没有得到真正的更新和转变

当时，以项目学校为典型代表的广大基层学校，在办学宗旨上，主要以知识传承和升学为主要目的；在教学理念上，以知识授受和应考训练为基本方式；在资源配置上，以讲课教室和应试资料设施为主要教学支撑；在教育教学管理上，以统一性、规模化为主要特点。这些基本特征，虽然适应了教育普及化的发展形势，但就其价值取向上来看主要是满足应试教育的功利化需求。多数学校没有形成自己的办学理念，或者办学理念还没有形成体系，发展思路不够清晰，办学定位不高不准，办学目标笼统、虚拟。学校缺乏全面育人的系统思考，教育教学工作的重点还停留在单纯抓升学率、为应考服务上，过于突出学生应试能力培养，缺乏对学生综合素质发展的应有关注。学生综合素质评价制度很不完善，基于学生选课走班、模块测试与修习时数的学分管理没有真正实施。

就高中教育而言，我们尽管已经开展了三年多的规范办学行为、实施素质教育的改革，取得了重要的成果，但距离严格规范办学行为，全面落实国家课程方案的理想目标，还相差很远。不少县级中学做得较差。山东高中教育的主体是县中，只有县中真正都动起来了，实施素质教育、提高教育质量才能真正取得成功。

2. 教学方式依然传统、单一、陈旧

无论高中、初中还是小学，教师的教学方式和学生的学习方式依然是应试环境下的、应试价值取向的知识授受、机械训练、时间加汗水的思维定势和行为习惯，符合教育发展方向和新课程理念的课堂教学模式和方法还没有形成，科学有效的课堂教学评价机制还未建立起来。如何有效培养学生主动学习、积极探究、自主合作的意识和能力，提高课堂教学的品质和效率还没有破题。许多学校课堂教学目标单一、效率低下，课多、作业多、考试多，没有发自内心的学习，没有良好习惯的学习，没有举一反三的学习，没有反馈矫正的学习，没有愉悦体验的学习，没有全体学生普遍掌握的学习。课堂教学中只是增加了一些形式上的变化，个别老师甚至连形式的变化都没有，"穿新鞋走老路"现象普遍存在。教师在课堂上还远远没有真正解放学生，依然是牵着学生走，缺乏实质意义上的学生自主参与、主动学习。多数教师的课堂仍然只注重结论性知识教学而轻视过程方法和学生情感、态度、价值观的培养，学生综合运用知识分析问题、解决问题的能力培养和良好学习习惯的养成十分欠缺。

3. 教学资源相对匮乏、教学条件普遍较差

教学资源的丰富性和适合程度影响着课程目标的实现范围和实现水平。调查表明，中小学(尤其是农村中小学)现有的教学资源最多的是印刷资料，如参考书、教辅资料、导学案等，其次是各种基本教具(挂图、投影片、录音带等)，再次是网上资源，最少的是单机课件、DVD 光盘等。使用频率最高的还是印刷资料。也就是说，广大中小学主要拥有和频繁使用的依然是常规传统教学资料，而不是以计算机为载体的现代化教学资源。更有甚者，有的就连最基本的教学条件都不具备，黑板、桌椅破烂，常规教学仪器、图书资料也十分匮乏，有的学校甚至还有不少危房，安全隐患令人担心。

4. 教师队伍结构性缺编，教学能力亟须提高

教师队伍学科结构不合理。体育、音乐、美术、信息技术专业教师及实验员、心理健康教育教师严重缺编缺员。教师学历层次达标率虽然不低，但是其中的本科多为进修学历。大量的待聘教师的职称问题长期得不到解决。部分教师发展愿望不强，职业倦怠严重。多数教师缺乏积极的课改意识，参加培训学习的积极性、主动性也不够。农村教师进修机会少，很难获得专业指导，校本研修难以有效开展。

(二)项目研究的重要意义和重点内容

在上述改革背景和问题情境之下，为了巩固和发展规范办学行为、实施素质教育的初步成果，提升国家课程方案的实施水平和教育教学质量水平，为全省乃至全国素质教育攻坚破冰，山东省“1751”工程适时启动，以创新的机制和方式推动基层学校改革创新、自主发展，而且把教学领域的根本性变革作为工程的主要目标之一。

“1751”工程的项目学校，大都是常态的具有巨大发展空间的学校。这是教育改革最真实的基础，代表全省普通中小学教育发展的实际水平。这些学校改革发展的基础很差，有的甚至差到超出诊断专家想象的程度。让他们在三年内脱胎换骨，跨越发展，其困难之大，可想而知。但是，从这个最低的、最可信的起点开始，把项目学校引向改革的坦途，实现创新发展，正是工程的要义和期待。

工程重点研究的内容：课程与教学的内涵界定和关系治理；新课程背景下的教学管理的理念提升和机制创新；学校教学资源的开发、整合和对于教学实施的支撑作用；教师教学观念的更新、教学角色的转变和教学方式的创新；学生学习方式向自主、合作、探究、体验、服务等方向的转变；多元化、发展性、激励性教学评价体系的建构和评价方法的创新等。

二、教学改革的基本方法和突出特色

(一)教学改革的基本方法

教学领域的改革创新是在推动项目学校整体发展的大背景下，与学校变革的文化创生、管理创新、课程建设等方面同步进行、相辅相成的。教学改革因其直接发生在教师教学和学生学习的日常行动之中而备受重视、用力甚多，创新发展的基本路径和方法如下。

1. 构建教学改革学段联盟，促进联盟学校合作创新、同步发展

组建学校变革和教学改革发展共同体是推动工程建设和项目研究的重要方法和创新路径。我们在全省范围内选择了一些办学水平较高、办学特色鲜明的学校作为指导伙伴学校，与项目学校一起组成“1751”工程校际联盟，开展联盟成员学校间的合作交流，在重点促进项目学校改革创新的同时，推动全体联盟学校共同发展。按照“优势互补、资源共享、重点促进、共同发展”的原则组建高中、初中、小学三个学段15个改革发展共同体。

校际联盟在教学改革方面开展的主要工作有：(1)学校教学管理互促。通过多种形式，建立学校教学管理互通平台，实行教学管理交流制度，深入开展学校教学管理专题研讨活动。(2)教学业务研训联动。各共同体针对教育教学一线问题，充分整合联盟内名师资源，建立联盟教研制度，制定主题活动计划，以骨干(名师)互派蹲点、网上互动指导等多种形式，开展专题性联合教研、联合科研、联合师训，促进教师队伍建设和教师专业发展。(3)校园教学文化共建。配合学校核心文化的建设，共同体加强学校教学文化建设方面的研讨和交流，注重从学校历史积淀和办学经验积累中汲取深厚底蕴，积极建设主题鲜明的学校教学文化、积极向上的师生互动文化。(4)优势项目合作。各个发展共同体联手培育、改进、提升学校教学改革的优势项目，以某一学校的优秀教改项目为引领，充分发挥优质项目的辐射、示范、带动作用，深入开展校际间教改项目专题活动，促进教学品牌项目的形成和发展。(5)教学资源共享。联盟学校共享教学资源，依靠联席会议制度，协商建立教学资源的共享关系，通过教育教学信息网搭建资源共享平台。建立统一的教育教学质量监测、反馈系统，实施联盟内教育教学质量监测，掌握教育教学质量的动态变化，及时采取应对措施，促进共同提高。

2. 实施基于专业诊断和规划的持续专业跟进指导，促进学校教学的深度变革

本着“双层助力，重点突破”的工作思路，充分发挥专家团队的专业引领和推动作用，以“构建优质课堂、促进师生成长”为突破重点，持续跟进，多措并举，有效激活学校教学改革的内部活力。

(1)加强教学管理创新。建构现代学校制度、实施学校教学管理创新是促进学校教育改革与学校发展的重要策略，是提振学校精神、提高教育质量的基本方法。省课程研究中心在项目学校教学管理创新发展的指导意见中，提出教学创新的原则性要求和主要推进措施。各片区在此基础上根据片区实际细化要求，督促项目学校按照国家规定科学构建学校课程体系和教学改革实施方案。坚决杜绝两张课程表、教学方法老套的现象。各项目学校切实加大薄弱学科师资和设施建设力度，想方设法提供必要条件，开设好音乐、体育、美术、技术、综合实践活动课程。普通高中在开齐开全必修课程的基础上，积极开设选修课程，认真落实“选课走班”教学和“普通高中学分管理”，积极探索以分层分类动态走班教学为主要形式的因材施教操作办法。

(2)推进课堂教学结构性变革。省课程研究中心制定下发项目学校深化课堂教学改革的指导意见。深入项目学校课堂听课评课，帮助学校确定项目学校课堂教学改革策略；通过同课异构等方式，建立省内外校际间的课堂教学交流和学习活动。各项目学校和各学校发展共同体大力推进学校信息化生态化优质课堂建设，深入开展同课异构、课堂观摩、课例研究、教学反思等教学研究活动，使课堂结构和形态都发生实质性的显著变化，教学方式和学习方式得以较为根本的转变。

以教学改革为依托，促进教师专业成长。省课程研究中心提出依托教学改革促进教师专业发展的基本要求和工作思路。组织有关人员，深入学校了解和研究当前项目学校教师的教学改革面临的困惑和发展需求，在教学一线即时性地研讨问题。各项目县教育局和项目学校建立鼓励教师专业成长的激励机制，广泛开展评优树先活动，激励全体教师不断提升教学水平。通过组织示范课展示、与名师结队等活动充分发挥名师的引领示范作用。以教学实践问题为教师研究课题，搭建以校为本的教师研究平台，引领教师团队和个体共同成长。

3. 适时总结推广教改典型经验，增强辐射作用，扩大专业影响

随着“1751”工程启动的推进，各个阶段都认真做好对于教学改革进展情况的梳理、反思和总结，就教学改革的重大、疑难问题进行深入研究。坚持以专业的视角发现、挖掘项目县和项目学校的教学改革典型经验，帮助项目县、项目学校整体提升其改革创新的基本经验，基于问题、基于事实、基于数据进行专业分析与提升，深入发展现场寻求资料。适时发展一些学校作为跟进学校加入“1751”工程团队。同时，注意把总结提升经验和指正改进问题结合起来，使反思总结过程同时成为促进发展的过程。

(二)教学改革的突出特色

“1751”工程将基层学校的发展需要放在全省教育发展的大背景和总要求之下，从省到县、到校，一竿子插到底，对学校个体实施直接干预，促成其根本性地改革创新，跨越发展，这是该工程的最大特色，为全国推进学校变革模式之独有。

专业引领、联盟互促、自主发展的学校改革创新工作机制、运行模式和发展思路，是“1751”工程的又一突出特色。该工程项目不仅有效推动了各项目学校的健康发展，而且正在越来越广的区域和领域产生辐射效应和示范作用，带动更多的中小学(特别是农村学校)行动起来，走上科学发展的健康道路。

三、教学改革的理论收获和实践价值

(一)工程项目学校教学改革的理论创新点

“1751”工程给项目学校和指导学校的教学领域带来了明显、积极、深刻的变化，创生了许多可资借鉴和推广的创新范式和典型经验。就教学理论层面的创新点来说，概括起来就是，在教学领域内，尤其是课堂教学中必须最大限度地解放学生，把教学的时空、资源、权力、机会尽量还给学生。实现这种“还给”的基本思想和原则是：先学后教、以学定教、教学翻转、自主合作。基本路径和方式是：课前深度预习或者利用慕课资源自学；基于学生先学的经验状况确立课堂教学目标和学习方式方法、开展实质性的小组合作学习，通过学生的充分展示、交流、合作，实现问题解决；课后反思、总结、拓展、意义建构，进而将预习、交流、反思课内外教学活动一体化。其亮点有以下四个。

1. 自主性深度预习

为了课堂展示、交流和合作探究，学生进行个体化的深度预习，这样做，极大地调动了学生学习的主动性和积极性(这是过去的预习所不可比拟的)。因为，预习的目的和动机发生了转变，过去的预习是为了课堂听讲能跟得上，而现在的预习则是为了获得自己课堂表现的机会和交流的基础，学生的学习积极性和学习效果就大相径庭。

2. 课堂上学生的充分展示与合作

过去的课堂教学也有交流，但那时的交流是为教师的讲授服务的，而且只有少数学生有表现的机会，大多数学生只是“随从”“看客”，学生的学习和发展机会因为大班额集体教学和讲授问答式教学方法被“稀释”，“轮流”，“均衡”了。现在的课堂是学生的天地，让学生直接、充分地表达自己的学习成果和小组合作的成果；交流表达是每个学生的权利，小组内、班级内几乎人人都有表达交流的机会，学习小组成为教学的基本单元，教室四周甚至教室外的可用空间都成了学生展示交流的平台。

3. 反思性学习习惯养成

过去的课堂教学之后是大量的机械化的作业训练，几乎没有梳理和反思；现在的课堂之末、之后的反思建构是必要环节，而且有要求，有评价。这就给每个学生提供了内化、巩固、升华学习经验的机会和驱动力，有的学校的学生已经养成了反思性学习的良好习惯。这是关于教学和学习的结构性的重要创新。

4. 学生的学习积极性空前高涨

学生的学习差异性得到充分体现，而且课堂的教育价值取向得以提升和丰富，即它不仅使学生的认知学习达到普遍掌握水平，而且同时发展着学生的表达能力、交流能力、合作能力、实践能力，张扬着学生的个性，培养着学生的综合素质。

(二)教学改革的实践价值

经过三年多的共同努力,“1751”工程各项工作进展顺利。各项目县和项目学校抓住机遇,锐意创新,教学领域的改革和学校发展的其他方面一样发生了根本变化,取得了可喜的成绩,得到了当地行政部门和群众的一致好评,学校的教学方式和学习方式发生了根本性转变。伙伴指导学校在合作中也获得了长足发展,还出现了一批跟进学校,这些学校的确成为了我省素质教育事业的开路先锋。总之,作为促进学校改革发展的重要创新举措的“1751”工程在全省基础教育界取得了重要经验,产生了良好影响,自主合作探究性的教学理念和教学实践硕果甚丰、方兴未艾。

四、教学改革的状态审视和问题反思

“1751”工程学校教学改革成果令人欣慰,同时也具有创新特质和普遍意义。但是,这些改革仍然具有巨大的局限性,也派生了很多新的问题和挑战。

(一)当前教学领域改革创新中存在的问题和缺憾

1. 教学改革与课程、制度、文化的关系方面

有的学校的课堂教学改革主要仍然局限于必修文化课程的知识掌握的方式方法的探索,这种改革从本质上说仍然是服务于知识掌握、服务于考试升学的。只有基于选修化、实践性课程的课堂教学改革,才是真正促进学生个性解放的教育。因此,必须加快课程改革的步伐,把课堂教学改革逐步地从必修课程转向选修课程,以释放学生学习的最大潜能。

选修课程、实践课程改革力度的加大不仅会进一步调动、激发学生的学习积极性,进一步提高学生的综合素质,反过来会极大地促进学生必修课程的学习,为学生必修课程的课堂教学改革创造更加丰富、更加广阔的书本知识和生活经验的背景,进而使课堂教学和学生的学习生活

更加充满活力。因此，教学改革必须以课程建设同步、协调、相辅相成。

另外，由于缺少制度支撑和文化引领，有的学校的教学改革或者隔靴搔痒，不及筋骨；或者困难重重，浅尝辄止；或者貌似创新，实则异化。如何真正转变教育教学观念，加强学校文化建设和制度建设，为教学改革提供正确方向和持续动力，是当前和今后学校发展亟待解决的瓶颈问题。

2. 教学改革机制创新方面

(1)极个别项目学校思想转变较慢，动作迟缓，发展效果一般，唯恐教学改革会影响学校的教学成绩的排名。有的学校因负责人调换对工程的进程产生了一定不良影响。(2)分学段、专题性跨片区研讨活动启动不久，需要进一步强化和完善。(3)个别项目县教育局对工程的参与不够，尤其是没有调动当地的专业力量靠上去指导。地市教育局基本上没有参与，成为“1751”工程推进机制上的一大缺憾。(4)学校发展各个方面的改革创新的成色不足，有的才算是刚刚起步，尤其是在学校文化、课程建设、课堂教学等方面存在很大的发展空间，应趁热打铁，乘势推进。

3. 几个热点问题的攻坚效果方面

(1)随意“整合”、调换教材内容。新一轮课程改革要求学校对课程进行校本化整合、开发和改造，使之更适合本校学生发展，但在实际教学过程中有的是根据自己和学生的喜好随意更换教材内容，甚至仅仅依据知识点的相近、相连就不加分析地对教材进行调整，或者只注重对学生的独特体验，而忽视了教材内在的一致性、系统性，致使学习内容或者支离破碎或者过度概括，严重损伤了教学文本的的课程功能和价值标准。(2)课堂教学表演化、游戏化。积极引导学生实践探究、活动建构是新课程改革大力倡导的一种学习方式。但展示不只是表演，活动不等同于游戏，课堂上经常有一些为表演而表演、为活动而活动的现象，活动中只注重形式和表面的热闹、虚华，学生无真实体验与深度反思。只有让学生自主进行活动建构，自觉地参与探究活动，使他们有真实的体验，有浓厚的兴趣，有触及心灵的感悟，才是课堂的应有之道。(3)多媒体使用过度、不当。不少教师盲目追求教学手段的现代化，过分凸显其形象、直观、装饰效果，使教改走向误区。为了使学生记忆深刻，课件反复展示情景，学生的注意力被吸引到欣赏动画上，人机对话取代了师生之间、学生之间的思维交流和情绪碰撞。(4)评价只是一味地奖赏，走向廉价、庸俗、随意。新课程强调对学生的尊重、赏识，并不意味着对学生要一味表扬和奖励。实际教学中，“你真聪明!”“真棒!”等廉价的奖励充斥课堂，这种评价缺乏激励性，导致学生浅尝辄止，不再深究。在学校生活的全部时空里，学生始终没有挫败的经历和感受是不合理的，甚至是危险的。(5)导学案的“过导、缺学、乱练”。导学案是集教师的“导案”、学生的“学案”和综合性评价于一体的导学性活动方案，是学生学习的“路线图”“导航仪”。但是，当下的导学案存在三个问题：一是部分导学案过分侧重于“导”，类似于传统的教案；二是部分导学案过于细致，将全课的知识点都挖掘出来，还要提示、铺垫、点拨，大有包办代替之嫌，几无自主学习之意；三是部分导学案过分侧重于“练”，类似于课后练习或检测试题。(6)小组合作虚假、浅层、低效。小组合作有助于学生自主、合作、探究意识的培养。在“组内合作”中，往往是优秀学生独立完成答案，其他学生在陪坐，或者将优秀生做好的答案作为合作成果来展示，没有真正的合作，也没有真正的互助和兵教兵。有的只有小组代表的展示和老师的点评，却没有同学的点评和小组之间的交流、碰撞，使得小组合作形式单一、程度肤浅、效率偏低。(7)课堂结构或者缺乏基本范式或者模式化。课堂教学模式应该基于本校，由本校自创的，而不能套用名校的模式。课堂模式的构建是教师的专业性活动工作，应该让他们自主建构。不同学段、不同年级、不同学科、不同课型，应该具有不同的教学模式。要让教师结合所教学科、学生年龄、班额大小、自己的教学风格等进行自主创新，形成教师个人的个性化、特色化的教学模式。(8)分层教学基于成绩、为了应试。从全局看来，这一方面的探索还没有突破性进展，好多学校随着改革的推进又纷纷陷入静态、机械、纯应试取向的怪圈。分层分类几乎仅仅依据考试成绩，不同层次、不同类别班级的教学资源、教学模式、教学进度等没有什么不同，改革的深层目的和实际操作的目标指向依然是所谓尖子生的培养和一本率的提高等。

（二）对“1751”工程的反思和深化教学改革的期待

“1751”工程所带动的学校变革行动方兴未艾，正值经验生成、影响扩张的时候，非常需要在此基础上进一步推动，对工程工作全面梳理、总结，及时调整完善工程推进机制，重组工程学校团队，更换一部分项目县和项目学校，把积极参与、用心指导、乐于奉献的指导学校留下来，把大胆改革、进步显著、发展良好的项目学校成为指导学校，再补充一部分优质学校加强指导力量。把好多没有做完的工作继续抓紧抓好。

借鉴“1751”工程经验，整体推进项目县内涵式综合改革，促进区域教育均衡、优质发展。重新谋划，全盘设计，巩固和扩大“1751”工程的作用和影响，在继续促进新一批项目学校创新发展的基础上，带动起一批市域、县域项目学校的发展，使省“1751”工程模式在市域、县域得到进一步延续、提升，使更多的地域内的教育专家、骨干发挥专业引领作用，让更多的学校、教师受益，多措并举，充分发挥省“1751”工程的辐射带动作用，促进区域教育均衡发展。

实施专题项目工作制，深化对县域教育和学校教育内涵发展的专业引领，切实突破学校进一步发展中的新的瓶颈问题。即围绕学校文化升级与管理制度创新、学校课程建设与校本化实施、课堂教学内在品质提升、校长与教师专业化素质校本发展等学校存在的一些现实问题，确立若干项目，依托专业资源，发挥专业人员的研究特长，会同各地相关得力人员组成全省范围的“项目工作团队”，在各项目学校设立“学校发展项目工作室”“名师工作室”“学科教育工作室”等，以项目为抓手，充分发挥课程研究中心的专业引导作用，让基础教育改革理念“落地、生根、开花”。

教学领域的改革创新起步艰难，收效不易，值得珍惜。如不乘势推进，会很快反弹、复原，不仅是前功尽弃，还会使得应试教育的教学行为变本加厉，影响事业全局和长远。应持续完成教学改革由得法到建模，由建模到特色，由特色到个性和风格的蜕变。

教学改革需要与课程改革同步，需要制度变革保驾护航。中小学课堂需要热烈和活跃，也需要沉静和优雅；中小学教学不但要关注课堂，还要关注课外和校外。这需要一系列制度变革，尤其要大力推行"选课走班制"教学，还要重视如何让学校有限的教育资源实现利用效率最大化。与此相适应，教育教学制度的变革、教师课程管理制度的变革、学生评价制度的变革，都需要加大探索，逐步推进。山东的基础教育课程改革，应该坚持"三驾马车"战略，即课堂改造、课程改革、制度变革，或者一马当先，或者并驾齐驱。

五、教学变革问题的理性思考与深度追问

教育改革、课程改革、教学改革的终极目的是什么？是促进学生发展，是使得学生的学业成绩和综合素质同步达成，统一实现。那么，学生发展的路径和方法是什么呢？是学习；是谁的学习？当然是学生的学习。那么，究竟什么是学习？当今学校里、课堂上的教育教学活动中，学习真的发生了吗？发生了多少？效率如何？学习与教学是什么关系？教学有用吗？这其实是一个问题，一个基本、重大、要害的问题。回答和破解这些问题需要追溯和拷问关于教学和学习的一些基本概念和基本命题。

(一)教学基本命题追问

1. 什么是学习

在心理学领域中，一般认为，学习是生命个体在特别情境下，由于反复经验或实践而产生的行为、能力或倾向上的比较持久的变化的过程。在教育学领域中，一般认为，学习是人类个体在认识与实践过程中获取经验和知识、掌握客观规律、使身心获得发展的社会活动。可见，学习的本质是人类个体的自我意识与自我超越，同时它又是人类群体的

交互性社会行为。

不难发现，学习这一基本概念中，至少包含四个要素或特性。

第一，学习具有个体性和自主性。首先，从最基础的层面上，学习的发生是基于生命个体生存、发展的需要或欲望；其次，学习是生命活动的一种个体行为，是个体在思考和行动；最后，学习的结果是生命个体自身所发生的某种变化。总之，学习具有天然的个体性。由此推演可知，学习发生必须基于学习者自身的兴趣和欲求，外加的任务驱动往往苍白无力，学习者必须自动自发，积极主动；学习过程必须是学习者自主设计、自主掌控、自主探索、自主结论的过程，不需要外界过多的干预、“引导”，更不需要什么“主导”；学习的效果只能依据学习者自身变化来体现和表征，而不是别的什么。学习具有自主性的基因图谱。可见，个体化学习是学习的基本形式之一，自主性学习是学习的基本方式、必要路径和主要渠道。

第二，学习具有社会性和合作性。尽管学习具有个体性特征，但学习活动却不可能是一个人单独的行为，它是学习者主体与其他学习者一起，在特定的自然和社会环境中，与学习对象客体(经验知识和客观世界，包括他人和社团)之间的相互作用，因此，学习必然是社会人的有组织、有计划的社会活动。所以，学习具有社会性特征。而学习者之间为开展学习活动而进行的合作更是一种社会性行为，是生命个体之间的相互作用的最高水平。在此意义上，学习具有更高层次的社会性，即合作性。合作作为学习的重要特征，既成为学习的手段和策略，也成为学习的目的和追求。

第三，学习具有问题性和探究性。学习过程是针对问题而开展的问题探究过程。问题意识是指思维的问题性心理，是人类的本能。在人的认知中经常会遇到一些不明白的问题或者是现象，并且通常会产生疑问、探求的心理状态。学习就是面对问题的能动性认知反应。没有问题便没有学习。问题性既是学习的成因，又是学习的特征。在真实的情境之中发现问题和提出问题，运用经验和思维进行猜测和设想，调度资源进行逻辑推理或实验研究，观察事实现象找到规律建立法则，分析解决问题形成结论或报告，验证结论和运用结论解决新问题，这一问题探究的过程就是学习，所以，探究性是学习的根本性质。而探究务必真实，即真实的情景，真实的问题，真实的过程，真实的结果。探究排斥表演，拒绝虚拟。

第四，学习具有综合性和体验性。无论是学习的目标和结果，还是学习的过程和方法，抑或是学习的资源和地域，都不是单一的、单调的、线性的、静态的、狭义的、分离的，而是多元的、多彩的、非线性的、动态的、广义的、综合的。这种高度综合性的过程性心理行为要想取得预期效果，学习者必须亲历过程，领略方法，在真实体验中感知、顿悟、反思、建构。因此，学习也可以说是一种体验，亲身经历，身体力行，感同身受，自觉发展。

2. 什么是教学

“教学”既是一个极为普通的日常用语，又是教育科学中的一个基本概念。对“教学”一词的理解一般有两种：一种是将教学看成一个联合词，是由教和学两方面组成的活动；另一种是将教学看成是教学实践中教师这一方的教的行为。我们的讨论取后一义。

考察教学一词的起源，从甲骨文上看，教与学显然具有同源性。它们都是对同一社会活动的指称。几乎在每一种教字的写法里，几乎都包含了一个写法和意义最简单的“学”字，说明教的概念是在学的概念的规定性上又加了一层规定性，“教”字来源于“学”字。①

《尚书·兑命》中的表述：“教学半”，最早将教学联用。孔颖达解释为：言教人乃是益己学之半也。《学记》曰：“学然后知不足，教然后知困，知不足然后能自反，知困然后能自强也，故曰：教学相长。”宋人蔡沈注曰：“教，……始之自学，学也；终之，教人，亦学也。”说明教学之词义有教学不分，教学即学习，教为上学学为下学，教学相长。

直到学校兴办，班级授课制兴起，教学的语义演变为教授。《中国教育词典(1928)》把“教学法”解释为“各种教授方术者”。

---

① 崔允漷：《有效教学》，14～15 页，上海，华东师范大学出版社，2009。

再后来，陶行知受美国教育哲学家杜威“学生中心”思想的影响，有感于当时中国教授之风盛行，将教学之义修正为“教学生学”。

综上可见，教起源于学，教就是一种学，教是为了学。当教学理解为教授，操作为讲授，便给教育教学带来了问题。

教学的本源是学习，本义是学习，本质是为了学习而提供的支持、服务。教学不是什么“先导”“主导”，更不是什么“讲授”“传授”。

所谓教学，就是教师引起、维持和促进学生学习的所有行为，其本质特征体现在它的效能上，即教师教学的所有努力是为了学生发展，这种努力的效能表现为学生的素质提升，而不是教师教学任务的完成。

3. 教与学的关系

从认识论意义上，教与学的关系，教师与学生的关系，是主客体关系。教学任务的承担者——教师，学习任务的承担者——学生，学习活动的目标指向——教材，这三者之间究竟是什么样的主客体关系呢？众说纷纭，观点各异。最流行的莫过于“教为主导，学为主体”。笔者认为，学习过程是学生进行认识活动从而获得发展的过程，活动任务的承担者显然是学生，因此学生是认识活动的当然的主体。学生的认识活动所指向的对象是教材（广义），教材就是客体。问题的关键是，在这一过程中，教师及其教学处于什么地位？我们的观点倾向是，教师与学生一样，都是承担着认识任务、能动地从事认识活动的主体，教与学在目的、对象、手段上是共同的，是复合在一起的，教与学是复合主体，教与学的关系，教师与学生的关系，是主体之间的关系，他们在共同与教材客体发生作用时，也要相互作用，但这种作用只是一种交往与合作，为了共同的目标。这种“主体间性”又该如何定位呢？我们认为，教师与学生，教学与学习，是主从关系，主辅关系，教师的教学活动基于学习，为了学习，在学习中，辅助于学习，服从于学习，服务于学习，起着引领、诱导、点拨、启发、调节、矫正、提升等作用，但这种引领不能使“牵引”，诱导不能是“主导”，点拨不能是开讲，调节不能是控制，提升不能是包办代替或揠苗助长。

4. 我们与教学本质相距多远

在追根溯源地拷问教学、学习及其相互关系之后，让我们来梳理一下当前我国普通中小学教育教学的现状和问题，看看这些问题与教育教学的本真意义、本来面目相去多远，再来思考造成如此偏差和谬误的机理和原因何在。

一是面对改革固步自封，依然故我，患得患失，犹疑，徘徊，观望。具体表现为，教学理念陈旧，教学模式僵化，教学方法单一，教学手段落后，教学资源匮乏。如“双为主”，“三讲三不讲”，“精讲多练”，“我不讲你怎么能懂”，“我怎么讲他都听不懂，还谈什么自主学习”……骨子里还是以教为主，霸气十足，把自己当认识活动中传授、赋予知识的主体，把学生当成被动接受作用的客体，死抱着老教案不放，单凭一支粉笔，一块黑板，一张嘴巴，按部就班把预设的教学进度赶完，就万事大吉，心安理得。“满堂灌、满堂问、满天练”的现象十分普遍。所谓教学质量，就是学习成绩；所谓高效课堂，就是单位时间内知识授受多。所谓文化花里胡哨，所谓课程热热闹闹，唯有教学四平八稳，唯有课堂铁板一块。还有不少培训考察“激动”，回去“冷冻”，或者虎头蛇尾，浅尝辄止。三五年过去了，波澜不兴，十几年过去了，涛声依旧。

二是改革行动捉襟见肘，变形扭曲，新生问题多多，亟待破解。例如，课堂模式的理论建构中，概念似是而非，内涵交叉，结构貌似完备，实际上难以操作，普遍存在简单化、机械化的现象；把目标教学庸俗化，不是抓住前置补偿和反馈矫正的中心环节促成学生掌握，而是先机械地、过分渲染地呈示目标，再当堂进行达标测试，严重损伤了课堂问题探究的有效性；把自主学习与自学、个体学习、预习、独立学习混为一谈，将自主学习与合作学习相割裂、相对立，或者自主学习只是让学生提前略做预习而不是尝试独立解决问题，课堂上只是让学生简单回答问题，而不是让学生完整、彻底地表达见解，或只是让学生稍做展示，重点、难点、关键、结论等还是老师通过课件和讲述包办代替。在小组合作中，缺乏合作学习的基本常识，小组组建随意，合作只是讨论，展示只是公布答案，缺乏个体的沉静思考、小组的深度合作、展示的充分高效、小组之间的思维碰撞等；在问题探究中，过分依靠虚拟环境资源，实验室闲置不用，更不会走出教室走出校园到真实的场景中去观察、探究、体验、感悟，黑板上种庄稼，书本里开机器，课件里做实验。分层教学不是因材施教，而是依分施教，分层而不分教，一样的课程，一样的进度，一样的教学，其实就是快慢班。

总之，在教学层面上，普遍的现象是，理念认同度高，操作满意度低。课程实施和教学实践的实际状况与课程改革的理想之间还存在较大的差距。

为什么这么艰难呢？原来，这次课程改革其实是一场文化革命，是对于与教育教学相关的一系列重大的基本问题的价值重构，需要促成已经根深蒂固的教育教学观念和习以为常的教育教学行为的调整和变革。从否定一种既有观念到接受一种新的观念并采取相应的教育教学行为，需要教育工作者的勇气、智慧、胸怀和巨大努力，以克服长期以来积淀的固有的“教学惯性”，实现凤凰涅槃般的转型、蜕变。

这种蜕变发生的必要条件是教育观念的认同与转变和把新的教学理念转化为教学行为的行动能力，即拥有新的教育教学技能。而这种条件的具备从根本上取决于教育工作者的专业水平。目前的困境是，如何在常态的教育教学活动中采用新的教学方式和学习方式。这是当前课程改革和学校发展的“瓶颈”问题。教育理想靠课程来承载，课程目标靠教学环节来实现。如果没有教学方式和学习方式的真正转变，一切课改愿景都将化为泡影。

那么，究竟采取什么样的教学方式和学习方式呢？

(二)教学关系的调整和反转

《基础教育课程改革刚要(试行)》明确指出：“倡导学生主动参与、乐于探究、勤于动手，培养学生搜集和处理信息的能力、获取新知识的能力、分析和解决问题的能力以及交流与合作的能力。”“教师在教学过程中与学生积极互动、共同发展，要处理好传授知识与培养能力之间的关系……引导学生质疑、调查、研究，在实践中学习，促进学生在教师指导下主动地、富有个性地学习。”概括地讲，就是主张自主学习、合作学习、探究学习、体验学习的学习方式，相应地，教师的教学方式则必须是放手式的、启发式的、问题式的、支持式的、辅助式的、服务型的。或者说，相对于传统的教学方式和教学一线的现状与问题，这次教学改革的核心目标和关键任务就是调整和反转教与学的关系，先学后教，不学不教，学后互学尽量不教，把学习的时间、空间、资源、权力还给孩子，真正落实学生的第一主体的地位和作用，让学习真实发生。

自主学习因长时间的严重缺失而成为当今教育研究的一大主题。在课程论领域，自主学习能力的培养是十分重要的课程目标；在教学论领域，自主学习是一种重要的教学方法；在学习论领域，自主学习则是一种有效的学习方式。从教育的根本意义来看，自主意识和自主学习能力乃是学生终身学习和持续发展的重要基础性支撑。从学习的个体性和自主性上不难理解它的极端重要性，说到底，简单地讲，学习本来就是学生自己的事，不需要外部过多的干预和帮助。学习者的学习动机必须是内生的、自我激发的，学习的目标、环境、过程、方法必须是自主选择调控的。学习者应该自我设计和实施学习计划，在整个学习过程中进行及时有效的掌握调控，对学习结果进行自我评估，总之要对自己的学习负责。

合作学习兴起于20世纪70年代，现状已经成为在全世界范围内被广泛采用的教学组织形式和教学策略。合作学习基于学习这一认知活动的社会性和合作性。它主要是通过学生之间的相互依赖、相互交流、相互促进，共同达成学生的主体性发展和社会性发展。合作学习以学习小组为基本教学组织形式，充分利用教学系统中的各个动态因素和关系，包括学生与学生、学生与教师、教师与教师以及学校与家长、学校与社区等，互动互赖地协调与促进学习小组成员的共同发展和全面发展。合作学习以学习小组的总体成绩为评价标准，以集体奖惩为激励策略，具有积极互赖、个人责任、异质组成、社会技能、小组反思等五大要素①。合作学习既是一种学习策略，也是一种重要学习目标。将小组合作作为课堂教学的基本方式和策略是当今课堂改造、教学改革的主流选择。

① 伍新春，管琳著：《合作学习与课堂教学》，北京，人民教育出版社，2010。

探究学习是以类似或模拟科学研究的方式所进行的学习活动，其目的是让学生独立自主地发现问题、实验、操作、搜集与处理信息、表达与交流，在学习和掌握科学知识和技能的同时，形成科学态度，养成探索意识、创新精神和实践能力。问题、事实、解释、评价、交流等是构成探究学习的基本要素。探究学习的独特而重要的教育价值，由以下几方面的特性所决定。(1)问题性。现代教学论研究指出，发生学习的根本原因是问题而不是感知。问题是萌发欲望、灵感、思想、方法的种子，是扩展知识、催生创新的逻辑力量。探究学习要求学生以问题为载体，以问题探究为中心，以问题发现、提出、探索、解决、运用为主线组织、展开学习活动，始终保持一种困惑、质疑、焦虑、探索的心理状态，从而激发和生成学习的热情、动力和乐趣。(2)真实性。探究学习所面对的问题，必须反映学生的现实生活，是真实情景中的真实问题，而不是脱离学生经验和生活实际虚假、纯学术(最好也不是模拟)的问题。探究过程也应是学生自主地深入实际场景进行观察和实验等实践性探究活动。(3)自主性。探究学习，结论和探索策略对学生来讲是未知的，教师只是创设特定环境、提供必要的服务，需要学生和同学一起亲自操作、发现、思考、领悟、提炼，因此探究学习具有高度的自主性。(4)开放性。实际对问题情境总是复杂多变的，问题解决过程必然是动态的、联系的、开放的，支持性资源必然是多元的、多源的、丰富的。这种学习环境突破封闭与分离而具有显著的综合性和开放性。

体验学习，既是一种学习活动，也是活动的结果。作为一种活动，即学习主体亲历某件事并进行反思；作为活动的结果，即学习主体从其亲历中和反思中获得认知和情感。体验式学习非常不同于说教式的教学方式。它要求参与者本身在各方面来投入整个学习过程，在智力上、情绪上及行为层面的整合上都会有所学习，成果将显示在我们实际的态度与行为改变上。体验式学习是既令人兴奋又富有挑战性的，它包括很多不同的内容，如针对个人或团队解决问题的行动，肢体上的挑战，游戏，模拟练习，组织练习，分享时间，有指引的冥想，以及有组织的互动。在所有的活动中，学生们是主动地参与学习的过程，并且能够从体验中产生有意义、相关的洞见。体验式学习有以下四个主要特质：学习者对于正在发生的学习及过程是察觉的；学习者是投入于反思的体验中，并且联结当下的学习到过去和未来；那些体验和内容是独具个人意义的——对当事人而言，学到了什么和如何学到的，对个人而言有特别的重要性；过程牵涉到完整的自己——身体、想法、感觉和行动，不是只关于心智，换句话说，学习者是整个人全然投入的。参与者为他自己的学习负责任。教师和专家只是资源和架构的提供者，当学习者试着主动消化外在的知识并内化为内在的参考资源时，学习就发生了。

“1751”工程在教学领域的行动就是调整教与学的关系，转变教与学的方式，实行自主学习、合作学习、探究学习和体验学习。各项目学校与指导学校精诚合作，大胆探索，从教学理念转变、教学管理创新、课堂模式建构、教学媒介现代化、分层走班教学等各个方面进行了各具特色的改革、创新，各学段联盟大规模开展课堂观察、磨课议课、同课异构、专题研讨等活动，大力促进了广大教师教学理念、教学角色的转变，教学组织形式、教学方式和学生的学习方式都发生了根本性变化，正如垦利一中的总结报告中所描述的那样：课堂上，教室“大”了，教师“闲”了，学生忙了，气氛活了；老师们钻研深了，交流多了，精神足了，追求高了；学生们读书思考多了，交流合作多了，展示互动多了，学习成绩提了，综合素养增了，做事信心足了。学校和教师获得了专业发展，创生了鲜活经验，提高了教育质量，享受了职业幸福，对未来教育发展的前程充满期待和憧憬。本编内容的下一部分将推出部分学校教学改革的典型案例，供大家参考、评议、借鉴。

(三)几个焦点问题答疑

1. 教改言必曰课堂吗

当然，课堂是教育教学的主阵地。但是，课堂之外，教学的时空、资源是大量的，所占比例是惊人的。不难统计，一学年中，一个中学生课外的有效学习时间占总有效学习时间的比例约为70%，小学生会更高。在这些时间和空间里，学习在继续吗？在怎样的进行着？学生走出课堂，走出校园，教学就暂停和终结了吗？课外教学时空需要我们关注、研究、管理、指导、服务。在我们进行课堂改造的同时，不能忘了“课之外”的教育教学问题。

怎么办呢？研究课内外教学一体化改革，系统地设计、实施教学改革工程，全元全程全方位地推进教学与学习的创新和发展；开发和建设丰富多元可供选择的学校课程，在课程和教学双层面上进行多样化培养体系建构，开展各级各类同质化的指向特长发展的自组织的综合性、实践性、研究性学习活动；发挥家委会、社区教育委员会等校社共建联盟组织的作用，成立各种形式的社区、村庄学生学习互助组、合作社等，由他们运作、管理，学校提供培训、指导。

2. 课堂需要模式吗

上文说到，课改十年之后，普遍的问题是“一高一低”，即“理念认同度高，实施满意度低”。究其原因，在教学层面，是由于没有建构起先进理念指导下的、基于学校实际(资源、教师、学生等)的、具有科学性适切性操作性的基本模式。模式是为了体现某种教学思想，达成教学目标而做出的关于教学过程的阶段、流程、步骤、操作要领等的规定。它是教学理念的载体和依托，是让理念落地生根的路径选择和方法认同。没有模式是不成熟的表现。“教无定法”的境界必须经过“教学有法”的初级阶段的规范和锤炼。如果没有模式建构，教学改革就会停留在理念的思辨和规划的议论之中，迟迟不能开局，不见行动，即使若干年后过去也会依然如故。

的确，需要警惕的是，模式的建构和使用可能会不自觉地走向模式化。因此，学校的通模要有较高的普适性和自由度，允许不同学段、不同年级、不同学科、不同课型做出必要的调整、变通和改造。在学校通模被熟练使用之后，更要适时地推出学科模式、课型模式和基于教师个性的教师特色模式以及基于特定学习群体学习需要的学生个性模式。一个学校，一个学区，待到各种教学模式和方法，特色无同，风格各异，琳琅满目，万紫千红，那必然是学生、教师、学校创新发展的鼎盛状态，也就是我们的教育有教无类、因材施教、不教而教梦想成真的时候。

3. 教师个性还是学生个性

我们知道，模式化会抑制、损伤和抹杀个性。这也是一些地方一些人诟病课堂模式的坚强理由。是的，如果教学改革很快沦为机械肤浅的简单化模式化运动，是可悲和可怕的。对此，我们要保持足够的理性和警惕。所以，有的学校坚持不做模式，倡导教师个性，同样取得成功，是大可敬佩的。

然而，我们所倡导的教师个性常常是指教师的爱好、特长或专业优势。充分挖掘、发挥教师自身的个性潜能来打造特色课堂当然没有错。问题是，当教师个性与学生个性发生矛盾，需要做出取舍的时候，我们做何抉择？譬如，因为你有朗诵的才华，你就每每抑扬顿挫，自我陶醉，不舍得留给学生一段来尝试一下，尽管学生朗诵得确实不尽如人意；你特别擅讲，于是你的上课就是讲课，滔滔不绝，天花乱坠，而学生的上课就是听课，即使不是昏昏欲睡，不知所云；你的书写堪称一绝，于是黑板上密密麻麻全是你的杰作，而没有一个字是学生写的；因为你的动手能力特强，你就整天价拿来一套器材在讲台上演示，学生只有看热闹的份；你是名师，于是课堂就由你主宰和霸占，学生只好天天坐在自己的座位上呆呆地听，傻傻地想……请问，这合理吗？到底是谁在学习？你的课堂的自由、民主、公平何在？时间都去哪儿了？学习真的发生了吗？究竟是教师个性、教师任性，还是学生个性、学生需要？当学生需要提问，需要思考，需要操作，需要表达，需要与他的同学合作活动时，您能够退隐吗？能甘心做一个服务员吗？

4. 关系，还是技术

以上我们始终围绕着教与学的关系来讨论问题，主张教学关系的调整和反转。当今基于云计算和互联网的大数据时代已经来临，它把工业化时代人与人的组织之间的干巴巴的关系，变为信息化时代人与人的自组织或无组织的湿乎乎的关系——充满人情、关注意义、回到现象、重视具体，使人们凭感性、缘分、兴趣、短暂的需求，以极其低廉的成本，快速、灵活而有效地聚在一起，进行分享、对话、合作和集体行动，并在情感沟通和意义建构中体验人生幸福[①]。那么，这将给教育和教学带来什么呢？我们的教学、课堂也必然是湿润的，富有人情味和生命意义的——协同合作的态度、社会资本的积累、多向的思维、多元的文化、喧闹的交流时空，基于爱、正义、共同的喜好和梦想的连接和互动。于是，教与学必将进一步打破依然板结和僵死的内部结构，而找寻到一种新的关系模式。IT 既然改变了社会，迟早也要改变教育，颠覆教学。一些学校，包括"1751"工程学校的信息技术支持、慕课背景下的翻转课堂实验已经开始追逐那个令人神往的未来。

五、教学案例选编与点评

【写在前面】

昌乐二中以"271"课堂创新实践引发学校全面发展，其教育经验和专业影响蜚声各地。学校创办于 1959 年，占地面积 260 亩，建筑面积 10 万平方米，是一所文化底蕴丰厚、教学设施先进、师资力量雄厚、教学质量领先的省级规范化学校。2013 年，以昌乐二中为基础成立山东省二七一教育集团，集团现已拥有潍坊实验中学、云南农业大学附属中学等九所学校，师生员工近 40000 余人，成为国内知名教育品牌。

近年来，昌乐二中改革创新，锐意进取，在办学理念、课程建设、课堂改革、学生自主发展、教师团队建设等各个方面进行了大胆探索和有益尝试，创新形成了以"271"教育特色价值观、"271"教育特色课程、"271"教育特色课堂和"271"教育特色管理为四大教育支柱的"271"教育体系，走出了一条在全省乃至全国都有广泛教育影响力的素质教育改革之路，教育教学水平有了大幅提高。

学校以育人为核心，以社会主义核心价值观为切入点，以"没有学不好的孩子"为教育信仰，以"心系中华，兴教强国"为教育使命，以"帮

① ［美］克莱舍基著：《未来是湿的》，泳、沈满琳译，5 页，北京，中国人民大学出版社，2012。

助每一个孩子发现自己，成就自己”为教育价值观，以“让每个孩子的一生成为一个精彩的故事”为培养目标和“271”学子八大素养等，通过文化引领，让每一个学子都能养成良好的公民素养，实现人生价值。

“271”教育特色课堂立足于教师，让教师的角色由“师长”变为“学长”，同时把“教”变为“启”、变为“帮”；立足于学生，让学生成为学习的主人，变被动接受为主动探求；立足于教室功能，使“教室”变为“学室”，“讲堂”变为“学堂”。“271”教育特色课堂从根本上改变了学生学的方式和教师教的方式，通过“探究学习、学习超市、表述反馈”三个环节把学习的主动权、创造权还给学生，把学习的过程、学习的快乐还给学生，自由、民主、安全的课堂让学生的心灵和能力主动地成长，学习效益大幅提高。

学校创新学生自主管理方式，把管理权、研究权和评价权都交给学生，放手让学生在自主管理的体验中感悟，在感悟中成长，引领学生快乐地走向自我教育。凭借高效学习小组、班级行政管理小组和高效学习科研小组“三驾马车”，班级管理实施导师团育人制度，推行班级管理陪审团制度，营造家庭式亲情关系，学校管理实行学校学生会——年级学生会——班级自主管理团队为主线的学生自主管理机制，推进学生社团联盟，所有活动放手让学生自行策划组织，为学生自主管理、自主发展搭建起广阔平台。

学校先进的教育理念和全面的素质教育，受到社会各界的广泛认可，众多领导专家先后到校考察，对学校办学成果给予了高度评价。学校先后荣获“中国民办教育创新与发展贡献奖”“影响中国领军品牌”大奖、山东省富民兴鲁劳动奖状、“山东省民办教育先进集体”等 80 多种国家、省、市荣誉称号，《人民日报》《光明日报》《中国教育报》和中央教科所《新教育》杂志等多家媒体开辟专栏报道昌乐二中的经验做法。28 个省市几千所学校前来参观学习，学校每年派出优秀教师 600 余人次前往全国各地讲学授课，其名校效应影响全国。

昌乐二中的教育实践表明，学校发展的根本出路在于自主创新。树立先进的教育理念，坚定正确的改革方向，以精细管理为基本保障，以课堂改造为突破口，攻坚克难，锐意变革，就能在不太长的时间内，华丽转身，迅速蝶变。

让每个孩子快乐地走向自我教育
——昌乐二中“271”课堂实践与研究

山东省昌乐二中与曲阜一中、青岛三十九中、单县一中、日照一中、宁阳四中、胶南一中、滕州一中结为发展共同体学校。为促进各学校共同发展，共同体多次组织领导教师到各学校现场研讨，与会学校通过深入课堂听课、听取报告以及座谈交流等形式全方位、多层面加深了相互间的了解，增强了各学校办学理念、课堂模式、育人机制及素质教育实施等方面的交流，实现了学校间资源共享，相互借道，共同发展，同时也推动了学校教育质量的整体提升。借助“1751”工程提供的平台，学校更加清晰的意识到自己的教育责任和社会担当，在这一过程中，学校得到了类似“教学相长”的自我促进与发展，这是一个双赢的过程，也是促进学校不断创新发展的过程。在推动联盟学校文化建设、课程建设、课堂改革、教师团队建设的同时，学校通过“1751”工程搭建的平台，借鉴学习其他学校先进的理念和典型经验，再通过课堂创新带动教育体系完善，最终在让每个孩子快乐地自主成长方面做出了诸多探索和实践。

一、“271”课堂创新打磨，让每个学生快乐地自主成长

有的学生正在黑板前，为一道题的解法争辩着；有的小组的同学正在为导学案上的一种方法互相探究，每个人都在寻求着最佳答案，时而演算时而手舞足蹈；有的小组同学竟然下了座位，来到了黑板前写着什么……课堂内，每个人都在积极地行动着，没有一人是闲着的，学生站着的、写着的、大声说话的、趴着倾听的，每个人脸上都洋溢着自信……我们不禁惊讶：这班里没有教师管理吗？哪个是老师，哪些是学生呢？

持续的讨论结束了，黑板上已经出现了九个小组各自讨论后展示的内容提纲。老师出现了，而接下来的场面同样让人感叹、惊讶，甚至有点不可思议。只见一个学生走上讲台，站在一个小组所绘的知识提纲前，未带任何资料，用他洪亮的声音，落落大方地为所有同学们讲解自己小组所讨论的学习内容。

整整一节课，所有学生都处于紧张状态，甚至忙得不可开交，学生们最大限度地动了起来，呈现出的是绝对的以学生为主体的教学理念。或许只有你走进二中，走进“271”课堂，你才能感受到它的独特魅力。

——记者笔下的一堂生物课

每个走进昌乐二中课堂的老师，心里都会怀揣着一份满满的感动，他们感叹于每一个学生在课堂上精彩的表现，侃侃而谈、落落大方；他们感叹于课堂上充满着快乐，孩子们互帮互助，求知的渴望都写在脸上；他们感叹于一所学校在回归教育本质的路上取得了如此丰硕的成果。“271”课堂的魅力在哪呢？

（一）“271”课堂的内涵

“271”课堂初始于以学生为学习主体、以小组为学习基本单位、以课堂学习时间按“教师讲解点拨提升占20%，学生自主学习、合作探究占70%，巩固反思占10%”分配的课堂教学组织形式，现已发展为以建构主义学习理论为理论基础，以育人为核心，以导学案为引领，以自主合作、探究体验为特质的多维度的“271”课堂模式。

其中，对“271”有如下三种认识：

1.“271”课堂的时间分配：20%（约10分钟）（老师）点拨提升，70%（约30分钟）（学生）自主学习、合作探究，10%（约5分钟）（学生）总结反思。

2. 学习内容方面：20%的知识自学能会，70%的知识合作学会，10%的知识老师引领学生学会。

3. 影响学生学习成绩的因素：20%的因素是智商，70%的因素是情商，10%的因素为其他。

“271”的内涵得到不断的丰富和发展，现在，“271”已经成为昌乐二中的一种教育理念，一种文化符号，是昌乐二中教育教学实践的代码。

（二）“271”课堂的基本程序

“271”课堂的基本程序为：

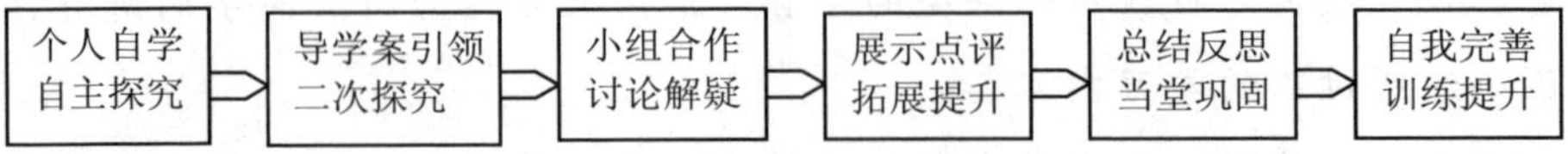

1. 个人自学，自主探究：是指课前放手让学生自学教材，自主探究学习内容，圈点勾画教材重点难点，初步感知学习内容。

2. 导学案引领，二次探究：教师组建“教师学习研究共同体”，研究、讨论编制导学案，并将导学案课前下发给学生，培训、指导学生以导学案为学习路线图，按图索骥，自主学习，主动学习，研究学习。

3. 分组合作，讨论解疑：学生完成导学案训练题目后，小组长组织本组成员先一对一进行分层讨论，然后小组内部交流讨论，交流学习中的收获，讨论学习中的疑惑，讨论跟踪训练中的问题，生生学习共同体在学习中共同成长。

4. 展示点评，拓展提升：教师课前要对学生进行培训，了解学生学习情况，指导小组长组织同学们在充分讨论的基础上，展示本组学习成果、学习心得，同时也将小组共性的学习困惑提交班级讨论。教师要善于捕捉时机进行点拨，师生共同体，教学相长，共同发展。

5. 总结反思，当堂巩固：课堂最后 5 分钟，教师要留出时间让学生对所学内容进行总结梳理，反思学习目标的达成情况，并对所学内容进行巩固、深化。

6. 自我完善，训练提升：根据学科特点，课后部分需要安排训练任务的学科再自习做训练学案，帮助学生巩固落实，提升学习水平。

（三）“271”课堂的保障策略

1. 小组建设实现了课堂上学生的自主管理：学习小组是“271”课堂的基本组织形式，每个学习小组由六名同学组成，组建“生生学习共同体”，他们自发讨论、交流。每个学习小组设行政组长一名，负责小组集体日常事务，同时，每个同学都是学科小组长，具体负责小组学科课堂学习事务。

2. 导学案让学生的自主学习有了方向：导学案是保障“271”课堂顺

利推进的“路线图”，是指导学生高效自学、高效讨论、高效展示的方案。导学案编制由“教师研究团队”集体研究、并吸收“学生学科研究团队”成员进行研究，是“师师、生生、师生”三维学习共同体共同研究的成果，导学案设计分为自学指导、预习案、探究案、训练案等内容，并对学习内容进行分层设计，学生根据导学案的引领，能够依据导学案进行自主学习，同时，导学案又为学生合作探究、拓展提升提供依据。导学案提前一天下发，学生先在导学案的引领下自主学习教材内容，然后对着导学案进行二次深度探究，标识重点、难点，找出课堂探究的关键点，以备课堂上交流、讨论、探究、展示、点评、拓展、质疑。为保证导学案质量，学校出台了导学案三条底线。

第一，导学案绝对育人立意，绝对不能知识立意。节假日、双休日没有知识记忆、题目训练的作业，引领学生在自由的基础上自主发展。

第二，预习案和探究案分开设计，预习案 15 分钟之内完成，引领学生发现、思考和建构。探究案只设计一个探究性的问题，坚决实现重心回归(探究学习)。

第三，导学案必须分类设计，正视学生差异，针对学生不同学习需要，因材施教，研究学法，引领创新思考。

3. 课堂培训更好地实现了课堂学生的自主管理：培训是最好的教育，课堂培训是实现课堂育人立意和课堂高效的重要保障，课堂培训能够让学生在课堂上做到目标明确、思路清晰、积极参与。针对课堂学校有“三次培训”，即预习培训、课前培训、课中培训。预习培训让学生明确预习的重点、预习的策略和方法，培养学生的自主学习能力；通过课前培训教师反馈学生预习过程中突出的问题，引领学生课堂探究更有针对性，引领学生的探究走向深处；教师通过课中培训及时鼓励引导学生积极进行自我完善、自我提升，保证课堂育人效果。

4. 课堂评价激发每个孩子主动学习、快乐学习的欲望：我们坚持评价“有趣、激励、实用”的原则，创新“271”课堂的评价方式。由教学行为评价转向学习行为评价；由分数评价转向能力评价；由结果评价转向过程评价；由主要对教师的评价转向主要对学生的评价；由个人评价转向小组评价。

“271”课堂评价既是对课堂学生学习活动及表现的评价，如对学生自主学习、合作学习、展示点评、拓展提升的评价，同时课堂评价又是学生班级自主管理评价的重要组成部分；我们发动各班创新评价方式，并进行评价方式的评比，各班创新出许多学生喜欢的评价方式，比如有的班级采用“军衔制”评价、有的班级采用“QQ等级”评价，有的采用“星月日”评价等。同时，每周一总结并汇总，课堂评价结果创造性地纳入学生基础素养评价，减轻了学生学习成绩压力，极大地促进了学生全面发展。

（四）“271”课堂的价值追求

“271”课堂是学生的课堂，学生根据自己的需要自主选择学习方式，每个小组都建立起了家庭式的小组文化，他们相互帮助、相互鼓励、共同进步，课堂上每个孩子都得到了成长。学校致力于成为一所让学生幸福的学校，让每个孩子为成为校园的主人而幸福，为解放的课堂而幸福，为乐学而幸福。

“271”课堂是自主的课堂，学生有大量的时间自主支配、自主探究、自主选择学习方式，课堂上孩子们实现了由“要我学”到“我要学”的根本转变，学习效率大大提高。

“271”课堂是快乐的课堂，因为在课堂上没有歧视，没有压制，有的是老师的启发和引领，每个学生都能在课堂上畅所欲言，学生学习的过程变成了主动成长、快乐成长的过程。

“271”课堂最大的意义在于它从根本上破除了传统教育对孩子思想的禁锢，由传统授受式的教学走向学生自主自发的探究学习，学生在探究的过程中成长了智慧，高尚了人性，收获了快乐。

二、以点带面，“271”教育体系走向全面育人

经过7年的努力和探索，学校的改革创新从课堂向课程、管理、教育哲学等方面延伸，以适应“271”课堂的发展，满足学生成长需要。学校创新形成了以“271”教育特色价值观、“271”教育特色课程、“271”教育特色课堂和“271”教育特色管理为四大支柱的“271”教育体系，以“立

德树人”为教育的根本任务，实现了学校的科学发展、内涵发展。

(一)“271”课堂的发展加快了学校以“人的成长”为核心的教育价值观的形成

在总结“271”课堂发展历程时，清晰地感受到，学校做的最正确的一件事情就是把所有的工作都指向“人的成长”。“271”课堂的不断发展，促进了学校以“人的成长”为核心的教育价值观的形成。在价值观的引领下，学校形成了积极向上、民主和谐、奋斗成功的学校主流文化，学校以“没有学不好的孩子”为教育信仰，秉承“心系中华　兴教强国”的教育使命，形成了“帮助每一个孩子发现自己、成就自己”的教育价值观，坚持以“让每个孩子的一生成为一个精彩的故事”为培养目标，提出昌乐二中学子“八大素养”，确立以“敬天爱人”为价值追求的“昌乐二中精神”，广大教师的聪明才智和创业激情被最大限度地释放出来。

“271”教育理念

1. 人是教育的唯一目的，人既是教育的起点，又是教育的终点；

2. 学校教育最终一定会走向自我教育；

3. 接受了错误教育的孩子比没有接受任何教育的孩子离智慧更远；

4. 在孩子拥有基本的人性光辉之前，教育的一切内容诸如拼写、阅读、演讲、写作、运算都是没有意义的；

5. 深刻的教育来自学生自己深刻的体验；

6. 传统的以知识为目的的灌输式课堂对孩子的兴趣、尊严、个性、创造性思维都是一种极大的伤害和摧毁；

7. 人生导师就是走进学生的内心，并对学生的价值观、思维方式、行为方式和自我管理能力及时正确引导的那个人；

8. 人际关系是学生成长的第一生产力；

9. 老师拥有的父母情怀是良好师生关系的基础；

10. 教育的真谛是尊重个性、放手自主、体验过程、点燃激情、放飞梦想；

11. 宗教般的教育情怀让我们站在人性的高度看待孩子、认识教育；

12. 文学和艺术是离灵魂之门最近的学问；

13. 人性光辉的形成和思维方式的训练是我们教育的两大重要目的；

14. 教育是把不同的孩子变得更加不同，而不是把不同的孩子变得相同；

15. 考试成绩只是教育的副产品；

16. 没有学不好的学生，只有不会教的老师；

17. 自主管理就是给学生应有的公民社会生活的经验；

18. 导学案和课堂设计的一切预设都是为了生成。

昌乐二中学子八大素养

1. 正确的价值观和不衰的激情斗志；

2. 强大的学习能力、研究能力、创新能力和正确的思维方式；

3. 强大的沟通能力和演讲能力；

4. 强大的组织领导能力，团队精神、服务精神和社会责任感；

5. 良好的习惯，学习习惯、生活习惯、卫生习惯和做计划的习惯；

6. 强健的体魄，掌握2～3项终身锻炼身体的体育项目；

7. 良好的艺术修养，了解古今中外艺术大师，有较高的艺术鉴赏力；

8. 深厚的国学素养和高远的世界眼光。

(二)“271”课堂的发展助推学校以“学生成长”为基础的特色课程研究

课堂是课程的表现形式，课程是课堂的基础。为了满足“271”课堂发展及学生成长的需要，我们立足于学生成长，完善了课程体系，明确了课程建设“三步走”的思路。

1. 国家课程研究。学校每学期都组织教师进行课程、教材研究，每位教师在深入研究的基础上撰写自己的研究报告，画出系统科学的知识树和能力树，写出课程整合方案，而且所有教师研究的文本材料都有评委进行评价，并开展研究报告答辩，有效地提高了教师课程驾驭能力。

2. 导学案编制。导学案是国家课程校本化、师本化和生本化的落地，教师把对国家课程个性化的解读与理解，跟学生生活实际相联系，广泛开发各种教育教学资源，集体精心研发导学案，让国家课程落地生根，真正实现了用教材教，而不是教教材。

3. 学校课程的创造。学校推出学校课程研发、开设机制，鼓励每位教师都创造自己的校本课程，都组建起自己的俱乐部和工作室。到目前为止，学校已经审核合格通过了400余种学校课程，本学期共有146门学校课程供学生自主选择。学校还创新了大量如“海量阅读”“读书节”“艺术节”“体育美食节”“科技节”“今周我当家”“65公里远足拉练”“进城下乡”等一系列社会实践活动课程，极大地激发了每个学生的积极性，为学生个性张扬提供了广阔舞台。

同时，“271”课堂的发展“倒逼”教师课程水平的提升，为此，学校重视教师课程水平和课程能力的提升。

1. 开展特色常规教研活动，促进教师课程水平提升。第一，集体备课。以学科组为单位，每周举行两次集体备课，每次集体备课不少于两课时。集体备课时，教师在学科领导的带领下共同研究课程课标，修改导学案，完善课堂设计。通过集体备课，教师们明确了上课的思路和重点，加深了对课程和教材的理解，尤其对于青年教师，集体备课是促进自身成长的好时机，他们通过认真参与集体备课，课程水平得到极大提升。第二，创新展示课及教学能手评选。为提升教师课程水平，学校每学年都组织创新展示及教学能手评选活动，学校教师人人参与，集体研究，精心准备。活动的过程中教师认真反思、讨论、交流，他们智慧的火花相互碰撞，并将自己的新思考在课堂上大胆实践，推动了“271”课堂的不断发展。

2. 进行教育科学研究，提升课程水平和课程能力。学校成立学科研究中心，组织各学科深入挖掘学科育人资源，提炼学科教育信仰、学科教育价值观、学科核心素养和学科育人目标，由研究教法转变为研究学法，不断打造学科育人特色。本学期，学校还制定了《昌乐二中教科研章程》，鼓励教师从事教育科学研究，设置了教科研专项经费，通过对教师教科研的引领，让教师拥有课程能力，提升教师育人水平，从而提升学校教育质量。

(三)“271”课堂的发展促进了学校以“自我教育”为目标的学生管理的实现

“教育最终会走向自我教育”，在“271”课堂建设中取得的经验让我们意识到给学生能力比给学生知识重要，让学生学会自我教育比让学生学会考试重要。学校全面实施以“自我教育”为目标的学生自主管理，目的是想让学生通过自主管理，拥有自我管理的意识，拥有终身幸福的能力。学校学生的自主管理注重自主体验，注重家庭式亲情关系打造，注重对学生能力和素养的培养，全面提升学生素质，促进学生自我管理和自我教育能力的最终形成。

1. 打造家庭式亲情关系，实行导师团育人制度。打造亲情式的家庭关系，教师用关爱陪伴孩子成长一直是学校管理文化的重要方面。2013 年学校创设导师团制度，班级所有任课教师组成导师团，班主任为首席导师，班级其他任课教师为学生的成长导师。导师团在首席导师的带领下负责学生的自主学习、自主生活和自主管理的方方面面，每一位学生都有自己的人生导师。学校在教师评价时，将导师团工作作为一项重要指标纳入评价量化，提升教师参与导师团工作的积极性。导师团育人制度的尝试改变了传统只有班主任在管理班级的现象，让每位教师都参与班级管理，提升了每位教师的管理能力，使学生最终受益。

2. 全面放手，坚守“底线”。放手是一种能力，放手是一种境界，放手也是一种智慧。让学生在教师的引领、帮助下，自主发现、自主管理、自主体验、自主成长，最终实现自我教育。

(1)放手让学生自主体验。每个学生都是管理者，都参与制定小组和班级公约，讨论班级主流价值观和班级口号。学生首先要做好自我管理，利用成长日记对一天的学习制定目标、做好计划；利用学习档案进行一周自我总结与自我规划。其次要做好班级自主管理，利用班级日志，记录班级成长故事，每周晋级评价对每个小组、每个成员进行总结，通过给班级成员过生日，建设“家庭式”亲情关系。

(2)放手让学生自主参与班级文化建设。学生自主处理班级事务，学生讨论、制定、表决通过班级发展目标，制定班级发展工作要点和配档表，推行值周班长、值日班长制度，创新班级法院和陪审团制度，依据班规在班级内实行“民主法治”，组织学生用讨论、辩论的方式解决班级管理中的棘手问题，用文化的力量去引导解决。

(3)放手让学生组织活动。班级及学校的所有活动都可以放给学生管理，只有放手让学生组织活动才会有体验、有发现、有生成、有提高。我们发现，自主管理打造了学生的学习文化，让我们的学生在课堂学习过程中更加积极、主动，同时，学生课堂上的锻炼又反过来促进了学生自主管理水平的提高。现在学校所有活动一律都由学生自主组织，学校四大校园节日——体育美食节、艺术节、科技节、读书节，每个节日学生都自主开发300多个活动项目，自主竞标，自主承办，自己组织；学校100多个学生社团，全部由学生自己组织；每个周末的社团活动丰富多彩，学生在学校提供的广阔舞台上尽情享受“自主管理，自我教育”。

(4)坚守“自主管理三条底线”。为了保证学生自主管理的全面实现，学校出台了自主管理三条底线。

第一，让每一个孩子享有尊严，任何一个班级没有讽刺，没有打击，没有歧视，没有体罚和变相体罚，不出现安全问题，建设公平公正、民主向上、团结和谐的主流文化；

第二，两睡自习全面“放手”，首席导师午休晚睡，早读晚自习一律不准靠班，晚自习不分到学科；

第三，培训是最好的管理，培训是最好的教育，班会老师不能一味说教，而是“放手”、培训和引领，引领学生自主讨论、确定班规，建设班级主流文化，导师团轮流上好人生规划课，组织好每一个孩子的生日会。

三、课堂改革创新成效显著，学校办学层次不断提升

赵爸爸，您好。我是2012年毕业的，我是张笑涵，原来在亮亮班，您最近还好吗？发短信来就是想感谢您。感谢您的教学方法：“271”课堂。从一进校门开始，我就从未怀疑过这个模式，它不仅在高考中帮助了我，而且让我在大学中受益匪浅，大学是个小社会，需要自己活，需要的不再是死板的知识，而是的学习和生存的能力。

我考到中央财经大学，在法学院学习，每天坚持不懈做计划，我每一天都过得很有条理。出了高中校门，唯一记得的不是书本知识，而是

成长日记，现在的我每天还是会打勾打叉，写鼓励的话。而且，大二开始，我们学校申请到了全国法律人才培养基地两个，在全国超过北大、清华。

我们法学院意味着要分班，一个涉外班，两个国内班。放假前我报了涉外班，考了英语，面了试，英语我无法保证，但我知道在面试中“271”课堂模式又帮了我一把：我大胆自信乐观，思维有条不紊，说得头头是道，在一百多位极其优秀的学生中脱颖而出。而且，碰巧的是，面试官问了我一个问题：怎样看待大学的学习。我用了自学能力来回答，正如高中时候的“271”教育模式。老师们看起来很满意。

还有就是，关于大学考试，我总是能用几天的时间达到别人半年的效果，就是平时的预习，还有最后几天的高效理解记忆。当然还有很多关于大学生活的提高，就不向您一一说了。总之很感谢您，感谢“271”。

您一定要相信并坚持您的教育模式，无论有再大的阻力。这才是真正先进、时尚、能与世界媲美的，能与世界竞争的教育模式。

赵爸爸，加油！

——学生发给赵丰平校长的短信

短信中我们可以清楚地看到孩子对母校教育的认同，可以看到“271”课堂带给孩子可享用终身的“财富”，可以看到“271”课堂带给孩子们深远的影响，这才是“271”的价值所在。

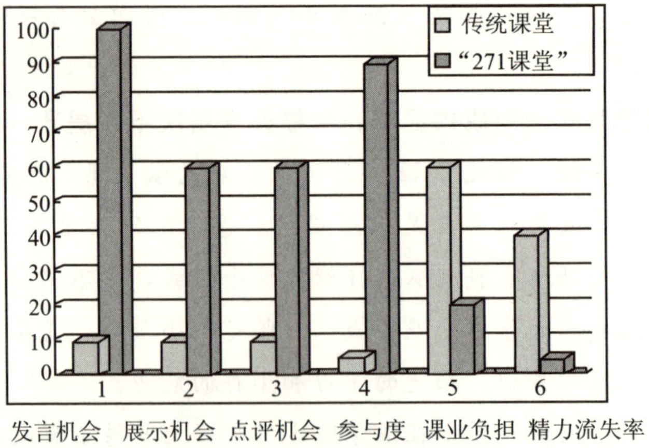

“271”课堂与传统课堂的对比

“271”课堂是业已被实践证明了的行之有效的课堂教学方式，在“271”课堂改革的带动下，学生成长、教师发展、学校提升等各个方面均取得显著成效。

1. 学生的成长：学生主动学习，快乐阳光，善于沟通，演讲能力突出；课堂多元评价带来学生创新激情，学习由被动变主动，由接受变探究，学习效率明显提高；学习方式回归其本质，学生自我管理能力加强、自我意识觉醒，公民素养、学习精神、心智都有长足发展；我们以发言机会、展示机会、点评机会、参与度、课业负担、精力流失率为指标，对学校打造“271”课堂七年来学生的学习状态进行跟踪调查，发现：在“271”课堂下，学生发言机会是原来的 9.8 倍；学生展示、点评机会是原来的 6 倍；学生参与度是原来的 9 倍；学生的课业负担和课堂精力流失率分别下降为原来的$\frac{1}{3}$和$\frac{1}{4}$。

2. 教师发展：利用“271”课堂培训教师，使教师转变了教育教学观念，形成了教师团队文化，专业素养、课程水平明显提升，近五年有 86 人被评为省市教学能手或名师，多名教师被作为专家邀请讲学，职业幸福感大大提高。

3. 学校提升：“271”课堂使昌乐二中在全国的知名度大大提高，许多学校纷纷邀请合作办学、学习“271”课堂，创办八所分校，都成为当地学习的榜样，成为学生喜欢的学校。学校文化、办学水平都得到了进一步提升，受到社会各界一致赞誉。学校现已发展成为拥有潍坊实验中学、潍坊市奎文实验初中、云南农业大学附属中学、潍坊峡山双语学校、滨州行知中学、云南昌乐实验中学、昆明行知中学、南京宇通实验学校八所分校，师生员工近三万人的集团化、品牌化学校。

4. 社会影响：省委副书记、省长郭树清，省委常委副省长孙伟，教育部副部长刘利民，国家教育行政学院院长顾海良，教育部原副部长王湛，全国人大常委、国家督学庞丽娟，教育部基础教育课程教材发展中心主任田慧生，教育部基础教育二司司长郑富芝，原中央教科所所长朱小蔓，国家课程改革专家工作组组长钟启泉，省教育厅副厅长张志勇等众多领导专家先后到校考察，对学校办学成果给予了高度评价。学校先后荣获“中国民办教育创新与发展贡献奖”“影响中国领军品牌大奖”“山东省民办教育先进集体”“山东省省级规范化学校”“山东省教学示范校”“山东省中小学教师校长实践培训基地”等80多种国家、省、市荣誉称号，《人民日报》《大众日报》《光明日报》《云南日报》《中国教育报》《新教育》杂志，中央电视台、人民网、山东电视台等多家媒体开辟专栏报道学校经验做法。

仅2013年一年，学校就派出教师613人次到全国各地做课讲学，先后有北京、天津、河北、江西、安徽、江苏、湖南、四川、海南、福建、陕西、吉林、内蒙古等30个省市千余所学校63000多人次前来参观学习，名校效应轰动全国。

“271”课堂是课堂教学改革的一次成功实践，它已经成为昌乐二中的课堂信仰。“1751”工程成为学校“271”课堂实现创新发展的契机和机遇，他们会继续坚持“271”教育的创新实践，与联盟学校一起，为推动山东基础教育改革贡献力量。

海蓝终要纳河黄

——山东省垦利第一中学高效学本课堂探索之路

【写在前面】

垦利一中是山东省规范化学校，黄河入海口处一座文化教育高地，当地社会发展的一颗璀璨明珠。学校占地400亩，环境优美，设备精良，具有现代化、网络化、园林化、生态化的突出特色，现有88个教学班，在校生5000人，教职工367人。四年前，学校领导班子不负重托，不甘平庸，抓住契机，迎难而上，以课堂教学为突破口，直面问题，矢志改革，倾力打造“问题导学学本课堂”，以此激励和带动教师专业成长和学校整体发展，走出了一条自主创新、破冰攻坚、华丽蝶变的特色发展之路，成为当地乃至全省普通高中素质教育的开路先锋。课堂是课程改革的难点，学校发展的瓶颈。课堂变革需要智慧，更需要勇气。“宁在探索中倒下，不在守旧中沉沦”就是他们铿锵有力的改革誓言，“发展生命、提升质量、愉悦身心、生成个性”是他们的意义非凡的价值追求。他们的成功实践是课堂建模的一个范例，学校发展的一曲凯歌，从而以鲜活的经验证明：专业引领，顶层设计，学校改革无风险；畏首畏尾，患得患失，只能一事无成；大胆创新，励精图强，定能大获全胜。

片区联盟交流活动

2013 年 5 月，山东省普通中小学“1751”改革创新工程第三片区高中组联谊活动在垦利一中举行，这次活动交流的中心是探讨高效课堂教学。在观摩“垦利一中学本课堂”教学后，省课程研究中心专家即兴赋诗：不毛之地生机盎，于无声处惊雷响。垦荒始有宏利出，海蓝终要纳河黄。参与“1751”工程三年来，学校在省基础教育课程研究中心专家的指导下，广泛吸收先进教学思想，结合学校课堂教学的实际情况，以课堂教学改革为主阵地，开始了建设高效学本课堂的探索。经过几年的努力，课堂面貌焕然一新，课堂效率显著提高。

一、不毛之地生机盎

垦利一中是山东省规范化学校，多年来依靠广大教师的敬业奉献和学生的勤奋刻苦，在东营市重点高中当中艰难立足。但因垦利县历史短暂，人口稀少，基础教育相对落后，与周围市县学校相比，高考成绩谈不上突出，其他方面也难觅特色。2010 年 10 月，垦利县政府大手笔整合教育资源，投资四亿兴建的新校落成，学校实现整体搬迁。面对规模宏大、设施先进、条件优越的现代化学校，学校新领导班子备感责任重大、压力巨大，故而寝食难安：因循守旧，走师生“时间＋汗水”的老路，不仅与时代发展不同步，也难再有发展和提高；顺应潮流，改革创新，可步子该迈向何方？

2011 年 3 月，山东省普通中小学“1751”改革创新工程启动，垦利一中作为全县唯一一所普通高中幸运地成为项目学校。不甘平庸的学校领导班子敏锐地察觉到学校创新发展的绝佳契机来临了，自此便全力投身到这场教育变革的大潮中。专家到校调研，学校对自身问题毫不遮掩；工程会议观摩，主要领导每次必到；片区活动交流，学科骨干悉数参加；拜访指导学校，更是成为学校每学期固定工作。于是，学校从教育厅和基教处领导身上看到了上级实施素质教育的决心，从省基础教育课程研究中心专家身上看到了帮助项目学校创新发展的诚心。

课堂教学是学校教育教学的主阵地，如何高效利用这块阵地，直接关系到教育教学质量。省课程研究中心专家到校开展教育教学诊断活动，发现部分教师还在沿用传统的“满堂灌”模式，以教师讲解为主，学生基本不参与，学习效率低下。课堂上普遍存在着令人尴尬的场面：教师教得苦，学生学得累；教师不放手，学生不动手；教师慷慨激昂，学生无动于衷；教师流汗，学生打盹；师生付出多，最终收获少。专家一针见血地指出：教学观念严重落后，学生自主性太差，课堂教学效率严重低下。

之后，通过参加省厅组织的一系列学习培训活动，学校领导班子逐步达成共识：要真正提高教育教学质量，必须深入实施素质教育；而深入实施素质教育，必须深化课堂教学改革。于是，借 2011 年 5 月“1751”工程专家调研和 7 月日照会议时机，学校分别向课程研究中心专家和基教处领导表达了改革课堂教学的强烈愿望和决心，获得了专家和领导的充分肯定和鼓励，这极大地坚定了学校以课堂教学改革为突破口，建设“现代化的改革创新型学校”的目标。自此，学校课堂教学改革的大幕徐徐拉开。

二、于无声处惊雷响

学校的课堂教学改革至今三年多时间，大致经历了三个阶段。

一是温和地推行“五环节教学法”，这是课改的起步阶段，也是制造舆论营造氛围的时期。2011 年下半年，学校学习借鉴潍坊市先进的高效课堂模式，制定了“五环节教学法”。各种课型的流程基本由五个环节组成，比如新授课的基本环节包括：创设情景、导入新课→自主探究、合作学习→成果展示、汇报交流→归纳总结、提升拓展→反馈训练、巩固落实。当然学校也鼓励老师们积极探索，不唯“五环节”。“五环节教学法”的试行，使老师们见识了与传统课堂不同的教学模式，“自主学习”“合作探究”“展示交流”“学习小组”等概念开始进入大家的头脑，部分老师尤其是青年老师开始尝试这一教学方法，为后来全面推行更加系统完善的课堂教学模式奠定了很好的思想和工作基础。

二是强力建设“问题导学学本课堂”，这是课改的发展阶段，也是全面推进的关键时期。“问题导学”教学法又称“先学后导—问题评价”有效教学法，它是以问题为主线，以评价为主要手段，以团队学习为平台的问题教学模式。“问题导学”教学模式在课堂教学中常用的五种课型都有五个环节，即情境设置、自主合作、展示交流、师生互导、拓展提升。依据教学内容和解决问题指向性的不同，把课堂教学设计分为三种类型：问题导读评价单(基础性)、问题解决评价单(发展性)、问题拓展评价单(提高性)。这种教学模式与前期的“五环节教学法”具有诸多共性，且更加系统完备，学校自 2012 年 9 月起在高一、高二两个年级全面推行，为此，学校聘请这种教学法的提出者韩立福博士到校，利用两天的时间详细解读“问题导学”教学法。学校大规模的课堂教学改革就此正式启动。

三是平稳落实“垦利一中学本课堂”，这是学校课改的深化阶段，也是课改从重模式到重内涵的转变时期。2013 年 8 月，学校以“问题导学学本课堂”教学模式为基础，吸纳广大教师实践探索经验，经省课程研究中心和北师大专家共同提炼，形成了适合学校实际的“垦利一中学本课堂”教学法。“垦利一中学本课堂”的课堂价值追求为“发展生命、提升质量、愉悦身心、生成个性”，课堂目标为“爱听会听、爱读会读、爱想会想、爱说会说、爱写会写”，课堂变革分为“优化学生学习方式”(包括优化读的方式、优化说的方式和优化思考方式)和“教师教的三个策略(减去课堂多余动作、减轻过重课业负担和十周习惯固化)两大板块六个基块18个做点。学校要求新的教学法在所有班级中实施，课堂教学改革自此开始走向深入。

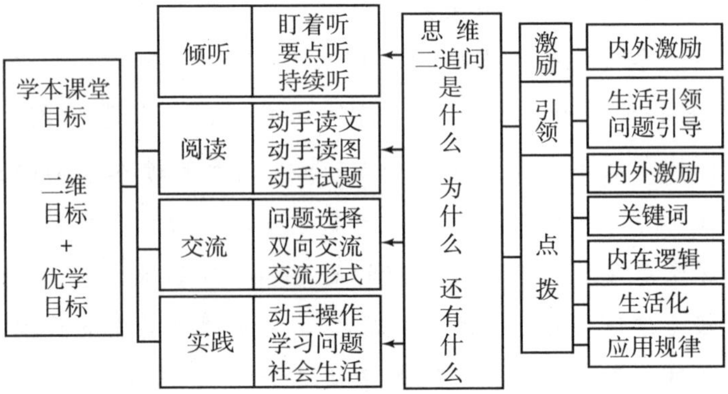

学本课堂套娃模式

从课改伊始，为使工作扎实落实，学校主要抓好“五个结合”。

第一，专家引领与校本教研相结合。课堂教学改革是充满智慧的操作和劳动，既要动手，更要动脑。我们依靠哪些智慧呢？主要包括两个方面。其一，专家引领。省课程研究中心专家、北京师范大学专家团，都是我们推进实施课堂教学改革的依靠力量。特别是省课程研究中心的专家，每学期都数次到学校就课改给予指导与点评，或进入课堂把脉诊断，或与课改骨干交流心得，或为全体教师举办讲座。久而久之，他们俨然成为了学校的成员，老师们也都把他们当成自己的良师益友。专家们既为我们指点迷津、解疑释惑，更使我们开阔视野、拓宽思路，很好地为课改保驾护航。其二，校本教研。外因通过内因起作用。专家引领是外因，校本教研是内因。依靠我们自己的智慧，破解难题，是推进课堂教学改革的根本出路。随着“教”的课堂向“学”的课堂转型，教研内涵也随之转型，“学本课堂”最主要的教研活动是“组本教研”，即传统教学的集体备课，但“组本教研”的要求更具体，分工更细致，主题更明确，内涵也更丰富。

第二，解决问题与建章立制相结合。在课堂教学改革推行过程中，会不时显现一些亟待解决的具体问题。比如课堂容量下降进度放慢的问题，作业负担过重致使预习不够的问题，小组内部评价激励机制不到位、不完善的问题，还有部分学生、教师一时不适应而产生的种种困惑，等等。解决这些问题，是改革工作的重点，也可以说，这些问题解决得是否及时到位，直接影响甚至决定着改革的成败。我们通过集中座谈、个别谈话、听课评课等多种方式，集中梳理，研究解决的措施。及时制定出台了相关的制度和具体措施，如《关于进一步深化课堂教学改革的决定》《关于作业量与小组建设评价的规定》等，通过在实践中落实和不断健全、完善这些措施和办法，积极推进课堂教学改革，同时与我们的考核评价直接挂钩，使之成为考核制度体系的重要组成部分。

第三，整体规划与重点推进相结合。实施课堂教学改革涉及方方面面，是一项复杂的系统工程，不可能一蹴而就，也不可能一劳永逸。任何随意性的改革都注定要失败。我们力求找准阶段重点工作，抓住主要矛盾，解决突出问题。比如初始阶段，我们将调控作业量、确定合理进度、完善小组建设作为当务之急。坚持循序渐进，环环相扣地推进，不急于求成。我们既不因为看到变化和成效就忽视问题，更不因为遇到困难问题而否定改革。

第四，全面参与与示范带动相结合。推进课堂教学改革作为我们的中心工作，是头等大事，必须人人参与，身体力行。没有典型就没有水平，没有示范就没有标杆。我们注重先树立典型备课组和个人，每学期开始我们先组织各学科精品展示课，中后期再举办全校优质课比赛，相关学科的全体教师都参与观摩评课。每周都安排研究课，每个学科每名教师轮流讲课，全组参与观摩评课。每学年，学校都对课改中涌现出的先进备课组和典型个人进行表彰和奖励。典型的力量、标杆的影响推进着课改不断向前发展。

第五，个人钻研与团队探索相结合。每一名教师都是推进课堂教学改革的生力军，每个人的视角都是独特的，每个人的思考都是独到的，每个人的实践都是具体的、生动的。我们既尊重和重视每一个人的聪明才智，发挥每一个人在课堂教学改革中不可替代的重要作用；同时，还注意发挥团队的智慧，整合集体的力量，形成同心同德、同频共振的强大合力。打造“问题导学学本课堂”是一项集体行动，必须精诚合作，步调一致。

在工作中，学校坚持搞改革义无反顾。在改革的初期，有些教师，甚至是领导，看到的困难多，想到的办法少，信心不足，犹豫不决。学校经过反复调研，多次开会讨论，了解到大部分师生渴望革新，也认识到改革是大势所趋，探索必有收获，守旧只能落后，最终达成共识——像推土机一样推动改革。在这种情况下，教学改革才在短时间内在全校、全学科铺开。

学校的领导带头搞改革，加强过程督导。兼课的校领导和中层领导首先讲了示范课。这样，一级干给一级看，学有榜样，做有模范，避免了彷徨等待。另外，教务处和教研室加强了督导，对课堂教学改革的学案和课堂教学的实际情况都定时检查，保证改革的规范持久。

三、垦荒始有宏利出

通过专家的引领，个人的学习，亲身的经历，纵向的比较，三年的探索和实践，从学校领导到一线教师，再到普通学生，绝大多数人已接受和肯定以学生为主的“学本课堂”模式，普遍认识到“学本课堂”才是课堂的应有面目，而教师的“一言堂”已经成为过去。具体的变化，可以从以下几方面来看。

1. 课堂的变化

教室“大”了。为了使每个小组都有展示的机会，学校在每个教室都拥有前后两块大黑板的基础上，为每班各制作了四块可活动的小黑板，每个小组甚至每名同学都有充分展示自我的舞台和空间。

老师“闲”了。老师除去导入、提示、总结等简单串联外，几乎不用过多干预了；如果是由学生来主持，那就更轻松了。当然，老师这时的“倾听”至关重要，以便相机点拨、评价、纠偏，因此，“闲”得加引号。

学生忙了。得自主探究，得合作学习，得分工展示，还要在规定的时间内完成，学生不能像过去那样只是听就可以了，必须得“动起来”，得动手，得动口，更得动脑，缺一不可。

气氛活了。“一言堂”变成了“多言堂”“群言堂”，读书声、辩论声、掌声、笑声，不绝于耳，课堂气氛由过去的“死气沉沉”变为“轻松活泼”，学习变成快乐的事。

2. 教师的变化

钻研深了。过去的课堂已完全颠覆，全新的模式需要争分夺秒地学习；过去课堂上都是老师一讲到底，学生只管听和记，现在学生自学探究，发散思维，生成的问题许多都出自教材和老师的思考之外，这就要求老师必须充分吃透文本，否则就解决不了学生的问题。

交流多了。“学本课堂”需要老师有更多的交流，组本教研时时处处在进行，尤其是在探索阶段，课前课后，大家常常分享自己的设计和收货，有时也免不了争论。

精神足了。在“学本课堂”中，老师的角色变了，不再是“知识的传授者”，变身为“大同学”，和学生一起学习、探究、倾听，不像过去既是导演，又当演员，每节课都忙得不亦乐乎，疲惫不堪，现在身心得到放松，得到快乐，因此精神面貌焕然一新。

追求高了。在“学本课堂”教学中，每个老师都有自己的愿景规划，结合自身实际，制定个人的三年目标、五年目标，从“研究型教师”到“专家型教师”，再到“教育家型教师”。这样，每个人都有了奔头，使教书从职业转变为事业，提升了个人的精神追求。

课改使不少老师感觉“焕发了青春”，有了活力，增添了动力，不少教师的“职业倦怠”也随之烟消云散了。

3. 学生的变化

读书思考多了。过去学生预习，要么走马观花，要么蜻蜓点水，不够认真，缺少深度；现在，按照“学本课堂”的预习要求认真读文本六遍，每遍都有具体要求，用六个字概括就是“查、画、写、记、练、思”，学生查着工具书读，画着重点读，写着感想读，想着问题读，六遍下来，一般内容就能掌握，如果有疑问，大多也是有价值的问题。这种预习能达到深度预习的效果，一段时间的训练后，学生就学会安心读书了，学会思考问题了。

交流合作多了。“小组讨论”是“学本课堂”的重要环节，小组成员要通过交流解决个人阅读文本存在的疑问，同时分工合作展示自己小组学习讨论的结果，这样学生与他人交流合作的意识和能力逐步得到了锻炼和提高。

展示锻炼多了。“学本课堂”中，学生主持、小组展示成为常态，每个学生都有机会提问、回答、补充、纠正等展示自己，经常出现多名学生同时站起来回答问题的情形，同样也不乏各个小组围绕一个问题各抒己见、激烈辩论的场面，学生的表述能力可以充分得到锻炼和提高。

做事信心足了。成为课堂的主人，成为各自小组重要的一员，不断在小组和班里展示自己，得到锻炼，体验成功，学生的自信心逐步得到提升，个人价值得到认知，这样，无论做什么都感觉有了底气，有了自信，每个人脸上洋溢着青春气息和朝气；而不是像过去那样：认真学习的孩子满脸倦意，不学习的孩子则一脸无知和骄横。

学业成绩提高了。“学本课堂”改变了学生被动学习的状况，学生学习的积极性得到了激发，效率得到了提高，能力得到了锻炼。对比检测表明，学业成绩也有了不同程度的进步。这也为我们的课改注入了更大的信心。

现在，不少班级和老师已经习惯了这种课堂模式，学生自主学习，认真圈画，老师巡回观察；学生合作讨论，老师认真倾听；学生展示交流，老师偶尔补充。假如老师讲得时间长了，不少学生便开始打瞌睡。2012级语文备课组是学校课堂教学改革的急先锋，老组长朱其玉老师深有感触地说：“现在即使再想回到过去的课堂也不可能了，老师滔滔不绝、一讲到底，首先是学生已不适应了。”

省课程研究中心专家在观摩学校青年教师程云铮老师的课后，对学生表现出的高昂的精神面貌和精彩的语言表达十分欣喜，对老师表现出的深厚的语文功底和灵活恰当的点评大加表扬。淄博七中教务处崔美芳主任在参加片区活动之后来信说："贵校课改搞得很彻底，课堂精彩，很值得学习。"其他片区前来参加活动的学校，会后又纷纷邀请学校教师前去送课。冠县一中对前去送课的学校青年语文教师荣浩文给予了高度评价。

四、海蓝终要纳河黄

推行课堂教学改革以来，学校有了更多的思考和反省，得到很多启示。思维有惯性，行为有惰性，任何革新都会遇到阻力，而内部的阻力更大，教学改革也不可避免；所以，当学校听到社会上的质疑时，当我们遇到内部阻力时，总是不断反思，以保证我们能沿着正确的道路走下去。

第一，必须营造改革的良好的环境。孩子是当今家庭的核心，学校是社会关注的焦点。学校的任何一项改革，特别是课堂教学方面的改革，都会触及社会各界的敏感神经。因此，要想顺利推进课堂教学改革，必须在积极营造良好外部、上部环境上下功夫，从一开始就能赢得信任和支持。改革启动之前，我们召开"家长委员会会议"，向与会家长代表通报学校的想法，征求家长意见，取得了他们理解和支持。同时，把课改的想法及时向县政府有关领导作了汇报，征得了上层的充分肯定和大力支持。课改初始阶段，也的确有个别家长通过县长热线电话、网上民生等途径，发表意见，措词强硬，反对阻挠，但由于我们早有准备，因此没有影响课改的进程。

第二，必须站在教育的高度看课改。有些人常常以"学生自学学不会""小组讨论没深度""学生展示浪费时间""实行课改完不成教学任务"等理由来反对课改，看似有理，实际上依然是传统观念在作怪。诚然，传统课堂有时的确效率不低，特别是授课能力强的老师，讲得清晰、讲得明白，学生易于接受；但这是把教学看成了纯粹的知识传授，学生只是被动的接受者，学生的自学能力、学生的探究能力、学生的合作意识、学生的成功体验，又从哪里获得？一句话，没有站在教育的角度看待教学。只有站在教育的高度看教学、抓教学，才能完成我们教书育人的使命，教学质量才能得到大的持久提高。否则，无论你下再大的功夫，也只能是有提高无飞跃，有进步无突破。

第三，必须把升学与育人结合好。一提素质教育，甚至一提课堂改革，就有不少人起来反对和阻挠，认为会影响考试成绩，影响升学。其实，素质教育与考试并不对立，考试可以作为一种手段在素质教育中存在，二者相辅相成；但我们不能把考试当作一种教育，不能把升学高考当作我们的教育目标，甚至为高考、为升学率而不择手段。我们的教育目标是立德树人，我们追求的是学业成绩和综合素质的统一实现，就高中学校而言，高考成绩应该是学校教育的自然结果，是主产品之一。近几年的高考实践证明，高考也能够考出学生的综合能力、分析问题的能力，而学校稳步提升的高考成绩也坚定了我们课改的决心。“不唯高考，赢得高考”正在成为我们的共识。

第四，必须建设一支高素质的教师队伍。再高超的课堂形式，再完善的课程内容，若没有素质过硬的教师，也不可能产生良好的教学效果，甚至会适得其反。不可否认，国家越来越重视教育，各级政府都加大教育投入，举办各类培训，但受职称晋升、奖惩机制及社会因素等影响，不少教师缺乏事业心，责任心不强，个别甚至道德观念淡薄，价值取向扭曲，对待工作自由散漫，应付了事；或者脱离社会，固守陈旧观念，学习培训，消极对待，甚至拒绝抵制。情况虽属个别，但影响极坏。因此，教师队伍的优劣直接决定着学校教育教学改革创新举措的成败。我们的课堂已经发生了翻天覆地的变化，如何让课堂更有效率、更加开放，让改革更加持久、走向深入，这是摆在我们面前的新的课题。我们还需要在教师转变观念、提高能力、提高素养诸方面下大气力。

素质教育是时代发展的必然要求，教育改革是提高教育教学效率的必由之路，山东省“1751”工程顺应潮流，为学校创新发展创建了绝佳平台。学校教育正需乘势而为，顺势而进，在改革中谋创新，在转型中求发展。垦利一中进行高效学本课堂的探索，一方面是为了自我救赎、摆脱窘境；另一方面也是想着为县域中学教育走出一条科学发展之路。今后，他们将充分利用平台给予我们的丰富资源，弥补不足，继续探索，尽快走上自主发展之路，为早日实现“创建山东优质高中”的奋斗目标而努力！

自主发展，赢在课堂

——东平明湖中学课堂改革纪实

【写在前面】

明湖中学是东平县改革发展的典型代表。曾经的一段时期里，学校文化缺失，课程单一，教学老套，质量低下，规模不小却乏善可陈。应该讲，是“1751”工程给学校带来了机会、资源和许多可以复制和移植的经验。最大规模的同课异构、课堂专题活动就是这个学校承办和运作的。基于网络和交互式电子白板环境下的“六环互动导学”课堂模式是学校教师在先进教学理念引领下，借鉴同盟学校经验，根据自身教学实际，自主建构得来的，先后在初中部和高中部反复尝试、修正，明显改善了学校的教学生态，师生的精神面貌也为之一新，教学质量连续三年翻番增长。

“1751”也许鲜有原创性的教育理论突破和革命性的创新实践，但它给项目学校和指导学校以及跟进学校带来的变化确是巨大的，是超出预期的。近几年来，东平县教育事业沿着素质教育的奔跑和精彩就是一个明证。

只为学生提供了分门别类的课程，描绘出个性迥异的蓝图是不够的，还要引导他们锁定成功道路上的主要问题，解决实现梦想过程中遇到的主要矛盾——赢在课堂。

参加“1751”工程片区活动归来，学习引发的震撼与激情时刻撞击着学校教师的思维。在专家的指导和合作学校的帮助下，他们渐渐有了自己的思路——即新课程理念的实施，新课标的落实必须从有效的课堂教学入手。经过反复的考察与反思，学校课程改革的方向逐渐变得清晰起来——从课堂模式入手，打造高效课堂。学校要以课堂教学改革为突破口，全面提升学校综合竞争力。

一、课堂改革实践之路

2011 年以来，学校从中层干部再到广大教师分批分期到章丘四中和博兴二中学习。回来以后，在不同层面展开了热烈、广泛的讨论。有的教师回到学校就自发地开始了高效课堂教学模式的尝试：变化座位，尝试编写导学案，培训学生，建立学习小组，进行预习展示的探索。星星之火，可以燎原。这些可贵的尝试，代表的正是老师们改变厌学严重、毫无生机的课堂的渴望，而这也正是领导带领全校教师观摩学习的目的。

2012年上半年，学校先后多次请章丘四中和博兴二中的领导和教师为全体教师做培训、上示范课，进一步明确新教育课堂模式的意义和要求。为了更好地开展改革实践，全校教师人手一本《高效课堂解读》，编印了《东平明湖中学高效课堂资料汇编》，内容包括高效课堂所需要的各项制度及各科导学案样本。学校明确提出：要读懂教材，要研究学情，要构建课堂生态系统。教师必须从学生生命成长的意义思考课堂，为学生的终身学习、终身发展、终身幸福奠基。然而，随着改革的逐步深入，困难与困惑也随之而来。

课堂开放后，老师不知道如何应对，总感觉自己无处着力，课堂教学效率相对较低，老师疑虑重重。老师们反映，出去学习看到课改名校的做法很好，操作也容易，但自己一做才发现，进度根本完不成。上课不让老师讲，学生又说不到点子上，一堂课预设的任务无法完成，这样下去考试成绩肯定受影响。考不好怎么交代？谁来承担责任？因此，许多老师在领导听课时就采用新教育课堂的授课模式，没有领导听课时又复辟到传统课堂模式。

这些现象的出现在教师中造成了很大的畏难情绪。老师们一方面渴望课改，另一方面又担心课改失败，对不起学生，愧对自己的责任和良知。面对这些，学校及时召开教学研讨会议，征求意见，征集课改中的问题，及时培训交流，请专家入校或带着问题外出学习。同时，深入备课组打磨好课，发现典型。通过骨干教师的示范课、观摩课，引领课改方向。同时学校改革评价机制，用评价引领教师的教学行为、学生的学习行为，关注师生的共同进步和发展。

天道酬勤。到2012年下半年，大家欣喜地看到，许多问题得到了改善或解决。比如，人生目标缺失、难于管理的孩子少了；顶撞老师、上课睡觉的现象绝迹了。我们的课堂呈现出生命的活力，师生关系和谐了、融洽了，学生更加尊重老师，老师也更懂得如何教育、引导、启发、唤醒学生。这一系列的变化，让老师有了职业的幸福感，让学校的改革步伐越走越坚实。老师们深深体会到：高效课堂改革带来的绝不仅仅是课堂的变化，还有学校教育教学和管理水平的整体提升。

学校领导泡在课堂里、坐进教研组、走入教师间，始终与老师们一起劳作于课改现场。针对在课堂教学中遇到的诸多问题，学校引导广大教师树立“问题即课题，教学即研究，成果即成长”的思想，开展“小课题研究”。备课组长汇总自己在教学工作中呈现出来的各类“问题”，报至教科室，由教科室进行整理分类，然后以小课题的方式分解到备课组，让教师在常规教学活动中进行探讨研究。“小课题研究”营造了一个时时在研究、处处能研究、人人会研究的氛围。

二、“六环互动导学”课堂模式

2013年，在领导和全校老师的共同努力下，东平明湖中学出台了一系列深化改革的制度，破解了一个又一个课改难题，在经历了近两年的新教育课堂改革实践后，初步形成了自己的新教育课堂模式。

明湖中学新教育课堂的核心是“自主”(自己的学习自己做主，做自己学习的主人)，在操作层面上，具体分为六个环节——六环互动导学。

第一环节：自主学习(预习)。提前下发导学案，学生先预习再讨论。教师课前要批阅导学案。

第二环节：合作探究(对学、群学)。小组讨论分两步走。第一步先在3个不同层次的学生(AABBCC)中一对一地讨论(对学)，第二步在小组和班级讨论解决相关的问题(群学)。

第三环节：展示交流。各小组要主动展示，积极、有序，也可轮流展示。展示内容包括重点、难点、易错点、联想点、规律、方法等；一般由B层、C层同学展示，由A层同学负责点评或拓展。

第四环节：疑难点拨。先由A层学生点评，学生不会或点评不到位的再由老师补充点拨。点拨要言简意赅，深入浅出，说到点子上。突出质疑深度，注意总结规律和方法。

第五环节：当堂检测(反馈)。每节课留出至少5分钟时间，让学生总结梳理本节课知识框架。先由小组总结，教师再做总结，注意教给学生整体把握一节课内容的思路和方法。检测情况可以是教师口头检查或者书面检测，可以是学生对子之间检查，重在实效。

第六环节：课堂评价。学科班长负责总结评价，表扬本节课的优秀展示小组和点评之星、质疑之星。

学校从校情出发，2012年投资560万元，完成了教师“人手一机”和“班班通”工程，在以上教学改革成果的基础上进一步提出了具有明湖特色的“基于网络和交互式电子白板环境下的高效课堂模式”，让新教育课堂的每个环节与学生、教师的智慧和媒体元素相互融合、相得益彰。

在交互式电子白板环境下，因白板具有擦除、书写、绘画、涂色等效果和功能，可以设计出多种形式的学习活动。这无形当中增强了学生的学习兴趣，活跃了课堂气氛，调动了学生的参与热情。白板的资源库功能，也为师生的活动提供了丰富的素材。白板环境下的课堂真正互动起来，学生有了更多到白板前展示、表现、练习和合作的机会，这就在教学中更凸显了学生参与的主体地位。这种优势，即学生与白板的交互，有利于培养学生积极探索、主动建构的能力和意识。学校通过赛课、磨课活动确实把课堂作为提升学校教学质量的突破口，实现课堂对学生的真正回归。

第十一章　教师专业发展

在“教育大计、教师为本”的理念已深入人心的背景下，教师的作用得到了各级教育行政部门、教科研部门和学校的高度重视，教师专业化的理论研究和实践探索也层出不穷。特别是新一轮基础教育课程改革以来，在关注学生全体全面发展的同时，也把教师专业深入发展的问题提到了日程上来。2014 年 12 月 30 日，山东省委办公厅、省政府办公厅印发了《关于推进基础教育综合改革的意见》，其中第 22 条明确了校长的各种权力：“落实中小学校长负责制，赋予校长在副校长提名、中层干部聘任、教师聘任等方面的用人权。扩大学校在教师职称评聘、评先树优等方面的评价权，在绩效工资、优秀教师激励等方面的分配权，在内部机构设置、课程开发、教育质量评价等方面的管理权。”校长自主权力的扩大即学校权力的扩大为教师专业发展拓展了广阔的发展空间，因此学校在促进教师的专业化发展方面能够发挥越来越大的重要作用。

“1751”工程有关教师专业发展的调研结果显示：项目学校诊断调研信息显示，当前学校教师队伍总量增加，生师比降低，学历达标率普遍较高，年龄结构相对合理，广大教师爱岗敬业，甘于奉献，勤奋工作，力行改革，成为推动教育事业发展的中坚力量。但因体制机制、发展差异性等诸多方面的原因，教师队伍建设中仍存在着结构性缺编、工作负担较重、生存状态较差等方面的问题。尤为突出的是，作为专业性很强的职业群体，教师的专业化水平偏低，具体表现在：部分教师专业发展意识比较淡薄，专业精神相对缺失，对自身专业发展需求不清、愿望不强，对教师职业规范与特点等缺乏认识，在工作责任、创新意识等方面需进一步培养和提升；专业知识不够完备，通用知识、教育科学知识等相对不足；学科能力、课程开发能力、教学管理能力、教育教学研究能力、学生发展指导能力等普遍欠缺。

“1751”工程的逐步推进和在跟进指导中调研显示，许多学校特别是高中学校的教师专业发展存在的问题日益凸显，主要表现为缺乏专业化理念和观念引导、内容缺失、水平偏低、过程失衡和发展方式单一等，如教师的专业发展观存在偏颇，教师专业发展动力不足，专业发展目标不明确，专业发展内容单一，专业发展不深入，专业发展的关键能力缺失等。对于这些问题，“我们不能只把眼睛盯在一般意义上的教师专业发展，也不能只限定在学校管理的权限，而是要在学校的责任视域下来审视和研究教师的专业发展问题。学校责任视域下的学校发展包括如下方面：第一，既关注教师发展的工具性价值，也关注教师发展的目的性价值；第二，既关注教师的专业发展，也关注教师的全面发展；第三，既关注个体教师的专业发展，也关注群体教师的专业发展；第四，既关注教师的行为改善，也关注教师的观念改变；第五，既关注教师眼前的发展，也关注教师未来的发展；第六，既关注教师的特长发展，也关注教师的和谐发展；第七，既关注教师发展的结果，也关注教师发展的过程；第八，既关注教师发展的外在形式，也关注教师发展的内在机制。”①针对以上问题与思考，结合“1751”工程近四年推进，于 2011 年年底，省基础教育课程研究中心出台了《关于推进山东省普通中小学“1751”改革创新工程项目学校教师专业发展工作的指导意见》。以下就教师专业发展方面的认识及部分工程学校所采取的措施和取得进展做如下汇总。

一、教师专业发展：学校何为

什么是教师专业发展？“所谓教师专业发展，即基于‘实践兴趣’的教师专业发展，是教师植根于独特而复杂的教育实践情境、通过持续进

---

① 杨骞：《教师发展的学校责任与实践模式》，载《教育研究》，2008(4)。

行的实践行动中的反思和研究而获得由教师的个人实践知识、实践判断和智慧、实践反思和研究能力等所构成”。[①] 这一“教师专业发展”的定义突出了教师专业的实践性，实现发展过程的主动性，所以在实现教师专业发展的过程中需要正确的教师专业发展观，需要明确的专业发展要点、目标和机会，需要多样交互的教师专业发展方式。

在教师专业发展的问题上，绝不是从一张白纸开始的。每所学校都有自身的情况，每位老师都有自己的发展状态，所以，学校可以从实际情况出发，诊断出学校的教师专业发展的起点，然后每位老师确定自己的发展状态。既要确定团队的发展起点，也要确定每位教师的发展起点。在确定起点的基础上，也要明确教师专业发展的前提。

(一)正确的教师专业发展观

在教师专业发展的问题上，首先需要追问的是，教师应该追求什么样的发展？以下从价值引领、生态取向和可持续发展的长效机制以及团队与个体协同发展的力量方面加以阐述。

1. 价值引领教师专业发展

教师专业发展需要精神的动力支持和支撑，价值引领特别是文化引领无疑是重要的表现形式。教师的日常工作既有事务性的机械性的一面，更重要的是创造性地从专业的视角去开展个人的教育教学工作，这就不仅需要工作的责任心和事业心，而且需要教师工作的精神寄托，这种精神寄托就是教师专业发展所需要的价值文化引领。许多高中学校提出了教师专业发展的价值追求，主要反映在学校文化建设方面。比如，泰安宁阳四中和泰西中学的教师专业发展的幸福文化、商河一中的人文管理、日照一中的“和”文化、齐河一中的确立了以“爱·和”文化为核心的办学理念引导教师的专业发展等，这些学校都以学校文化的形式提出了一些价值观和文化方面的理想或者目标引领教师的专业发展。又如，青岛三十九中提出用文化唤醒沉睡的心灵，用文化滋养教师的生命，其典型做法之一就是读《论语》，促进文化理解，达成价值理念的认同。

---

① 张华：《论教师发展的本质与价值取向》，载《教育发展研究》，2014(22)。

2. 环境建设营造良好生态

教师教育教学工作的人文性决定了教师专业发展的人文生态取向。“在一定意义上，教育是直面人的生命，通过人的生命，为了人的生命质量的提高而进行的社会活动，是以人为本的社会中最体现人文关怀的一种事业”①。教师的专业工作是直接面对学生的生命，是教师与学生之间的、生命与生命的、灵魂与灵魂的碰撞。所以，教师专业发展的生态取向反映了教师专业发展的特殊性。“生态取向着重从教师文化的角度，强调教师专业发展中的‘合作发展’”②，同时也强调教师专业发展的和谐与健康发展。因此，生态取向主要反映在教师的专业发展的外部环境方面，特别是离教师最近的学校的环境氛围，对教师的专业发展具有重要作用。追求生态性发展是许多学校为教师专业发展营造的有利外部环境，这种环境为教师专业发展的和谐发展和共同发展创造了条件。

教研组是学校常见的教师专业发展群体，所以生态性教研组就是教师专业发展的生态取向的一种重要表现形式。通过营造和创设多样化浓厚的教研学术生态氛围，让教师通过探索研磨在实践中锻炼成长，教研组真正成为教师汲取教学精华的重要组织。富有特色的教研活动方式有：一是自主创新研究式。充分发挥教研组长的引领作用，课堂教学中突出学科特色，自主创新，找准教学改革为突破口；二是课例研讨诊断式。教研组可围绕教学改革的热点问题开展专题研究，侧重于研讨与反思，善于捕捉教学中的某一环节，开展主题校本教研活动。听课教师围绕课例展开研讨，并对如何有效开展教研组建设、促进教师发展进行深入的研讨交流：从教学到教研、从学生到教师、从大纲到课标、从教研组建设到校本教研等方面的问题。改变备课方式，实行无纸化备课，实行老教师上示范课，新教师上观摩课的教研活动方式；三是课题研究带动式。教研组可确定重点课题，通过理论学习、建立资源信息库、制作教学课件，丰富教学资源。在课题的引领下以每人一课、一案、一反

---

① 杨骞：《教师发展的学校责任与实践模式》，载《教育研究》，2008(4)。

② 张伟民：《教师专业发展的客观要求：教师诊断能力及其提高》，载《教师教育研究》，2006(1)。

思、一总结为内容，开展教研活动；四是专业引领导航式。教研组可聘请高校知名教授等专家等到校指导教师课堂教学及科研课题的研究等。这方面的实践以滕州一中的生态性教研组最为典型。

3. 机制建构促进教师可持续发展

教师的专业发展具有一定的周期性和阶段性。在教师专业发展的过程中，应该关注每个发展阶段中进程的节奏，并根据这些节奏建立可行的长效机制，以保证教师专业发展的持续性。教师专业发展的过程会有倦怠期和高原期，通过这些长效机制，能够使教师顺利迅速度过这一时期。当然，长效机制会使教师在专业发展的高速期获得更快更好的发展，所以从总体上进行规划并建立长效机制是学校促进教师专业发展的重要手段。一些灵活的学校政策和制度、科学的教师专业评价机制和协同制定教师专业发展规划是重要的手段。有些学校在这方面也做出了初步探索。

例如，青岛三十九中为发展办学的海洋特色而打造的教师团队专业发展——组建海洋教育教师团队。主要的措施有如下几个方面：一是招聘海洋科学方面的博士生，作为海洋课题研究、海洋实验和海洋实践活动的指导专家。学校先后两次引进了远赴南极科考以海洋生物为主要研究方向的博士和以海洋地质为研究方向的博士，使教师队伍不断向专业化方向迈进。二是与中国海洋大学、黄海水产研究所、海洋研究所、青岛海洋地质研究所等驻青高校和研究机构签订协议，聘请40多位专家教授组成专家团队，开展系列海洋科学讲座和课题指导。三是专业水平比较高的教师通过涉海高校相关专家给予专业培训，组建本校教师团队，开设海洋学校课程。四是聘请中国海洋大学的研究生作为学生海洋探究的校外辅导员，定期指导课程学习、研究性学习、课外活动、课题研究。五是建立了“中学博士工作站”，聘请中科院海洋研究所和中国海洋大学的博士走进学校指导学生开展海洋教育、海洋课题研究等工作，提升中学生科学素养、培养科学精神、进行未来高校专业选择引领，探索构建中学与大学、科研院所联合育人的新模式。最终形成一支专兼职相结合、课堂教学与实践活动相结合的高素质的教师队伍。

4. 协同发展彰显团队力量

来自于社会和学生对教育的需求水平的提高，使得教师的个体发展在很大程度上受到限制，学校只有倡导教师团队的专业发展，才能保证教师专业更好地发展，所以在教师专业发展的个人与团队层面上应强调教师专业团队发展与个人发展的统一，凸显团队与个体协同发展的力量。几乎所有的高中学校都在以往要求的基础上提出了教师团队的发展问题，也有一些学校在处理教师专业团队发展与个人发展的统一、凸显团队与个体协同发展的力量方面做得较好。例如，青岛黄岛区第一中学的“提升教师团队意识，促进教师专业成长”。其采取的主要措施有：一是凝练团队，提高团队效能。借助心理发展中心条件和设施，开展教师团队拓展训练；建立教工俱乐部、开展丰富多彩的文体活动，举办文艺汇演、趣味体育比赛，提高教师幸福指数和工作效能；为教师子女举行心理教育活动，促进教师家庭和谐发展。二是全员育人，呵护学生心灵。2009 年，学校在全市率先实施“全员育人导师制”，每个导师对受导学生进行学习辅导、生活指导、行为引导和心理疏导；学校邀请专家对导师进行全员培训，提升导师心理辅导技能；学校引进心理测评软件，为教师及学生群体建立心理档案。三是专业提升，改革创新课堂。开展基于提升学生学习力的课堂研究，引领教师从认知心理规律的角度推进教学改革。与高校教授合作开展“中学生学习能力训练对比实验”研究；开展教师高端研修，出台《关于选派教师参加高端研修的实施意见》，每年暑期选派教师赴高校和国外学习研修。

(二)明确的专业发展要点、目标和平台

在“教师应该追求什么样的发展?”问题之下必然要问的问题是“我们应该发展教师专业的哪些方面?”就涉及教师专业发展的内容问题。比如，从目前高中学校发展对教师专业发展的需求来看，教师特别需要的是学科教学能力、课程开发能力、教育教学研究能力、学生发展指导能力、因材施教能力等。

1. 聚焦需求，明确要点

教师专业发展本质可概括为：教师的个人实践知识、实践判断和智慧、实践反思和研究能力等。从理论与实践综合的视角来看，教师专业发展内容主要包括三个方面：一是专业知识水平和经验积累。专业知识水平和经验积累是作为教师专业客体内容的部分，它强调的是专业结果性的本体内容方面，强调教师的专业知识和经验，这一方面的内容大多是显性的，也是大多可以直接传授或讲述的部分，它强调重构、积累和提升，也是以往的教师专业发展过于重视的方面，过于重视往往使得教师专业视野不开阔，对学生的后继发展缺乏考虑。二是专业技能水平和能力发展。专业技能水平和能力发展是教师在教学活动中的教学行为水平和能力的表现，它实际上强调的是知识和经验在教学活动中的运用与操作水平，强调教师教学主导作用的发挥，主要包括可直接传授或讲述的部分和“只可意会不可言传”的部分，它在强调教学活动作用的同时，也强调教师的活动经验积累和活动能力。三是专业意识水平和职业认同。专业意识水平和职业认同涉及专业意识、观念理念和专业情意方面的发展，它居于专业发展的最上位，而且具有概括性强的特点，它是在专业知识水平和经验积累、专业技能和能力发展基础上发展起来的最高层次的内容，其形成的时间可能最晚，而且内容往往是隐性的，但是其作用可能是不可估量的。① 这样的定位与“教师专业发展的实践本质”的认识是一致的，因此教师专业发展的过程应是教师专业实践的过程，而教师专业实践的主要场所是学校，所以学校在教师专业发展中具有重要作用。

有许多研究者从学校的视角研究了教师专业发展的内容与形式，这些都为“1751”工程各学校的教师专业发展实践提供了理论指导。如“建设学习型组织、加强学校制度建设、创建新型的学校文化、寻求合作发展、建立沟通机制”②。又如“个人规划与教师评价、理论学习与教学设计、听课与评课、交流与合作、教学实践与自我反思、)教育改革与课题

① 郑庆全：《课程改革推进背景下山东初中数学教师专业发展现状与需求的质性研究》，载《初中数学教与学(中国人民大学书报资料中心复印报刊资料)》，2013(6)。

② 康丽颖：《学校的责任与教师专业发展》，载《教育研究》，2006(12)。

研究、专题培训与专业引领”①。这些关于教师专业发展的内容很丰富，但是在行动层面上需要确定重点和优先方面。“1751”工程各学校的教师专业发展实践不仅包括了这些内容，而且也从一些方面实现了超越。在以“1751”工程为名义举行的众多活动中都有“同课异构”这一形式，在个别学校的行动实践中也有其他方面的体现。如莱芜凤城高中开展了“学习型校园”创建工程，通过多种途径促进教师开阔眼界、丰富自我，提升教师的教育境界。为了营造良好的文化氛围，学校大力强化“书香校园”建设，让老师读书带动学生读书。学校多年来坚持给老师购买和发放教育经典书籍，先后下发了《爱的教育》《走近最理想的教育》《高效课堂22条》《第56号教室的奇迹》《如何创建高质量课堂》等50余本学习用书。通过“学习心得评比”“教师读书汇报会”“演讲比赛”等活动，进行激励和督促，让老师徜徉书海，沐浴书本带来的智慧之光。从2009年暑假开始连续六年给全体老师编制内容丰富、富含最新教育教学信息的《凤城高中教师暑期研修》和《凤城高中教师寒假研修》，同时推荐100种选读书目供教师们在假期中作为学习使用，以此督促和保障老师不断“充电”。开学后进行“假期研修”检查和评选，对优秀学员给予表彰奖励。学校每月都会安排学科培训活动，分集中培训和分散培训两种形式。集中培训是针对当今教育形势、学校现状等开展的理论性学习，是全校统一行动，重在思想理念的宏观引领和教育通识的强化学习；分散培训则是以教研组、级部、学科团队等为单位开展的小型专题研讨活动，主要解决工作中遇到的具体问题。为了开发学校名优教师优质资源，发挥名师示范引领、辐射带动作用，学校定期举办教师沙龙——“杏坛论道”，以此促进了学校教师理论提升、思想提炼和专业成长。

2. 规划目标，确定路径

教师专业发展规划可以融合学校和个人的发展意愿，明确提出教师专业发展的路线图，所以引领和规范教师个人的专业发展规划是学校层面促进教师专业发展的重要管理手段和形式。高中学校由于各种因素的

① 杨骞：《教师发展的学校责任与实践模式》，载《教育研究》，2008(4)。

影响，虽然组织教师制定全校性专业发展规划并在学校中逐一落实且取得成效的并不多见。如许多学校仅是停留在口头或文字层面，但也有一些学校通过“1751”工程来逐步达到“规划目标，确定路径”的目的，从而在一定层面上引领了教师的专业发展，并且取得了引人注目的成效。例如，青岛二中的“完善教师专业化发展工程，催生教师教育发展力”。教师专业发展建设，不仅因为教师是学校教育思想理念的传导者和实施者，而且这也关系到教师工作的幸福度和价值实现度。青岛二中抓住“1751”工程实施的契机，不断探索教师专业化发展的模式，在教育教学实践中，努力创造良好环境和条件引导教师专业提升的同时，不断深化人事制度改革，构建由制度、机制、实践等所形成的教师发展平台，让每一个老师找到自己发展方向。

(1)制订方案，确立五级培训制度

为促进不同发展阶段的教师全面发展、特色发展、自主发展、终身发展，坚持系统教育观，针对不同的发展目标，从教师专业价值和生命价值两个维度，制定教师发展五级培训体系，为不同层次教师提供个性化的发展支持。

一级培训。主要培养对象为三年教龄以内的青年教师，发展方式以“沃土工程”和基础培训为主要途径，促进青年教师全员发展，为青年教师搭建课堂研究平台和素质拓展平台，提供各类学习资源，保障青年教师自主发展。建立一级培训系列制度。以“沃土工程”和见习班主任制度为载体，以课堂教学为主阵地，以教育教学实践指导为主线，实施“师徒带教”；校本培训课程以新教师基本技能和基本素养为重点，全方位强化新教师基本功；以青年教师一年教龄汇报课和三年教龄教师比武课为抓手推动青年教师进行课堂研究。搭建平台提供资源，以赛带学、以赛带研保障教师自主发展。完善一级培训评价制度。以“沃土工程”和见习班主任管理制度对教师教育教学实践进行达标评价和评优激励，校本培训课程进行学分达标管理，课堂研究以汇报课和比武课形式分别评价。

二级培训。培养对象为三到十年教龄的青年教师，发展方式以校内课程培训为主要途径促进全员发展，通过攀登工程对优秀青年教师进行重点培养。建立二级培训系列制度。着眼于青年教师最近发展区，建立同伴互助的攀登工程；以校本选修课程为依托，为青年教师的特色发展固本筑基；支持教师进行多层次的同课异构，积极促进课堂研究；搭建平台提供资源，保障和促进教师自主发展。健全二级培训评价制度。青年教师同伴互助以过程性评价为主；教育实践考察针对学习总结进行等级评定；校本培训课程进行学分达标管理；以自我评价为主引导教师自主发展。

三级培训。培养对象为具有一级职称的中青年骨干教师和部分优秀青年教师，以双优工程和高端培训为主实现重点培养，通过基础培训、自主发展实现本层培养对象的全员发展。建立和健全三级培训系列制度。建立双优工程，以优促优，构建协同共进的双优互动机制；加强高端培训，带动行动研究；以校本培训为主要途径，突出个性化选择，促进全员发展；以星光课堂等平台促进课堂文化研究。完善三级培训评价制度。以双优工程实施方案对培养对象实施达标评价和评优激励；高端培训实施围绕主题进行案例分析并实施等级评定；校本培训课程进行学分达标管理；以自我评价为主引导教师自主发展。

四级培训。培养对象为高级教师和部分具有一级职称的优秀青年骨干教师，发展方式以高端培训为主要载体加强重点培养，通过基础培训、任务驱动和自主发展实现本类别培养对象的全员提升。建立和健全四级培训制度。以多元教育智慧反哺教育行动，引领凤凰工程，实现重点骨干教师的培养；以教学反思为原动力，以课题研究为内核，进行高端教育考察；以担任青年教师导师等任务带动教师发展，通过任务驱动，激发骨干教师创新发展内驱力；以智慧课堂研究课为平台，助力创新人才培养。完善四级培训评价制度。凤凰工程实施自我评价和过程性评价；高端教育考察实施课题申报和等级评定；对于担任青年教师导师等任务驱动实施达标评价；校本培训课程进行学分达标管理；以自我评价为主引导教师自主发展。

五级培训。培养对象为具有特级教师称号的专家型教师或优秀高级教师，发展方式是通过高端培训、科研任务、自我建构，激发专家型教师的“专业自觉”“专业自主”“专业自为”，促进专家型教师发展。建立和健全五级培训系列制度。以拓展视野和提升教育思想为培训重点，利用高端培训引领专家型教师发展；通过开发校本培训课程，以教育教学反思为科研切入点，激励专家型教师的行动研究；以“思想者论坛”和“教学思想研讨会”为平台自我升华，建构个体教育哲学。完善五级培训评价制度。进行多元化评价，引导教师自主发展；学校对自我发展的优秀成果予以认定并进行适当奖励；对校本培训课程开发进行学分管理。

(2)发展性评价，点燃教师教育激情

制定教师发展档案填报和审核制度。学校根据青岛二中发展实际，自主开发完成“青岛二中教师发展档案系统”，集合了教师发展的管理、评价、培训选课、学分管理等功能。教师随时提报基础工作、校内分工、社会影响、教师荣誉、课堂研究、班级管理、课程开发、指导学生、教科研、高端培训、校本研修、自主发展等方面取得的标志性成果，教师发展处、教务处、学生处、创新办、团委各部门每半学期进行一次审核。

制定教师发展综合评价制度。依托教师发展档案系统，确立青岛二中教师综合评价方案。全面衡量教师、全面肯定教师贡献，通过基础工作、校内分工、社会影响、教师荣誉、课堂研究、班级管理、课程开发、指导学生、教科研、高端培训、校本研修、自主发展等指标综合评价教师贡献。同时突出学校的特色工作、重大工作、创新工作等方面的评价，为引导教师关注学生的全面发展、优势智能、个性色发展，将“指导学生”纳入教师评价体系；为引导教师关注课堂教学改革，将“课堂研究”纳入教师评价体系；为引导教师全面发展，将教师高端培训、校本研修纳入教师评价体系。

建立教师发展荣誉制度。学校建立了系统的教师荣誉体系，其中学校综合荣誉体系包括青岛二中精彩人物荣誉系列、成功园丁、校先进工作者、校优秀青年教师等；学校专项荣誉体系包括校优秀班主任、德育专家、教学专家、创新专家、竞赛专家、科研专家等。同时根据荣誉体系，学校制定了《青岛二中教师奖励条例》，从机制上为优秀教师创造良好成长环境。

建立教师奖励制度。学校设立奖励基金，并成立奖励基金评定委员会委员会，奖励委员会成员通过教职工代表大会选举产生，由教代会负责监督学校奖励委员会负责管理各类奖励基金，激励广大教师在各自的岗位上勤奋努力、争优创先，推动学校教育教学工作向更高的目标发展。

建设教师发展模式，培育教师发展文化。系统衔接教师发展环节，创新教师常规培训模式，形成“导师示范——自主研学——实践内化——展示突破”的系统化培养模式，坚持理论学习和实践操作相结合，在各个环节上创新参与方式，通过任务驱动、成果展示、互动研讨等方式激活教师的专业自觉和实践智慧。

改革传统培训侧重于听讲座的培训方式，围绕同一培训主题，通过四个环节共同促进教师对该专题学习内容的学习和运用。在培训不同环节上创新培训形式，“导师示范”环节提供可自主选择的多样化资源，“自主研学”环节和“实践内化”环节在内容和时间上尊重教师的自主性，“展示突破”环节优化展示方式，通过汇报课、说课、评课、研讨等多种形式组织青年教师加强青年教师的反思性教学，在反思中提升，以展示的方式促进青年教师以主体地位参与学习过程、参与实践过程、参与展示过程。

(3)课程制度，确保学校师资建设的质量与水平

根据教师发展内涵，规划教师发展体系的外在形式，统筹校外力量、学校力量、主体力量三个要素，坚持校内和校外相结合、个人自主发展和学校推动相结合的原则促进教师系统发展，建设基础课程、高端课程、特色课程一体化培训课程体系。校本培训构建理论课程和实践课程相结合、必修课程和选修课程相结合、专业课程和发展力课程相结合的教师发展课程体系促进全体教师分层发展。

制定教师发展课程提案与开发制度：第一，教师培训课程提案制度。教师发展处专门负责每个学年度教师培训课程的制定；同时，各部

门及教研组对教师培训课程具有提议权，每学期期末向教师发展处提交学校基础培训课题和各部门专门课题。第二，教师培训课程审核制度。校本课程提议阶段结束后，有学校教师发展委员会对培训课程进行综合审核，符合要求的课程由教师发展处负责具体实施管理。第三，校本培训课程开发制度。校内教师培训专家队伍建设制度。由学校特级教师、各类专家、教学能手均有担任青年教师导师或开发教师培训课程义务。校本必修课程建设制度。必修课程重点服务于教师发展的通识教育，促进教师全面发展。以师德论坛、教育故事为载体建设职业道德类必修课，以思想者论坛、教育工作会议为载体建设教育理念类必修课，以每月一讲为载体建设教育技能类必修课、以科研论坛为载体的建设课题研究类必修课。校本培训选修开发制度。选修课重点服务于不同学科不同发展方向的教师实现特色发展。结合学校发展的基础工作、重大工作、创新工作、特色工作，既为教师的个性化发展提供选择，又为学校发展提供人才支撑，逐步建立《课堂教学专题》《校本课程建设专题》《心理健康专题》《学生指导专题》《智育导师专题》《教科研专题》《研究性学习专题》《创新人才培养专题》等系列专题。第四，校外高端资源共享和二次开发制度。通过教师发展档案系统，将培训学习资料、总结报告等阶段性成果资料上传共享，促进教师的自主学习和主动发展。校外高端资源二次开发制度。参加国培、省培教师或学校组织的高端培训，需要自觉承担培训课题和任务，结合学校教育教学实践对课程进行再次创新，形成培训课程，传播培训的成果，辐射其带动作用。

制定教师发展学分管理制度。充分利用电子档案系统的选课功能，对高端培训、校本培训实施学分化管理，为每位教师建立学分银行。通过网络选课，为校本必修课程、校本选修课程、高校进修课程、海外进修课程根据学时和课程内容，对不同课程分门别类赋予学分。同时对不同层次教师提出差异化的学分要求，结合五级培训体系，对五级培训对象进行学年度学分达标考核，不达标学员在下一步年度进行选修补学。

3. 搭建平台，创造机会

教师专业发展的实践性决定了教师的专业发展需要许多的实践机

会，许多学校不仅充分利用了“1751”工程搭建的各种平台，而且从本校情况出发搭建了许多适合本校教师展示的平台。在这里可以使人真切地体验到平台不仅是相互学习的展台，也是自我反思的绝好机会。

例如，莱芜凤城高中启动了推动教师专业化成长的“鲲鹏计划”，为教师专业化发展搭建了三大平台。一是优化机制，满盘皆活——制度保障平台。学校建立起《教师专业化发展档案管理制度》，给每位老师建立了“专业成长档案袋”。指导和帮助老师们制定专业发展规划，进行专业阅读和专业写作，力促形成个人招牌式的教学风格和专业成长路线图。《凤城高中“四系列”优秀教师评选办法》推行“教师成长导师制”，让青年教师和经验丰富的老教师结对帮扶，进行教坛新秀、教学能手、学科带头人、教育专家四个系列优秀教师的评选表彰活动。通过捆绑考核，促进师徒二人共同成长，以此激发广大教师专业化成长的积极性、创造性。二是读万卷书，自主研修——理论研习平台。“问渠那得清如许，为有源头活水来。”提高老师专业水平，必须让持续不断的开放学习成为一种习惯。给老师购书是学校坚持多年的传统。近五年中，先后给老师下发《新课程下我们怎样当老师》《高效课堂 22 条》《第 56 号教室的奇迹》《如何创建高质量课堂》等 30 余套(本)书籍。从 2009 年开始，每逢寒暑假都为全体老师编写《凤城高中教师寒(暑)假研修》，开辟了“经典荟萃”“搁笔沉思”“美文欣赏”“多彩人生”“观点交锋”等丰富多彩的专栏，供老师们学习和发挥，让老师们休假不休学。得益于此，在莱城区举办的“教师读书汇报会”上，学校蝉联“五桂冠”。另外，在学校鼎力支持下，李青峰、张守平、李幼华、吕龙申等老师的专著得以顺利出版。每学期的“教师读书汇报会”和“教师读书沙龙”，已经成为雷打不动的定例。三是科研带动，创新发展——实践行动平台。学校建立了“教科室——级部——备课组——任课教师”的“四级”科研网络，制定了学科科研制度，以教育科研带动教育管理改革，以教育科研促进教师成长，以教育科研推动教育质量的提高。本着“问题即课题”的原则，力求做到人人有课题、科科有课题、围绕教学搞科研。目前全校共有 5 项国家级立项课题，21 项省级立项课题，23 项市级立项课题和 40 项区级立项课题正在研究。近年来，学校成功举办了全市语文“作文评改六步法”课题推广现场会和莱城区“十一五”教育规划课题结题暨“建构主义理论指导下物理有效教学模式的研究”课题推介现场会，获得市区两级领导的交口称赞。我们还编印了《凤城高中优秀教师教育科研论文集》，对老师们的科研热情起到了很好的保护和激励作用。今年学校杨维国老师经逐级推荐选拔荣获山东省年度教育创新人物提名奖。2011 年 10 月，学校进行了管理体系改革，新成立了“教师发展处”，履行指导教师专业成长、支持教师教育科研发展、帮助教师制定职业成长规划等职责。对教师的专业发展起到了很好的推动作用。

另外，促进教师专业发展的自我反思有多种方式。比如，齐河一中以教师“教育案例”分析和“教育随笔”撰写来促进教师的自我反思，在此基础上建立教师成长档案。

（三）多元化的教师专业发展方式

“怎么实现教师的专业发展”是学校行动的核心内容，这一问题的答案永远是开放的。一般地讲，许多学校采用的是平台促进、学习型组织、行政干预和文化引领（价值、制度、文化和策略）等方面。其中涉及教师专业发展的三种方式——自我反思、同伴互助和专业引领①，当然也包括一些运行机制的创新等。以下为了阐述的方便，就以通常的自我反思、同伴互助和专业引领这三方面为线索来阐述。需要说明的是，任何一种形式都不会脱离其他两种形式，而且这三种形式之间没有先后的次序，往往又相互交叉，而这里的区分主要是为了说明问题的方便。

1. 自我反思，促进教师主体意识的觉醒

美国心理学家波斯纳于 1989 年提出了一个教师成长的公式：经验＋反思＝成长。这表明了教师的成长与发展需要持续不断地反思已获得的经验，在反思中不断总结经验不足，不断自我完善，从而实现专业成

---

① 余文森：《自我反思　同伴互助　专业引领（一）——以校为本的教学研究的三个基本要素》，载《黑龙江教育》，2003(10)。

余文森：《自我反思　同伴互助　专业引领（二）——以校为本的教学研究的三个基本要素》，载《黑龙江教育》，2003(11)。

长。专业反思是教师专业发展的关键阶段，它对教师专业发展发挥至关重要的作用，但是有深度的专业反思对教师个人来讲有些困难，专业反思的发生往往是自外部力量的推动之下进行。专业反思的自主性应该是值得关注的重要方面。

例如，日照一中就非常重视这一方面。学校大力倡导“自我反思”，激发教师自主发展内驱力；非常重视教师的“自我反思”，要求教师经常写教育日志、教学反思。同时，建立教师专业成长记录袋，有目的地引导他们在积累经验的基础上进行个人反思。日照一中的实践证明，教师在搜集、整理资料的同时，很好地对工作进行了梳理，进行了总结、反思，对教师成长起到了较大的促进作用。

2. 同伴互助，激发协同共进的力量

同伴互助能够发挥学校内部师资的相互学习与协作，是主要的同伴互助形式。目前存在的问题主要是缺乏教师之间真正的互助，或者是互助的形式单一等问题。同伴互助能够发挥学校内部师资的相互学习与协作，是主要的同伴互助形式。有许多学校在这方面做出了有益的探索和尝试。

例如，泰西中学的“建构各类支持系统，为教师专业发展加力”的实践行动。学校认为，教师专业发展的支持源主要包括领导、同事、朋友和其他(如亲戚、家庭、社会组织)，必要的社会支持可以给教师提供物质、信息和精神上的帮助，增强其归属感、愉悦感，提高自尊心和自信心。学校重点从如下四个方面建构对教师专业发展的支持系统。第一，创办《心世界》，知识技巧普及增进教师的幸福体验。幸福在于感觉，幸福在于比较，幸福在于体验。2014 年学校创刊专属教师的心灵读物《心世界》，以“通俗性、专业性、趣味性”为办刊宗旨，开辟了“写在前面”“理论前沿”“成长宝典”“心理课堂”“心理广角”“百味人生”“心理诊室”“心理故事”等八个栏目，普及与教师职业相关的心理学知识，传播职业生涯中的简易情绪情感调控技巧，借用“心有灵犀、触类旁通、感同身受、适时通融”的咨询技巧于赏文激思、润物无声中，从主观上提高幸福力。引导老师们认识到教育行业的特殊性，体会教育工作者的成就感，抛弃浮躁心态，积极面对现实，过一种完整意义上幸福的教育生活。第二，立足校本师本，科学地完善管理制度和评价体系。讲公平，使教师能获得心理上的平衡。公正公平会增加人的幸福指数，当自我的努力得到了领导、同事、学生公正公平的评价时，对教师会产生极大的激励作用；反之，教师的态度就是消极、不满意和抱怨。讲民主，使教师能达到情绪上的饱和。一个凡事讲民主讲程序的学校，幸福氛围一定是浓厚的。学校教代表选举、干部提拔、教师节表彰、职务晋升、福利分配、年级部教师选聘都严格走民主路线，走公开程序，促进教师积极、主动、快乐而有创造性地工作。讲创新，使教师能享受学校管理的和谐。教师幸福是一个螺旋式的动态过程，管理制度、评价体系、激励机制也要与时俱进。今年 3 月，学校即秉着人性化原则、激励性原则、民主化原则、科学化原则，重新修订了学校各部门工作职责，增强了教师的满意度。重新出台了《泰西中学教师考核办法》，采用“三重原则”，即重视老年教师、重用骨干教师、重锤青年教师，以团队绩效评价协作组，让教师群体抱团发展，增强了教师的归属感和向心力。第三，抓住最近发展区，引导教师准确地定位自我。教师的成长包含适应期、发展期、成熟期、平静期和隐退期。对一个新教师来说，完成既定的任务就觉得很幸福；对年轻教师来说，跟学生建立起深厚感情就是幸福的事；对一个优秀老师来说，把民族责任感融入教学，培养出品学兼优的好学生会让他备感幸福。准确的定位自我非常重要，一位教师一旦对自己要求过高，当难以达到自我要求时，就会对自身发展前途缺乏信心，进而产生职业倦怠。那么如何准确定位，学校认为符合自己最近发展区、又不断在动态变化中提升目标。具体包括三方面：一是形成相对评价，即教师的自我评价。世界上的每一个人都是独一无二的，教师要对自己所处的环境、个性专长和优缺点心知肚明。二是形成绝对评价，即以某个标准为参照形成的评价。教师要根据学校的各项工作要求对比自己的实际。做出的科学定位，如自己是教学出色，班主任工作得心应手，还是德育工作有独到之处，科学把握自己的成长进度，通过各个分目标的达成提升幸福力。三是形成纵向评价，即教师对在不同时期或阶段的状况进行比较，从而形成的当前评价。这种评价可以帮助教师在不同阶段，向自我的理想目标前进，从而在变化中提升幸福力。第四，助推专业发展，搭建教师成长成名的平台。名师造就名校。我们坚持教师发展学校的理念，努力为教师搭建学习借鉴的平台、实践锤炼的平台、研讨交流的平台、展示才艺的平台，全力打造一支德能双馨的教师团队。一是内部挖潜，择本校之能人，训本校之师。二是实施“一人学习，众人受益”式培训，依托“1751”改革创新工程平台，积极率团参加济钢高中、青岛五十八中、淄博七中、垦利一中、临朐五中学校发展共同体联谊教研活动，并积极派员参加人文教育高峰论坛、自主招生、魏书生思想报告会等高端培训，要求外出学习回来撰写学习体会，开设“泰西论坛”，一人学习，大家受益。三是做好“请进来”工作，举办了“聚焦课改、走近名师、专业成长”为主题的“齐鲁名师进泰西”活动，先后邀请陶继新、高放、陈立、程同森等8位名家名师来校传播思想和理念。学校的名师推动策略，即“成就少数教师，带动部分教师、影响全体教师”，已由“星星之火”形成“燎原之势”。学校现有享受国务院特殊津贴、山东省有突出贡献的中青年专家1人，山东省特级教师2人，全国优秀教师3人，山东省优秀教师和先进工作者8人，泰安市专业技术拔尖人才3人，泰安市优秀教师、班主任38人，获国家级优质课3人，省级优质课16人。

又如，威海二中的“师师合作，共建共享，共同成长”。第一，课堂教学中的师师合作：一师主讲，多师辅助。“一师主讲”是指传统的课堂，由一位教师在课堂上进行讲解，组织教学。“多师辅助”是指在学生学习的过程中，除了主讲教师之外，同时有多名教师参与到学生学习中，他们既是课堂的观察员，又是课堂的辅导员。每一位辅助教师都有自己的责任小组，要为自己负责小组的同学们提供及时的帮助与指导。例如，学生在进行小组讨论时，只靠一个教师是难以兼顾所有小组的讨论情况，特别是如果学生的讨论思路偏离正确轨道，或没有思路的时候，可能很长时间解决不了问题。这时，辅助教师分别深入每一小组，参与他们的讨论，适时督促和提醒小组讨论的内容和方向，可以全方位、多方面地帮助学生学习，减少无效的思维浪费。再如，由于学生的智力和能力有所差别，主讲教师讲解完后，总会有学生不能及时理解掌握。这时，辅助教师分别走进每一个小组，即时跟踪了解每一个小组、每一位学生的学习困难，帮助他们二次学习，进一步解决学习疑惑，从而保证所有学生对这些知识都能掌握。这种“一师主讲，多师辅助”的师师合作教学方式，强调的是在教学进行过程中的教师与教师的合作、教师与学生的合作，重视的是课堂教学过程中学生的动态发展和即时生成，真正做到了“生本”教育，切实做到了关注每一位学生的发展需求，促进学生的发展。第二，课前备课中的师师合作：集体备课，和谐合作。不同教龄、阅历和能力的教师的实践性知识带有个体性，使得教师之间在知识结构、智慧水平、思维方式以及认知风格等方面都存在很大差异，对于不同的教师，即使在教授同一课题时，在教学内容的处理、教学方法的选择、教学整体设计等方面也存在着明显差异，而这种差异是一种宝贵的教学资源。为了充分利用这种资源，需要教师形成“研究共同体”，教师之间加强互动，相互启发，相互补充，实现在思维、智慧上的碰撞，从而产生新的思想，产生“一加一大于二”的效果。为了加强备课组文化建设，增强备课组团队意识，学校从集体备课入手，通过规范集体备课的程序，加强教师之间的合作交流。集体备课程序包括个人分头备课、本期主备人讲解分析、集体研讨、统一教、学案和课件、个性化二次备课、教学反思等。讲解分析是由本期主备人对本期集中备课的内容提出自己的思路和意见，具体内容包括课程标准的解读、学习目标的确定、教材教法的解析、教学过程的设计等，为集体研讨提供素材。集体研讨是所有教师结合自己个人备课的情况，集体对主备教师提供的教学设计进行详细的研讨、补充、改进和完善，形成集体备课终稿。教学反思分个人反思和集体反思。个人反思在上课后进行，集体反思在下一次集体备课前进行。集体反思是指集体对前一期集中备课的结果在经实践检验后进行的反馈和总结，包括汇总个人反思意见，归纳存在的主要问题，研究提出相应的改进措施等。这种“研究共同体”的备课组文化建设，使老师们一起探讨教育问题，交换彼此的经验、困惑与想法，共同分享解决问题的策略与方案，使教师的发展始终保持一种动态、开放、持续的专业发展状态。第三，校区间的师师合作：跨越空间，求同存异。由于学校分南北两个校区，空间距离使老师们相隔两地。但“一校两区”并没有让老师们“各自为政”，而是通过各种渠道突破空间的障碍，加强校区之间教师的合作。例如，同一备课组的老师每周都固定时间、固定地点，相聚在一起，面对面进行交流研讨；通过网络，开通视频对话，进行远距离的在线研讨；每个备课组都建立自己的研讨群，通过QQ群，进行随时随地的即时研讨。空间距离并没有疏远老师们之间的感情，也没有阻碍老师们之间的交流，相反，距离产生了“美”，校区之间的老师既有合作又有竞争，既求同又存异，使师师合作跨越了空间的障碍，迸发出新的活力。

3. 专业引领，突破专业发展的瓶颈

专业的发展需要专家的高位引领，以突破专业发展的瓶颈。什么是专家？广义地讲，既可以是本校的优秀教师，也可以是外聘的知名专家。这里用的是后者的意义。新课程改革以来，在初期曾经兴起过一段时间的专家热，但一段时间因为专家的单一理论背景而导致对专家期望值的降低，后期实践型专家开始走向前台，活跃在各学校之中。事实上，教师的专业发展需要这两种类型专家的协调行动才是最好的。许多学校目前都在进行这方面的实践。在许多学校常见的问题主要有如下几个方面：一是专家太专，站位太高，只有名声的影响力而没有实际的行动影响力；二是专家更换太频繁，缺乏对学校教师专业发展的实际情况的持续跟进，导致对教师专业发展指导的针对性和引领性不足。但是许多学校还是很看重专家引领作用的。

例如，荣成六中的“走出去学，请进来教”，促进教师专业成长。不断学习是教师专业成长的源头活水，在学校经费紧张的情况下，仍尽可能派教师分别赴上海、济南、青岛等地学习。为了让更多教师通过学习受益，学校利用“1751”项目校优势，经由省课程研究中心邀请两名在全省语文优质课比赛获一等奖的教师来校讲示范课，他们同课异构，完成了对孟浩然的《夜归鹿门歌》这首诗的鉴赏教学，更吸引了其他学科的教师积极参与听课学习。授课后，两位教师对课程解读、授课环节设计、诗歌教学模式建构等进行了面对面的交流探讨。两位老师授课循序渐进，开合有度，游刃有余，给老师做了很好的示范与引导；而与两位名师的交流，让不少教师耳闻了他们的成长，感觉到名师其实与他们不远，进而增强了教师们学习的动力和在专业上进一步发展的信心；不少老师还针对这次活动写了听课反思和感受，侧重谈了先学后教、以学定教，将课堂放还学生和关注学生思维能力培养几个方面，对如何提高教学的有效性进行了一定的分析与探索。

(四)理性反思与启示

教师专业发展的校本行动应该关注关于教师专业发展的理论研究和实践探索两个方面的进展，归结起来这些发展主要涉及四个问题：一是教师专业发展的本质是什么；二是教师专业发展应该发展哪些内容；三是怎么实现教师专业发展；四是如何消除教师的职业倦怠。在这些问题的基础上，我们可以做些建设性思考。

1. 学术氛围的营造是教师专业发展的催化剂

由于多方面的原因，教师的大量时间都用于应对各种日常的杂务，这非常不利于教师的专业成长，目前教师的这种状况没有多大改变，教师的许多专业活动所需要的时间都是在承办专题的活动或者在加班的情况下，现在有许多学者倡导教师的专业生活之外也需要业余生活，业余生活与专业生活是统一的，它表明了教师的专业发展需要宽松的学术氛围，没有宽松的学术氛围是不利于教师的自我反思的。

2. 学术身份的层级建构是教师专业发展的阶梯

前述已说过，教师的专业发展不仅需要自主性，也需要在一个教师团队中，教师专业发展的个人与团队的协调对教师的专业发展非常重要。在这个过程中完成的主要任务是教师的专业身份的建构，这种专业身份的建构是需要一个良好的学术氛围，同时这个氛围需要一种机制来维持。事实上，教师学术身份建构的过程就是教师专业发展的过程，教师学术身份的层级结构亦是教师专业发展逐步提升的阶梯。

3. 适宜的节奏有利于有序提升教师专业发展水平

教师专业发展的最主要的环境就是学校，所以学校是实现教师专业发展的主要场所。在学校里，教师经历着专业发展的苦与乐，经历着专业发展的风风雨雨。在整个专业发展的过程中，不同的教师在各自相同的专业发展阶段可能都要经历相同或者相似的心路历程，但是不同的教师，其专业发展的节奏有一定的差异，然而其必要的过程却都是需要经历的，即经历“职初教师——有经验教师——专家教师”三个阶段，这往往是不可超越性的。适宜的节奏有利于有序提升教师专业发展水平，所以，学校应该给教师适当的自主空间，为教师实现个人专业发展创造条件。

4. 职业幸福消除教师专业发展的职业倦怠

关于教师专业发展这方面的思考，就会涉及“如何消除教师的职业倦怠”的问题。教师专业发展的实践性和主动性是对教师专业发展的本质要求，实践性决定了教师专业发展的复杂情境和所需要的高超的智慧，而主动性则决定了教师专业发展过程中不仅要追求工具性价值，而且要追求目的性价值，更重要的是二者因时因地合适度的调控，当工具性价值的追求过度时，教师的职业倦怠就出现了。而且随着不能及时调控时间的延长，教师的职业倦怠问题会显得越来越突出。它是形成教师专业发展“高原期”的直接原因，也是目前困扰教师专业发展的最大“拦路虎”。“研究表明，有生活的目标，能自主调节和控制自己的工作，对自己接纳，对他人信任、感恩和宽恕，发现自身的优势和美德，可以让教师远离职业倦怠”①，利用这些研究成果，考虑到教师专业发展的学校行动实践，我们相信，学校能够采取一些措施减缓或者降低教师的职业倦怠，其中最根本的有如下几个方面：一是引导教师对个人目的性价值追求的唤醒；二是加强学习和研究，不断提升对教师专业的认识；三是必要的主动调控和休整。

5. 学校转型变革促进教师专业发展的质性提高

“学校组织特性表明，学校不仅是学生生命成长的地方，也是教师发展、教师生命价值实现的场所……教师发展是在学校组织中进行

① 曹新美：《寻找教师职业幸福的魔方》，载《人民教育》，2014(18)。

的……基础教育学校组织应当实现从价值标准到组织形式、运行机制的变革，以保证教师的发展，实现学校真正意义上的转型”①。从另一方面来讲，教师的专业发展到一定程度，也必然会促进学校全面工作的改变，特别是组织文化的改变。所以，教师专业发展是实现学校自主创新发展的重要前提。

尽管当前的教师专业发展在理论和实践层面上都取得了较大进展，但是也出现了一些问题，这些问题的症结主要表现为：教师价值的固着、业余生活的遗忘、专业自主的局限、合作文化的缺失和科学主义的宰割②，这些方面都明确地指向了在实践中教师专业发展方面存在的问题。教师专业发展的校本行动实践在这些方面有一定的突破，这是由于明确了教师专业发展的“症结”所在，对症下药，提出的针对性解决之道产生了实效。相信随着基础教育课程改革的实质性深入推进，教师专业发展的学校特色行动将会在解决教师专业发展方面的问题发挥更大作用。

二、教师专业发展校本行动的典型案例

从学校的各类总结性材料来看，教师专业发展的学校行动主要表现为：用学校文化和管理引领，用评价机制激励教师的专业发展，搭建平台促使教师专业发展，通过读书促进教师专业发展，通过课题项目任务驱动教师专业发展，加强教育科研提升教师教育科研能力促进专业发展，加强课堂教学研究提升教师教学教研水平促进专业发展，加强师德建设提高个人修养促进专业发展，师傅带徒弟促进教师专业发展，建立学习型组织促进教师专业发展，多种教研促进教师专业发展，多元化的校本培训促使教师专业发展和教师专业规划引领教师专业发展等。这些行动都在不同程度上促进了教师的专业发展。然而，这些学校行动在多

① 李继秀：《教师发展与学校组织变革创新》，载《教育研究》，2008(3)。

② 周思勇：《教师专业发展：问题与症结》，载《基础教育》，2014(4)。

大程度上促进了教师的专业发展，它是否最大限度地促进了教师的专业发展，这是一个值得关注的问题。因此，教师专业发展的学校行动最重要的是结合本校教师个人和团队的具体情况，采取适合本校特点的学校行动，以最大限度地促进教师的专业发展。以下列举一些从学校层面以教师专业发展为突破口，从而推动学校内涵发展的典型案例。

(一)唤回职业热情促进教师专业发展

教师的工作是琐碎和复杂的，又是长期的和富有创造性的工作。所以教师在工作中是需要职业热情的，然而在工作中又是容易失去的。所以采取一定的措施激发或者唤回教师的职业热情无疑是有利于教师专业发展的。

【案例一】

阳信一中：寻求多种渠道，激发教师的职业热情

阳信一中是一所拥有110年办学历史的传统名校，一百多年来，学校以其厚重的历史和骄人的业绩享誉省内外，特别是新世纪以来，学校的教育教学质量大幅度提高，曾经成为“滨州教育的一面旗帜”。但是随着改革的不断深入，学校对如何实施新课程改革，培养具有自主、探索、创新精神的人才，陷入了极度困惑之中，教育质量一度跌入了低谷。如何走出困境，成为困扰一中人的大问题。2011年，阳信一中有幸加入到省“1751”改革创新项目工程行列中来，作为一所百年老校，在素质教育的形势下如何走出单一化办学目标的误区，在省专家团队的诊断和指导下，我们集全体教师的智慧、才华和汗水，针对学校的现状和实际，以“重新唤醒教师的职业热情”为突破口，用激情点燃师生梦想，用热情焕发老校生机。

一、背景与出路——学校自主变革必须依靠教师群体的职业热情

随着时代的发展，阳信一中曾经“紧跟时代步伐”，在“高考升学率就是素质教育”的错误思想指导下，办学目标从多元走向了单一，教师评价体系也随之走向了单一。

2011年省课程专家团队在写给我们的诊断报告里作为重要问题做了极为客观的反馈，综合起来，发现有以下几种现象。

现象一：工作热情受挫。相当一部分教师成了学校的“高考专业户”，几乎年年送高三，致使身体健康受到严重影响，相当一部分教师患上了严重的颈椎病、腰椎病、高血压、视力严重下降等职业病，严重影响了教师的工作热情。

现象二：提前离岗。一部分因年龄偏大不能继续担任高三教学工作的教师，一到满30年教龄或50岁，便主动要求“内退”。从1999年到2011年的12年里，老师不到退休年龄就离开工作岗位的有近30人。

现象三：降低自我要求。部分教师因不能担任高三教学工作，心里有不少委屈，参加工作不久，便要求到图书室、阅览室或后勤工作。这种情况在学校先后有5人。

现象四：教研成果匮乏。学校从1997年到2008年12年间，没有一人获市级教学能手称号。2008年全市青年教师优质课评选，学校11名教师参加评选，结果只有一名音乐教师获得二等奖。

现象五：造假风气严重。部分教师为了晋升职称不惜重金购买论文或课题，一时间，“学术造假”在学校内部蔚然成风，这种现象既影响了学校职称申报工作的正常秩序，同时也严重影响到教师专业素养的良性发展。

现象六：学术交流不足。教师外出学习现象严重不足，除市级高三备课会派出部分教师参加之外，其余全国级、省级的教学研讨会议和学术交流活动很少派人参与，从而严重影响教师的综合素养提升。

……

为此，学校经过征求省专家团队部分专家的意见，并多次召集学校的退休老校长、老教师，中层以上干部，中青年教师代表会议征求建议，他们普遍认为，学校的发展与改革必须依靠教师群体的整体发展和对职业的高度热情。

正如省课程研究中心专家在2011年来阳信一中进行诊断期间说，百年学府的重新振兴需要激情点燃，学校确定以“重新唤醒教师的职业热情”作为突破口是明智之举，也是学校寻求自主发展的破冰之举，学校应该依靠广大教师的力量、集全体教师的智慧，探求适合学校实际的切实可行的发展之路。

“1751”听课活动

我们根据国家的政策法规和学校的实际情况，精心制定了《山东省阳信第一中学学校发展五年规划》，在“规划”中，确定了学校未来五年发展的总体目标：

办学目标：为严格遵循国家的教育方针，秉承“以学生发展为本，为民族未来奠基”的办学理念，根据学校的实际情况，决定在今后5年，继续巩固和发展名牌学校创建成果，使教师队伍素质结构明显改善，校园文化发展有新的突破，办学水平稳步提高，力求把学校办成“现代化、高质量、有特色的齐鲁名校”。

培养目标：学校按照新课程改革、素质教育的精神和未来社会发展对人才的要求，确立“四会一加”的人才培养目标：“会做人、会学习、会办事、会健体，合格加特长”。学校的一切教育教学与管理活动都紧紧围绕这一人才培养目标有序展开。

加强教师队伍建设，重新唤醒广大教师的职业热情，是提高教师专业化水平的重要手段，更是学校走出管理困境、进行自主变革的必由之路。学校不单要生存，更要发展，要提升，要跨越。要实现学校生存发展的目标，激发教师的职业热情，必须通过多种渠道，采取多种措施才能实现。

对此，在《山东省阳信第一中学学校发展五年规划》中明确提出，要加强教师队伍建设，特别是青年教师队伍建设，提高教师队伍整体素质。采取切实可行的措施，以主动关心、高标准、严要求为原则，推进骨干教师队伍建设。在今后5年学校力求增加研究生学历的教师名额；在教师学历达标率100%的基础上提升教师学历层次；力争再培养出1～2名特级教师、齐鲁名师，10名以上市级学科带头人、教学能手，鼓励骨干教师向更高层次发展。

与此同时，学校先后制定了一系列有关加强教师队伍建设，促进教师专业成长的政策措施，意图通过政策法规激发广大教师管理学校、自我成长的积极性与主动性。

二、探索与实践——寻求多种渠道，激发教师的职业热情

学校在落实各项措施的同时，为广大教师创造新的施展才华的舞台，为重新唤回广大教师的职业热情，找回原本属于他们的荣耀和尊严做了大胆的尝试与实践。

（一）依托优势资源，拉动群体激情

学校通过山东省普通中小学“1751”改革创新工程这一平台，先后与潍坊一中、章丘四中等省内外名校结成联谊学校或合作伙伴，从而开始了借助优势资源、实现自主变革的发展过程。2011年8月以来，学校先后派出教师630余人次到潍坊一中、章丘四中等省内外名校进行参观学习，让外部的精彩世界激活广大教师的内在潜力和职业热情。

通过外出学习交流，老师们开阔了眼界，提高了认识。不少老师在返校的途中深有感触地说：“外面的世界真的很精彩！我们也要活出自己的精彩！”平爱华老师是一位年轻数学女教师，工作之初，带着对教学工作的极大热情和对母校的感恩之心，全身心地投入到教学工作中，也取得了一定的成绩，但对教学科研却一直未能主动参与。2011年11月，潍坊一中部分骨干教师来学校送课，平老师通过听评课活动，心灵受到了很大的震撼。“人家也是女老师，课能上得这么精彩，我为什么就不能？”一种强烈的不服输的意识涌上心头。不久，她就主动找到学校领导，说如果以后有这样的机会，她也想去试一试。从此，她当年的教育教学激情又将一部分倾注到教学研究中，不但能把自己的课上得更好，还主动加强了自身业务素质的提升和业务素养的修炼。2012 年 4 月，她被学校选派到潍坊一中进行课堂教学汇报展示，获得了很大的成功，得到了潍坊一中学校领导和老师们的高度评价和赞赏。从此她信心倍增、热情高涨，主动承担了学校的一部分研究工作。

还有不少老师通过外出学习彻底改变了自己的教育理念和教学行为，并写下了独具见解、认识深刻的心得体会与大家分享。现摘录几则，与大家分享。一位老师写道：“潍坊一中具有深厚的文化底蕴，整个校园充满着浓郁的文化气息，从校园的文化专栏，名人名言，到教室、办公室的励志格言，无不透露着一种积极向上、催人奋进的精神，让人备感振奋。对于此次活动，潍坊一中的领导和老师们给予了特别的关照，我们时时刻刻能感受到潍坊一中和谐融洽、其乐融融的气氛。尤其于校长能在百忙之中抽出时间亲自到教室听课，并提出宝贵意见，更让我们备受鼓舞。”另一位老师是这样写的：“培养‘富有理想、基础扎实、特长明显、个性丰富、心理阳光、善于创造，具有国际视野的高素质学生’已经成为潍坊一中的追求。如今的潍坊一中人是从容的，因为‘容雅’的文化积淀，凝聚了百年老校的光荣与传统，承载着‘潍坊一中人’的激情与梦想，铸就了‘潍坊一中人’包容大度、志趣高雅的取向与追求。对此，我来潍坊一中的全程学习过程已经深切地感受到这一点。”第三位老师写的是：“向优秀单位取经，取来的不应该是形式，更主要的是能在我们感受到的氛围里大开眼界，结合自己的实际情况，大刀阔斧地改革自己的课堂。作为一名年轻的教师，因教学经验和教学功底不足，很容易在自己的课堂上变得胆怯，尤其是在优质课、公开课的选拔中，逃避成了第一反应。课堂之于教师，犹如舞台之于演员。一个教师，对课堂应该有一种展示的冲动和欲望，有此情结，教学才会给人以美感和幸福感。对课堂畏惧，必定体验不到教学中的乐趣和幸福。那我们用什么征服课堂？有人认为多读书，多反思；有人认为用智慧征服课堂，用专业预设征服课堂。我认为，作为年轻教师，应先用自己的勇气来征服课堂。”这一段段饱含激情和思考的文字中间所蕴含的着的一切，我们无需用言语做出任何诠释。

（二）强化人文关怀，唤醒职业热情

古人云：“感人心者，莫先乎情，莫始乎言，莫切乎声，莫深乎义。”意思是说能够感化人心的事物，用真诚的情感加以交流最为重要。虽说师者仁心，教师在每天与学生打交道的过程中表现出一个个仁者的风范，但老师也是生活中一个个鲜活的生命个体，他们也需要得到理解、尊重与关爱。为此，学校领导班子决定首先从理解、尊重、关心老师入手，靠真诚的力量来唤回老师的职业热情。说实在的，教师群体是有着浓郁的教育情怀与职业热情的，更有着强烈的自尊心与责任感，他们对学校、对学生的热爱的确很令人感动。比如学校的青年教师李凡，大学毕业后子承父业来到学校教书，当时由于他班里部分学生是从外省或外市前来借读的，两周一次的假期和清明、端午这样的短假都不能回家，只能待在学校里。每到此时，他总是按时来到自己的办公室找学生们谈心或拉家常，有时还从自己家里带来绿豆给孩子们烧水甚至买饭，使这些学生能够安心在学校里生活学习。诸如此类的情况，学校领导老师们看在眼里，也记在心里。学生需要老师的关心呵护，难道我们的老师就不需要吗？作为经济条件相对落后的县城高中，我们没有能力为老师们做较大的帮助，但点点滴滴的关心与呵护却是完全可以做到的。有一位外地青年教师要在学校举行婚礼。由于离家较远，婚礼期间只有父母到场。学校便决定暂时放弃手头的一些工作，为这位老师全力做好婚礼的一切准备。学校经过与该教师所在教研组的老师商量，先筹资为他买好家具，拾掇好新房；然后安排好婚礼期间的一切事务。婚礼期间，学校领导、教研组全体教师及一部分青年教师共 80 多人统一着装站在学校教工宿舍门口等待新人。事后，这位老师的岳父对学校领导说：学校的一个老师说学校就是一个村，教研组就是一个胡同，开始我还不信，现在我亲眼见到了，真的让我们全家都很感动。孩子们在这里工作，真让人放心。与此同时，我们还尽最大努力改善教师的文体活动场所、办公条件和校园环境。比如我们要求所有教师积极参加体育活动，为此学校在国庆节、三八妇女节及五一节组织了一些由教师参加的文体活动；在操场和其他空闲地带新建起多个活动场所、增设许多活动设施。学校想通过这些看似平常的小事关心教师的工作与生活，使整个校园充盈着浓郁的人文气息，从而为激发广大教师的工作热情做一点有益的工作。不少老师都深有感触地说："关心老师们的生活与健康，这才是学校对老师们的真正关爱。在这样的环境里工作，舒服。"

(三)深挖内部潜力，激活精英团队

学校教育说到底是人对人的工作，而处于教育教学工作主导地位的教师，应该是学校发展与提升最宝贵的人力资源。学校由于自身发展的原因，新老教师层次分明，年龄跨度较大，中年教师所占比重偏大，但因种种原因，这些曾为教育事业做出过贡献的教师却在一定程度上得不到重视，他们应有的智慧、才干和经验得不到充分发挥与施展，成了学校发展的"旁观者"，学校对此非常痛心。2011年秋季新学期伊始，学校领导班子对此召开了几个专门会议，讨论如何激发这些教师的职业热情和教育情怀问题。经过大家认真磋商，决定成立学校德育视导小组和教学视导小组，将这部分教师纳入其中，使之通过对学生的成长指导和教师的教学视导，发挥他们在学校管理方面的积极性与主动性。杨文军老师是学校的语文教师，也是学校聘任的首届主任教师，风趣的教学风格、渊博的知识储备、科学的教学方法、严谨的工作作风使他成为学校的"专家型"教师，但因多年的超负荷工作，患上了高血压和严重的椎间盘突出症，工作生活极其不便，治疗后除了完成属于自己的教学工作之外基本上无事可做。为此，学校感到非常可惜，觉得这是对人才资源的极大浪费。后来，杨老师参加了学校的教学视导工作，视导期间，他不仅出色地完成了视导工作，还主动向执教公开课的青年教师提出了许多富有建设性的指导性意见。这种高昂的工作热情在其他主任教师身上都凸显出来。正像杨老师自己说的：为了学校的发展，为了青年教师的成长，多做点有意义的事儿值得。谁叫咱是阳信一中的老教师呢？杨民老师是学校青年骨干教师，市级教学能手，模范班主任，是学校的中坚力量。2011年冬天的一个晚上，杨老师在外出返校的路上，不幸被一辆面包车挂倒并拖出几十米，生命危在旦夕。当路人发现后把他送往医院，杨老师已经不省人事。学校得知这一消息后，立即通知学校班子所有成员全部赶到医院，安慰家人，并与医院协商治疗方案。第二天一大早，班子成员又赶往医院。当家人希望转院治疗时，学校又通过多种渠道与市医院取得联系，办理转院手续，并派专人陪同治疗。经过一个多月的治疗，杨老师病情好转，返回学校。当杨老师能下床走路并能独自到户外活动时，他首先来到的是自己的办公室。此后，他几乎天天到办公室一两趟，或与老师们交流，或帮青年教师备课。待身体基本恢复就义无反顾地重新走上讲台。他说，学校领导这样关心我，我没有理由借此"倒下去"。杨老师的行为感动了我们，也感动了学校的每一位老师。董宝礼老师是学校唯一一位省级特级教师，参加工作以来先后十余年担任毕业班教学和班主任工作。教育教学成绩显著，先后培养了像张剑、商建波这样优秀的北大、清华高材生。山东省"1751"项目工程的启动，使他进一步提升了工作的激情。在近三年的时间里，他随学校领导或带领老师们东奔西走，在"1751"活动中忙得不亦乐乎，成为项目活动的积极参与者和学校活动的优秀组织者。三年里，他不但出色完成自己的教学任务，还利用假期组织教师编写、排印了三十余种校本教材，创办了《阳信一中教科研》期刊，编印文学社社报《啄春泥》30余期，带领科技创新团队进行科技创新教育活动，指导教师申报县级以上课题10余项，组织学生参与全国中学生作文大赛5000余人次，搜集整理教科研成果并扫印证书700余件2300余页，指导并修改教师论文、课例、心得等400余篇。单单从这些数字上面，我们就可以看出他对学校的深情和对师生发展的热情。

教师是教育事业最可宝贵的人力资源，更是学校发展的有力支柱，特别是中年骨干教师，他们丰富的人生阅历和教育教学智慧是学校最宝贵的精神财富和教育资源。学校像杨老师这样的中年教师有80余人，占全校一线教师总人数的三分之一以上，如果能把这些教师的积极性充分调动起来，能把他们的人生阅历与教学智慧积聚起来，那就是一笔相当丰厚的教育资源。所以充分调动中年教师的职业激情，挖掘蕴含在他们身上的教育智慧，是学校自主发展与变革不可忽视的重要方面。

（四）实施课题带动，激发科研热情

为促进教师的专业化成长，通过多种途径积极鼓励教师参与课题研究，为激活教师的职业热情创设肥厚的土壤。2011 年 12 月学校有三项全国中语会课题通过专家鉴定，准予结题后，又先后申报了 8 项省级以上教研课题，鼓励广大教师积极参与。课题研究的带动，充分调动了一大批教师的科研热情，从而为教师的自我发展和学校的长足发展蓄积了后劲。截至日前，又有两项省级以上课题通过专家鉴定后结题。课题研究的带动，激活了教师的科研热情，也激活了广大教师的工作热情。以前，每当市教研室组织教学视导，不少老师都不愿出课，想方设法躲避，有时甚至出现了市领导专家走进来了课堂，任课教师却“千呼万唤不出来”的教学事故；而今，不少教师特别是一些青年教师每当此时却自己主动给视导组专家打电话要求“被听课”接受指导与诊断。正如山东省特级教师、滨州市数学教研员王文清老师所说的：“这种现象在学校历史上，在其他学校里还是从未有过的。真的很令人感动。”同时，学校积极鼓励教师参加各种业务进修和学历培训。2011 年春夏之交，县教育局与东北师大联合组织了研究生学历培训，学校及时出台优惠政策，决定为每位学习合格的教师提供 40％的学费资助，最终，学校有 70 名教师报名参加了学习，其中不少教师通过认真学习，大大提高了业务水平和科研能力，成为学校教学改革和课题研究的积极实践者；现在，所有参加学习的教师全部合格结业，结业证书正陆续下发。2011 年以前，能在国家级期刊或中文核心期刊上发表篇论文的寥若晨星，2012 年以来的 3 年里，却先后有 7 位教师的 10 余篇论文在“中学教学参考”系列的核心期刊上发表。史书芳老师仅是一个参加工作还不到三年的“90 后”教师，可她凭借对教研的热情，认真钻研新课程、新课标和新考题，撰写的研究性文章在 2014 年第 10 期《中学地理教学参考》上全文发表，近日又有一篇研究性文章收到一家省级期刊的录用通知。像这样的青年教师还有很多，他们正在用实际行动创造着阳信一中科研兴校的一个又一个奇迹。学校的科技创新教育课题研究和科技创新教育始于2011年10月，起初由三四名教师组织开展这一活动，可经过一段时间研究、培训和讲座，先后有十几位老师申请参加这一课题的研究，至今已有20余名教师参与到科技创新教育这一课题研究中来。三年来，学校共收到的师生科技创意作品5000余份，经过大家精心指导与修改，已有230余份优秀创意作品获得国家专利。进而使学校成为滨州市实用新型专利的申报大户。

三、思考与展望——激发教师热情任重而道远

加入"1751"改革创新项目活动以来，阳信一中得到了省教育厅张志勇副厅长，省课程研究中心所有专家的亲切指导与无私帮助，也得到了全国名校潍坊一中和章丘四中的鼎力相助。2012年张厅长来学校检查指导工作时深情地说，我看到阳信一中在短短的时间里发生了这么大的变化，感到很欣慰，也很满意。我希望阳信一中的领导带领广大教师沿着这一科学、规范的道路继续走下去。学校领导老师们在与他们的交流合作中得到了很大的帮助，理念提升了，视野开阔了，水平提高了，这是阳信一中三年来最大的收益之一。在他们的指导帮助下，阳信一中在三年的发展历程中，基本实现了学校发展五年规划90%的任务目标。

山东省基础教育课程研究中心专家研讨问题

开发了近50种校本课程，其中有30余种编写有完整系统的校本教材，其中“家园文化系列”校本课程在全省乃至全国首屈一指。

培养和造就了一批名优教师，其中三年的时间阳信一中共有23名教师参加市级优质课评选就有22名教师获得奖项，其中有5名教师获得一等奖；另有4名教师在市级教学能手评选中榜上有名，9名教师获得县级教学能手称号；韩永义老师连续获得“市名师”培养人选和市优秀青年学术带头人培养人选两项资格；董宝礼老师连续获得“山东省教育科研先进个人”“山东省教育年度新闻人物”“首届滨州名师”“滨州市突贡专家”“滨州年度创新教师”等多项大奖，并顺利晋升正高级教师职务。

艺体生培养实现了跨越式发展，在2012—2014年县市中学生运动会、艺术生素养大赛中连连获得佳绩，创下多年来艺体教育的最高峰。

包括高考在内的教育教学成绩不断攀升，各项指标均居全市前列。

成绩的取得，得益于“1751”改革创新项目工程这一有益的发展平台，得益于全面落实新课程方案，得益于规范办学并沿着正确的发展轨道渐渐远行，更得力于全校师生热情的唤醒与激情的焕发。从阳信一中的快速发展中，我们得到了这样的启示与思考。

依靠群体力量，尊重教师人格。“一个不懂得尊重学生的教师，不可能得到学生真正的尊重。”其实，作为学校和学校的领导干部也是如此，一个不懂得尊重教师的学校领导干部，也不可能得到教师的尊重。试想，一个不能得到他人尊重的人又怎么能要求他人与自己真诚合作？尊重教师首先要尊重教师的人格，要从工作上支持他们，从生活上关心他们，要依靠他们的智慧和才干来建设我们共同的“家”。

深挖教师潜能，点燃教师激情。古希腊的普鲁塔戈认为：“孩子不是等待灌满的容器，而是等待点燃的火把。”而我们的教师难道不也是一支支需要点燃的火把吗？如果教师的激情不去点燃，那么他们也许永远停留在传统的教育教学模式前不思进取、不求变革。长此以往，我们的教育改革，我们的学校发展也只能原地踏步，不会有发展与提升。

深挖历史积淀，重塑学校辉煌。阳信一中在110年余的历史发展进程中，无数教育前辈留下了许多弥足珍贵的办学经验和教育智慧，成为学校办学的宝贵遗产和精神财富，学校只有深入挖掘这些珍贵的历史积淀，才能从中寻求适合学校实际的办学道路。

我们有理由相信，阳信一中有信心在继承与发展，借鉴与创新的道路上披肝沥胆、勇于开拓，重塑百年学府新的辉煌！

【启示与思考】

从阳信一中的快速发展中，可以得到这样的启示与思考。一是依靠群体力量，尊重教师人格。“一个不懂得尊重学生的教师，不可能得到学生真正的尊重。”其实，作为学校和学校的领导干部也是如此，一个不懂得尊重教师的学校领导干部，也不可能得到教师的尊重。试想，一个不能得到他人尊重的人又怎么能要求他人与自己真诚合作？尊重教师首先要尊重教师的人格，要从工作上支持他们，从生活上关心他们，要依靠他们的智慧和才干来建设我们共同的“家”。二是深挖教师潜能，点燃教师激情。古希腊的普鲁塔戈认为：“孩子不是等待灌满的容器，而是等待点燃的火把。”而我们的教师难道不也是一支支需要点燃的火把吗？如果教师的激情不去点燃，那么他们也许永远停留在传统的教育教学模式前不思进取、不求变革。长此以往，我们的教育改革，我们的学校发展也只能原地踏步，不会有发展与提升。

(二)发展共同体促进教师专业发展

教师的专业发展需要学术的氛围，这种学术氛围需要学习共同体来体现和维持，而且教师专业发展本身也需要团队的形式来发展，所以，在学校层面上组建突出学术氛围的教师专业发展共同体会给教师的专业发展注入新的生命力。

【案例二】

莱阳九中：建立教师发展三个“共同体”，高位驱动学校自主发展

莱阳九中创建于1960年，经过几代九中人团结协作、积极进取，学校育人成果丰硕，办学业绩斐然，由六十年代一所乡办中学逐步发展成为现在的区域内重点高中、山东省级规范化学校。学校现有南北两个

校区，有90个教学班，学生5500余名、教职工446人，占地面积270余亩，享有“花园式学校”的美誉。

进入21世纪，新课程改革对教师队伍建设提出了严峻挑战，要求教师具有课程意识、学生意识、开放意识、问题意识，拥有宽广的专业知识背景，具备更强的教育教学能力。2003年开始，随着学校招生规模的急剧扩大，新入职教师的数量迅速增加，学校教师队伍总的状况是：青年教师带有“破土”期的困惑、中年教师处于“高原”期的缄默，老年教师面临“休眠”期的沉默，教师队伍的整体水平亟待提高。

2008年学校利用Maslach编制的教师职业倦怠问卷（MBI－ES）对全校320名一线教师进行了调查，发现职业倦怠问题比较严重的教师有53名，占16.50％，存在一定的职业倦怠的教师有90名，占28.25％，无职业倦怠的教师有177名，占55.25％。由此可见，学校有44.75％的教师存在不同程度的职业倦怠问题。同年11月，通过座谈和调查问卷等形式对教师的专业发展情况进行调查，暴露出来的问题主要集中在以下几个方面：学校在教师教育上投入较少，而有限的教育培训往往又流于形式，应付了事，达不到实效；多数教师缺少外出学习、深造提升的机会，无缘接触先进教育理念，教学实践缺少专业引领；绝大多数教师缺乏自主发展意识，没有目标方向，不能主动学习，缺乏反思意识。所有这些都成为制约学校进一步发展的“瓶颈”。

为改变这一状况，学校采取一系列措施促进教师专业发展。比如，积极实施“走出去，请进来”的策略，聘请专家讲座，选派教师到名校观摩学习，参加各种类型的教师培训等等，这些措施对促进教师队伍成长的确起到了不少推动作用。但是，在实践中学校也看到，要极大地促进教师队伍的整体发展，仅靠学校自身力量去单打独斗、零打碎敲是远远不够的，存在着许多发展上的局限性。

面对这种状况，学校新一届领导班子清醒地认识到：学校要发展，教师是关键。教师的质量就是教育的质量，学校间的竞争在很大程度上是教师质量的竞争。为破解学校发展的“瓶颈”，学校将教师专业发展作为日常工作的头等大事，多渠道搭建教师素质提升平台，走出了一条全方位促进教师专业成长，实现学校可持续发展的内涵发展之路。

一、借力“1751”工程“学校发展共同体”，积聚学校急剧变革的力量

2011年，山东省中小学“‘1751’改革创新工程”(以下简称“1751”工程)领导小组按照“优势互补、资源共享、重点促进、共同发展”的原则，在全省范围内选择了一批办学理念先进、办学行为规范、办学水平较高、办学特色鲜明、办学实力较强和具有良好合作意愿的优质学校作为项目学校的合作伙伴学校，与项目学校共同组成“1751”工程学校合作发展共同体，形成了学校间互助合作的发展机制，全面铺开了共同体成员学校间的合作交流，在重点促进项目学校改革创新的同时，推动全体成员学校共同发展。学校被确定为省“1751”工程第一片区高中段共同体指导学校之一。几年的实践也充分认识到，任何一所学校要实现健康、持续、快速的发展，必须借助外力，通过加强合作，取长补短，共同发展。为此，学校借力“1751”工程“学校发展共同体”，更好地实现了与项目学校跨越式共同发展。

举办“1751”工程第一片区高中学段会议

(1)重视专家引领，科学规划学校发展

“1751”工程实施以后，学校邀请负责该项目的专家团队到校指导，指导我们做好学校发展的系统规划。专家团队深入学校课堂和班组，面对面地与学校领导、教师切磋交流，结合学校的实际情况，进行有重点、有针对性的指导帮扶，研究解决制约学校发展的瓶颈。在省专家团

队的指导下，结合名校发展的经验和学校实际，我们重新梳理了学校各个方面的工作，确立了“为每一个学生的终身发展奠基”的办学理念、“培养人格健全、行为优雅、乐观自信、富有创新精神和实践能力的一代新人”的育人目标和“把莱阳九中建设成为学生向往、家长满意、社会赞誉的现代化品牌学校”的发展愿景，制定出了学校未来五年的发展规划。以学校文化建设工程、教师专业发展工程、学生自主发展工程、课程建设工程、现代学校制度建设工程、学校特色发展工程等六大工程为着力点，全面推进学校的整体改革。

比如，在课程建设方面，前些年，学校在国家课程的校本化改造方面做了许多有益的尝试，也取得了一定的成效，但在校本课程的开发与实施方面存在明显不足。针对这一实际情况，负责该项目的省课程研究中心的专家及时走进学校进行现场指导，通过举办专题讲座、座谈研讨等方式，指导学校制定课程建设规划，提升广大教师的课程开发与实施能力，使学校的课程建设逐步走上了一个健康发展的轨道。经过近两年的努力，学校积极鼓励和支持教师在上好学科课程的基础上，结合自己的爱好和特长，开发了50多门适合学生发展的校本课程，从而为广大学生的全面而有个性的发展提供了较为丰富的课程资源。

再比如，为了更深入地推进学校正在进行的“构建学习共同体”的课堂教学改革，课程研究中心的专家亲临学校进行调研，深入课堂与教师们一起磨课，对我们的以促进学生自主、合作学习为核心的课堂教学改革提出了非常有针对性的改进建议，有力地推动了学校课堂教学改进的深入开展。

专家的引领，使学校的发展有了一个全面、系统、科学的发展规划，这为推动全方位的教育教学改革奠定了坚实的基础。

(2)实现资源共享，促进优势互补

近年来，“1751”工程学校发展共同体片区各校建立起联合教研制度，每学期都针对教育教学中的实际问题，扎实开展各项专题性教研活动。学校积极参加片区内组织的各种形式的教育教学研讨活动，如“教育教学改革创新研讨会”“课程建设经验交流会”“同课异构”“班主任论坛”“学生自主管理研讨会”等教育教学活动，学校紧紧抓住每一次交流机会，积极借鉴兄弟学校在教师发展、学生发展、课程建设、课堂教学方面的成功经验，广泛学习，拓展视野，有力地促进了学校各项工作的持续提升。

学校多次派领导、教师到本片区内的青岛二中、淄博实验、蒙阴一中、凤城高中、五莲中学参观学习，加强在学校发展各个层面的经验交流。2012 年 4 月，学校选派五名中层干部到青岛二中进行为期两周的挂职学习。学习期间，五位同志深入到青岛二中相关部门的日常管理工作中去，听取领导介绍，与师生座谈交流，参与学校的各项活动等。青岛二中的办学理念、办学特色、管理模式、教师发展、校本课程开发、中外合作办学、校园文化建设、社团活动等的先进经验使参训干部增长了见识，拓宽了视野，收获了许多宝贵经验，为其回校后创造性地开展学校工作提供了有益的借鉴。比如，青岛二中在促进学生自主发展方面已经形成了鲜明的特色，学校一切活动的开展都是围绕学生自主发展的十项素质开展的。它的这一经验对学校形成“学生自我发展”为核心的学校特色德育起到了很好的借鉴引领作用。

近几年来，学校与结对学校——五莲中学在三年的交流合作中，真正形成了校际之间资源共享、齐头并进的发展局面。两校积极开展“同课异构”、名师送课、联合培训等活动，充分发挥各自特色优势，促进优势互补。比如，五莲中学在体育生特长生培养方面已经形成了自己鲜明的特色，学校积极选派相关领导和教师实地考察学习，这为学校的体育特长生培养工作提供了新的思路。长期以来，学校与华东师大、北师大等知名学校建立了长期的合作关系，就与五莲中学一起，每年都选派骨干教师共同组成培训团队进行联合培训。青岛十七中是学校的友好学校，他们在美术生培养方面成绩卓越，远近闻名，于是学校与五莲中学联合组成考察团队共赴青岛十七中。联合培训既提升了教师的专业技能，也使各学校教师之间的交流更加频繁，既增进了友谊，又实现了经验共享。

三年来，学校借助“1751”工程“学校发展共同体”，实现了与共同体各学校之间更密切的交流与合作，搭建起了资源共享、优势互补的交流平台，既促进了教师队伍的专业发展，又推动着学校各项工作持续、健康地向前发展。

二、寻求高位引领，创建“教师教育共同体”，推动教师教育高位发展

借助高校优质教育资源，推动学校教师教育向高水平发展，是近年来学校推进教师专业发展的又一项重要举措。长期以来，学校积极与华东师范大学、北京师范大学、山东师范大学等高师院校携手共同打造“教师教育共同体”。

(1)注重高端引领，加快名师培养步伐

名师是学校学科建设和教师发展的重要引擎，因此各个学校都十分重视名师培养。近几年，学校在名师的选拔、管理等方面做了一些工作，促进了青年骨干教师的成长。2011 年以来，学校积极创设促进名师成长的有效机制，重视与高等师范学校合作，加快名师培养步伐。为此，学校与华东师大教育科学研究院签订了名师培养合作协议，利用华东师大的一流教育专家团队在名师培养方面进行高端引领。

建立导师制。按照协议要求，华师大选拔一流教育专家和上海名师组成专家指导团队，对学校选拔出来的青年骨干教师，实施导师制引领，有计划帮助教师制定专业发展规划，提高教育理论素养、课堂教学实施水平和教育科研能力，提升其成果提炼能力。专家们除了与每位培训教师建立网上交流平台实施常态化的跟进指导外，每学期在学期的初期、期中、期末还要进行三次面对面的重点指导。

加强高端培训。为了全面提升骨干教师的专业素养，学校依托与华东师大、北师大的长期合作关系，积极协调，利用暑期组织骨干教师进行高端培训。每年暑假，学校都选派几十名骨干教师分别到华东师大、北师大进行集中培训。培训内容都是采用“菜单定制”的方式，以保障培训的针对性和实效性。学习过程中，老师们通过与众多国内一流教育专家面对面地对话、交流，接受了先进理念的洗礼，提升了教师的专业技能，也进一步增强了教师们专业发展的自觉性。

与高校联合实施名师培养工程，有效提高了名师培养的针对性和实

效性，加快了名师成长的步伐。姚红梅老师在专家教授的引领下，成长迅速，教科研能力、教育理论水平显著增强，已成为教育部重点课题《关于普通高中国家学习共同体的实验与研究》课题组核心成员，近几年在省级报刊上发表十几篇教育教学论文，2012 获得山东省语文优质课一等奖，2013 年获得山东省教育创新人物提名奖，现已成为烟台市中学语文学界一位很有影响力的名师。

(2)强化学科建设，打造学校优势学科

学科建设在促进学校教师发展乃至质量提升方面起着举足轻重的作用。利用高校资源推动学科建设是推动学校发展的又一创举。

指导制定学科发展规划。2013 年，在多方面的努力下，山东师范大学也将学校确立为“教师教育创新基地”。根据协议，学校每年要为山师大即将毕业的“准教师”们提供充足的专业实习见习条件，山师大则利用自己的优质教育资源，在学科建设方面为学校提供长期的专业支持，打造优势学科，扶持薄弱学科。合作实施以后，山师大教育专家团队，及时到学校指导相关学科制定好学科发展规划，将理论学习、专家引领、实践体验、活动反思、行为改进、课题研究等有机地结合起来，使指导引领更具有针对性。

坚持持续的跟进指导。山东师大每学期都为部分学科派出教授对学科建设进行跟进指导。比如，语文学科的王兆鹏教授和英语学科的刘在良教授每学期都多次来校进行教学指导，对学科发展中的问题进行诊断，给出改进建议，并围绕一至两个重点项目进行重点指导，以求取得更大的突破。王兆鹏教授围绕当前语文阅读教学的现状，对现行语文教材大刀阔斧进行整合，倡导语文教学要由课内向课外延伸，精读与略读、泛读互补，不仅提高了语文阅读教学的效率，而且对学校的“书香校园”建设也起到了很好的助推作用。目前，学校语文、数学等学科都已发展成为烟台市的优势学科，英语等弱势学科也在原来的基础上有了明显进步，呈现了良好的发展态势。

三、立足学校改革创新，打造“教师发展共同体”，促进教师专业成长

成立“教师发展共同体”不仅能为教师个体的发展创造条件，而且也

能为教师的群体发展搭建合作交流的平台，并通过“教师发展共同体”的有效运行，最终实现教师整体水平的全面提升。为盘活教师资源，激发广大教师的学习研究热情，提升教师队伍的整体水平，学校鼓励教师自发组织起了各种“教师发展共同体”。

(1)引领教师不断学习，提升教师人文素养

面对信息化、网络化、大数据时代对教育的冲击，作为教师，只有树立终身学习的观念，具备终身学习的能力，才能适应教育信息化对教师发展提出的新要求。近几年，学校积极构建学习型教师团队，深入推进“书香校园”读书工程，围绕读书征文比赛、经典诵读比赛、演讲比赛、读书成果展评、读书明星评选等方面，开展系列读书活动。为了促进教师读书活动的开展，学校每年出资十多万元，为全校每位教师征订由其个人自行确定的两套教育教学期刊，为教师的读书学习提供了更为便利的条件。

(2)成立各种形式的“学习研究会”，提升教师研究的自觉性

学校大力倡导和支持由骨干教师牵头，由具有强烈学习意愿和共同研究兴趣的教师自愿组成的各种“研究会”，目前，教师自发成立了“苏霍姆林斯基教育思想研究会”“杜威教育思想研究会”“陶行知教育思想研究会”“叶圣陶教育思想研究会”“孙维刚教学思想研究会”“班主任成长共同体”等12个研究会。各研究会都制定了各自的发展规划和活动章程，建立了网上交流平台，定期举办读书论坛、学术沙龙、专题研讨等活动，把各种学习活动扎实推进下去。研究会为教师搭建了研讨学习的广阔平台，极大地鼓舞了教师进行教育教学研究的热情，对青年教师的尽快成长、成熟乃至成名起到了很好的推动作用。

(3)组建教育科研团队，实现教学、科研一体化

近年来，学校一直把教科研工作作为“一把手工程”来抓，校长亲自主持学校自主申报并独立承担的“十二五”规划教育部重点课题《关于普通高中构建学习共同体的实验与研究》，这一课题是2012年度我省中小学中唯一一个教育部重点研究课题。为切实做好该课题的研究，学校组织了包含九个学科、二十余名骨干教师参与的“重点课题研究团队”，进

行集体科研攻关。学校每个校级领导也都主持了一至二项省、地市级重点研究课题，构成了学校各级“重点课题研究团队”。学校一直坚持教育科研立足于学校、教师中存在的实际问题进行研究，进行突破，以解决问题为根本出发点，讲究研究的针对性和实效性。我们通过“教学问题化”“问题课题化”“课题科研化”，把问题、课题、科研三者紧密地结合成一体，通过建立“课题树”的方式，把学校课题、学科课题、个人课题三种梯次的研究团队有机地结合在一起，构成一个立体的教育科研网络。

“说课标 说教材”大赛

“十二五”期间，学校已自主申报立项国家级重点课题 1 个，承担国家级课题 3 个。立项省级重点课题 5 个、地级课题 12 个。校级以上各类课题共计 51 个，教师小课题 300 余项。同时，学校为各种类型的“教师发展共同体”建设提供各种支持，保障各共同体有序、健康地发展。各“教师发展共同体”的构建既促进了教师之间教学研究的交流与合作，又促进了教师的自我发展力，从而加快了青年骨干教师的快速成长。正如青年骨干教师孙彦飞所言：“共同体就像一扇窗，帮助我打开了一个世界，团队中的每一个成员身上的学习和研究的热情都是我学习的榜样。这几年来，在与同事的交流与学习中，自己一点点在积累，一点点在成长。更重要的是它使我学会了在学习中思考，在思考中学习，在教书中育人。”

几年来，学校坚持多措并举，全方位促进教师专业成长，越来越多教师又重新找到了自信，享受到教师职业的快乐与幸福，一大批名师脱颖而出。近几年，学校教师在烟台市的优质课、教学能手、教学创新人物评选中的获奖比例大幅攀升，已跃居烟台市前列。近两年，学校有4人获省优质课一等奖，有52人获烟台市优质课，12人获得烟台市教学能手。教师队伍的蓬勃发展，促进了学校各项教育教学改革措施的顺利实施，推动了学校教育教学质量的大幅度提升，加快了学校自主发展、特色发展的步伐，学校整体实力显著增强，受到了省、地教育主管部门的多次表彰，学校现已发展成为烟台市教育教学改革的窗口学校。

【启示与思考】

学校建立发展共同体是一种比较有效的学校教师专业发展方法，莱阳九中呈现了一个典型的案例。在这个案例的背后，是发展共同体的建立的不平凡成长过程，之所以强调这一点，是因为对发展共同体来讲，共同体成员在团队中的自觉行动非常重要。发展共同体的成长也许永远在路上。

(三)问题驱动促进教师专业发展

问题是促进事物发展的动力和突破点，所以教师专业发展在学校层面的问题也是学校促进教师专业发展的动力和突破点。在实践中最可行最基本的方式就是问题驱动促进教师专业发展，这种方式的核心关键是运用协商的方式找到问题并达成共识，同时要注意通过找到新问题来推动教师的专业发展。

【案例三】

淄博实验中学：助推教师发展　共筑教育梦想

——教师专业成长的思考与实践

著名教育家陶行知说过：大众是长进得很快的，教师必须不断地长进，才能教大众。一个不长进的人是不配教人，不能教人，也不高兴教人……“后生可畏”不是一句客气话，而是一位教师受了大众蓬蓬勃勃的长进的压迫之后，对于自己及一切教师所提出来的警告。只有不断地追求真理才能免掉这样的恐怖。教师是学校办学的第一资源和核心竞争力，他们的专业素养决定了学校办学层次的高低，决定了学校可持续发展的能力。加快教师专业发展是现代学校内涵发展的需要，也是学校发展的应有之义和现代学校的一种责任和使命。“名师撑起名校”，只有教师的可持续发展，才能打造可持续发展的学校，才能真正实现教育的内在价值，关注教师的专业成长及职业幸福，让广大教师在学校发展中实现人生价值。

一、教师专业成长的几个瓶颈

(1)职业倦怠是制约教师发展的绊脚石。近年来，规范办学行为给我们创设了较好的办学环境，但是，升学压力依然是有增无减，地区之间、学校之间、学生之间的竞争非常激烈，社会、家长、学生对教师的期望值也越来越高。同时，教育领域综合改革、新政策、新规则对于教师的理论素养、知识水平、教学方式、现代教育技术等又提出了更高的要求，教师工作压力不断增大。除此之外，社会环境、学校管理、家庭状况、个人特性等都是影响教师产生职业倦怠的原因，特别是当教师不断地付出却没有得到足够认同或补偿时，就更容易产生职业倦怠的情绪。

(2)教师发展缺乏整体规划和个体针对性。目前很多针对教师的各种培训，往往忽视教师的专业发展实际与个体需求差异，强调的是“灌输”和“统一”，缺乏与教学实践紧密结合的个性化指导，结果出现学校、培训机构满腔热情而教师则无动于衷的尴尬局面，或者教师在短暂的热情和行动之后又回到从前。

(3)精神文化引领缺乏力度。现实社会中，很多人都有贪图舒适享受的思想，一个单位当凝神聚力完成了一个阶段性目标后，也有松口气的想法，那么如何培育“追求卓越”的校园文化精神，保持工作激情，以正确的价值观引领教师的专业发展，成为我们需要正视的问题。

二、教师专业发展的实践探索

学校认为：应该根据教师的职业特点，帮助教师树立先进的教育理念，对教师的职业目标和预期成就等方面进行科学规划。有意识地引导教师增强专业发展的责任感和成就感，提升教师自我追求、自我发展的内驱力，为教师专业发展提供宽松的成长环境，搭建良性的竞争平台，构建良好的制度与文化氛围，促使教师形成鲜明的自主发展意识。

(1)精神引领，以学校发展的愿景激发教师追求卓越的内动力。教师发展的最大动力不是来自于外力，而是来自于自身精神追求上的内在动力。弘扬卓越文化。倡导“让优秀的学生领跑，让所有的学生都优秀”，“从一个山顶走向更高的山顶”“优秀是卓越的敌人”“赢在执行”“把每一件简单的事情做好就是不简单”，“德育是平的”，“好的教育方法是用50种方法教一个学生，最不好的办法是用一个办法教50个学生”，“要像雄鹰一样涅槃重生”等理念，以“没有最好，只有更好”“做最好的自己”的工作理念和工作标准，严格要求，虚心学习，挑战自我，超越自我。形成共同的价值观。责任使我们很强大，全校教职工共同的教育理想、共同的价值取向，共同的人生追求，凝结为“建成特色鲜明、省内领先、全国一流、具有国际影响的现代学校”的发展目标，并在全校教职工心中内化为“学校越来越好”这样一个朴素的目标追求，凝聚了人心，集结了智慧，激发了动力，从内心深处迸发出专业发展的内在动力，使学校形成一个你追我赶、共同进步的氛围。

(2)人文关怀，以人性化的情感环境推动教师自觉发展。要想让教师朝着专业化方向发展，必须要给教师以更多的人文关怀，因为创造一个充满人文精神的校园环境，才能使老师们放松精神，内心愉悦、生活快乐，才能滋润着教师充满专业成长的愿景。实施人文关怀，让每位教师都能够真正快乐地工作，成功地发展，体面地生活。坚持“师生利益高于一切”的人本原则，更多地从内心深处去理解人、体谅人、关心人、发展人，让每一位教职工都得到充分的尊重和信任，营造以人为本的和谐氛围。实施亲情管理机制，我们一直在倡导“三个一样”：即“学校领导要把教职工当作自己的兄弟姐妹一样来对待，教师要把学生当作自己的孩子一样来对待，教职工要把学校当作自己的家一样来对待”，教职工家中遇到困难、婚丧嫁娶，领导都及时赶到慰问，青年教师三十岁而立之年，学校组织集体生日会，教师节、三八妇女节组织查体和健康讲座，教师节、元旦举行全体教职工茶话会，五四青年节举行青年教师恳谈会，定期举行教职工趣味运动会。每位教职工心存感激、感动，激发了每位老师奋发有为的动力。创新人文激励机制，评选名牌教师、十佳青年教师，每年教师节评选创新型班主任、创新型教师、师德标兵等并进行隆重表彰，组织班主任节，对教龄满25年仍在教学一线、班主任工作满10年仍担任班主任的教师颁发荣誉奖章，每次大型会议前播放名牌教师、优秀青年教师风采展。为解决教师发展瓶颈难题，帮助优秀教师更好发展，激发工作热情，制定了《任课教师低职高聘工作实施方案》。为更好地体现“多劳多得，优劳优酬”原则，制定了《淄博实验中学教职工绩效工资实施方案》，在原有结构工资的基础上，增设教职工绩效工资。这种充满人文情怀的工作环境，使每一位教职工都能体验到职业的幸福感和成就感，凸显的是生命的价值与尊严。

(3)建学习型组织，以浓厚的学习教研氛围促进教师内涵素质提升。读书学习是我们教师独有的生活特征。“外物之味，久则可厌；读书之味，愈久愈深”。书读得越多，也就越能体会到其精妙之味。让学习读书成为我们生活、工作中的重要内容，成为一种精神追求、一种生活方式。让书香浸润校园，让阅读伴随教师成长，以书激趣，以书培智，以书养性，以书育人，建设教师精神家园，为教师的生命发展打造亮丽的精神底色。实施“读书富脑”工程，全校上下读书学习、钻研思考蔚成风气。学校为教师免费订阅书报、购买书籍，让老师们读经典名著，增文化底蕴；读理论专著，强教学实践；读报纸杂志，解世事风情。学校领导、中层干部每周推荐文章，推广电子读书笔记，中层以上干部每月至少4篇读书笔记，普通老师每月至少2篇读书笔记，老师们撰写读书心得、感悟反思，荐书荐文常态化。读书开阔了眼界，愉悦了身心，陶冶了性情，丰富了知识，升华了精神，激发起了老师们追寻理想，实现梦想的欲望和激情。强化“科研兴校”“科研兴教”“科研强师”“科研育人”的意识，成立教科研处和学术指导委员会，制定教科研工作管理办法，完善教科研成果评选奖励机制，充分调动广大教师的教育科研的积极性。

学校积极争取有影响的国家级、省级教研课题，由学校承担的国家基础教育实验中心“十一五”重点课题《中国学校心理健康教育行动研究》子课题《“学生、教师、家长”三位一体心理健康教育研究》获国家一等奖，和人大附中共同承担了教育部国家级课题《新课程背景下的课程资源整合》的研究任务，学校被山东省教育厅指定为全省十所课题牵头学校之一，承担了教育厅省级课题《课程资源的开发和利用》的研究任务，组织召开了课题研讨联席会议，研究成果在省校长培训会上作了交流。

(4)搭建平台，构建教师成长的立交桥。要想让教师朝着专业化方向发展，仅为教师创设良好的情感环境和学习氛围是远远不够的，还必须想方设法通过开展形式多样的活动来为教师的专业成长搭建平台。因为只有通过教育教学的亲身实践，才能使新的理念得以贯彻落实，才能使教师的专业化水平得到真正的提高。学校提出了“关注健康，提升素养”“培训就是最大的福利”的理念，以“促进专业发展，提高课堂教学能力”为重点，以“名师引领、骨干带动、青年培养”为策略，以“制度激励、高端引领、同伴互助”为抓手，广阔搭建人才成长的平台。实施高端引领工程。“引进来”邀请魏书生、戚业国等一大批教育专家来校讲学，他们用先进的教育思想，最前沿的教学研究成果，引领、指导教师的专业成长，指导教师规划自身发展。“走出去”赴名校学习，河北衡水中学、黑龙江佳木斯一中，哈尔滨三中、江苏如东中学、天津耀华中学、湖北黄冈中学、锡山中学、洋思中学等大江南北的全国名校都留下了我们学习的足迹。走出国门与美国、韩国、法国、意大利、新加坡等国家的学校建立了友好关系，实现了多次成功互访，见贤思齐，开阔了眼界，拓宽了思路，提升了境界。完整的教学观摩活动，从新教师的汇报课到青年教师的公开课，再到骨干教师的示范课、名牌教师的展示课，从“教学新秀”评选到“教学能手”比赛，再到各级“优质课”评选等，既充分发挥了名牌教师、骨干教师的示范引领作用，也极大地调动了广大教师的教研热情。学校积极开展各种研讨活动，有计划地组织“同课异构”“微技能教学”研究等活动，推出“荣誉课”、开展“名师伴你行”等系列活动，促进教师间的相互学习交流。

骨干教师华东师大培训学习

(5)名师带动，以青年教师的成长促进整个教师队伍的提升。青年教师是学校的未来，是学校可持续发展的生力军，更是学校永续发展的不竭动力。本着“干在今天，准备明天，想着后天”的指导思想，重视青年教师素质的综合培养提升，把培养优秀青年教师群体作为学校可持续发展的战略措施。实施“名牌教师引领工程”，发挥名师带动辐射功能。名师的引领和带动是构建名师孵化机制的核心。按照“名师带动，共同发展”的思路，成立了6个名师工作室，挖掘名师蕴含的潜在资源，采用同伴互助的形式，逐步培育教师专业发展的新梯队，制定和完善了名师管理制度，激励名师不断进取，不断发展。开设“名师讲堂”，举办名牌教师教育思想研讨会，组织名牌教师围绕教育教学工作申报专题，加强校本培训。推进双名工程建设，充分发挥名牌教师、名牌班主任的作用，创造更多机会，搭建更好平台，聚集更多智慧，让有潜质的青年教师尽快成长为双名教师。实施“未来之星培养工程”，为缔造名师注入原动力。名师孵化是一项系统工程，青年教师培养是孵化名师的前提和基础。一是实施“名师助推”计划，实行“青年教师导师制”，为每位青年教师安排一位富有经验的骨干教师为师傅，在教学工作、班主任工作中进行传、帮、带，帮助青年教师提升专业素养与职业发展能力。二是实施“业务提升”计划，成立青年教师研究院，采用“案例引领式”“参与互动式”“以赛促训式”“课题牵动式”“请进走出式”“自修反思式”等六种培训模式，加快青年教师队伍专业化发展。三是实施“思想引领”计划，提升青年教师的精神追求，激发他们专业成长的愿望和内在动机，帮助青年教师树立崇高的教育理想，解决“要我发展和我要发展”的问题，为成长为名师注入强劲发展内动力。四是成立青年教师“向日葵”沙龙，为青年教师专业发展搭建平台，开展“我与未来实验中学相约——我的创客设想”主题活动，为校园文化建设、数字化校园建设、课堂教学改革提供了富有创意与内涵的建议。

三、“1751”工程的引擎功效

学校高度重视并充分利用省“1751”工程项目助推教师发展，在参与“1751”工程过程中，学校注重与片区联盟学校合作，特别是紧紧围绕“教师发展”这一核心命题，在专业发展、课堂教学、教科研、班主任工作等领域展开了智慧的碰撞和深刻的沟通，取得了显著提升。

开展同课异构活动提升课堂教学素养。2012 年 4 月，在项目学校莱芜凤城高中，学校物理组梅砚君老师与莱芜凤城高中、蒙阴一中的老师举行了“同课异构”，物理教研组长朱桂兰老师作为课堂观察员参与评课并作了精彩点评。2013 年 11 月，学校教师一行 9 人赴五莲参加了省“1751”改革创新工程第一片区高中学段共同体“同课异构”在“同课异构”的教学展示中，任锋老师的《再别康桥》、李可峰老师的《棱锥棱台》和宋晓丽老师的《Module One Vocabulary and reading》受到了与会领导老师的一致好评。省课程研究中心的专家说：“你们学校的老师，上课形式灵活，课堂气氛活跃，师生互动充分，问题的生成和解决都非常自然、圆满，成功地体现了新课改‘以教师为主导、以学生为主体’的教学理念。”在评课环节中，学校赵景义和周静雅老师作为观察员对授课老师做了精彩、深刻的点评，给与会的老师们留下了深刻的印象。

参加教师专业发展专题研讨会分享成长智慧。2013 年 4 月，“1751”工程第一片区高中学段共同体 2013 年第一次会议在学校召开。省基础教育课程研究中心专家，青岛二中、莱阳九中、蒙阴一中、莱芜凤城高中、五莲中学等学校的校长、副校长参加了会议。会上，各项目学校结合本校工作实际，就如何提高教师专业素养、支撑学生个性化发展，如何激发教师专业成长的内动力，如何帮助教师制定个人成长规划等方面进行了交流研讨，并对共同体本学期活动计划进行了讨论。“1751”工程专家给予了点评和指导。

专家组与五莲三中教师研讨学校文化

办人民满意的教育，办令人尊敬的幸福学校，需要一支高素质的教师队伍。学校在引领教师专业队伍中的一些探索取得了明显成效，名师队伍不断壮大，学校核心竞争力不断增强，“1751”工程为教师队伍专业发展提供了广阔的交流、学习、提升平台。学校将进一步创新思路，扩展路径，为教师发展和学生成长创设更好的发展环境，搭建各层面人才成长平台，不断提高教师专业素养。

【启示与思考】

针对问题的校本教师专业发展是一种比较可行的方式，而且可以循环推进，逐一解决在教师专业发展过程中所遇到的各方面的问题。但是也要注意对教师专业发展问题的解决需要有一个整体的筹划，从宏观全局来管控教师专业发展的进程。

以上案例比较全面地反映了部分学校的教师专业发展的校本行动实践，这些行动实践不仅效果明显，而且具有可贵的进一步推广的价值。行动实践的探索，反映了基层学校的智慧，激励着更多的学校在教师专业化发展方面做出更多的努力和探索。

第十二章　学生成长

一、创建为学生健康发展的教育

学生是学校的主体，是学校生存发展之本。教育的目的是培养人、塑造人，学校的一切教育活动都是指向学生发展的。如何促进学生发展是重要的教育理论与实践研究课题。各级教育行政部门十分重视学生发展，《国家中长期教育改革和发展规划纲要(2010—2020 年)》指出："培养德智体美全面发展的社会主义建设者和接班人。"《山东省中长期教育改革和发展规划纲要(2011—2020 年)》要求："树立全面发展和人人成才的观念，坚持学思结合、知行统一、因材施教，创新教育内容和方法，根据学生成长的阶段特点，建立适应素质教育要求、相互衔接的培养模式。"2008 年，山东省加大规范办学行为力度，先后出台了《关于深化基础教育课程改革全面提高教育质量的意见》(鲁教字(2008)1 号)和规范办学行为 40 条。根据政策文件精神要求，山东省普通中小学"1751"改革创新工程在实施过程中，通过各项活动的开展与不断研讨交流，对学生发展问题有了进一步明确认识，并寻找到了更为适切与科学的路径。

(一)追寻生命的意义：学生观的追问与省思

改革开放以来，我国中小学面临规模扩张与质量提升的双重需要，构成了这一时期学校变革的主要内部矛盾，成为推进学生观发展的重要动力。所谓学生观，是对学生的本质属性及其在教育过程中所处位置和作用的看法。表现了人们对学生的基本认识和根本态度。古往今来的教育家由于哲学观点不同、研究视角各异，持有丰富多样的学生观，对教育活动的目的、方式和效果有着不同程度影响。综观各类教育哲学思潮与流派，吸纳其符合当今社会发展趋势与中国实际的合理性元素，构建起新的历史时期应当建立的新学生观。

1. 社会性目的与个体性目的融合，关注教育本体价值

教育自产生之日起就有两大基本职能，一方面，教育促进个体的社会化，传授生存的手段和技能，使人满足社会和群体的发展需要；另一方面，教育致力于培养独立个性和健全人格，使生存的价值和意义得到彰显。[①] 前者是“社会本位论”，后者是“个人本位论”。“社会本位论”的主要代表人物可以追溯到古希腊的柏拉图和中国春秋战国时期的荀子。儒家“修身齐家治国平天下”的思想中显然有“社会本位论”因素。孔子认为“仁者爱人”，提倡仁道，推行仁政德治，主张只有重视人的因素，才能治理好“千乘之国”，其根本目的和手段就是“爱人”。这些思想具有“个人本位论”色彩。在西方，“社会本位论”的代表人物是孔德、涂尔干、凯兴斯泰勒等。“个人本位论”的主要代表人物是卢梭、裴斯泰洛齐、福禄贝尔、康德、马斯洛、萨特等。社会性目的是教育的工具性价值，个体性目的是教育的本体价值，两者倚重任何一方都有弊端。

对理性的推崇是现代以来社会发展的普遍特征。在理性主义统治下，形成了工具理性的学生观，教育彰显工具性价值。人们迷信科学万能，热衷于追求知识，忽视了自己的内心世界。认为生命是可以驾驭的，学校实行统一的标准、统一的培养模式，使学生成了生产流水线上的“标准件”，人存在的无限可能性被理性规律遮蔽了，表现为教育过程中的技术主义，泯灭了学生的批判精神，扼杀了学生的创造性。由于受到机械论与科学主义影响，教育坚持外在目的论，目的是预先设定的，教师的任务就是引领学生达到那个早已规定好的目的。这与杜威关于目标和目的来自于活动而非先于活动的观念是相悖离的。然而，作为生长在历史、社会发展长河中的人，对人类与社会的发展富有不可推卸的责

① 于伟等：《现代性的省思——后现代哲学思潮与我国教育基本理论研究》，129页，北京，教育科学出版社，2014。

任与使命，所以人的社会化是教育不可或缺的职责。

新学生观要求充分张扬教育的个体目的性价值。人作为独特的生命个体，有其自身的生命意义，拥有自我发展与自我实现的自由和权利。因此，人的完善发展过程不能被简单化地设定为掌握知识和发展智力的过程，必须还要考虑人的个体性与差异性，关照人的情感、动机、兴趣、态度、价值观等。在教育中，学生扮演的不是旁观者的角色而是参与者角色。新学生观就是要将旁观者目的转变成参与者目的，完成生命意义的回归，让学生成为他自己，活成一个与自然、社会、他人和谐相处的独立自主的生命个体。根据加德纳的多元智能理论，每个人都有自己的发展优势，学生获得个性化成长才更有利于自我效能感的提升。

马克思主义关于人的全面发展学说对我国教育有着深远影响，人的全面发展是我国教育目的的重要内容。不能把全面发展与个性发展对立起来，用固定的标准去度量学生的发展或要求学生面面俱到。人的个性发展离不开人的全面发展，人的全面发展是个性发展的基础。而人的个性自由而独特的发展，则是人自由全面发展的必要条件，两者相辅相成，不可分割。学生是不依教师的意志为转移的客观存在，学生的发展不应该有外在的功利性目的，学校有责任发展学生身上那些将使他们在社会中生活下去的本领，帮助学生去实现可能的自己。

然而，如果过度地强调人的个体性目的，弱化或者不提教育的社会性目的，会使教育目标缩小，从宏观上影响人类的总体素质。将社会发展要求与个体自身发展价值统一起来，即将符合历史进步要求的社会价值内化为个体自身的价值，又把个人发展自身的要求外化为社会价值，使二者有机地结合起来，促进个体和社会的共同发展。① 反思教育，人文精神仍然没有成为普遍被认可与运用的价值观念。随着时代发展与社会进步，人的价值、尊严、兴趣与需要越来越成为社会关注的焦点。因此，实现教育的本体价值和工具价值的同时，更趋向于人的个体价值的实现，这成为社会发展的潮流之一。

① 王本陆：《中国教育改革 30 年课程与教学卷》，65 页，北京，北京师范大学出版社，2009。

2. 倡导师生关系的主体间性，共建“学习共同体”

关于师生关系问题，历来存在着以赫尔巴特为代表的“教师中心论”与杜威为代表的“学生中心论”的纷争。除了“教师主体说”“学生主体说”，还出现了教师与学生“双主体说”。后现代主义消解了个体主体性，强调一种“共在”，海德格尔认为，“‘共在’是一种把自我和他人同时显现出来的存在方式。在‘共在’中，人与人的关系是复杂的，有时候可能是一种被他人埋没或埋没他人的非本真状态，有时候是与他人保持平衡关系的一种超越姿态，而作为本真状态的共在是个体本真此在的先决条件。”①后现代主义认为，无论是教师主体、学生主体，还是师生双主体，都势必造成主客之间的对立，使得主体处于统治客体的优势地位，客体处于被动地位，忽视另一方的存在和价值。人与人之间存在内在本质关系，主张用交往形式替代中心主体形式，即用“主体间性”替代现代理性主义中的主体性。“主体间性”是一种群体性，体现了主体与主体之间的关系，而不存在客体，这就消解了二元论造成的人与人之间的对立。而强调“主体间性”，主张一种“我——你”的对话关系。更注重民主、平等关系，两者是相互影响、相互促进的。因此，既反对“教师中心论”中绝对放大教师的主体地位，对学生形成压迫。也反对“学生中心论”中一味让学生处于“自我”状态，而是实现主体间性中人与人之间的相互交流与促进。主体不会是孤立的主体，而是有着相互的融合与互动，相互影响与依赖。因此，主体活动是一个复杂过程，个人的主体性不能脱离与他人之间的关联。强调师生关系的“主体间性”，并不是否定教师的地位，让学生放任自流。学生毕竟是正在成长中的未成年人，教师义不容辞地担负着监护、指导、引领的责任。

师生是一个丰富的发展整体，具有能动性和多种发展可能。教学的本质是一种交往活动。教师是教与被教，学生是被教与教，两者相互教与学，构成了“学习共同体”。最早践行“教学相长”的是孔子，他说：“起予者，赐也。始可与言《诗》已矣。”又说：“起予者，商也，始可与言

① 赵敦华：《西方哲学简史》，109页，北京，北京大学出版社，2001。

《诗》已矣。”又说：“起予者，商也，始可与言《诗》已矣。”[①]教师把学生当成自己成长的好伙伴。后现代主义认为，教学是一种生态，教师与学生平等和谐地处于同一个生态圈。教师作为学习者团体中的平等成员，是“平等中的首席”。这种民主氛围有利于培养学生的敢于质疑，勇于批判的科学精神。弘扬师生双方的主体精神是教学的必然价值追求。学生本身就是一种教育资源，教学过程中杜绝边缘学生存在，尊重学生的自我、自主与自动，鼓励学生张扬和发展个性，肯定学生精神生命的独立性。当把学生教成了老师，最好的教育就发生了。

3. 尊重差异，倡导多元化，从精英教育走向大众教育

在现实的课堂上，经常看到有的学生没有发言机会，没有自我表达的机会，被忽视、被边缘化。教育一直以来致力于培养完满的人、理想的人，而忽视了人的个性与差异性。这其实是注重精英培养，而忽视了面向全体学生。一个民主化的、大众化的教育不是只培养精英，而是关注每一位学生，包括弱小者，尊重次要群体或边缘群体。单一培养模式关心的受教育者是否达到标准，而忽视了是否拥有丰富性与独特性，是一种教育霸权。生命哲学家柏格森认为：“我们将有生命体装进我们的这个或那个模式全都过于狭窄，而首先是它们都过于刻板。”[②]培养学生没有模式，学生发展也没有模式。生命一旦纳入模式就会失去生机与活力。

长期以来人们把培养“全面发展的人”等同于培养“完人”，这是一种误解。“完人”教育目的背后的思想就是人可以无限地接近“完人”这个预设的标准，“完人”实际上是“标准化的人”。“金无足赤，人无完人”，人始终在成长与完善之中。“完人”教育将教育过程看作是一个封闭性、单一性过程，教育是系统化的设计，教育过程就是按部就班的，是一条确定的路线。学生受完学校教育后会感到自己已经成熟了，不再需要终身学习了。后现代主义认为一切都是不确定的，是不可能被规定与设计的，其对主体的解构击破了培养“完人”的梦想。否定培养“完人”并不是

① 论语·八佾。

② 亨利·柏格森：《创造进化论》，1～3 页，北京，华夏出版社，1999。

否定人的全面发展，只是全面发展不能以牺牲差异发展为条件。学生是千差万别的，都有现实与可能的存在，学生是自相矛盾的、有着各自发展可能的个体。主张人的自由、情感、价值、态度等非理性精神的全面发挥。“教育要注重学生的各方面发展，但不强求每一个受教育者都得到‘全面发展’。教育目标也可培养‘片面发展’的人，即符合学生自己的特质和他生活中的特殊性的人。”①

孔子说：“后生可畏，焉知来者不如今？”这体现了发展的学生观。教育者要看到学生发展的巨大潜力，考虑到学生的可持续发展，身心的和谐发展，不断挖掘学生自身的动力、潜力与天分，使学生认识到自身价值，自信地去发展自己。

然而，由于遗传素质、家庭环境、生活经历的不同，生活境况的变动不居、生生不息，人的发展便具有了生成性、不确定性的特点。世界上不存在没有差别的人。学生的智力水平是不断变化的，是不可以用类似设计量表的方式测定出来的。“在后现代教育目的中，没有真善美化身的人，没有柏拉图式哲学王的形象，没有高大全；只有多层面的、复杂的、活生生的、自相矛盾的、自由的特殊个体，他没有任何限定性，不断地自我构建，创造出自己的本质。”②教育要摒弃歧视，尊重差异。人的差异是天生存在的，发展中更是具有差异，学生是在差异中发展，又是要发展差异的，正是差异的发展才形成了学生的个性。学生的差异是教育的起点，也是教育的目标。

人在不断变化的生活与实践中创造着自己和他人。蔡元培认为“教育者，与其守成法，毋宁尚自然；与其求划一，毋宁展个性。”③采取多元化的评价方法对学生实施评价，让每个学生都拥有成长和发展的权利和机会。关注学生的自我评价，关注学习过程评价，强调动态、弹性评

---

① 许文军：《后现代主义对教育目的观的批判》，载《外国教育资料》，1998。

② 金生鈜：《理解与教育——走向哲学解释学和教育哲学引论》，25页，北京，教育科学出版社，1997。

③ 蔡元培：《新教育与旧教育之歧点》，转引自陈学恂主编：《中国近代教育文选》，348页，北京，人民教育出版社，1983。

价。不片面追求评价标准的统一性，从学生实际出发，评价过程主要以学生的基础、学生的发展、学生的进步为依据，在评价内容、方法、标准等方面考虑学生的特点，因人而异。倡导从各个方面去综合评价学生，不仅关注学生学业成绩，而且关注学生创新精神和实践能力的发展，以及良好的道德品质、较强的合作能力等方面。实行激励性、过程性评价，重视评价内容、评价方式、评价标准、评价主体的多元化，促进每位学生个性得以不同发展。

4. 提升学校课程建设水平，促进学生自主发展

原先由权威制定课程，现在一部分权利已经回归给了教师和学生。教学过程就是教师与学生共同参与开发课程的过程。教师和学生不是外在于课程，而成为课程的参与者与建设者，是课程的有机组成部分。教师与学生通过对话、体验对课程进行再创作。师生用自己的生命、热情构建出课程设计中没有完成的内容。学生不仅是重要的课程资源，而且可以开发课程，发展课程，还应肩负起课程领导职责。提升学生的课程领导水平，不仅是认同学生课程建设者身份，让学生参与到课程的设计、组织、评价的全过程，而且更重要的是强调学生对自己的领导，关注学生的自我发展。

学生的真正需求到底是什么，教育又能为学生做些什么。如果以知识为中心设计课程，知识占统治地位，人的地位就弱化了。建构主义认为，知识不是纯客观、绝对化的，而是需要学习者的积极参与和主动建构。没有放之四海皆准的真理，知识也有“死知识”与“活知识”之分。学生作为具有主观能动性的人，必须不断改进知识学习的方式方法，提高知识学习的质量。因此，课程与教学不是固定的、死板的而是生成的，具有生命活力的。学习是一种自组织行为，课程与教学都是学生自己需要选择与决定的事情，都与学生的创造性息息相关。课程是孩子们自己创造的，是孩子送给自己的幸福礼物。按照福柯的观点，人是被发明出来的，而不是被发现出来的。教育是对自身的改造，培养能发明自己的人，把自己创造成艺术品。创造性是人的本能，需要保护与唤醒。没有创造性的课程不会是好的课程。让学生有更多的科学探究、更多自由创造的机会，变成“创客”(“创客”指努力把创意变成现实的人)式的学习者。

几千年前，在孔子与苏格拉底那里，学习内容是施教者和受教者共同构建的，课程不仅是师本化的，而且也是生本化的。由于被教育者具有各种气质和不同性格，同样的内容落实到不同的被教育者身上则有不同的作用与方式。那些问答式的精彩对话，蕴含着个体源自生命体验的独到见解，熠熠闪烁的智慧光芒照耀千古。由于课程是与学生的生命相关联，应从学习者的角度来设计课程。“凡是能进入学生经验的内容都可以成为课程。”“不是到学生的生命之外去寻找和探求课程，而是到学生的生命之中去寻找课程，课程应当随着学生的生命发展而发展，随着学生的生命变化而变化。”①没有学生主动参与的活动，难以成为真正的教育活动。如果课程内容与学生的日常生活相隔离，儿童的个体经验不能与课程相融合，则忽视了课程的丰富性、生成性和复杂性，课程的表现形式为静态的，易使学生迷信书本和权威。以实践活动的方式实施课程，把课程与生活整合，基于地缘关系、学校特点、社会实际挖掘教育资源，开发各类课程。开展各种课外、校外活动，让学生学会自主、合作、探究，走出学校，走进高山大川、田间地头，进行社会综合实践活动，在活动中体验、锻炼、感悟。只有学生的真正参与，才能构建起重基础、多样化、有层次、综合性的课程结构，促进学生全面而有个性的发展。

人具有内在自我发展的动因，摒弃老师一味说教，学生被动地毫无兴趣地接受的做法，课程体现整合性，学习呈现游戏特性，更加顺应学生成长的需要。但也不能单纯强调“玩中学”，一味为了引起学生的学习兴趣而导致教学目标的虚无。倡导多样化的学习方式，如把游戏中的元素融入到学习中，这些元素可以是炫酷画面、角色扮演、任务驱动、闯关升级、多彩奖励。启发学生自觉、主动地学习，培养学生独立思考、发现问题、分析问题和解决问题的能力。挖掘隐性课程的教育潜能，激

---

① 燕良轼：《解读后现代主义教育思想》，121页，广州，广东教育出版社，2008。

发学生耐心深入学习的兴趣，激发学生主动探求知识，培养学生的科学精神和创新意识。把学生主动参与、自主管理、自我教育作为教育重点，利用自我系列教育、组织学生参与学校各个层面管理、改革评价内容和方法等。让学习方式从封闭走向开放。既重知识学习，又重智力发展，达到知识学习与智力发展的辩证统一。

5. 关注人的精神需求，促进高尚人格塑造和道德成长

从人性的视角来审视学生观在教育哲学发展史上占有一席之地。性善论者认为人生来是“善”的，卢梭说“出自造物主之手的东西都是好的，而一到了人手里，就全变坏了。”[①]荀子认为“人性本恶，其善者伪也”，在“性恶论”的世界里，需要外铄的方式引导人走向善，于是有了“师严”而“道尊”。后现代主义者对现代人性论中关于人的本质的认识进行了无情解构。认为根本不存在什么普遍的、一般的、永恒不变的人性。这启示我们以新的价值取向理解人、理解人性，进而理解教育。

从人性可变论视角审视教育，更凸显了教育对人发展的重要作用。教育是点化与润泽心灵的事业，德性培养是教育的重要内容，德育担负着造就高贵灵魂的任务。学生最重要的成长是精神的发育与成长，是精神世界的丰富与内心的强大，有崇高的精神追求，有丰富的情感体验和内心生活。一个精神生活充实的人，会有着丰富的生活情趣，珍爱生命，深刻地感受到生活的美好。让学生在文化的濡染下，培养起独立之精神，自尊之品格，形成向上的人格力量，成为有风骨、有操守的人。会欣赏大自然，懂得如何与人相处，有担当、有正义感与责任感。会成为家庭中的好儿女、好夫妻、好父母，单位中的好职工，社会上的好公民。这样的人才是真正幸福的、有价值的人。

不能把学生看成是只可以获得分数、考上好学校的机器。从全面的视角看待学生，不能只看到片面的干瘪的人，而是看到立体的丰满的人。每一位学生都是一个完整的世界，教育要关注孩子各方面信息，坚持智力发展与非智力发展的统一。学生的非智力因素的发展能够促进智

---

① ［法］卢梭：《爱弥儿》，李平沤译，1页，北京，人民教育出版社，2001。

力因素发展，智力因素的发展也能促进非智力因素的发展。道德是需要靠智力去选择与判断的，也需要知识的引导与烛照。

教学是师生共同实践的一种道德生活，德育与智育相互促进。在关注学生智力水平提高的同时，关注学生在学习中的态度、情感和信念，人生观、价值观。培养学生良好的思维品质，发展学生的兴趣爱好，良好习惯，高尚的道德修养。

加强学校、家庭、社会“三位一体”教育，成人世界不能凭自己的一厢情愿对学生进行压抑与束缚。唤醒教师自我的专业自尊与自觉，在研究性变革实践中形成新型的专业生活方式。善于开发学生日常学习生活中的德育资源，判断、捕捉、组织和推进教育过程中的生成性资源。按照教育规律去开展德育活动，构建契合学校实际的整体的、有机联系的和系统化的学校德育体系。

学生也是全员育人中的一员，学生之间的相互教育是一种宝贵资源。注重学生自主管理，让学生在一点一滴的学习、生活中熟知和践行道德教育的基本要求，潜移默化、润物无声。

传统的学生观受到现代主义哲学思潮影响，以强调本质性、整体性、同一性、二元对立为特点，所持有的学生观具有一定局限性。后现代主义作为一种思维方式和哲学思潮，反对本质主义、科学主义、二元对立、唯一视角、纯粹理性，主张去中心化、多元化、不确定性、尊重差异，认为教育中充满着可能性与偶然性，关注不同人群对教育的价值需求，反对人的各种形式的预设，对传统学生观进行了解构，为建立新的学生观提供了崭新视角。随着社会的发展与人类的进步，必须对学生发展观持有一种多元的、开放的、灵动的态度，从一种发展性的、全面的视角来认识人、培养人。后现代没有也不可能对现代性进行颠覆，而是一种深化和拓展，更是对现代性的矫正与超越。虽然是站在后现代视野下研究学生发展，但是仍不可避免地带有现代性烙印。在现代与后现代的融合中，让学生发展观进一步走向澄明之境。

总之，教育面对的是活生生的人，是直面人的生命、关怀人的生命、发展人的生命、提高人的生命质量的伟大事业，应该助人成就自为、本真而有意义的生存状态。

(二)关于学生发展的调查、研究与分析

学生发展是指学生的全面发展，一般而言，学生的发展水平是指学生发展的程度与态势。笔者采取简单随机抽样的方法，利用自主研发、编制的调查问卷和访谈问卷，在29所初中学校进行问卷调查与访谈。发放问卷3000份，收回有效问卷2986份，访谈校长29人，教师317人，学生195人，家长173人。通过问卷与访谈，对学生的思想品德、学业状况、精神状态等方面进行了重点考察，分析学生发展现状。

1. 学生发展水平在不断探寻反思中逐渐提升

(1)评价体系改革让学生获得了相对宽松的发展环境

学生发展受到教育政策的影响。山东省不断进行考试制度改革，从高考、中考到平时的学生学业评价都有不同程度的改进。如有的地市实行"多次考试、等级表达、综合评价、多元录取"的中考制度，把学生从分分必争、对学科分数的极端追求中解放出来，促进了学生全面而有个性的成长。有的地市将普通高中学校计划内招生名额按比例合理分配到初中学校，且不断增加分配比例，改进分配办法。山东省的所有地市都进行了类似改革，其中，成效最显著的当属烟台招远。烟台招远实行中考100%指标和"一评二挂"机制。2008年9月的全国基础教育质量监测数据显示，招远考试成绩名列前茅但学生负担最轻，城乡教育质量差异不明显。做到了"无择校"和"零辍学"。《中国教育报》2010年6月20日第3版记者宋全政以《中考100%指标到校能否香飘墙外——山东招远中考改革再思考》为题进行了全面报道。中考制度的改革从一定程度上为农村学生发展创造了更为宽松的环境。

从学校评价来看，不少学校正在不断完善学生评价体系，注重评价的常规性、过程性、激励性，实现了过程评价和终结评价的有机结合。学生自评、同学互评、教师评价等，实现了多主体评价学生。从德智体美劳等各方面进行评价，体现了评价维度的多样化。

(2)学生的品德修养、习惯养成等德育品质逐步提升

十八届三中全会的《中共中央关于全面深化改革若干重大问题的决

定》确定了立德树人的基本导向。调研发现，许多学校把德育放在了工作的重要位置，提倡“人人都是德育工作者”，依据学生生理、心理实际需要确定教育内容，依靠学科教师齐抓共管。家长不同程度地关注学生品德行为。如68.9%的家长认为孩子在教育活动过程中收获最大的方面是“良好行为习惯的养成”。

有的学校以思品课改革为突破口，创造性地构建“大思品课”。取消原来的教材内容考试，通过学生日常行为测查对学生、教师进行双重评价。变传统说教为活动体验，跨年级跨学科整合课程内容。全体教师积极参与帮助“重点帮扶学生”。通过思想交流、问题疏导等多种方式对学生进行思想引导、学业辅导、心理疏导，教师成为学生的学习、生活、成长导师。33.4%的学生在学习和生活上遇到问题时，第一个想到的就是和班主任商量。

有的学校注重寓思想教育于学科课堂教学之中，不少老师注意寻找“切入点”和“结合点”。有些学校不断完善德育管理网络，按教育主题规划学生教育活动。如在学生中开展“五心”教育——对学习要专心，对他人要关心，对长辈有孝心，对集体有爱心，对未来有信心。

31.5%的学生认为“学校开展的各类活动”对个人的品德提升和良好习惯养成作用显著。0.6%的学生认为“学生参与设计、自愿参加的各类活动”对个人的品德提升和良好习惯养成作用显著。3.9%的学生认为“班主任的有效管理与教育”效果突出。

不少学校通过家长委员会组织开展丰富多彩的活动，融洽了亲子关系，陶冶了学生情操。有的学校印发了“家校联谊书”，实施了“与家长零距离接触”“亲子互动”“走访家长暖人心”“彩虹电话”“网络心连心”等一系列举措，有机链接家校联系，增进了教师、家长、学生之间的对话与了解。

(3)学生的学习能力在课程建设与课堂改革中逐步提高

学习是人的发展的重要原因，学习能力水平是人的发展水平的重要标志。学生的学习能力与学校的课堂建设水平及课堂教学水平息息相关。研究者的关注焦点在于学校课程建设与课堂教学改革是否是基于学生发展为本的。

调研发现，学校管理者、教师的课程意识明显比以前增强，校长们纷纷表示要努力为学生开设相对丰富的课程。有的学校根据当地涉农资源丰富的特点，开发了农业类系列课程，引导学生熟悉家乡，热爱农村，学习为农村建设服务的本领。有的学校利用黄河流域的文化资源，开发出关于黄河的系列课程。有的学校利用农村艺人资源，开发出吕剧、二胡、剪纸等课程。有的学校开展了学科内、学科间、学科与生活、社会的课程整合工作。

在课堂教学改革方面，不少学校开始尝试进行以“学习者为中心”的课堂教学改革，尝试使用小组合作学习，取得了显著效果。有的学校开展导学案研究，把开发出科学有效的导学案作为提升课堂教学的抓手。有的学校开展“信息技术支持下的翻转课堂”研究，有的学校进行基于课程整合的课堂教学深度变革，有的学校开展以培养学生核心素养为目标的课堂教学改革。笔者深入课堂听课，发现课堂教学中的师生关系得到了较好改善，教师能够以平等、民主的身份与学生进行对话和交往。学生在课堂上有着主动学习的愿望，课堂文化向和谐、灵动、愉悦的方向发展。在相对多元开放的情境中，学生的学习习惯养成、掌握知识水平、学习能力发展等都在不同程度地向更优秀的方向发展。

2. 学生发展面临的困境分析

(1)办学条件所限，教育资源相对匮乏影响了学生发展

教育资源包括自有教育活动和教育历史以来，在长期的文明进化和教育实践中所创造积累的教育知识、教育经验、教育技能、教育资产、教育费用、教育制度、教育品牌、教育人格、教育理念、教育设施以及教育领域内外人际关系的总和。总体来讲，学校的教育资源较之城区学校存在着明显不足。笔者所到的学校，有的危房尚待改造，现代化教学设施相对缺乏。

以师资资源来看，结构性缺编现象比较突出。有些学校虽然从统计数字上看不缺编，甚至超编，而事实上真正能承担起教育教学任务的教师却很缺乏。如A校，全校教职工125人，其中，行政人员5人，专职

教师82人，后勤人员就占到了30人，后勤人员与专职教师之比为1∶2.7。这样的教师结构严重不合理。B校，有的在编教师长期不在单位上班，而且人数不在少数，极大地影响了在职在岗教师的工作积极性。C校，一些学科(如英语)专业教师严重不足。优秀教师流失严重。由于缺乏专职教师，综合实践活动、地方课程、校本课程等课程，在实施过程中出现被挤占的情况。研究者深入课堂听课时，发现学生的英语整体水平较低，尤其英语口语发音不够规范。这一现象正是教育资源匮乏的现实体现：非英语专业教师教授学生英语课，有所学校15名英语教师中只有5名英语专业教师；学生在小学阶段接受的就是非正规英语教育；学生没有条件参加各类英语补习班，更谈不上出国学习。

(2)教育观念相对陈旧，片面追求分数倾向制约了学生发展

家长反映自己的孩子每天的家庭书面练习作业在2小时以上的占到了被调查总数的11.9%。个别学校家长对此问题反映更强烈，如D校33.3%的家长选择了“2小时以上”，29.2%的家长选择了“1～2小时”。E校，10.0%的家长选择了“2小时以上”，85.0%的家长选择了“1～2小时”。

有的家长认为孩子所在学校对学生的评价是以“学习成绩为主”。A校虽然提出了“以生为本，育人成才”的办学理念，但继续奉行“时间＋汗水＝成绩”的公式。B校家长对孩子的要求多数指向学习成绩。有的老师一心盯着成绩，考什么就教什么，教学内容相对单一。学生感到最不高兴的事和课下谈论最多的是考试或不会做的题。

有些教师在课堂上没能脱离“知识为中心”的阴影，课堂教学的思维含量不够，学生的自主能力、合作能力、问题意识、创新精神、求异思维能培养等都有较大差距。教师对学生学习方法指导和研究性学生指导仅占10%，没能较好地体现因材施教，学生的主体地位在课堂上体现不到位。研究者听到的课中，有位老师和学生的手里都拿着同一本复习资料，老师领着学生顺着资料让学生改错字，老师只是用嘴说怎么改而并不动手去写，学生只是默默地听，单调乏味、沉闷冗长，像催眠曲，有的学生在书栅掩护下闭上了眼睛。

学生存在辍学现象，原因不再是家庭贫困，而是厌学及社会经济思潮影响。学生及家长思想上产生了变化，认为即使孩子读书，将来的工作并不会得到保障。

(3)课程设置不够丰富，学生多元化发展需求得不到满足

随着生活条件得到不断改善，学生需求变得更加多样化，学生更加渴望知识改变命运，多元化发展趋势明显，然而，学校尚不能提供多样化可供选择的教育方式和资源。如E校30%的学生称在学校中能选择的校本课程(或选修课程)的数量是“零”门。也就意味着这所学校本课程与选修课的开设情况非常糟糕。虽然这只是极个别学校存在的问题，但我们仍然应该引起高度重视。

F校62.5%的家长对学校的校本课程(或选修课程)的设置及实施情况表示“不是很了解”，4.2%的家长表示“不知道如何回来这个问题”。G校52.6%的家长表示“不是很了解”，10.5%的家长表示“不知道如何回答这个问题”。

10.1%的家长从来没有见到过学校为孩子布置实践作业，表明课程开设的残缺不全。

当问及学校开展的学生活动内容时，G校校长表示主要依据上级指定，37.9%的教师则认为以“培养日常行为习惯”为主，41.4%的教师认为以“提升学习方法技巧”为主。85.0%的学生认为自己的特长发展获得了学校支持，55.0%的学生认为自己能获得均衡发展，53.3%的学生参加的社团或活动组织的数量不超过2个。10.2%的学生没有参加任何社团活动。在E校这一数字达到了42.2%，37.8%的学生不清楚学校是否支持自己的特长发展。很多学生几乎只是“两点一线”的生活方式。让学生谈一谈在学校的高兴事，有的学生竟然一时想不起来。而难过的事情往往都是“考试没考好”“题不会做”之类。虽然这样的学校是极其少数，但必须引起高度警醒。

(4)育人价值残缺，家教状况不理想，学生生命状态有待进一步改善

由于学校对德育工作缺乏研究，对学生的成长规律缺乏研究，对学

生的成长需要缺乏研究，致使缺乏对学生成长需要的认识、理解和尊重，学生工作育人价值残缺，工作随意性较大，往往简化为行为规范教育、习惯养成等单维度、简单性的活动。即使开展活动，学生大都处于被动接受状态。学校德育缺乏长期规划，德育目标不明确，整体指标体系尚未形成，实效性差。

有些学校家长的受教育程度不高，对孩子的教育心有余而力不足，有的溺爱孩子，对学生的学业期待程度不高。农忙时节，家中的农活较多，会直接影响学生学习。

农村孩子的父母大多外出打工，留守儿童比例较大，F校留守儿童占整个生源的86%。由于家庭教育缺失，学生长期缺少父母的关爱，不仅一定程度上影响了教学质量的快速提高，而且导致学生的心理问题也成为学习的制约因素。留守儿童出现了厌学、厌世和因缺少家庭温暖而滋生的其他不良问题。这种家庭教育与学校教育的不一致，在一定程度上影响了学校教育。

当问及学生平时在学校里的生活感觉时，选择“感到有些疲惫、烦躁，时间过得慢”和“心情很郁闷、不快乐，总想逃之夭夭”的学生百分数相加占到总数的12.8%。学生在谈到“自己高兴的事情”时考试考好了占一定的比例，再就是参加运动会、拔河比赛、歌咏比赛等活动。学生称没有太多的机会去做自己喜欢的事情。“不高兴的事”多是考试成绩不理想，周评价小组成绩不理想，作业负担比较重，压力大，休息不好，食宿条件差，同学之间闹矛盾，自由支配时间少等。

(三)促进学生发展的实践策略分析

1. 有效开发教育资源，提高师资建设水平为学生发展提供保障

开发教育资源的首要任务是提升学校的教育资源意识，特别要关注基础薄弱的农村学校。农村学校资源虽然整体比不上城市学校，但有自己的特色与优势。农村孩子更有条件接触大自然，走向田间地头、山川河流。注重各类资源的开发利用以解决农村教育资源匮乏的现状。以师资资源为例，可从以下方面采取积极措施。

优化梯队结构，提高教师待遇。建立合理的教师流动机制。招聘或选调教师补充到缺编学校。有富余教师的学校可考虑教师转岗，发挥富余人员在小学科教学中的作用。教育行政部门适时组织转岗培训，提高小学科教学专业水平。政策上鼓励新分配毕业生先到结构性缺编的学校任教1～2年。不断加大教育投入，解决教师职称聘任问题，增加教师福利待遇。健全激励教师成长的制度体系，建立起与素质教育相适应的教师评价机制。从加强对教师个性化发展规划指导入手，帮助教师制订符合自身实际的发展规划，激励教师成为专业发展主体。分层次对教师提出发展要求，对一些自主创新能力强的教师，给他们提供一定的自由时间和空间。

开展丰富多彩的交流研讨活动，提高研修效益。加强农村与城市学校之间的交流。学习城市学校的先进教学理念，利用其丰富的教学资源、设备。城乡学校合作以网络互通为基础，合作形式可以多种多样、多层次，如校本培训、学科教学研讨、同课异构、教学经验交流等。借以改变农村中学交通不便，信息闭塞以及教师资源短缺局面。整合区域内优质教育资源，开展教师发展校际联动活动，建立联合教研制度，充分利用校内外各级各类专家资源，结合教师发展实际开展有效的跟进指导活动。深入开展校本研究活动，发挥骨干教师作用，落实新教师培养的师带徒制度。

【案例一】

2012年3月2日，“1751”工程第一片区高中学段共同体2012年第二次会议在青岛二中举行。山东省基础教育课程研究中心成员、共同体成员学校的校长及相关领导出席了会议。青岛二中校长在致辞中对共同体的目标做了阐述：学校工作保持个性是前提，共同发展是目标；要落实学生为中心，唯一目标是学生发展；“1751”要相互支持，共同发展。随后，淄博实验中学、莱阳九中、青岛二中交流了各校的工作计划，并对重点工作做了介绍。蒙阴一中、五莲三中、莱芜凤城高中交流发言之后，指导学校分别对学校文化、学校特色、办学思路等做了点评。山东省基础教育课程研究中心专家在发言中强调，学校发展要寻求政策、家长及学校外部资源的支持，更要关注内部发展性质量要素建设，找准突破口，突出特色，形成内外部发展保障的合力。最后青岛二中教务处主任向会议提交了共同体第二学期拟开展的交流合作项目，讨论后确定了下一阶段活动开展日程。

【案例二】

青岛第五十八中学从完善德育管理机制，构建全员育人格局；拓宽育人渠道，全面提高学生综合素质；谱写爱的协奏曲，营造和谐育人氛围。学校强化德育队伍建设，优化全员德育机制。完善德育网络建设。落实“学生处—年级组—班主任”的三级纵向德育管理网络和“社会—学校—家庭”的三级横向平台建设，强化德育管理的针对性、时效性。完善见习班主任培训机制、班主任例会和定期交流制度，努力打造提高班主任育人水平交流平台。聘请学生校长助理，实行问责机制，完善学生自我管理体系。提高教师育人素质。给全体教师订阅发放各类教育书刊，推荐优秀文章，开展读书活动，增强教师育人品质。请教育专家到学校做报告，利用暑期学校教师分赴北师大和东北师大进行培训，建设学习型、专家型育人队伍。开拓家校沟通新渠道。学校利用家长会，播放学生活动视频、介绍学校情况、广泛征求家长意见、向家长发放书籍《陪孩子走过高中三年》、组织高三毕业学生家长进行家庭教育经验交流、引领家长学习现代教育新理念；班主任针对学生不同特点，在与家长沟通时，对学生肯定优点，表扬先进，查找原因，分析不足，寻求解决办法。这一系列措施的实施大大提高了家庭教育的科学性和有效性，切实发挥了家长会家校联系的纽带作用，让家长会成为学校和家长进行交流沟通的有效平台，增强了家长对学校的认同感。

校报、校园电视台、校园 LED 对学校各方活动进行跟踪报道、发起倡议，用发生在身边的事教育学生；一楼大厅橱窗图文并茂学生作品展、校广播电台播放世界名曲、升旗仪式、红飘带、红雨伞、小推车、吹风机、柿子林、长途拉练以一种文化、一种特色沁入 58 中人灵魂深处。校园方寸之间，蓄德育内涵，藏文化底蕴。评选“道德公民”，展出道德公民模范事迹，弘扬真善美，传播正能量。学校作为“德耀齐鲁”道德示范基地，12 月份在全校范围内开展了“道德公民”评选活动，教师中评选出7位“道德公民”，学生中评选出15位“道德公民”，其中，两位老师四位同学被推荐为山东省“德耀齐鲁”道德公民。

2. 坚持德育首位，把提升学生思想品德素养作为学生发展的重要内容

著名的心理学家埃里克森认为：青春期的学生处在自我同一性和角色混乱的冲突中，一方面青少年本能冲动的高涨会带来各种问题；另一方面青少年面临新的社会要求和社会的冲突而感到困扰和混乱。所以，青少年期的主要任务是建立一个新的同一感或自己在别人眼中的形象。皮亚杰提出了儿童的发展阶段理论，由于各种发展因素的相互作用，儿童心理发展就具有阶段性。可见，这一时期的德育工作尤其面临巨大挑战，根据年龄特点采取合宜的德育导引青少年显得格外重要。

什么是拉动学校发展的总引擎？我们或许可以从赫尔巴特说过的话中得到启示：“教育的唯一工作与全部工作可以总结在这一概念之中——道德。”这无疑是正本清源的说法。

在教育部、山东省的各类文件中，多次明确阐述了德育的首要地位。学校在落实这一政策方面需要更细致的要求，如明确德育目标，制订德育规划，完善德育制度，健全德育机构。在健全全员育人制度保障前提下，督促每一位教师树立全员育人意识，创建全员育人有效途径。不可忽视的是，学生也是全员育人中的一员，学生之间的相互教育是一种富贵资源。同时，注重学生自主管理，让学生在一点一滴的学习、生活中熟知和践行道德教育的基本要求，达到潜移默化效果。

对于学生工作负责人、班主任与团队辅导教师而言，需要唤醒自我的专业自尊与自觉，在研究性变革实践中形成新型的学生工作的专业生活方式。团委组织建设、德育工作专业能力培养是提升德育工作水平的重要方面。落实好班主任管理与奖惩制度，调动班主任工作积极性，指导班主任做好班集体建设、学生教育管理、教师资源整合和家庭教育指导四项工作。

【案例】

蒙阴一中把主题班会作为一种重要的教育形式，要求班主任落实班会必须开展的“五主题”——“热爱你的妈妈”主题班会，“学生成长十做到”主题班会，“礼仪、形象、穿戴”等影响外化尊严的主题班会，《中学生守则》和《中学生日常行为规范》主题班会，“生活、学习、人生、理想规划”主题班会。这对学生的影响是深远的。

“规划现在，展望未来——学生自主发展两周规划主题班会”已经开过去两个月的时间了，同学们一谈起来仍然喋喋不休：

“很幸运，很光荣，这次班会相信我们会记住一辈子。”

“经过这一次的班会，让我们每个人成长了很多。看着同学们自己制作的微电影，看着老师欣慰的微笑，不觉多了几分感动，鼻子酸酸的，心里暖暖的。才发现班主任老师是多么爱我们这个集体。”

“在这个班会的过程中积累了很多做事的经验，体会到了集体荣誉和个人荣誉是交织在一起的，更加深刻地认识到了团结的力量。”

“想起了戴尔·麦康基曾说过‘计划的制订比计划本身更重要’。”

“在这个过程中，我看到同学们团结一心为了这个大家庭在努力，我认识到只要团结起来，什么事都可以走过去。”

张伟老师是这个班班主任，回想起每次主题班会的准备都会感动。学生中的每个小组竞相提出创意，都渴望得到别人的认可。这激发了每个学生的创新精神。在班会准备过程中，有人竞选主持人，有人排练情景剧，有人拍微电影，有人写串联词，有人在一旁出谋划策想点子。调动了每个人参与的积极性，激发了主人翁意识。班会课上，发挥了学生的主体作用，展示者无不尽显年轻人的风采，无一不是全情投入和无比享受。

“学生自主发展两周规划”是蒙阴一中德育工作的一大特色。学校政教处主任戚建芬向每位学生提出了“3660 规划”要求，即：“3”——高中三年大规划，“6”——六个学期中规划，“60”——六十个两周小规划，也就是《两周学习生活规划》。新生入学第一节班会，每一名学生要在班主任的指导下，思考并逐步学会制订自己的“3660 规划”。利用每个学生的规划表，整理个人规划的优缺点，取长补短，推陈出新，做到了全员参与，实现了思想上的共鸣。

这个规划是由学校设计倡导的，班主任与任课教师又作了创新性发挥。像张伟老师，他与学生一起把学校的规划表进行了设计了一棵“高中规划树”，再把规划树的树冠区域分解为60个小区域，每个区域象征两周，每两周规划完成了，便可在一个小区域上涂满绿色。学生的畅想是毕业之后每个人能拥有一棵郁郁葱葱的规划树，他的成功与否与他的规划树有很大的关系。“高中规划树”就是一张个人的自我发展路线图，有了这张图，学生的人生走向就会变得越来越清晰。正是有了这棵“树”，众多学子才有了更加明晰的人生坐标和方向，才有了更加强大的不断进步、蓬勃成长的动力。

在高一(2)班，学校团委书记兼班主任的乔时建老师把每两周目标细化到每节课，每节自习。提前让学生规划自己应该做的事情，自己发现学习中的困难。通过学生自己规划，把被动学习转变为主动学习。我怀着好奇心走进这个班的教室，看到了“态度即能力，习惯即成绩”这样的标语贴在醒目的地方，墙上还有学生根据规划而来的量化评分总表。乔老师的班级管理颇多独到之处，班规不叫班规，叫“军规”，是学生们商量着定出来的，而且要经过举手表决，画出量化表，大家共同监督执行。

在学校政教处，我看到了厚厚的用于存档的学生两周规划表，随手翻阅，只见学生们写得非常细致，连生活中的小事都有涉及。

“生活用品”一栏，高一(12)班的学生张晓磊写道：需要的生活费及携带或购买的生活用品——厚被子需要再带一床，棉鞋和毛巾。

“准备学习用品”一栏，高二(6)班的学生刘慧写道：黑色中性笔要准备充分，红笔，胶棒，胶布，颜色特殊的记号笔，笔记本等练习本。“其他”一栏写的是：吃的东西适当地从家里带一些，尽量不让父母来。

高三(4)班的龚海宁这样做“生活规划”：洗头及洗衣物时间——第一周周三中午，第二周周四中午洗衣。

高二(17)班的张明远写道：我要改掉的一个坏习惯——“懒惰，对自己没信心，面对困难易退缩，上课易走神。”改进措施：“上课一定要集中注意听讲，课前最好预习，课后做题目巩固。”

高一(6)班的徐步青写了激励自己学习的话：“此时睡觉你将做梦，

此刻学习您将圆梦。”

两周评价不仅有学生自己的自我反思，更有同学之间的评价，还有老师的评价，这里的老师主要指的是全员导师制中的指导老师。

3. 完善发展性评价体系，促进学生持续发展

树立正确的学生观，走出惟分数论的误区，扭转应试教育倾向，提高对学生工作的重视程度，学生工作“特指与学科教学并列的一类教育领域，是指以班主任、团队辅导老师等为教育工作者，以班级建设等领域为具体载体，在该教育领域内开展的促进学生发展的工作”。① “教育行政部门和学校管理者要尊重学生工作的独特性，将之视为有着内在专业尊严的教育工作；建立学生工作的专业支持体系，全面开展专业性实践活动；形成合理的政策导向，促成学生工作的生态更新。”②越是在资源相对匮乏的农村学校，学生工作以其内在的活力、深厚的学生基础、广阔的改革空间，完全可能率先打开局面，为学校的整体变革积累经验、积聚变革的力量。

逐步建立起对学生工作的考察指标。布鲁纳、加涅、奥苏贝尔都在各自的教育目标分类中，提出了对学生不同的评价标准。研究者通过查阅资料，认为，从学校角度来讲，可以“建构基于学生发展的学校自我诊断指数”，这些指数包含同伴关系、师生关系、课堂与教学、资源与支持、组织与领导、氛围与文化、学生发展状况七个要素，其中，学生发展状况可以看作其他要素的效标。③ 学校可以围绕这七个要素对学校进行自我诊断，提升学校促进学生发展的能力。

从学生的视角讲，学生发展的指标体系主要包括身体健康、品行表现、心理健康、实践能力、学业表现五个维度。“学生发展的程度和表现不仅取决于学校和教师的绩效，还受制于教育管理体制与政策，以及

① 李家成，王晓丽，李晓文：《“新基础教育”学生发展与教育指导纲要》，1页，南宁：广西师范大学出版社，2009。

② 李家成：《论学生工作性质的当代定位》，载《河南大学学报》(社会科学版)，2012。

③ 李凌艳，李希贵，陈慧娟：《建构基于学生发展的学校自我诊断指数》，载《教育研究》，2014(2)。

来自学生家庭、社区及社会多种因素的复杂影响。”可以建立学生发展评估的多种常模，如农村寄宿制小学高年级学生发展常模，城市示范性初中学生发展常模。可以将学校的情况与同类型学校相比较，以准确分析学校及学生发展中的优势、进步与不足。[①]

【案例一】

黄岛二中实行公约化管理，实现了学生自主管理。把制度化和人性化两种管理模式有机结合，建立自律和谐、充满凝聚力的学生管理体系，是黄岛二中加入“1751”改革创新工程之后，管理体制方面取得的重大突破，其出发点就是想解决师生的对立情绪的问题。

传统的学生管理模式，班主任对学生要么强制性地发号施令，要么保姆式的看管。这不仅让班主任起早贪黑，身心疲惫，也忽视了学生的主体性，压抑了学生的自主意识，容易造成学生的逆反，贻误了对学生自理、自律能力的培养，容易造成师生间的对立情绪，不利于学生的长远发展，也收不到好的管理效果。

黄岛二中积极探索新形势下学生管理的新思路，不断完善内部管理机制，关注学生自主发展，关心学生健康成长，全面推行公约化管理，取得了管理育人的显著成效。

学校首先是从宿舍开始制定了《宿舍公约化管理指导意见》，各班宿舍以“宿舍是温馨的家，需要我们共同呵护，需要责任与付出”为主题制定宿舍公约，把公约内容张贴在宿舍外面的展示窗中。在宿舍文化建设中，除“我们的约定”栏目外，加入了“你休息我静音”“休息好才能学习好”“宿舍格言”“宿舍目标”“自己的承诺”以及“舍长寄语”等内容，部分班级还邀请家长参与制定，栏目中有“家长寄语”等内容，可以说，宿舍公约内容丰富，形式多样，有一个共同的特点就是所有公约通篇既没有以往我们常见的“禁止”“不得”“必须”等字眼，也没有任何奖罚措施，有的只是他们通过民主协商达成的舍友共识。学校举办了“公约化论坛”，交流经验，辐射成果。找到了宿舍公约化管理这个突破口，我们也从中

---

① 赵德成：《以学生发展为本的学校办学质量评估体系构建》，载《教育研究》，2012(6)。

尝到了实行宿舍公约化的甜头，继而有序开展了教室公约化、餐厅公约化等学生学习生活公约化管理活动，在活动开展中，许多班级的公约都规定了自我约束的内容，例如“班级四不准”“学习三做到”等等。

在老师的引导、教育和管理下，班级事务让学生自己负责处理，不但把老师从繁重的班级管理中解放出来，更好地进行教学工作和个人发展，而且充分发挥了学生的主动性和积极性，为学生的一生发展奠定良好的基础。

【案例二】

荣成六中将育人目标定为“不求人人升学，但求人人成才”，学校十分重视学生的思想教育、人格教育，不断探索新形式下的学校思想政治工作方法与途径，2007 年学校在“人人做思想工作，处处有思想教育”的基础上，提出推行学生成长导师制的构想，进一步延伸了学校德育特色的内涵。本着“教师人人都是导师，学生个个得到关爱”的原则，学校根据学生的综合素质，将不同层次的学生分给老师，每名学生配一名导师，每位导师带 5～10 名学生，导师要坚持每周与学生谈话一次，及时了解学生的状况和需求，不仅要帮助学生做好学业辅导，更重要的是要做好思想引导、心理疏导、生活指导。导师制实施以来，深受学生欢迎，得到家长的好评，真正实现了“走进每一位学生的心灵，关注每一个生命个体”“对学生少一些单纯的说教，多一些心与心的交流”的育人目标。自 2012 年以来，学校遵循“尊重学生，构建和谐”的服务理念，进一步细化工作内容，修订了学生成长记录手册，改变了以往只有教师记录谈话帮扶过程的结构，新的成长记录手册包含了学生与老师双方面的记录内容，保证周周有谈话，月月有反思。学校通过各种考评上的约束保证导师制得以顺利实施。导师工作的考评来自学生与学校两个方面。学校成立了学生成长导师制实施小组。每学期期末，导师制工作小组要组织学生通过问卷的方式对导师的工作进行考评，包括与受导学生谈话的次数，工作的认真程度及质量等方面。学校领导小组在每学期的授导工作结束后，检查受导学生的成长手册，通过成长手册的记录来为教师打分。另外，学校网站开辟“学生成长导师制”栏目，鼓励导师们发表文章，及时刊登开展“导师制”活动的经验和典型个案，并配合“学生成长导师制”活动，举办由学校首届名教师骨干教师主讲的“如何关爱特别需要关爱的学生”的主题论坛，推出了“争当学生最喜爱的老师”师德教育主题活动，通过层层考核、全体学生的投票评比，最终评选出学校的“学生最喜爱的老师”，给教师们展开导师制工作予以积极肯定，也为其他教师树立榜样。

学校要求教师用不同的尺度去衡量学生的进步，确立发展就是成功的教育思路，鼓励学生的个性化发展、多样化发展。在以往的教学评价中，评价人员的角色关系一直是：教师是评价者，学生是被评价的对象。评价活动什么时候进行、具体有什么评价要求等，一般都由教师提出，学生的职责主要是听从教师的安排，做好接受评价的准备。在这种教师主动、学生被动的评价活动中，很难发挥参与者的积极性和学科自身的特色性。为此，学校改变过去单独由教师评价学生的状态，提倡多主体参与评价，鼓励学生本人、同学、家长等参与到评价中，建立以教师、学生、家长共同参与的评价制度。把某些合适的环节交给学习伙伴进行评价，那么这个评价就不再只注重结果，它还将包括学习伙伴对学生的知识、沟通、合作、交流等的评价，这时呈现出的不仅仅是知识与技能，还可以包括过程与方法，情感态度与价值观的评价结果。建立主体多元化的评价体系，可以充分调动学生参与评价的积极性，促进学生的个性发展和潜能挖掘。

另一方面，学校积极倡导“学生评语”改革活动。一直以来，高中班主任对学生的评语都是从思想、纪律、学习、工作、劳动、卫生等方面进行评价，“尊敬师长，团结同学，遵守纪律，爱护公物，能积极参加学校和班级组织的各项活动”以及“成绩一般，上课有时开小差，希望发扬优点、改正缺点，争取做一个名副其实的……”这类评语成为使用频率最高经典用语，几乎千人一面的评语没有描绘出每个学生的个性，也缺乏针对性。换句话说：在张三头上合适的，照样适合李四，令人乏味，不仅学生不愿读就是其家长也仅仅是看成绩报告单上的分数，这样就使班主任失去了教育学生的契机，一次心与心交流的历程。我们借助班主任心育培训班这一平台，向全体班主任提出了评语改革的要求，通过“以人为镜”的心理训练活动帮助班主任写出个性化的评语。此活动要求每一位学生先写优点，加上自评一项缺点，然后同伴间进行交流换写，由他人评三点优点之后也善意地加上一点缺点。最后班主任收上来后，再和自己平时对学生的了解做一对比，进行全面总结，既肯定学生的成绩也指出存在的不足，明确努力的方向，促进了学生的可持续发展。

4. 重视学生发展课题研究，建设基于学生核心素养培养的学校课程体系

把学生发展作为一项重点工作进行研究，可组建研究团队，开设研究课题。北京市密云县的很多中小学采取的“基于学生发展的校本研究模式”具有一定借鉴意义。基于学校发展的研究流程主要包括四个环节：在学校建立研究团队；确定研究对象及内容；研讨、制定并实施干预方案；反思、调整干预方案。在实施过程中，教师除了在平时个别交流实施情况外，还可以在校本研究的定期活动时间进行研讨。根据干预效果，反思、调整干预方案。这是用研究的眼光，集中所有教师集体智慧来解决学生发展中的问题，帮助学生发展，而不是仅仅把学生发展的主要工作都让班主任一个人去做。

基于学生核心素养培养，从以学生的发展为本的理念出发，通过构建重基础、多样化、有层次、综合性的课程结构可以促进学生全面而有个性的发展。发展学生的创新素养、信息化水平、批判精神、社交素养等，在明晰课程目标的基础上，积极落实好国家基础课程，构建特色选修课程、校本课程及综合实践课程，挖掘精神文化的教育隐性课程。学校课程设置面向农村孩子需求，挖掘农村所拥有的独特资源。创新开展地方课程，坚持地方课程与学生生活实践相结合，增强学生科学实验、生产实习和技能培训成效。开发校本课程，不要让学生的学习仅仅局限在课堂、书本、作业，而是充分利用社会教育资源。特色课程的编写应基于地缘关系、学校特点、社会实际，根据农村特点，体现农村特色。

学生也是重要的课程资源。学生除了参与到课程设置的决策以外，还参与到课程纲要的制定以及课程评价的环节之中。选择学生代表参与自己年级的课程审核。学生可以对学生的课程纲要提出意见和建议。投票表决自己对课程的看法。在民主投票环节，有的课程因为学生给投了超低票，最终这门课程被取消。①

在课堂教学方面，进一步推进“以学习者为中心”的课堂教学改革工作，把“以教为主”转化为“以学为主”。

【案例】

在学校61届杰出校友李继耐将军和其夫人、航天军事专家、学校名誉校长孙锦云教授的关怀下，滕州一中的航天教育课程成为一大亮点与特色。

——航天文化浓郁的校园

在滕州一中校门内东侧的“航天员林”里，有航天员亲手所植的白玉兰。这片航天林苑是学校精心设计的。整体构图似卫星轨迹，看起来像一个大的卫星返回降落伞。花瓣状的场地上，七个小降落伞样的绿篱图案呈弧形排列，共同指向返回舱样的泰山石，象征着航天英雄胜利返回。泰山石上面用毛体字镌刻“航天员林”四个描金大字。四周地面上，用红色大理石镶嵌拼贴着“五福临门”图案，透着喜庆，象征着吉祥。

学校的“腾云教学楼”五个大字为李继耐上将亲笔书写，杨利伟、费俊龙为之揭牌。

校园里的“飞天圆梦纪念石”，是为了纪念杨利伟在2004年9月来校作报告时所立。中国航天第一人两次来到滕州一中，给师生们留下了极为深刻的印象。

学校校史馆里，陈列着孙锦云教授和6位功勋航天员的签字留念。还有6位航天员向学校赠送的签名的合影照片、烤瓷画、太阳帽和舱外航天服，杨利伟将军专门赠送的自己签名的专著《天地九重》，同时赠送一本介绍航天员情况的《中华天骄风采录》。

这一切都见证着滕州一中有声有色的航天教育课程。

---

① 马园根：《基于“学生学习”建设让学生满意的课程》，载《基础教育课程》，2014(2)(上)。

——与航天英雄在一起的日子

滕州一中的学生们永难忘记那个九月的校园，天朗气清，秋风送爽。孙锦云教授和六位功勋航天员要来一中的消息，传遍了校园的每一个角落，不少同学重温了航天科技知识，进一步了解我国载人航天事业的发展历程，有的同学们还专门查阅了杨利伟等六位航天员的“家谱”，成为航天英雄们不折不扣的“粉丝”。

2010 年 9 月 21 日下午，名誉校长孙锦云教授和杨利伟、费俊龙、聂海胜、翟志刚、刘伯明、景海鹏等六位功勋航天员集体莅临一中，校园内顿时响起如潮般的掌声，同学们手持鲜花、国旗、校旗，尽情欢呼，“向航天英雄学习”“向航天英雄致敬”的声音此起彼伏。

航天英雄杨利伟、费俊龙、聂海胜、翟志刚、刘伯明、景海鹏等六名功勋航天员共同走进滕州一中，访问学校并给全校师生做了精彩的航天知识报告。学生们与航天员进行了精彩的现场互动。学生提出了许多问题，航天员们一一耐心作答。

有一位学生问：“航天员的心理素质都非常好。作为一名学生，我每逢考试就非常紧张。杨利伟叔叔，您能否传授一下提高心理素质的小窍门？”

杨利伟说：“作为一名航天员，首先应该有一个很好的心理品质，这是航天员职业的基本要求。我们每一个航天员在执行任务的时候，都会从容面对任务，面对所迎接的风险。作为同学们，无论是在迎接挑战还是面临考试，首先要打好知识基础。航天员也一样，我们也是经过几年甚至十几年的艰苦训练，才培养成了去勇敢面对任务挑战的能力。同学们应该把应知应会的知识掌握好，才能在考试时做到心里不慌。再一个，要调整好心态，树立远大的目标。当航天员面对挑战和任务的时候，所有的人都抱着这样一个追求，那就是为了国家，为了民族，为了我们载人航天事业不懈努力。当我们树立了这种目标，面对风险和挑战，我们就会从容面对。所以，首先要有自信心，树立远大的目标，有了目标之后我们才能从容面对任何挑战。”

2013 年，是滕州一中建校百年校庆之年。4 月 26 日，中国载人航天工程办公室副主任、航天英雄杨利伟少将，带领“神舟九号”乘组、中国人民解放军航天员大队英雄航天员景海鹏、刘旺、刘洋一行来到一中东校区，与广大师生进行面对面交流，传播航天科学知识，弘扬载人航天精神，共庆一中建校百年华诞。航天军事专家、中国国际战略学会高级顾问、滕州一中名誉校长孙锦云教授等一同参加了活动。孙锦云教授向学校捐赠了神舟九号载人飞船与“天宫”一号首次载人交会对接模型、莫言长篇小说全集等物品，并与杨利伟和“神九”乘组英雄航天员等为庆祝滕州一中百年华诞签名留念。航天员们与同学们一起在航天员林植树，鼓励大家不畏艰难、努力学习，机会总会有的，梦想就能成真。

——开设航天课程，熔铸航天精神

学校曾多次邀请功勋航天英雄杨利伟、航天专家孙锦云将军等来校作《翱翔奋进》《探索宇宙壮志豪》《理想·事业·追求·奉献》《嫦娥让月球不再遥远》系列报告。航天员们赠送了“神五”飞船模型。

滕州一中先后两次组织学生应邀赴京参加“航天体验营”活动，让学生走进航天员的生活，亲身体验航天科技的魅力。

在此基础上，学校开设了航空航天课程，定期给学生讲解航空航天知识。通过对航空航天知识的深入了解，学生们的航天兴趣更浓了，考入航空航天大学的毕业生人数不断增加。2008年和2010年分别有2名学生考取清华大学国防生，2012年学生赵恒财考入清华大学航空航天专业。

航天课程更为积极的意义在于航天精神的发扬光大。航天精神，即“四特精神”——特别能吃苦，特别能战斗，特别能攻关，特别能奉献。这成为滕州一中人心中的精神支柱。航天人的事迹激励着学生成长，航天精神已在全校师生心中扎根发芽、开花结果。

5. 广泛开展丰富多彩的活动，引领学生自主发展

丰富多彩、健康向上、符合学生发展特点的校园活动，可以让每个孩子都能在各项活动中展示自己，享受成功的喜悦。84.7%学生认为自己最乐意参加的活动是“校内社团活动”，其次是“志趣相近的同伴之间的活动”和“校外志愿者活动”。

教育是直面人的生命，为了人的生命质量的提高而进行的社会活动。归根结底，激发学生自主发展愿望是学生发展的根本。对学生进行励志教育、责任教育、爱国教育，从而增强自身发展欲望。营造让学生成为学校主人的环境，引领学生走上自主发展之路，为学生的一生发展奠定良好基础。

【案例一】

学校发展过程中，既有“师生学习共同体”，更有“生生学习共同体”，如大力倡导学生自主创办社团，为学生自主发展插上翅膀。在莱州一中，学生社团数量由十几个迅速增加到105个，吸纳成员3000余人。许多社团已发展成为可以与大城市学校相媲美的高端社团。《文泉》文学社和《莱州一中报》社，是学校传统社团，曾获国家级优秀文学社团。社长、编辑、记者全部由学生担任，刊发内容全部是学生作品，是学生充分展示写作才能的平台。学校广播站，设置了“紫书枫影”“校园新闻”“校园歌声”“体育在线”“华章有约”等栏目，每天中午12:00—12:30定时播音。记者团，参与学校各种大型活动的采访和新闻编撰工作。志愿者协会，参与新生开学服务、高考服务、敬老院义工、校友联谊服务、校园果实采摘等校内外志愿活动。篮球协会，共有18支篮球队，每年春季、秋季组织联赛，赛前自主召开篮球联赛大会，进行宣传发动和筹备、工作分工等。比赛所需经费都是学生自己拉的社会赞助。艺术团，集体舞《且吟春雨》在中央电视台“全国青少年舞蹈大赛选拔赛”中荣获一等奖，在“全国青少年才艺展演”活动中获得金奖，并被选为“全国母亲水窖公益活动”电视晚会节目之一。模联社，自2012年成立以来，在北大举办的全国中学生模联大会和美国蒙台梭利模联大会上，先后有10名学生获“最佳立场文件奖”“最佳学术研究奖”“最佳风采奖”和“杰出代表奖”，并有两份决议草案在模联会议上表决通过，成为决议文件，载入联合国档案。辩论社，多次应邀参加省级以上辩论赛和国际辩论赛，每次都有5名以上选手被评为“最佳辩手”或“优秀辩手”，“辩万事纵横捭阖，广交风流俊杰，博雅塔下展儒雅。论天下是非善恶，心怀济世壮志，未名湖畔显威名!”这是辩手们在北京大学中学生国际辩论邀请赛获奖后的感言。运动会、读书会、升旗仪式、演讲比赛、文艺演出等各种活动都由学生社团自主组织开展。

社团不仅成为学生主动发展、自主成长的园地，也成为展示才华、磨砺品性的舞台。有的学生这样写道："这里是我们奋飞的高地，这里是我们自主发展的平台，有了这里的锤炼，面对专家、学者有何惧，面对万千听众有何惧。"也许，学生夸大了社团的作用，但是从莱州一中走出去的学生，都有了一份自信和成熟。从高校反馈情况来看，参加过以上活动的学生，在大学的发展也非常优秀，有的学生成为知名大学的学生会骨干，有的学生担任了班级重要职务。2013 年清华实名推荐生杨依林，在校时担任学生会主席、"演讲与辩论社"社长、模联社骨干，升入大学后担任清华大学经管学院辩论队队长、演讲协会讲师和班级团支书。2009 级毕业生孙菡浥，考入北京大学，担任 2012 级学生党支部书记，热心公益，赴西部贫困县支教，被评为北京大学寒假实践先进个人，曾获得央视和北大新闻的报道。

【案例二】

泰安市肥城泰西中学积极为学生的多样化、多元化发展搭建平台，成立了一个个学生社团，促进学生挖掘潜能、自主发展。学校已组建了 12 届学生会，学校两操评比、卫生检查、纪律监督等均由学生会负责，而且已成为一些常规活动的得力组织者，每年的"9·10"教师节感恩行动、"敬老孝亲·情牵父母"感恩行动已常态化，这些活动锻炼了学生的组织能力、协调能力，强化了责任意识和奉献精神。爱心社现有社团骨干 32 人，全校学生有 1/3 自愿入社。汶川地震，他们积极奔走，不到 20 小时筹集善款 19.8728 万余元；学生李雪不幸染上白血病，爱心社发出《伸出温暖的双手，点燃生命的曙光》倡议书，筹得现金 6.5408 万余元；本学期初，发起为河西小学两名重症患者郭小松、王翰林同学募捐活动，募集善款 7526.1 元。"泰西之声"广播站："学校的泰西，学校的声音，学校的泰西之声。"泰西学子每天下午放学后都能听到这动听的开播语。他们创作的栏目不断推陈出新，周一至周六轮流播出，成为学子们课余饭后的精神食粮。由广播站走出的学子孙雯被山东大学破格录取，樊佳被中国传媒大学录取。《起舞》文学社创办于2011年，学生自主写稿、约稿、策划、组稿，积极走向商场店铺拉取赞助，免费发给学生。社刊插图(漫画、素描、国画)除广告全为社员原创。原社长林瑞同学现已远赴美国留学。演讲协会的会员很不简单，他们不仅落落大方，口齿伶俐，普通话标准，而且很有组织天赋和思想觉悟，“历史的选择”“诵读经典·传承文明”“成人·成长·成才”等演讲比赛均由学生自己组织。篮球社：每天下午的阳光体育时间，学校操场都会留下篮球社社员活跃的身影，他们把比赛分月赛、季赛和年终冠军赛。清影书画社：现有会员120余人，他们定期举办讲座，交流心得，挥毫泼墨，绘画写生，创作展示。爱乐社把想唱不敢唱、想唱没舞台的学生聚集起来。已先后组织，带着梦想一起飞、舞动青春放飞梦想，五四歌手大赛等多台文艺汇演。

【案例三】

潍坊临朐五中以活动育人为主体，对学生进行全方位教育。学校让学生在丰富多彩的活动中修身立德，提高道德修养，树立正确的人生观和价值观。学校开展的活动主要有：国旗下讲话、校园艺术节、举行元旦文艺晚会、教师节师生联谊会、“成人节”宣誓仪式、“孝敬日”、母亲节报告、填写《我的家庭账单》、制订《人生规划书》、“每日反思”、班级、挑战赛、制定班规班约等。学校以学生会和社团为主体，依托中国传统节日，开展主题教育活动，如清明节举行“缅怀先烈，成才报国”征文比赛，端午节开展民风民俗搜集活动，中秋节举行咏月诗歌朗诵会等。另外，把每年的三月份定为“学雷锋月”，开展助人为乐活动，四月份定为“文明礼貌月”，开展文明礼仪教育活动。

二、学生发展的典型案例精选

【导读】

乘着山东省普通中小学“1751”改革创新工程的东风，作为“1751”工程指导学校的章丘四中，秉持“以师生发展为本、为民族未来负责”的办学理念，坚守创新强校的治校方略，积极探索学生创新素质的培养路径，开创了全员性课程化创新教育有效模式，建设了创新大课程体系，建构了创新型学校文化，成为全国知名的创新学校。自 2011 年以来，学校与教育部中国教师发展基金会和中国教育报刊社培训中心合作，连续三年举办全国创新教师师资培训班，为全国各地培养师资 2000 余名，并带头成立了“全国创新教育联盟”，目前加盟学校已达 400 余所，学生拥有国家专利超过 4000 项。在四中的大力推动下，涌现出了像河南西峡一高、广东罗村高级中学、鄄城一中、邹平一中、淄博四中、齐河一中、江西新余中学、湖南湘乡四中、杭州源清中学等在当地具有影响力的创新型学校。

【案例精选一】

章丘四中：创新教育成就学生创造梦想

一、构建创新教育课程体系

课程并不只是国家课程方案上那几门功课，学校的一切教育教学活动，一切教育教学资源都是课程，都是学生发展、教师成长的平台。学校认为，德育是创新的根基，实践是创新的土壤，个性是创新的潜质，交流是创新的平台。为把创新教育规范、深入、健康、持久地开展下去，学校把创新教育课程体系建设作为实施创新教育的重要载体。

1. 把科技创新教育确定为校本全员必修课程，作为研究性学习的核心课程来开设，并把一般学校普遍进行的课题类研究性学习改进为“开放性课题类创新”来开设。

2. 制定了专门的课程方案，从课程研究、课程实施、师资建设、活动阵地、校园文化、考核评价、专利申报、成果转让、组织领导等九个方面作了明确规定，并对创新教育课实行严格的学分管理。

3. 突出课程的“生本性”，提出了“四个人人”的目标，即人人接受创新教育，人人参加创新实践，人人学会创新思维，人人具有创新能力，把具有创新精神与创新能力作为章丘四中学生的典型特质。

事实证明，只有将创新教育的实施课程化，才能确保创新教育的健康深入持久地发展。

4. 成立了由5名年轻骨干教师组成的创新教育备课组，年轻的激情，创造的热情，使创新教育课成了师生追捧的课程。

5. 构建了育德修身课程、人生规划课程、实践性学习课程、个性化社团课程、“小鬼当家”体验课程、百脉文史课程。

地理老师王晶华为学生们实地讲解地理知识

二、创新教育课程的实施

章丘四中认真落实国家规定的课程方案，并大胆探索国家课程的整合，加强统一课标下的不同版本的整合，加强学科内结构和内容的整合，加强学科之间的整合，加强国家课程、校本课程的整合，把教育教学活动(如军训、班会、升旗仪式、社团乃至卫生扫除、午晚休等)进一步课程化、规范化。破解了教育的同质化难题，促进了学生的全面健康个性发展，发展了学校鲜明创新特色，同时也提高了学校办学现代化水平。

一是重视创新教育的入门流程探索。遵循心理学关于“人的认知规律与能力生成规律”的研究成果，学校设计了“了解创新——发现课题——尝试创新”的教学流程进行探索实验。

镜头一：学生的创新思维与创新能力的提高需要一个过程。最初，学生创意总是以身边事物为主，如可显示温度的筷子、音乐杯子、可称量体重的椅子、多功能笔等。十几节课下来，他们逐渐能够发现带有一定独创性、复杂性的课题，如自动喂鱼器、新型键盘、应急型多功能医用床、全天型象棋等。半年后，许多同学就能够提出达到国家专利水准的高水平创意了。如2004级段磊同学发现，开车的人有时遇到紧急情况会把油门错当刹车踩，从而酿成车祸，经过反复思考研究，他最终设计成功一种错踩油门应急装置，该装置利用汽车安全带缓抽可以前行，而快速抽时却会卡住的原理，在汽车油门踏板上连接一根安全绳，当人们在情急之下猛踩油门时，连接在油门踏板上的安全绳被卡住，使油门踩不动，有效地预防了错踩油门带来的危险。这个作品荣获山东省青少年科技创新大赛二等奖，同时获得了国家发明专利。

二是重视全员性创新教育的深化探索。从2007年开始，学校把创新教育推进到了“开放性课题类创新”和学习应用“萃智理论”、培养学生准专业创新素质的层面。

镜头二：萃智理论，让思维与众不同

创新课老师在上课的时候拿了一个俄罗斯套娃，并进行了展示，一个一个的小套娃整整齐齐地摆了一排。然后提出了这样一个问题，俄罗斯套娃为什么要设计成这样？经过简单思考，有同学提出来：这样设计可以增加套娃的数量，多盛几个；有同学提出来这样设计套娃不仅数量多，而且重量轻；还有同学提出这样可以吸引人，在没有见过套娃之前，谁也没有想到大套娃肚子里还有小套娃。李老师讲套娃的设计是一种创新原理的应用，这种方法是萃智理论创新40法中的一个——嵌套理论，即将第1个物体嵌入第2个物体，然后将这2个物体一起嵌入第3个物体……生活中的实例也很多，例如，电视伸缩式天线、伸缩变焦镜头、学校伸缩大门等等。运用萃智理论，如果学会了创新的40个原理，再学习矛盾矩阵，一个普通人也有可能会变成发明家。

萃智理论使学生的创新能力大大拓展，思维更加活跃，创意更加富有科学含量，使学生逐步摆脱模仿和单一的创意结构，更激发了学生浓厚的创新兴趣。

三是重视学习体验。学校要求学生在家积极参与家庭事务，在校掌控自己的生活。班内人人挂长，全班学生轮流担任值班班长。校内建团委、学生会、学生矛盾调解委员会、危情信息集处中心，统筹引领学生参与各种活动。全校的重要节日、大型活动、庄严仪式等均由社团承办。

镜头三：“人人挂长”，勇于担当

学校组织“人人挂长”活动，除行政班级重的班委角色、还有护花使者、卫生督查员、小组记录员、前门告示牌管理员、铁橱管理员、水桶管理员、垃圾桶管理员等，人人都成为群体组织与活动的主人翁。在活动中培养的自觉担当意识、善于担当能力、勇于担当精神，为学生日后的生活打下了坚实的基础，进入高校后，很多学生成为了高校的学生会、团委、社团领军人物。

学生参加辩论赛

镜头四：主题活动，飞扬青春

活动围绕“向未来承诺，让梦想启航——相约三十年，共铸中国梦”的主题展开，包括立梦、追梦、圆梦几个环节，活动形式包括启动仪式、主题班会、黑板报比赛、征文比赛、演讲比赛、辩论赛、书画展、小先生梦想大讲堂、爱心义卖、梦想风采展示等。活动现场学生的誓言响彻云霄，惊天动地。

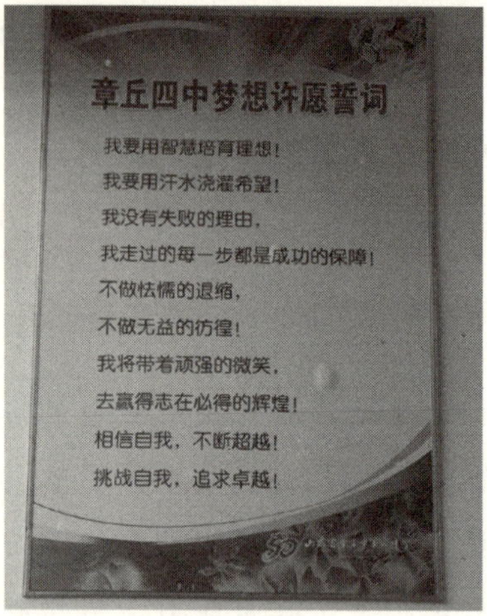

梦想许愿誓词

三、创新教育成果丰硕

全员性创新教育课程化的深入实施，使章丘四中师生的精神气质发生了巨大的变化。形成了人人讲创新、人人有创意、个个会创新、个个能创新的大好局面。创新成为四中师生学习、工作的新常态，创新成为四中师生的典型特质，创新成为四中最亮丽的风景。

在高中练就的创新素养，使章丘四中的学子进入大学后如鱼得水，创新技能得到了更大的发挥，成为高校创新社团与创新活动的领军人物和生力军。那些让四中骄傲的学子，是四中创新教育最大的成果和继续前行的最大动力。比如，2008 年，索元震以优异成绩考入上海交通大学，现为上海交大研究生。在高中时提出创意 50 余项，获得实用新型专利 1 项。大学期间获得 2008—2009 学年南京航空航天大学自动化学院“科创精英”等荣誉，获得 2009 年数学建模校内选拔赛优胜奖，代表学校参加全国数学建模大赛。申请并获批国家级创新基金一项，校级创新基金两项。发明专利和实用新型专利共四项。大三获得“挑战杯”江苏省特等奖、全国金奖，保送上海交大硕博连读研究生。

四、发挥创新教育辐射带动作用

学校积极主动地参与到“1751”改革创新工程中，将学校的创新教育经验无私地与项目学校交流、研讨，各项目学校在教育、教学、管理各方面都发生了很大的变化，取得了令人瞩目的成绩。

比如，东平明湖中学在“1751”改革创新工程项目组专家的引领下，经过扎实努力，学生综合素质和精神面貌发生了巨大转变，整个学校呈现出了良好的发展态势。创新教育取得了较好的结果，已形成了 10 多项学生专利、2000 多项创意，多名同学获得省市发明创造一等奖。

再如，齐河一中在“1751”改革创新工程项目组专家的引领下，确立了三年发展规划和目标，以更新办学理念为切入点，以创新管理、提高课堂效率和课程建设作为工作重点，把育人为本作为教育工作的根本要求，推进培养模式多样化，满足不同潜质学生的发展需求。章丘四中帮助齐河一中加强了对学生科技创新兴趣爱好的引导，学生科技创新，成果丰硕。学生科技创新共获得国家专利 144 项，国家级创新大赛获奖 21 项，省级创新大赛获奖 30 多项。2011 年王垒发明的《多功能手扶电动农用机》荣获第 26 届山东省青少年科技创新大赛一等奖、首届全国青少年环保发明大赛一等奖。2012 年齐河一中被授予全国青少年创新教育优秀实验学校，获得“全国创新教育百强名校”称号。2013 年、2014 年获得省青少年科技创新大赛一等奖。2014 年获得德州市高考综合评价一等奖第一名。

【导读】

枣庄十五中作为山东省家委会工作最早研究学校，在全省乃至全国起到引领作用。这所学校的家委会建设研究活动包括学生读书分享辩论会、亲子共读课堂、媒体辨识活动、“家长教师”课堂、学生百科讲堂，家委会组织下的励志远足活动、爱心互助活动、进班助学活动等，异彩纷呈，可圈可点，在家委会建设中写下了浓墨重彩的篇章。

2014 年 12 月 18 日，中国教育学会“现代学校制度中家长委员会研究”课题组在枣庄举办成果交流表彰现场会，来自全国和山东省四百多所实验学校代表参加会议。中国教育科学院、中国教育学会专家和新华社、中国教育报等十几家媒体派记者参加会议。

枣庄市十五中学提供展示现场。会上通过展示成果、交流智慧、提升思想行动力，展示中国教育学会十二五教育科研规划重点课题“现代学校制度中家长委员会研究——基于山东家长委员会建设实践”的课题成果。枣庄十五中在优秀资料汇编、优秀论文、优秀案例活动中表现突出。

【案例精选二】

枣庄十五中：家校共建　合作双赢

“家委会”：现代学校制度建设的一张名片

——枣庄十五中家长委员会建设经验回顾

枣庄市第十五中学是山东省家长委员会建设首批培育的典型学校。2010 年 4 月，在山东省家长委员会建设项目组的指导下，该校建立了“三级家委会”组织机构，从“民主监督、参与管理、课程开发、家长教育、沟通平台”五个方面进行有益探索，积累了宝贵经验。“家长教师进课堂”获得“山东省‘十一五’教育创新奖”，“家委会平台下的课程开发”获得“山东省基础教育教学成果”二等奖。《中国教育报》《人民教育》分别给予报道。

“家长教师”——一个新时期响亮的名字

在枣庄十五中，每逢周四的第八节综合实践活动课上，总能听到此起彼伏的掌声从各个班级传出。原来，这是由各班级家委会推荐的来自警察、法官、律师、工程师、医生、园艺师、工人等各行各业的专业优秀家长，正在发挥自身优势给学生上研究性学习和技能实践课程。

为此，学校赋予他们一个响亮的名字——家长教师。家长课堂集生活性、知识性、趣味性、权威性于一体，带给学生全新的感受，既丰富了学生的课程体系，又拓宽了学生视野。在此基础上，该校相继开发了《健康教育》《安全法制教育》《传统文化教育》《理想信念教育》《生活技能》等系列课程。

家委会成果交流会

自2008年3月课程研究开发后，枣庄十五中东西校区100余个教学班，全面实施“家长教师”进课堂活动。这项在全国范围内率先开发的“家长教师课程”，为学生提供了耳目一新的资源，开辟了落实素质教育的新途径，成为综合实践课程的新尝试。这样的课程深受学生喜爱，解决了综合实践活动课程内容单调、缺乏吸引力、教师少而不专的问题。

据不完全统计，六年来相继有3000余名家长走进教室，上课9000余节，使学生眼界大开。经过几年的实践，目前已经打造成综合实践活动课程亮丽的课程品牌，并赢得家长和社会的广泛赞誉和学生的由衷喜爱。

校长发言

2008年11月，枣庄十五中的“家长教师进课堂”，被山东省教育厅确定为“山东省素质教育宣传典型”，受到副厅长张志勇等领导的肯定。新华社以《枣庄十五中：家长教师让课堂灵动起来》进行了通稿报道。此后，“家长教师进课堂”的做法引得省内外众多兄弟学校前来学习考察，并在全国得以普遍推广。

1.“励志远足”——大胆开展的校外实践课程

一提起“春游、秋游”，便让很多学校望而却步、不敢组织，让家长心忧重重。这一活动，很长时间内因安全等因素，成为当代孩子的“奢侈品”。

然而，在枣庄十五中，这样的活动已是学生的“家常便饭”。这得益于该校大胆进行的“励志远足“课程开发实验”。该课型实施是按照学校家委会反复考察设计的安全线路，制定详细的活动方案，由家长陪学生共同参与的春游、秋游、冬练课程组成，是新型的综合实践课程。课程的主体是学生，组织者是家长、指导者是学校。

几年来，已先后有106个班级、279次进行了远足实践活动课程，万名学生、家长、老师参与了远足实践。

对此，不少人这样评价：十五中家委会组织“励志远足”活动，破解了学校因安全瓶颈因素导致校外实践活动严重不足，甚至不敢开展的问题。既促进了学生的身心健康、和谐了亲子关系、陶冶了学生情操、培养了团队精神、增强了生态意识，又大大激发了学生热爱家乡、建设家乡的社会责任感。

2012年4月，新华社以《创造条件让孩子拥抱春天》为题对这一活动进行宣传报道。2014年新华网山东频道4月2日电（记者娄辰），以《中小学生春游岂能因噎废食》再次报道了学校开展“励志远足”实践活动的做法。省家委会《通讯》2013年第4期也以《通过家委会促进励志远足活动深入开展》为题，全面介绍了十五中励志远足的具体做法，为在全国范围内推广提供了样板。

2.“亲子共学”——家长送给孩子的最好礼物

学校教育如果没有家长的支持和参与，仅靠学校力量难以取得理想的效果。为此，枣庄十五中家委会积极倡导“亲子共学”活动。

开展亲子媒体辨识活动。学校家委会要求每个家长每月要陪孩子看一个影视节目，并开展影评活动。家委会组织了亲子集体观影活动，让孩子、家长和老师共同观赏了荣获奥斯卡最佳外语片提名奖的法国影片——《放牛班的春天》。大家观后很有感触，很有收获。一位同学动情地谈到：“观看电影后，飞逝的欢笑和无法抑制的泪水虽然都已成为过去，但却永远不能被忘怀。那一段音乐、一首歌、一组合唱连接起来震撼心灵的回声，留下了深刻美好的回忆。生命中的每一个阶段都有它的美丽。只要你心中有春天。”

开展亲子读书分享活动。学校家委会倡导打造“书香家庭”活动，建立班级家委会平台上的学习型组织——读书小组，这是一种新型的由家长、老师、同学共同成长的生命共同体。用班级家委会这个平台，用小组这个组织框架，通过阅读、讨论、实践、反馈，大家谈理想、谈感受，用阅读影响家长和师生的生命品质，从而共同建造幸福家庭、美好校园和健康生命。家委会发出了读书倡议书，推荐了亲子共读书目——《论语》《西游记》《亲爱的安德烈》《雷锋日记》等，通过建立读书小组引导亲子共读，促进家长养成良好读书习惯，提高家庭教育水平。同时，每学期还开展“读书节”，按照省家委会项目组培训的“三三五模式”展示学生及家长读书成果，开展“最美书香家庭”评选，组织师生、家长参观学习“最美书香家庭”。

开展亲子主题实践活动。家委会联合组织相继开展“寻访家乡文化名人，升华爱国报国情怀”等系列活动。12 月 20 日七年级 17 班家长学生来到城头检察院青少年学法普法基地举行法制基地实践活动，亲、师、子共同学法知法，效果明显。

开展“进班助学”活动。在枣庄十五中，每天每班安排 1 至 2 名家长进班级和学生一起听课，参与管理。家长进入教室和孩子一起听课学习，了解了教学进度和老师的教学风格，加强与孩子沟通话题，提高了教育孩子的实效性。制定了“家长进班助学职责”，解决了家委会委员进校值班常态化问题，既保证了家长全员参与，又保证了家委会对学校工作的全面参与和全面监督。

3.“家长论坛”——优秀父母成长的讲堂

为提高家长的育人理念，学习科学有效的家教方法，枣庄十五中开展了班级“家长论坛”活动，引导家长对教育敏感问题进行大讨论。例如，枣庄十五中七年级11班的家长、老师和部分学生代表，围绕“按分数排名的利与弊”开展了家长、学生、老师三方参与的大讨论。活动中，家长、老师们踊跃发言，尤其是部分学生代表发言，更是把这次活动推向高潮。

此外，在学校家委会的指导下，该校各班级家委会也相继组织了有特色的班级家长论坛。如该校八年级7班组织的“当代中学生与社会主义核心价值观”大讨论，使家长在培养孩子人生观、价值观等方面有了清晰认识；七年级17班家委会组织家长开展的“中华道德大讨论”，引导家长结合传统美德故事案例，有针对性培养孩子做“四德”中学生；七年级19班家委会开展的“健康PK分数”主题大讨论，更是把与会家长对素质教育内涵的理解提高到一个全新的高度。

学校家委会从2011年开始倡导“创建学习型家庭”“做无不良嗜好家长”活动，并开展了班级“家教沙龙”活动。各班级成立家长读书小组，集中时间大家坐在一起学习、交流育子经验。于是，《勇于管教》《中华家训》《曾国藩家书》成为家长爱读的书。

为帮助家长树立正确的家庭教育理念，掌握科学的教育方法，2010年10月开始启动“家长成长大讲堂”。大讲堂由学校家委会负责组织，每月一讲。内容涉及习惯培养、心理健康、亲子沟通、和谐家庭环境构建等。至今已邀请9位专家和30位优秀家长代表登上大讲堂讲台，目前，该活动已举办9期，共培训家长上万余人。

4.“百科讲堂、少年学院”——我的课堂我做主

如何培养学生的综合素质，特别是提高孩子的科学素养和创新精神？怎样给学生搭建一个展示的平台，丰富学生的校园生活？都是枣庄十五中家委会重点关注的问题。

为此，学校开发了学生自主“百科讲堂”，创设了“少年学院”课程。

2009年以来，在学校家委会的指导下，各班每周一次由学生主讲的“百科讲堂”课程，涵盖了军事、科技、环保、法律、礼仪、艺术、体育、国学、心理健康等知识，讲课的同学从选题、课件制作、课程过程、课程评价等方面充分发挥个人特长和能力。每周一节的“学生百科”讲堂精彩纷呈，让学生走上讲堂，锻炼才能，拓展视野，真正意义上实现了“我的课堂我做主”。

2010年，成立学校少年学院，学院活动列入学校课程管理，配置了专职辅导老师雷阳负责这项工作，建立了固定活动阵地。建设了现代科技馆、大自然博物馆。先后开发了航天学院、军事学院、艺术学院、体育学院、卫生健康学院、国学院等12个学院，课程由学生选择，制定了院士章程，建立了活动制度，先后评出了1500名小院士。

让学生走上讲台做“先生”，学生从受教育者转变为教育者，激发了学生潜能开发，促进学生研究性学习，搭建了学生展示个性才华的新平台，得到家委会和社会的广泛赞誉和学生的衷心喜爱。

【导读】

德育只有回归本质才能更接地气。学者檀传宝研究指出：“从个人角度说，德育的终极目的是提升受教育者个体的生活质量和幸福生活能力；从社会角度说，德育的终极目的是培育与和谐社会建设相适应的社会公民。”张志勇副厅长认为，反思当前我国中小学道德教育，在目标定位上出现了“三个错位”：一是道德认知与道德实践相脱离，培养了一大批“语言上的巨人，行动上的矮子”；二是“上位道德”没有建立在“下位道德”基础上，对学生道德素质的要求，与学生的年龄特点、生活实践范围以及生活中所涉及的道德行为准则不相适应；三是“圣人道德”没有建立在公民道德基础上，提出了近乎“完人”的道德培养目标。作为实施德育的主体，莱州一中不断学习与反思，紧扣“诚勇”校训，从学校和学生自我“两个维度”分层设计德育目标。莱州一中的德育创新实践会给学校带来有益的启迪。

【案例精选三】

莱州一中德育创新实践：让学生拥有一生行走的力量

莱州一中德育工作的创新发展，得益于省“1751”改革创新工程的有力推动。2011年3月，莱州一中被省教育厅确定为首批普通中小学“1751”改革创新工程项目学校，由此拉开了三年改革创新、跨越发展的序幕。改革从问题入手，基于问题，整体规划，对症下药，创新发展。就德育而言，学校诊断出的突出问题是德育实效性不强，如目标高大空，失去现实基础，缺乏感召力；德育内容脱离学生生活与实际，不系统，零打碎敲；德育方法单一，说教多，实践体验少，缺乏科学性等等。三年来，学校在“1751”工程领导小组的正确领导下，在省课程研究中心专家组的专业指导下，在指导校以及共同体其他学校的无私帮助下，认真分析德育形势，研究德育对象，反思德育方法，立足当代高中生实际，对德育目标、内容、方法和途径做了一些大胆探索和改革：发展目标上，力求回归育人本质，使德育目标更接地气；内容上，力求回归当代学生价值诉求，更加关注学生当下的价值体验，注重德育的系统性、层次性和时代性；途径上，力求回归生活与实践，突出实践式、体验式教育，突出学生自主发展和主动发展。

“1751”工程启动以来，学校在原有的德育基础上，结合学校特色，从德育目标、德育途径和德育内容三个方面展开德育创新实践，把校训和德育有机结合起来，立足于校训实践德育；构建了以“六阶段三十六单元”德育课程体系为主的德育内容，实现了高中三个年级全覆盖的36单元的德育活动；探索出了文化育人、课程育人、实践育人的德育途径。种种探索和实践使得莱州一中的德育创新实践在原有基础上更上一层楼，让学生拥有了一生行走的力量。

一、德育目标：培养“诚勇”莱州一中人

莱州一中创办于1905年，迄今有109年办学历史。“诚勇”校训，起源于莱州一中前身省立九中时期。诚，意即勤恳、敬慎、朴实，取自

《孟子》“诚者，天之道也；诚之者，人之道也”。勇，意即坚苦、进取、果毅，取自《论语》“知者不惑，仁者不忧，勇者不惧”和《中庸》“好学近乎知，力行近乎仁，知耻近乎勇。知斯三者，则知所以修身”。经过百年传承，“诚勇”校训已经升华为学校的文化符号，学校的德育目标就是要让“诚勇”文化在每一个一中人身上发扬光大，让诚勇的品质在他们的灵魂中扎根。

诚勇

学校德育目标设计。莱州一中现有两个校区，150 多个教学班，8400 余名在校学生。基于学校规模大、学生基础参差不齐和个性差异较大的现实，学校设置了适应不同层次学生发展的培养目标。基础目标：面向全体，引导学生有孝心、懂感恩，讲诚信、敢担当，有爱心、乐奉献，讲规则、守规矩，能快乐学习、幸福工作、健康生活的人。简单说，就是培养学生在家是个好儿女、在校是个好学生、在外是个好公民。并将目标分解细化为《莱州一中学生高中三年必须做好的“十三件事”》，对学生在品德修养、阅读、体育、艺术、生活自理、社会实践等方面要掌握的基本技能提出具体标准与要求。如高中三年至少掌握一种能够终身受益的体育活动技能，学会欣赏一种体育比赛；至少培养一种艺术爱好和特长，学会欣赏一种艺术项目；至少参加一个社团，并努力成为社团骨干；力争培养一项手工制作的兴趣或爱好，如电器维修、木工、陶艺、编织、雕刻、篆刻、纸艺、服装设计与剪裁等；力争写一手漂亮的钢笔字或毛笔字；力争获得一次校级或校级以上比较重要的奖励；等等。高位目标：培养志存高远、德才兼备、文理兼容，有强烈社会责任感，有创新精神和实践能力的复合型人才，使其成为公民的表率、国家的栋梁、社会的中坚和时代的先锋。德育目标的分层设计，使德育工作更贴近学生实际。

学生自我目标设计。在学校顶层设计的基础上，指导学生自我规划。学校编印了《莱州一中学生人生规划指导手册》，引导学生对高中三年乃至一生的品德修养、学业、职业以及生活进行合理规划，将人生理想与扎实走好每一步有机结合。编印了《学生成长手册》，人手一册，指导学生客观公正地记录自己高中三年的成长足迹：包括每学期的发展目标，每月的收获与不足，每月为父母、亲人、老师或同学做的最有意义的事情，每月参加的最有意义的公益活动，每月为提高自己学业成绩做了哪些努力，为提升艺术素养做了哪些努力，参加了哪些体育活动，读了哪些经典书目、有什么心得体会，以及每学期的学业成绩和获奖信息等，引导学生走好高中三年每一步。

全省社会主义核心价值观进校园观摩研讨会

二、德育内容：构建“六阶段三十六单元”德育课程体系

作为“90后”独生子女，莱州一中学生出生于政治稳定、生活殷实、网络信息飞速发展的年代。从家庭教育看，其父母生存于“铁饭碗”被打

破的体制下，绝大部分时间与精力都放在了工作上，对孩子更多是生活上的满足，缺乏情感上的沟通。从学校教育看，“应试教育体制”让他们从小就承受着巨大的学习和升学压力。这种特殊的成长背景，导致“90后”一代既没有形成正确的现代价值观，又没有把优秀的传统价值继承下来，处于一种精神匮乏的“悬空状态”，出现很多新情况、新问题。主要表现在：缺少理想和信仰、缺乏责任心和爱心、公德意识不强、法纪观念淡薄、功利欲望强烈、学习动力不足、心理疾患严重、行为习惯不良等。德育内容只有紧贴学生的现实生活、反映当代高中生的价值诉求，才更具针对性和实效性。

孝德：敬老院慰问老人

三年来，学校不断加强德育研究，更新观念，创新思路，构建了符合当代高中生思想、行为和兴趣点，适应时代发展要求的《莱州一中“六阶段三十六单元”德育课程体系》。

这一体系围绕立德树人的根本任务，以弘扬中华优秀传统道德为基础，以培育和践行社会主义核心价值观为主线，以孝亲感恩、诚信责任、习惯养成、文明礼仪、意志品质、人生规划等教育为重点，在高中三年“六个”学期中，每月一主题，系统规划设置了“三十六”个德育活动：2 月“校风校纪规范管理月”，3 月“学雷锋活动月”，4 月“人生规划教育月”，5 月“诚信责任教育月”。6 月“家校沟通月”，7、8 月(暑假)

和1、2月(寒假)“社会实践月”，9月“入学教育月”，10月“文明礼仪活动月”，11月“安全教育月”，12月“迎新春艺术月”。学校将每个活动的目标、内容、措施、方法、责任人等具体到每月、每周，增强德育工作的可操作性和实效性。

在三个年级系统推进的基础上，又根据不同年级学生身心发展特点，区分层次，突出重点。高一年级：刚由初中升入高中，由走读变为寄宿，学习、生活节奏都发生了重大变化，德育工作的重点确定为“良好行为习惯”养成教育，让学生尽快适应高中生活。高二年级：逐步适应了高中学习与生活，独立思考能力逐渐增强，对社会、现实、人生等问题思考的深度和广度有所提高，但学习、管理的主体意识依然较差，依赖性较强。为此，高二德育工作的重点是“一主三自”教育。“一主”，即尊重学生的主体地位，使学生主动生动活泼发展；“三自”，即自学、自治、自律。高三年级：世界观趋于成熟，对人生、社会、现实等问题都有自己独到见解，特别是面临升学或就业的现实选择，德育工作的侧重点确定为“人生规划”教育，帮助学生提高认识社会、适应社会、服务社会的能力，掌握自我认知、自我设计、自我修炼、自我管理、自我提升的方法与技巧。

高二学生远足

《“六阶段三十六单元”德育课程体系》在内容建构上，突出了系统性和序列化，体现了阶段性和层次性，改变了以往德育工作零打碎敲的局面，使德育工作更加规范化、精细化和科学化。

学校辩手和上届美联赛核心团队学术总监合影

三、德育途径：文化育人、课程育人、实践育人

(1)强化校园环境的育人功能，营造积极向上的文化氛围

校园文化对学生有着潜移默化的作用。自2012年以来，学校围绕命名文化、石刻文化、博古文化、展馆文化和橱窗文化五大类型，将中华优秀文化、莱州地域文化和学校历史文化进行整合，不断赋予校园浓郁的文化氛围。

命名文化：以莱州历史典故、历史名人、学校杰出教师和杰出校友，为学校楼宇、广场、主要道路和主要景点进行命名，启迪、激励学生发奋努力，创造属于自己的成功人生。石刻文化：创设了校史碑记、莱州府官立中学堂造景、《莱州一中赋》文化墙、“三风一训”文化墙、孝诚爱仁道德柱、书院学规、莱州籍九大院士雕像、莱州籍历代宰相造像、莱州明清进士名录、寒窑赋等历史文化景观；将校园里摆放的每一块景观石，都刻上名言警句、名家诗文，使一景一物都具有催人奋进的力量。博古文化：从新校建设开始，陆续从民间收集了几千块磨盘石，铺成若干条磨盘路，收集了石碾、石臼、水碾、古车等，让这些象征着中国农耕文明、寄予着对农村深深眷恋的民间“废弃物品”，在这里焕发出新的生命。展馆文化：学校建有各种教育展馆：文博陈列馆、校史馆、核心价值观展馆、“四德工程”展室、道德与法制教育园地。定期组织学生参观，周末全天开放，让学生自勉自励。橱窗文化：出自师生并署有师生姓名的“本土化”标语口号，如“坐在莱州一中课堂上是一生的荣耀与幸福”(蔡润圃)、“上课不认真听讲，是学习上最大的不认真”(高学聚老师)等，悬挂在教室、餐厅、公寓等不同场所；反映学校各部门工作、成序列的看板宣传栏，遍布校园各处，形成展示莱州一中师生精神面貌的特有文化。

(2)发挥主渠道作用，有计划渗透道德教育

精心设计教学活动，通过文学作品、历史发展、技能技巧的学习和科学发展规律等知识传授，在教学中有机渗透民主、文明、自由、平等、法治、爱国、诚信、友善等社会主义核心价值观教育。依托《文明基因·孝诚爱》教育丛书，大力推进传统道德教育。开设道德大讲堂，每月设置一个专题，邀请专家、当地名人和校内师生轮流举行道德讲座，传播文明，提升境界。精选编印了《历届感动中国人物汇编》《中华经典教育名篇选编》等校本教材，以主题班会、升旗仪式、专题讲座、校本课程、实践体验等形式对学生进行持续、反复的正面引导。

(3)重视实践历练，为成功人生奠基

第一，课外文体活动让校园成为沸腾的乐园。

一所好学校，不仅要有朗朗的读书声，更要有嘹亮的歌声、开心的笑声和运动场上奔放的呐喊声。莱州一中的课外活动雷打不动。一是坚持每天开展晨诵、午唱、晚听活动。制定了《学生必读书目》，精选编印了《中国经典诗词散文选编》，通过每日诵读，培养学生人文素养和审美情趣。精选了包括“校歌”“四德歌”和革命红歌等在内的《莱州一中100首校园歌曲》，课间在广播中反复播放，唱响主旋律，传递正能量。每天晚间播报央视新闻，让学生及时了解社会时事，提高认知水平，增强思辨能力。二是坚持举行道德宣誓活动。每逢大的集会活动、每周的升旗仪式、每天上午和下午大课间举行道德宣誓仪式。“我是一个有孝德的人，孝顺父母，感恩师长，饮水思源，立志成才；我是一个有诚德的

人，诚实做人，诚信做事，勇于担当，热爱祖国；我是一个有爱德的人，文明守纪，关爱他人，爱护环境，奉献社会；我是一个有修养的人，修德立身，知书达理，勤奋学习，自立自强；言必信，行必果！我坚信，我能行！我努力，我成功！”句句誓词掷地有声，撼人心魄，催人奋进。三是坚持开展群体性体育活动。常年坚持“两操”制度和“双课间”制度。上午组织全校学生跑操，学生着装统一，步伐整齐，口号响亮，成为校园一道独特的风景线。下午组织太极拳操练，从学生到教职工，近7000人参与，旨在引导师生人人掌握一种能够终身受益的体育技能，并将发源于本土的吴氏太极拳文化传承下去并发扬光大。每年5月，学生会与各类体育社团联合自主组织“趣味运动会”，学生自主创设的跳大绳、同舟共济、定位投篮、30m抱球跑、羽毛球掷远、二人三足跑、脚夹球跳接力赛、袋鼠蹦蹦跳、足球踢准等众多活泼有趣的比赛项目，深受学生喜爱，学生参与热情异常高涨。

第二，综合实践活动让学生在生命体验中成长。

走进自然，感悟人生。自2011年开始，学校每年于“五四”青年节期间开展“野外拉练”活动，至今已举办四届。3000余名师生参与，全程约80华里，路经中华月季园、文峰山、寒同山等莱州著名景点和历史古迹，翻越九个山头。拉练过程中，学生要实地考察莱州月季文化、郑道昭书法文化、道教文化、佛教文化、云峰山土质和岩石成分、灌木种类以及生态保护状况，活动结束后人人写实践感受，并完成各学科布置的探究性综合实践活动作业。野外拉练的意义，不仅仅在于锻炼了学生的意志、体魄，更重要的在于锻炼了学生的心智，引导学生关注集体、关注他人、关注社会、关注民生。有的学生在拉练感受中写到：“从没有感觉自己这样认真地认识这个集体。原以为，埋头苦干、专心致志便是形容这个集体最恰当的词汇了。可是而今，我却发现，除了这份在学习上的兴奋劲，学校依旧怀着最天真、最简单的情怀，宛若初识。”有的学生说：“信念，是人类最伟大的财富。我的确从远足中体味到那种力量，在最困难的时候，信念所迸发出的那种无畏，那种坚强，那种令人振奋的东西。”有的学生采用古体写成了洋洋洒洒千字文：“铁屑踏平崎岖路，雨汗犹乐惭骄阳。旌旗十万斩荆棘，云峰山顶一为狂”“有志者，人上为人；无志者，人下为人。志存高远，毕力为之，虽不能成，亦无悔矣”。有的学生抒发了互帮互爱的友谊：“抓住你的手，前方纵有荆棘满地崎岖堆叠又何妨？抓住你的手，前方纵有惊涛拍岸乱石穿空又何妨？抓住你的手，前方纵有狂风肆虐天昏地暗又何妨？”在这些文章里，学生的稚嫩、脆弱已全然不见，有的只是坚毅与执着、激情与奋进。

走进社会，增加阅历。学校开辟了100多个校内“绿化实践活动基地”和20多个校外实践基地，定期组织学生到基地参观、劳动、调研、考察。如“感受现代农业”篇，每年组织学生参观山东登海种业公司，让学生了解名人创业历程，感受现代农业高科技育种和栽培技术，激励理想，增强学习主动性。“走进现代企业”篇，每年组织学生到环日山东豪克国际橡胶工业有限公司、山东鲁达轿车配件股份有限公司进行学工活动，参观现代企业，了解生产流程，感悟企业以质量求生存、管理求效益、诚信求发展的经营理念。“领略家乡山水”篇，每年组织学生走进莱州港、金寨子生态园、宏顺梅花研究所、莱州名胜古迹，让学生了解家乡山水风情，油生热爱家乡、建设家乡的责任感和使命感。“关注生态环境”篇，组织学生开展“建绿色家园，弃白色污染”限塑令执行情况调研和环保宣传活动，引导学生关爱自然，关注环境问题，正确认识人与自然的关系，选择绿色环保的生活方式。建立了100多处社区服务基地，定期组织学生开展街头广场卫生保洁、植绿护绿、商场义工、爱心一对一帮扶等公益活动。利用重大节日，开展各类宣传服务活动，引导学生关注社会、关注民生，把个人的前途命运与国家民族的兴旺发达结合起来，与人类社会的进步与发展结合起来。

走进传统，体味家国情怀。一是开展参观历史展馆活动。学校在校内建立了校史展馆和莱州文博馆，每天课间和双休日开放，配有学生解说员，学生可自主参观，了解莱州一中百年校史和莱州辉煌发展史。二是开展“孝诚爱仁”道德实践活动。如孝德方面，在学生中开展关于父母生日的问卷调查，强化他们“记住长辈生日并及时祝福”的伦理道德意识。清明节，要求学生跟随父母参加祭祀活动，了解祭祀风俗，感恩先辈。暑假，要求学生学习洗衣、做饭等家务，写出心得，家长反馈评价。寒假，开展年文化研究、村史研究，搜集整理家族史和编写家谱等活动。很多学生对家谱研究产生了浓厚的兴趣，常常乐此不疲地奔走于几个村庄，走访亲朋好友，拜访村庄长者，白天搜集材料，晚上梳理编纂。以上活动，激发了学生知根知祖、承前启后、明史励志、习俗修身的思想情怀。有的学生感慨道："从没有这样深刻地认识我的家族，我的前辈虽没有轰轰烈烈的事业，但他们的奋斗史就足以激励我奋斗一生。"也有的学生进行了自我反思："中华文化需要传承，家族文化也需要传承，我当为家族做点什么!"诚德方面，通过开展设立诚信考场、诚信大签名、诚信征文比赛、观看台湾高震东校长演讲视频等活动，教育学生要讲诚信，诚实做人，诚信做事，忠于职守，敢于担当。爱德方面，要求学生做一个有爱心的人，选择一位有困难的同学或其他需要帮助的人(如残疾人、孤儿、孤寡老人、病患者等)，长期去关心帮助他(她)。重阳节，组织学生到敬老院义工，培养"老吾老以及人之老"的情怀。组织学生走上街头，开展义卖活动，所有收入用于慰问孤寡老人和资助特教学生。

学校在师生过往最多的区域，设立了孝诚爱仁"四德榜"，宣传和展示师生在孝、诚、爱、仁方面的典型人物和典型事迹。例如，在"四德榜"上，展出了教师中涌现出的"四德之星"，孝德之星表彰教师中的好儿子、好女儿、好媳妇、好女婿；展出了学生中的"莱州一中之星"，包括学习方面的勤奋之星、进步之星、读书之星等，还包括体育之星、才艺之星、科技之星、创新之星、辩论之星、演讲之星等，还包括道德方面的孝德之星、诚信之星、爱德之星、仁德之星、文明之星、节俭之星等，涉及 30 多个方面。"爱德之星"马霄楠，是学生会主席，在高三学习紧张的情况下，组织学生为突发心脏病同学杨森进行捐款 15 万，高考后又和家人亲自到烟台医院看望杨森，将自己获得的一万元奖学金全部捐出。

学生宣誓

莱州一中始终坚持立德树人不动摇，不断拓展途径、创新举措，以社会主义核心价值观为总领，努力加强和改进学校德育工作，学校综合办学与育人水平全面提升。学校荣获中国百强中学、中华百年名校、中国当代特色学校、省教学示范学校等百余项各级各类荣誉称号，成为清华、北大、复旦、人大、浙大、南大、南开、中科大等30多所重点高校的优质生源基地。2012年、2013年、2014年连续三年同时获得北京大学“中学校长实名推荐制”和清华大学“新百年领军计划”推荐资质。多次应邀参加了清华、北大、复旦、人大、中科大、北航等高校举办的校庆、本科毕业生典礼、中学校长论坛等活动。2014年，学校被省委省政府授予“山东省教育系统先进集体”称号，荣获“山东省校本研究先进单位”“烟台市德育工作先进单位”“烟台市高中教学工作先进学校”等称号。7月，学校为山东省首届“创新教育节”提供高中现场。9月26日，蔡润圃校长受省教育厅邀请，在山东省第29期高中校长提高培训班上做专题报告。《人民日报》《人民教育》《中国教育报》《大众日报》《中国德育》和中央电视台等高端媒体先后多次报道学校的办学经验和成果。

【导读】

黄岛区第一中学在学习借鉴的基础上，深入挖掘学校的办学潜力，发挥学校的资源优势，确立了“为人的终身幸福奠基”的办学理念，致力于促进学生全面、健康、和谐发展。学校把提升学生心理素质作为推进素质教育的着力点，努力打造学校心理健康教育特色品牌。学校心理健康教育特色建设培养了学生，成就了教师，发展了学校，影响了社区，成为学校特色发展的一个重要品牌，受到各级领导的关怀与激励，受到家长与学生的欢迎，得到了社会的认可。

【案例精选四】

黄岛区第一中学：心理健康教育让学生做最好的自己

2012年，学校成立心理发展中心，设立快乐成长心理健康必修课程，成立心理康健协会，建立青岛西海岸未成年人心理指导中心，与山师大合作成立心理硕士教学研究基地，逐步构建了区域示范、省内领先的心理健康教育品牌。2012年山东省心理健康研讨会在学校举行，交流宣传了学校心理健康教育工作经验。

一、依托心理发展中心，建立长效工作机制

(1)明确工作思路。学校以“为人的终身幸福奠基”的办学理念为核心，以“快乐成长”的育人理念为主轴，做好三个服务：“服务于学生快乐成长、服务于教师专业发展、服务于家教水平提升”。学校创设“快乐成长”品牌标志，投入30多万元高标准成立“快乐成长”心理发展中心，在工作中践行“照亮学生成长的路，温暖老师耕耘的心，升华父母智慧的爱，让学校一起快乐成长”的心理健康教育理念。

(2)实施专家引领。学校与南京师范大学心理学博士赵凯教授合作，建立“赵凯博士工作室”；与山东师范大学联合成立“心理学实践教学与科研基地”，定期开展教师培训和课题研究。

(3)完善机构设施。学校心理发展中心占地500多平米，设立十二大功能区，分别是：标志与形象墙、预约接待区、团体辅导室、赵凯博士工作室、心育长廊、心理咨询室、心理宣泄室、团体活动室、沙盘游戏室、音乐放松室、知心大姐工作坊、拓展活动区。在三个级部分别设立了心情驿站(明德楼)、心语花园(博学楼)、心灵氧吧(致远楼)等心理会谈室。

(4)建立工作团队。学校成立了由2位专职、15位兼职教师组成的心理工作团队；吸收黄岛区中小学心理中心组教师，成立志愿者团队；邀请山师大、南师大等高校心理专家、心理硕士，成立专业指导团队；与学校导师及家长协调，成立家校合作预防机制，多角度、多层次培养学生的健全品格和提升学生的心理素质。

(5)健全工作机制。学校建立健全心理健康教育的工作机制、工作流程、工作职责，修订了来访者须知以及心理健康教育工作职业道德规范、心理危机干预制度、心理热线工作制度等，保障了心理教育工作的有效有序运行。

二、开设必修校本课程，提升学生心理素质

(1)内容体系。“快乐成长”必修校本课程是学校“一主两翼”校本课程体系重要组成部分。共包括三个模块，一是塑造魅力人生，构建支持系统；二是奠基成功人生，营造幸福防线；三是开掘智慧宝矿，承担人生责任。

(2)实施策略。学校通过个别咨询、团体辅导、拓展训练、心理班会、专家讲坛、知识宣传等形式和方法，将每一个学生纳入到心理健康教育当中来。学校开设心理课程：每两周1课时，修完获得3学分。开展个别咨询：开放心理咨询室、知心大姐工作坊以及三个级部心理会谈室，心理教师及心理硕士研究生定期进行辅导咨询。关注高三，护航高考，开展人生规划：把每年5月定为心理健康月，开设高三心理调适课程，高考后开设人生规划课程。

积极健康的心态保证了学生良好的发挥。在2014年高考中，学校700分以上有5人，690分以上有20人；一本达线643人，达线率68%；有6名同学被清华、北大录取，2名同学被香港中文大学录取；据不完全统计，被211大学录取有303人，被985大学录取有165人。

开展主题教育活动，倡导健康和谐发展。通过开展心理主题班会、心理知识专题宣传、编印快乐成长刊物，开展小组团体辅导、拓展训练，举办专家讲坛等形式护航学生和谐发展。

成立心理社团，倡导主体性教育。在学生中成立了“快乐成长协会”心理社团，推选心理委员，开展朋友间交流疏导活动；通过各班心理委员工作日记，观测班级心理状态，完善“心理危机预警工作机制”，及时进行心理干预，有效化解学生矛盾，预防校园伤害事件发生。

三、发挥品牌辐射作用，开展公益心理服务

在搞好学校教育的同时，学校主动担负起社会责任，为家长及社区提供心理服务。

一是开展家长培训与辅导服务。为家长提供家庭教育资料，举办家庭教育讲座，开展家长心理咨询，促进家庭教育的最优化。

二是建设区域性心理指导中心。学校定位建设“青岛一流、全省知名”的区域性心理健康教育中心。目前黄岛区未成年心理辅导总站设在学校，黄岛区心理教师培训活动陆续在学校开展。

三是开展社会公益心理服务。几年来，先后走入社区及交警大队、邮政局、临港经济区等开设公益课堂；参与了胶南广播电台心理公益节目；2008 年田强老师参与北川灾区心理援助活动，被市委、市政府表彰为“胶南市十佳青年志愿者”，被区总工会聘任为“职工素质教育宣讲团讲师”，被黄岛区团委聘任为“梦想导师”。这些公益活动的开展，为学校赢得了良好的社会声誉。先后承办了青岛市中小学心理骨干教师培训暨胶南一中心理工作现场会、山东省中小学心理健康教育实施途径专题研讨现场会；学校被评为山东省心理健康教育先进单位，青岛市心理健康教育示范学校；校本课程《快乐成长》被评为山东省首届中小学优秀校本课程一等奖、山东省优秀教学成果三等奖。

【导读】

教育教学改革需要合作教学。新一轮课程改革提出了“以学生发展为本”的理念，而要实现这一理念必须重视生本教育。生本教育的宗旨就是“一切为了学生，全面依靠学生，高度尊重学生。”随着社会对人才需求的变化和教育的发展，培养学生的人际理解能力、合作能力和沟通交往能力已经成为教育的重要任务，培养学生“学会关心”“学会合作”逐渐成为当代教育发展的重要趋势之一。在这种社会和教育背景下，提倡开展合作学习，在互动和交往的过程中，推进学习目标的达成，形成良好的同伴关系，培养学生的社会技能，有着重要的理论价值和现实意义。威海市第二中学在生本教育为基础的“STTS合作教学”的实践与探索中，学校在教学改革、教师发展、学生发展等方面积累了一些宝贵的经验。教育教学是一项有生命力的可持续发展的事业，学校本着高度负责任的态度，把“为学生一生的发展”当作使命，为教育同仁提供了可资借鉴的经验。

自2011年山东省普通中小学“‘1751’改革创新工程”启动以来，在省项目办的专业引领下，在各联盟指导学校的相互交流中，学校提出了构建生本为基础的STTS合作场域，通过生生合作、师师合作、师生合作等，实现多方共赢，促进学生发展、教师发展和学校发展。

【案例精选五】

威海市第二中学：构建生本为基础的STTS合作场域

一、以“生本”教育为基础提出“STTS合作教学”理念

教育要着眼于未来，未来教育越来越重视每一个人一生的发展，越来越关注每一个学生潜能的开发、个性的发展。基础教育课程改革必须着眼于这一时代要求，根据社会要求确定“发展”的时代内涵，以学生的发展为本位，把学生身心全面发展和个性、潜能开发作为核心，从而改变我国基础教育课程脱离时代和社会发展要求，脱离学生实际，忽视创新精神和实践能力培养的状况。

学校主体的多元化决定了学校的发展需要多种力量的合力，包括教师之间、学生之间、师生之间等，如何促进他们之间的合作，优化师生人力资源的配置，成为学校一直探索和研究的课题。经过长期的实践和论证，学校决定“构建以生本为基础的STTS合作场域”，“T”指的是教师，“S”指的是学生，即以关注学生需求为出发点和着力点，以促进学生发展为落脚点，通过加强“生生合作”“师生合作”“师师合作”，实践合作发展的教学理念，提高教育教学效果。

二、以“生本”教育为核心，建设人文精神家园

苏霍姆林斯基曾这样说：“学校必须是一个‘精神王国’，而只有当

学校出现了一个精神的王国的时候，学校才能称其为学校。”这“精神王国”就是学校的“魂”，也就是学校文化。学校文化是一所学校的灵魂，能凝聚全校力量，引领学校可持续发展。

建设“厚重、厚道”的学校文化。在建设学校文化的过程中，学校把传统智慧与现代教育理念有机结合，站在社会所需、人民满意和学生终身发展的高度规划学校愿景，从精神文化、制度文化、物质文化、行为文化等方面建构学校文化建设的新内涵，提出了“厚重、厚道、求实、求是”的八字校训。“厚重”是一种厚实而庄重的人生境界，意为“敦厚持重”“浑厚庄重”；“厚道”是一种朴实的生存智慧，意为“厚德载物”“厚积薄发”；“求实”是一种客观的人生态度，意为“脚踏实地”“勤奋务实”；“求是”是一种科学的探索精神，意为“实事求是”“追求真理”。这八字校训高度概括了学校师生的人文追求，集中体现学校的办学内涵和精神底蕴，营造了积极向上的校园文化氛围。这些校园文化时刻警醒着教师的责任感和使命感，时刻督促着学校的发展方向和发展目标，用极具鲜明特色的二中精神激励着、引导着二中人前进的脚步。

探究以生为本的课程体系。除了校园文化建设，学校的发展还需要有可持续发展的教育理念作为支撑和引领。素质教育是学生的一种成长方式，在深入推进素质教育的过程中，学校努力创造条件为每个学生的可持续发展奠定基础，积极探究构建“以生为本”的学校新课程体系，在开齐、开全必修课程的基础上，开设“课程超市”为学生提供多样化的选修课程，让学生在探究开放的学习环境中体验素质教育的本质。同时，学校进一步加强特色课程建设，树立特色课程思想，充分调动课程开发力量，努力打造自己的课程品牌，为特色学校建设提供课程支撑。面对每一个有个性的学生，学校的教育思想非常明确，就是让学生都得到发展；教育观念更加全面，更加“人性化”，不仅关注学生的升学需求，也关注学生未来的就业谋生与终身发展需求；教育措施也更具体，就是因材施教。学校的办学思想也因此又注入了新的内涵，提出了“教育生态化”的办学理念，进一步明确了“为学生一生的发展和幸福奠定基础”的办学目标。

三、构建“STTS”合作场域，践行“生本”教育理念

(1)以生为本，生生合作，让学生成为真正的学习主体

随着高中课程改革的深入推进，学校在收获着课改带来的喜悦的同时，也不得不面对老师们普遍反映的“课时少、内容多”的难题。在努力改变“教师教得辛苦、学生学得痛苦”的尴尬局面中，学校始终坚持生本理念，积极探索和追求高效轻负的生本教学模式，真正让学生动起来，学起来，真正让学生成为学习的主人。为此学校建立三层合作学习小组，实行“学生小组合作学习”的学习方式，加强生生之间的合作，增强小组合作学习的实效性。

①合理搭配小组成员

班主任首先对本班学生的知识基础、学习能力、性别、性格特点、兴趣爱好等各方面进行综合分析，然后结合本班其他任课教师的参考意见，按照“尊重差异、异质同组，优势互补，共同进步”的原则进行分组，每个小组4～6人，包括优等生、待优生、普通生。教师把学生之间的差异看成一种积极的教育资源，充分利用小组内各个成员之间的差异性和互补性，促进相互合作、公平竞争。教师可根据学生的学习情况定期进行人员调整，实施动态分组学习，以保证小组间学生竞争活力，创造学生间更多的交流机会。

②明确小组成员责任

建立了合作学习小组后，要明确小组中每一个成员的责任，使每一个人不仅要对自己的学习负责，而且要为所在小组中其他同学的学习提供帮助。在小组内，设一名小组长，每学科设一名小组的学科长。组长是小组学习活动的组织者，要有一定的号召力、责任心、组织协调能力。学科长主要记录整理讨论过程中小组成员发言要点，汇报小组中的讨论结果，把握组内讨论流程及反馈学习中存在的问题，组内成员分工合作，共同完成学习任务。小组长应为轮换制，让每一个小组成员都有锻炼和展示的机会，学科长应分散担任，每名成员至少担任一个学科的学科长。组长由班主任负责安排，学科长由任课教师根据学生情况安排。

③做好小组培训工作

小组合作学习的目的是让每一个成员都参与学习的过程，体验学习的乐趣，品尝到成功的喜悦。学生合作意识是成功进行小组学习的重要因素。教师应要求学生做到以下几点：一是要认真思考，大胆发言，能把自己的探索、发现，条理、清楚地用语言表达出来；二是能认真倾听别人意见，尊重他人发表意见的权利，善于从别人的发言中得到启发，收获更多的信息；三是敢于质疑，能以比较恰当的方式表达个人的不同观点，能在别人结论的基础上进行修改完善；四是学会求同存异，以开放的心态进行学习。

④精心选择活动时机

小组合作学习中，教师的主导作用不可忽视。学生的合作学习是否有效，与问题的选择、时机的把握、教师的引导是分不开的。当学生对某一问题出现困惑时，当学生对同一问题有不同见解时，当问题的结论不确定时，当问题具有开放性时，设计小组合作学习，能使学生感受到与同伴合作的必要性，有利于学生相互交流、集思广益，从而在解决问题的过程中达到共同进步的目的。教师在备课时，首先应该精心设计需要小组合作探究的问题，其次，对可能出现的困难或意外有充分的思想准备，面对教学意外时，必须镇静从容，机智处置，采取灵活的形式加以引导。

⑤实行发展性评价

评价的目的是为了改进。对小组团体、成员的评价教师须注意以下几点：一是过程评价与结果评价相结合，侧重于学习过程的评价。二是对小组集体的评价与对小组成员的评价相结合，正视学生的客观差异，侧重于对小组集体的评价。三是教师评价与自我评价、同伴互评相结合，注重学生的自我反思、改进、评价，教师要帮助、指导学生分析存在的问题，并寻找改进的办法。四是评价的方式与评价的内容及评价的主体应多元化，可以定期进行诸如最佳学习小组、最佳小组长、最佳学习伙伴、进步奖等评选活动，使每一位学生树立学习的信心，增强合作意识，从而实现个人与团体的不断进步。

（2）师生合作，互动交流，构建和谐的学习环境

合作意识是现代人的一种必要品质。在教学过程中，师生之间的合作尤其重要。师生合作是指师生之间通过相互启发，相互借鉴，互相帮助使学生的学习、研究与体验取得成功，完成学习任务，并获得积极的体验。在教学过程中，教师要改变一味传授知识的做法，整个教学过程是教师和学生在融洽的气氛中，师生间相互合作的结果。教师要给学生提供充分的合作交流的机会，找到共同合作的话题，产生对某一个知识的共鸣，这样合作才能达到目的，也能让学生充分体验合作的乐趣，从而形成良好的科学态度和群体意识。

①积极探索"翻转课堂"，转变师生合作方式

翻转课堂是一种创新教学模式，被称为是"印刷术发明以来教育最大的革新"。"翻转课堂"顾名思义，颠覆了传统的学习模式，加强了课堂上的师生互动、生生互动、答疑解惑。翻转课堂的核心要素是师生角色的转变、课堂结构重新分配；翻转课堂的关键要素是激发学生的学习内驱力，让学生在学习上"自主当家"；翻转课堂的实质就是"先学后教""自主合作"。

为了培养适应社会发展需要的全面人才，学校申请了山东省教育科学规划重点课题——"翻转课堂教学与学校特色发展"的课题研究，通过该课题研究，变革课堂教学模式，改革学生学习方式，转变教师教育观念，用技术帮助学生自主学习，用技术增强师生之间的互动交流。借助翻转课堂这一新的教学方式，为学生"随时随地"的学习，"轻松快乐"的学习提供一种体验，也为教师颠覆传统课堂教学模式提供一次尝试，更为"生本"教育注入新的活力。

②通过课前微课导学，拓展师生交流空间

生本教育是使学生事先有准备的教育。现代教育理念认为："教"只是实现"学"的一种服务手段，学生的"学"才是教学的出发点和归宿，因而主张"先做后学""先学后教""以学定教"，最后实现"不教而教"的目标。无论是"前置性作业"还是"前置性思考"，如果没有教师对学生事前的要求和准备，没有学生事前的"准备性学习"，在课堂上以生为本就成

了一句空话。

为了更好地了解学情，更清楚地掌握学生的学习情况，学校尝试引入“微课”这一新的理念和方式，将师生合作交流的空间和时间延伸到课前、课后。微课导学，让学生通过微课先学，是学校正在尝试的做法。课前教师对即将进行的新课中的知识点录制微课，学生通过班级多媒体或班级 QQ 群下载观看，借用微课在预习中先学。借助微课，学生会有自主的思考，也会有学习收获甚至是疑惑，学生将这些问题记录在学习任务单中反馈给老师，通过纸上交流，教师可以在课前对课堂教学设计做调整，课上有针对性地进行师生合作，答疑解惑；学生也可以通过班级 QQ 群将问题反馈给教师，教师给予及时的答复，通过在线交流，随时发现问题，随时解决问题。微课的介入使师生合作不必局限于课堂中，拓展了师生交流的空间，也使师生合作更有针对性和实效性。

③通过课中微课助学，拓宽师生交流渠道

随着信息技术的发展和时代的变迁，传统的“讲授—接受”教学模式不可避免地会出现价值错位、目标虚设、教学分离的现象，不同程度地扼杀了学生对生命意义的真正体验，已不能适应学生个性化发展和开拓创新精神培养的需求。因此，学校想借助微课的方式，为传统课堂注入新鲜活力，用技术拓宽师生交流的渠道。

生本教学是教师为学生而设计和服务的教学。学校要真正地为学生设计教学，做到心中有生，目中有人。“以生为本”的教学设计，是以学生的兴趣和内在需要为基础，以主动参与为特征，以促进学生发展为目标。因此，在教学设计中必须充分考虑学生的实际，包括他们对活动对象的兴趣和初始认识水平等。

所以，学校根据学生的认知需求，根据不同的内容设计不同层级的微课。对于一些学生能够自学完成的知识点，可以采取课前微课导学的方式让学生自主学习；而对于一些难度较大的知识点，可以采取课中微课助学的方式，师生合作完成。教师通过课中微课助学，引导学生在质疑探究中学习，在学生先学的基础上教师通过答疑点拨、知识共构来教。课中微课助学一般分为 5 个环节：一是明确微课学习目标；二是观看微课，突破重点难点，完成学习目标；三是学生提出质疑，教师答疑解惑；四是教师提供评价测试，学生检验微课学习效果；五是师生共同建构新知识体系，总结微课学习成果。

通过课中微课助学，既有学生与视频中虚拟教师的思想碰撞，也有学生与现场教师的沟通交流，师生合作的空间拓展、领域拓宽，使师生之间的合作更充分。

三、生本教育为基础的“STTS合作教学”初见成效

以生本教育为核心，以改革创新为旗帜，通过加强“生生合作”“师生合作”“师师合作”的“STTS合作教学”，促进了学生成长，教师发展和学校发展。

(1)改革学习方式，培养学生学习能力

以生本教育为基础的“STTS合作教学”让学生自己发现问题，思考问题，解决问题；同时更要学会合作交流，学会团队意识和合作精神，这对学生自我学习、合作学习、自我管理、协作互助的能力要求很高。在“合作教学”中，学生体会到学习的快乐，分享了学习的收获，激发了学生的学习动力，实现了学生的自我教育、自觉提高和自主发展。

虽然学校生源水平相对较弱，但是2011年以来，学校学生学业水平考试及格率和优秀率均居市直高中之首，历年高考也取得历史性突破。这一成绩的取得充分说明学校实施的合作教学切实可行，不仅提升了学生的素质，也很好地提升了学生的学习效果。合作学习在改善课堂内的社会心理气氛，大面积提高学生的学业成绩，促进学生形成良好非认知品质等方面实效显著。

(2)创新发展方式，提升学校品质

学校特色发展到一定程度需要突破已有的束缚，实现新的发展。以生本教育为基础的“STTS合作教学”作为一种学习方式的变革，为学校突破式发展提供了很好的机会和资源，以“生本”教育为基础引领教育理念和教育模式的创新，进一步提升了学校的办学特色。

学校先后获得“第五届全国和谐校园先进学校”“全国学校艺术教育

先进单位”“省级规范化学校”“山东省教育国际交流与合作工作先进单位”“省级文明单位”“省艺术教育示范学校”“省艺术教育工作先进单位”“省中小学素质教育工作先进单位”“省级教学示范校”“山东省首届教育科研示范校”等荣誉称号、“山东省普通中小学‘1751’改革创新工程突出贡献奖”。

【导读】

学生如花，教育就如等待花开。倾听花开的声音，何尝不是一种心境？倾听花开，仿佛聆听秋天的声音，仿佛聆听荷花的心事，又仿佛聆听自己的心语，一种发自生命深处的感念油然而生。倾听学生的声音是一门艺术，也是一门学问，更是教育者的心境——东平明湖中学在不断地追问：你的心中有学生吗？你听到了花开的声音吗？亲历花开的过程已属幸运，如果能有幸倾听花开的声音，那更是一件快乐无比的事情。这所学校的全员育人导师制唤醒了学生内心成长的力量，他们用足够的耐心、足够的智慧去培养花朵，让每一朵鲜花都开放，和学生一起品味成长的快乐。

【案例精选六】

东平明湖中学：全员育人导师制唤醒成长力量

在推进素质教育的进程中，东平明湖中学特别注重德育与智育的均衡发展，从2011年开始实施了全员育人导师工作制。学校实行导师制的管理模式有效地促进了德育与智育联动，促进了学校的和谐、可持续发展。导师肩负着履行教书与育人的双重职责，即教师在从事教学科研之外，还要对学生进行思想引导、心理疏导、学业辅导、生活指导，帮助解决其在思想、生活、学习和心理等方方面面的困惑，唤醒他们内心成长的力量，促进他们全面健康的成长。教师是教坛的守望者，让我们在守望与历练中学会聆听花开的声音，使教育更温暖，让生命更精彩！

学校景色

一、成长册——见证学生成长的过程

成长册可以彰显学生的个性。成长册是励志成长记录册的简称，它见证了学生成长过程中的每一个足迹。它不是单一的记录本，而是可以展示学生独特风格的个性手册。打开封面，你可以看到学生精心设置的一幅幅作品：热爱音乐的同学贴上了自己钟爱明星的贴纸；喜欢绘画的学生创作了栩栩如生的漫画作品；徘徊于中游的孩子用最醒目的字迹刻上了励志名言；成绩暂时落后的孩子吹响了“笨鸟先飞”的号角……一张一张，一幅幅个性迥异的作品，无不凝聚了学生的心血，倾吐着他们的心声。

当然，成长册的内容更是丰富多彩。它不必仅局限于成功和快乐，只要是学生自己的经历和感悟，不管是懊悔还是激励，不论是忧愁还是快乐，也不管是总结还是憧憬，都可以记录。通过不断实践、不断调整，成长册渐渐成为学生们用心雕琢的一件艺术品，他们小心翼翼地经营着属于自己的一方净土，用心记录着成长过程中的一点一滴。

成长册可以帮助学生树立奋斗目标。有一个学生在成长册的扉页上这样写道："三年后的今天我必将身处山东大学。山东大学是我理想的学府，我知道依我现在的能力是不够的，但是我确信经过高中三年的拼搏奋斗，我一定能实现自己的目标。"他的指导教师在成长册中批复到："理想是指路明灯。没有理想，没有坚定的方向；没有方向，没有生活。而有理想的人，他的内心是充满激情的，生活是充实的。有付出就有回报，相信通过三年的努力，你一定会梦想成真的。看好你，加油！"有了目标和老师的不断鼓励，该生虽然在以后的学习和生活中遇到过很多困难和挫折，有过迷茫、彷徨，但他都相继克服了。因为他坚定自己的理想和目标，终于"苦心人，天不负"，该生在第一学期期末考试中由刚入班的二十八名一跃成为全班第三名。

成长册是培养学生自信心的主要阵地。自信心是一个人对自身价值和能力的充分认识和评价。它是激励人们自强不息地实现理想的内部动力；是一个人成才所必备的良好心理素质和健康的个性品质。教师通过对成长册的批改，可以直观地了解学生一周的学习生活，尤其是心理情况，以便因人制宜，对症下药，动态地挖掘孩子们身上的闪光点，用坚持不懈的鼓励使之熠熠生辉。如此，学生树立了自信心，才能以最佳状态迎接生活中的种种挑战。

真正的教育是心心相印的活动。只要你付出真心，孩子们就会以真心相报。在师生的心目中，导师与学生之间已经不仅仅是简单的师生关系，而是值得信赖的朋友关系。成功时，他们互相庆贺；失败后，他们互相鼓励，共同查找原因，一起探寻解决问题的最佳答案。其实做一个有心的老师并不难，只要我们热爱教育，热爱这些在生命里走过的学生，用欣赏的眼光看待这一朵朵含苞待放的花朵，注意聆听花开时的声音。当我们蹲下身子来注意聆听学生的话语，当我们用心聆听来自学生心灵深处的呼唤时，我们与学生之间已经架设起了一座畅通的心桥。敞开自己的心扉走进学生的心灵，让我们用一颗炽热的心温暖他们，让孩子们收获一个健康而美丽的人生！

与博兴二中开展活动

二、励志信——点燃学生内在的激情

每天预备铃响之后，就会有悠扬的音乐声响起，“请全体起来，挺胸抬头，双手捧信，齐声朗读。”指令过后，每个班级都会响起高亢的朗读声：

“今天，我开始了新的航程，我必将走向幸福和成功。

是真知灼见，塑造我的性格、助我成长；

是精神之魂，铸造我的意志、给我力量。

今天开始，我要精心塑造自己。”

字字震撼人心的励志信给了学生强大的动力：蓬勃的信心由它鼓舞，迸发的热情由它激励，火热的青春因它而燃烧。我们可以很明显地看到，读完励志信后，学生的精神为之一振，整个人都焕发着勃勃的生机。

每一封励志信都是一本对人生有益的哲学书，里面蕴含的道理总是那么耐人寻味。我们要求每封励志信每天读三次，每封同样内容的信读三周。二十一天中，在不断的反复中强化刺激，学生因此而不断地想象，不断地自我确认，不断地自我积极暗示。比如第四封信，“我文明我有礼貌”这句话在文中不断重复，“孔子曰：不学礼，无以立……我文明我有礼貌”；“我文明我有礼貌。老师，你好！谢谢你，老师。这两向，嘴边挂……”每个段落都有，全文达到六句。最后，每周要求集体朗读誓词：“我文明我有礼貌。爱我中华，爱我校园；抖擞精神，迎接明天。”在这反复的过程中，学生把“我文明我有礼貌”内化为性格的一部分，在实际行动中严格要求自我，进而提高综合素质。

潜意识要通过激励、唤醒、加强等手段，才能得以激发并向积极向上的方向发展。积极地进行自我暗示，然后大量地随时随地不断重复，坚定你的目标并不间断地为之努力，目标终究会实现。励志信就是学生的指路明灯，它为学生在茫茫大海上找到了前进的方向。通过励志教育，洗涤心灵，升华思想，给予学生敢于迎难而上的勇气与力量。使孩子们在充满荆棘的成长道路上，因为有励志教育陪伴，无畏无惧，勇往直前。

励志远足

三、励志课堂——让花儿静静地开放

每日的诵读，让学生在不知不觉中积淀了情感、丰富了语言，逐渐激起了学生写作的欲望，有了一吐为快的冲动。当学生把自己的作品展示给同学时，优美的语言和真切的情感又能激起学子们朗读的冲动，读信活动比前一个阶段又有所提升。所以要把诵读与写作结合起来，让学生结合自身高中生活的经历、感受感悟、所得所失，写成更贴近自己的励志信，也就是让学生的内化成果得以应用和创造。因此每周除了作文

课的时间，还给学生一节自由习作的时间，让他们以励志信的形式呈现自己的习作，然后做出评选。一周一封，教师在语文课堂上，跟学生一起讨论和交流这篇文章的优点和不足，让学生能边读边品，逐渐提高自己的写作水平。

例如，一位同学在《破茧而出的美丽》中写道“理想是遥不可及的，却也是触手可及的。只要我们养成好习惯，并为理想而脚踏实地去拼搏，理想就会在不远处等待着我们。理想的路上会风景各异，有快乐也有忧伤，当然也少不了苦难。但苦难是理想之路上的垫脚石，所以越过苦难，就会实现理想。雄鹰面对苦难，选择漫长蜕变；蝴蝶面对苦难，选择破茧而出。它们面对苦难，都选择了跨越。跨越苦难，心灵会更加厚实；跨越苦难，就会拥有超跃平凡的力量。”

其实，内化于心外化于行又不是截然分开的，它是一个相互作用、循环往复、相辅相成、同步提高的过程。一篇篇文质兼美的文章，既是学生写作水平的体现，更是他们此时情感的展露；一句句包含真情的朗诵，既是他们对自己的要求和鼓励，也是他们内化的动力和激情。以读促写，以写助读，读写相长。语文课堂重新响起那曾经熟悉的朗朗读书声，让学生走进幸福的语文课堂，在朗读中去感悟语文的无穷魅力和人生真谛！

四、主题班会——启迪学生成长的力量

每个学生心中都蕴藏着巨大的能量，需要我们去开启。配合学生生理心理的发展过程，全员育人导师制设置了不同阶段的励志班会。这些励志班会内容多为PPT课件制作的多媒体精品，它与励志成长册、励志活动册、励志信等内容构成一个相得益彰的有机整体。每周班会课件，都是精心制作的。班主任结合本班实际情况取其“精髓”，充其“骨血”。学校每周日晚提前召开班主任会，要求在班会之前先进行班会备课。根据课件，针对自己班级的班情重新设计，把上周内出现的一些问题结合下周安排重新整合到班会课件中，使其最大限度地发挥作用。班会主题要具备创新性和前瞻性，如“对生命负责”“对自己负责”“对父母负责”“对社会负责”“真，永远是第一位的”“发现爱，感受爱”“成功在于心态”等。每一次班会都是学生人生路上的加油站，都是滋润花开的阳光和雨露。

社会实践

五、家长会——我家大门常打开

三年多来，学校结合全员育人模式的成功做法，积极探索，努力寻求拓宽育人渠道的方式。“打开校门”已经成为常态。

成功的育人活动应该是原生态的。2011年，学校开始正式启动成立各年级和校级家长委员会，每学期召开两次家长会，征求家长意见、建议，邀请业内知名专家对家长进行育人培训。在期中、期末考试都邀请家长代表参与监考，了解、监督学生学习、生活情况。家长参与校内教育活动，对家长是一种开放，一种承诺；对孩子是一种用心，一种负责。学生们每天都会把桌面整理得干干净净，整整齐齐。孩子们每天都会把自己调整得精神饱满、活力四射。召开家长会的时候，孩子们会主动把各科目的笔记放到桌子上给家长看，并且还会给自己的家长留下一封“感恩的信”。看到这样的效果，家长都感叹：以前我们只和老师手机联系，收到的都是通知、作业布置、要求家长配合工作等内容，现在我们真正参与到了孩子的教育中去，对孩子的成长才有了进一步的认识，不仅改变了许多简单粗暴的教育方式，和孩子的关系也融洽了不少。通过家校联系，学校教育不再是一座教育“孤岛”，而是成了拥有多个教育“阵地”的大社区。

参考文献

[1]袁振国．校长的文化使命[J]．素质教育大参考，2004.01.

[2]陶西平．培育学校良好的教育生态[N]．中国教育报．2006.06.20.

[3]引自《国家中长期教育改革和发展规划纲要(2010—2020年)》.

[4]顾明远．教育大辞典：第六卷[M]．上海：上海教育出版社，1992.426.

[5]习近平．完善和发展中国特色社会主义制度　推进国家治理体系和治理能力现代化．人民网，2014.08.14.

[6]张东娇．学校文化管理[M]．北京：教育科学出版社，2013.17.

[7]朱小蔓．现代学校制度的理论与实验研究[M]．北京：教育科学出版社，2008：04.276.

[8]朱小蔓．基础教育阶段现代学校制度的理论与实践研究[M]．北京：教育科学出版社，2008：04.4.

[9]习近平．完善和发展中国特色社会主义制度　推进国家治理体系和治理能力现代化．人民网[引用日期2014-08-14].

[10]程红兵．学校文化建设的路径[M]．上海：华东师范大学出版社：2012.6.

[11]秦岭．学校环境文化建设[M]．北京：北京工业大学出版社，2009：10.3.

[12]张东娇．学校文化管理．[M]．北京：教育科学出版社，2013：4.

[13]段振榜．哲学与学校文化浅探[J]．船山学刊，2006.1.

[14]王继华，教育新文化执行力[M]．长沙：岳麓出版社，2008.11.

[15]彭刚．在学校文化建设中形成特色[J]．教育发展研究，2008.02.28.

[16]顾建德，喻志杰．关于学校文化建设的思考[J]．中小学校长，2011.11.31.

[17]杨福家等著，博雅教育(第二版)[M]．上海：复旦大学出版社.

[18][加]迈克尔·富兰．变革的力量[M]．中央教科所，加拿大多伦多国际学院译．北京：教育科学出版社，2000.232.

[19][加]富兰．变革的力量——透视教育改革[M]．北京：教育科学出版社，2000：51，232，248.

[20]杨骞．教师发展的学校责任与实践模式[J]．教育研究，2008(4)：95－98，109.

[21][美]克莱舍基著．未来是湿的[M]．胡泳、沈满琳译．北京：中国人民大学出版社，2012.

[22]伍新春，管琳著．合作学习与课堂教学[M]．北京：人民教育出版社，2009.

[23]庞维国．自主学习——学与教的原理与策略[M]．上海：华东师范大学出版社，2003.

[24]靳玉乐．新教学方式的实践艺术[M]．成都：四川教育出版社，2009.

[25]崔允漷．有效教学[M]．上海：华东师范大学出版社，2009：14—15页.

[26]张华．论教师发展的本质与价值取向[J]．教育发展研究，2014(22)：16－24.

[27]张伟民．教师专业发展的客观要求：教师诊断能力及其提高[J]．教师教育研究，2006(1)：12－15，23.

[28]郑庆全．课程改革推进背景下山东初中数学教师专业发展现状

与需求的质性研究[J]. 初中数学教与学(中国人民大学书报资料中心复印报刊资料)，2013，(6)：47—51.

[29]康丽颖. 学校的责任与教师专业发展[J]. 教育研究，2006，(12)：34—39.

[30]余文森. 自我反思 同伴互助 专业引领(一)——以校为本的教学研究的三个基本要素[J]. 黑龙江教育，2003，(10)：18—19；余文森. 自我反思 同伴互助 专业引领(二)——以校为本的教学研究的三个基本要素[J]. 黑龙江教育，2003，(11)：13.

[31]曹新美. 寻找教师职业幸福的魔方[J]. 人民教育，2014，(18)：30—33，12.

[32]李继秀. 教师发展与学校组织变革创新[J]. 教育研究，2008，(3)：79—83.

[33]周思勇. 教师专业发展：问题与症结[J]. 基础教育，2014，(4)：72—79，12.

[34]于伟，等. 现代性的省思——后现代哲学思潮与我国教育基本理论研究[M]. 北京：教育科学出版社，2014：10.129.

[35]王本陆. 中国教育改革30年课程与教学卷[M]. 北京：北京师范大学出版社，2009：12.65.

[36]赵敦华. 西方哲学简史[M]. 北京：北京大学出版社，2001：109.

[37]论语·八佾.

[38]亨利·柏格森. 创造进化论[M]. 北京：华夏出版社，1999：1—3.

[39]许文军. 后现代主义对教育目的观的批判[J]. 外国教育资料. 1998：3.

[40]金生鈜. 理解与教育——走向哲学解释学和教育哲学引论[M]. 北京：教育科学出版社，1997：25.

[41]蔡元培. 新教育与旧教育之歧点. 转引自陈学恂主编. 中国近代教育文选[M]. 北京：人民教育出版社，1983：348.

[42]燕良轼．解读后现代主义教育思想[M]．广州：广东教育出版社，2008：11.121.

[43][法]卢梭．爱弥儿[M]．李平沤译．北京：人民教育出版社，2001：5.1.

[44][巴西]保罗·弗莱雷．被压迫者教育学[M]．顾建新等译．上海：华东师范大学出版社，2001.80.

[45][捷克]夸美纽斯．大教学论[M]．傅任敢译．北京：人民教育出版社，1998.

[46][英]洛克．教育漫话[M]．傅任敢译．北京：人民教育出版社，1986.

[47][美]杜威．民主主义与教育[M]．土承绪译．北京：人民教育出版社，2001.5.15.

[48]联合国教科文组织国际教育发展委员会编著．学会生存[M]．北京：教育科学出版社，1996.6.195.

[49]联合国教科文组织国际教育发展委员会编著．教育财富蕴藏其中[M]．北京：教育科学出版社，1996.

[50]黄济．教育哲学通论[M]．太原：山西教育出版社，1998.

[51]王莉莉．从后现代主义视角重构师生关系[J]．全球教育展望，2003.2.

[52]王本陆．面向二十一世纪的学生观[J]．课程教材教法，1998.10.

[53]雅斯贝尔斯．什么是教育[M]．邹进译．北京：生活·读书·新知三联书店，1991.

[54][德]M．兰德曼．哲学人类学[M]．阎嘉译．贵阳：贵州人民出版社，2006.(228).

后　记

本书的突出特色是，在通过组建专家团队，构建发展性指标体系，建立政府、专业机构、社会服务机构“三方协作”的组织实施机制，持续推进学校走改革创新、自主发展之路方面做了前瞻性探索。

本书在内容选择与体例设计上，力求真实地反映学校改革的实践探索过程，特别是在推进学校自主变革的路径“学校诊断——制定学校发展规划——建立发展性保障体系——搭建联盟发展交流平台——培植典型——辐射带动区域教育发展”，以及持续推进发展的策略机制“专业引领、联盟发展、典型带动、区域联动”等方面的探索，为当前推进学校自主发展和区域教育内涵发展，提供了宝贵经验和典型案例。

本书从筹划、汇编到成册历时近一年的时间，经数次修改完善，最终定稿。本书由张志勇同志亲自指导、筹划，李红婷主持编著，各篇章撰写分工为：引言、上篇和中篇及下篇第九章的一、二部分，李红婷；下篇中的第八章，张晓峰；第九章的三、四部分，张志刚；第十章，崔成志；第十一章，郑庆全；第十二章，徐洁。全书由张志勇、李红婷整体策划和修订。

在本书的策划和编写过程中，得到了西南大学宋乃庆教授的悉心指导。同时，齐鲁师范学院的领导也给予了大力支持。在此向他们致以我们衷心的感谢。

本书在付梓之际，我们还要由衷地感谢北京师范大学出版社给予“1751”工程的大力支持，感谢吕建生社长和路娜、刘松弢、赵雯婧等多位编辑的精心指导，他们提出了不少宝贵的建议，使得书稿得以不断修改和完善。

由于编写篇幅和体例所限，我们在编辑过程中只能选取“1751”工程部分县、校案例的其中部分内容，有些学校的典型经验尚未收录进来，恳请谅解。因我们水平和经验有限，本书肯定存在许多瑕疵，敬请读者批评指正。

编者
2015 年 7 月